中国通信学会普通高等教育“十二五”规划教材立项项目

“十二五”江苏省高等学校重点教材（编号：2015-1-058）

南京邮电大学“重中之重”教材项目

电信运营管理

第3版 | 微课版

彭英 / 编著

人 民 邮 电 出 版 社

北 京

图书在版编目（CIP）数据

电信运营管理 ： 微课版 / 彭英编著. -- 3 版.
北京 ： 人民邮电出版社，2025. -- ISBN 978-7-115
-65167-9

Ⅰ. F626

中国国家版本馆 CIP 数据核字第 202482GS43 号

内 容 提 要

本书分为 5 个部分，分别介绍了电信运营战略、电信网络组织、电信业务管理、电信服务管理和数字赋能电信运营。本书在吸收了国内外专家学者的观点和企业运营管理新成果的基础上，紧密结合我国电信运营管理市场的竞争情况和企业特点，系统介绍了电信运营管理的理论和方法，本书每章都提供了丰富的电信行业案例和思考题，方便读者参考。

本书内容丰富，注重理论和实践的有机结合，可以作为高等学校通信和管理类专业高年级本科生及研究生的教材或参考书，也可作为电信运营企业的经营管理用书或相关技术人员的学习用书。

◆ 编　　著　彭　英
　责任编辑　徐柏杨
　责任印制　陈　犇

◆ 人民邮电出版社出版发行　　北京市丰台区成寿寺路 11 号
　邮编　100164　　电子邮件　315@ptpress.com.cn
　网址　https://www.ptpress.com.cn
　三河市中晟雅豪印务有限公司印刷

◆ 开本：787×1092　1/16
　印张：16.5　　2025 年 1 月第 3 版
　字数：444 千字　　2025 年 1 月河北第 1 次印刷

定价：69.80 元

读者服务热线：(010)81055256　印装质量热线：(010)81055316
反盗版热线：(010)81055315

前言

党的十八大以来，党中央高度重视发展数字经济，实施网络强国战略和国家大数据战略，建设数字中国、智慧社会，推进数字产业化和产业数字化。数字化正深刻影响着当前的经济社会发展。电信业作为基础性、战略性、先导性产业，其数字产业化和产业数字化属性不断凸显。

《电信运营管理》《电信运营管理（第2版）》分别于2009年、2017年由人民邮电出版社出版。最近几年，在电信领域，无论是技术发展还是用户的业务需求、企业的盈利模式和运营模式都发生了很大变化，因此有必要对《电信运营管理（第 2 版）》的内容进行修订，以适应不断发展的产业现状。

电信运营属于服务业。电信企业的运营效率无论对于企业自身的效率和效益，还是对于整个国民经济的效率和效益，都有着举足轻重的影响。本书主要讨论电信运营企业在其运营管理过程中涉及的相关理论与实践问题。本书中，如无特别说明，"电信企业"等同于"电信运营企业"。作为电信企业管理的一项主要职能，电信运营管理承担着向电信客户及时交付质量好、成本低、满足客户需求的产品和服务的任务。电信运营管理的根本宗旨是提高生产率，而生产率的提高是企业获得竞争优势、保持持续成长的关键。

导学

本书基于运营管理的基本理论，从企业生产管理的起点出发，通过对电信运营企业网络组织、生产过程的全景式描述，使读者对电信企业的运营体系框架有一个清晰的认识。全书共分为 5 个部分，分别介绍了电信运营战略、电信网络组织、电信业务管理、电信服务管理和数字赋能电信运营。第 1 部分，电信运营战略，在回顾运营管理发展历程的基础上，概述了电信运营企业和电信运营战略的基本问题，为本书的后续内容奠定基础。第 2 部分，电信网络组织，介绍了电信网络规划、电信网络组织与管理、电信网络运行维护管理，并从电信网络的监管和电信全球竞争的角度分别阐述了电信网络的互联互通以及电信网络的全球化运营、虚拟网络运营商的经营与管理，使读者对电信网络有进一步的理解。第 3 部分，电信业务管理，讲述了电信业务设计和创新的方法，以及电信业务流程再造、电信业务供应链管理、电信业务支撑系统。本部分在前一部分的基础上，重点关注电信业务运营模式的创新管理。第 4 部分，电信服务管理，介绍了服务管理理论以及与电信运营企业密切相关的电信客户服务管理、电信服务接触管理、电信服务需求与产能管理、电信服务中排队问题管理和电信服务的服务水平协议模式、电信服务质量管理，给读者理解电信服务管理提供了新的视角。第 5 部分，数字赋能电信运营，介绍电信运营支撑系统的有关知识，包括电信管理信息系统、电信管理网、电信运营支撑系统、增强的电信运营图、下一代运营软件和系统，最后阐述了电信运营企业的数字化转型路径。

本书依托南京邮电大学的信息通信专业的办学特色，是国家一流本科专业、国家特色专业点、江苏省特色专业、江苏省重点专业和江苏省高校品牌专业建设点——工商管理专业的核心课程教材。南京邮电大学于 1986 年成立了管理工程专业，该专业开设了"电信企业生产组织管理"课程，该课程属管理类本科专业学生的学科专业基础课。随后，又为企业管理专业硕士研究生开设了"生产与运作管理"课程，该课程属工商管理一级学科硕士研究生课程的核心课程。在此基础上，南京邮电大学为项目管理工程硕士、工商管理硕士、会计专业学位硕士开设了"电信生产运营""运营管理"等课程。本书从 2009 年 9 月出版以来，在十余年的时间内，在帮助邮电院校高年级本科生、研究生、在职研究生等深入了解通信行业、了解电信运营企业、拓宽企业管理实践知识方面起到了很大的作用，深受读者的喜爱。在使用本书时，教师可针对授课对象的培养层次有侧重地讲解书中内容；读者也可根据兴趣和目的的不同，对本书阅读的深度、广度有所侧重。

本书将运营管理理论和电信组织管理实践相结合，在吸收近年来国内外专家学者的观点和企业运营管理新成果的基础上，针对数字经济背景下我国电信市场竞争情况和电信运营企业特点，系统地介绍了电信运营管理的理论和方法。在本次修订过程中，编者深入各大电信运营商进行了实地调研，力求使本书内容更贴近企业实际。同时，本书的各章都提供了丰富的电信行业案例和思考与练习题，方便读者参考。

在本书编撰过程中，编者所参阅的除了参考文献所列出的一部分以外，还有大量相关分析报告、报刊文章和网络资料等文献。在此，谨向所有使本书受益的优秀作者致以诚挚的谢意。

本书的修订得到 2022 年南京邮电大学“重中之重”教材项目、江苏省首批研究生优质教学资源和江苏省政府留学奖学金（批准号：JS-2020-008）的资助，本书部分修订内容得益于编者主持的国家社科基金后期资助项目（批准号：19FGLB017）和江苏省社科基金后期资助项目（批准号：18HQ009）的研究成果。与本书配套的在线开放课程，于 2023—2024 年分别被全国 MEM 教指委和全国 MBA 教指委列为首批专业学位研究生在线开放示范课程。本书的修订工作还获得了南京邮电大学管理学院、经济学院、海外教育学院，南京邮电大学国际电联经济和政策问题研究中心，英国格拉斯哥大学亚当斯密商学院、英国曼彻斯特大学商学院创新中心，江苏移动，江苏铁塔，江苏电信，江苏联通等单位领导和专家学者提供的建议和帮助。在此一并表示感谢。南京邮电大学管理学院的青年教师姜丽宁博士、付金朋博士参与了课程内容建设，常州移动的曹星女士、淮安洪泽区政府的闯家梁先生对于案例内容给出了建设性的意见，我的研究生葛蒙好、梁宸、王佳琪、孙大媛、张燕、王宁、肖嘉乐、李琦、蔡安琪等同学帮助我搜集和整理了各章节素材。在此对他们的辛勤劳动表示衷心的感谢！最后，我要感谢我的家人，他们对我工作一贯的理解和支持是我前行的动力。

鉴于时间和编者水平有限，书中疏漏之处在所难免，恳请专家同行、读者批评指正！

编者

2024 年甲辰龙年春节于南京

目录

第1部分 电信运营战略

第2部分 电信网络组织

第 1 部分

电信运营战略

获得竞争优势

生产率是生产系统产出与投入的比率，是企业竞争力的核心。在经济全球化背景下，生产资源的有效管理是关系企业战略发展和获得竞争优势的关键。企业运营管理就是面向企业生产资源的管理活动。企业通过运营管理设计并控制企业生产系统，可以在产品或服务的生成过程中，有效利用企业的各项资源，最大程度地提高服务质量和生产率。本部分在回顾企业运营管理发展历程的基础上，着重阐述电信运营企业和电信运营战略的基本问题，并介绍电信运营管理中的技术与研发管理、项目管理、质量管理等相关内容。

第1章 导论

【引例】中国电信打响运营商"视联网"争夺战

天翼视联网是中国电信继移动网、宽带网、物联网、卫星网之外的第五张基础网，依托中国电信云智超一体的天翼云大底座，构建全国"一张网、一朵云、一个平台"的云边端一体化融合集约平台架构。该架构提供数字政府视频底座、智慧城市视觉大脑、智慧社区、数字乡村、数字家庭等多领域一体化的视频采集、汇聚、AI分析、视图大数据等综合解决方案。截至2023年10月底，天翼视联设备接入数已经突破6000万，覆盖全国36万个行政村，16万个社区，为国家安防、应急、住建、卫健、文旅、金融等重点行业提供30多种应用，与500多个政务平台提供服务对接。当前，我国物联网连接数已经超过人联网的连接数，成为全球主要经济体中率先实现"物超人"的国家。据2023年世界物联网大会的数据，物联网技术驱动的全球数字经济年产值将超过20万亿美元，到2030年有望超过40万亿美元。基础电信运营商已从早期业务单一的电信通信服务商，发展成为人类构建数字社会不可或缺的网络载体。

企业运营管理起源于生产管理。随着近代产业革命的发展，生产管理理论已经不再局限于制造型企业和生产作业的管理，也开始被应用到服务型企业。经济全球化和企业竞争的加剧，迫使企业从战略高度审视内部的生产管理，"以客户为中心"的模式正成为企业运营活动的主体和重点。于是，"生产与运营管理"逐步取代了原来的"生产管理"，而面向服务型企业运营活动的管理则被直接称为"运营管理"。在移动互联网新技术的发展和产业变革带来的巨大竞争压力下，作为提供电信服务的企业，电信运营企业迫切需要深刻理解运营管理的概念，并运用这些知识提高电信服务质量与生产率。本章分别介绍了运营管理的基本概念、发展简史，以及电信的概念、电信产业的特点和发展状况，使读者了解本书的基本研究内容。

本章学习目标

（1）掌握运营管理的基本概念及内涵，了解运营管理发展简史与发展趋势。

（2）掌握电信的概念，熟悉电信产业的特点和发展状况。

（3）了解学习电信运营管理的目的与方法。

1.1 运营管理的概念及其发展

1.1.1 运营管理的基本概念

1. 生产管理的概念

运营管理源自生产管理。所谓生产，是指以一定关系（一定的劳动方式、一定的生产资料所有制为基础的劳动者与生产资料结合的形式）结合起来的人们改造自然、生产物质资料的过程。生产管理，又称生产控制，是对企业生产系统的设置和运行的各项管理工作的总称，其目标是以最少的资源损耗获得最大的产出。生产管理的主要内容如下。

什么是运营管理

（1）计划，即编制生产计划、生产技术准备计划、生产作业计划等。

（2）组织，即选择厂址，布置工厂，组织生产线，实行劳动定额和劳动组织，设置生产管理系统等。

（3）控制，即控制生产进度、生产库存、生产质量和生产成本等。

2. 运营管理的概念

随着服务业的兴起，生产的概念进一步扩展，不仅包括了有形产品的制造，还包括了无形服务的提供。制造型企业的生产活动除了提供有形产品，也包含一定的服务活动，而在服务型企业有效的运营管理越来越重要。这些关乎整个产品生产和交付系统的活动被称为运营管理。为更好地反映学科发展的连续性，本书采用“运营管理”这一概念。

学术界对于运营管理的定义主要有以下几种：运营管理是一门研究运营职能决策的学科，运营管理者在组织中负责产品和服务供应的生产，并对有关运营职能和转换系统作出决策；运营管理包括对产品制造或服务提供过程中各种活动的计划、协调和实施；运营管理是面向生产资源的管理活动，通过运营管理设计并控制企业系统，从而实现在产品生产或服务过程中，有效地利用原材料、人力资源、设备和设施。归纳起来，运营管理就是对提供产品和服务的企业系统进行设计与控制的决策过程。

1.1.2　运营管理的内涵

1. 运营管理是企业的核心职能之一

对于一个典型企业，其三大基本职能是财务管理、市场营销管理及运营管理。这三大职能和其他辅助职能分别完成不同又相互联系的活动，它们相互依赖，缺一不可。只有实现这些职能的相互配合才能实现企业的目标。每个职能都发挥着重要的作用，如图 1-1 所示。

运营管理的目标就是以最佳的方式为顾客提供满意的产品或服务，这也是一个企业所追求的目标之一，因为在市场上获得竞争优势的产品或服务能为企业带来更多利润。因此，我们可以将运营管理视为企业的一种管理核心：在企业中，运营管理所需的资金通过财务管理职能从资本市场上获取；运营管理所需的劳动力通过人力资源部门招募和培训；市场营销管理则是面向消费者的管理职能，如图 1-2 所示。

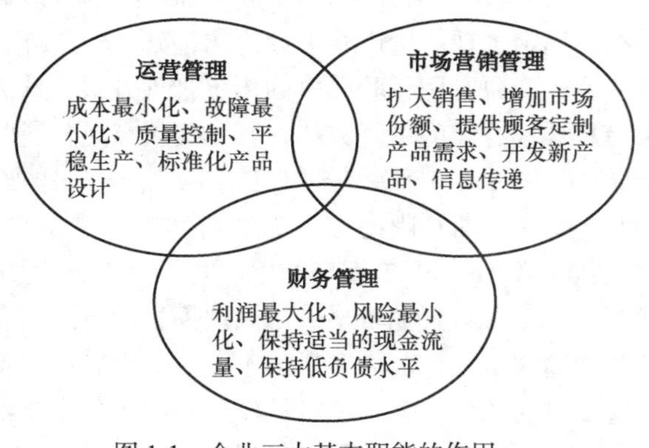

图 1-1　企业三大基本职能的作用

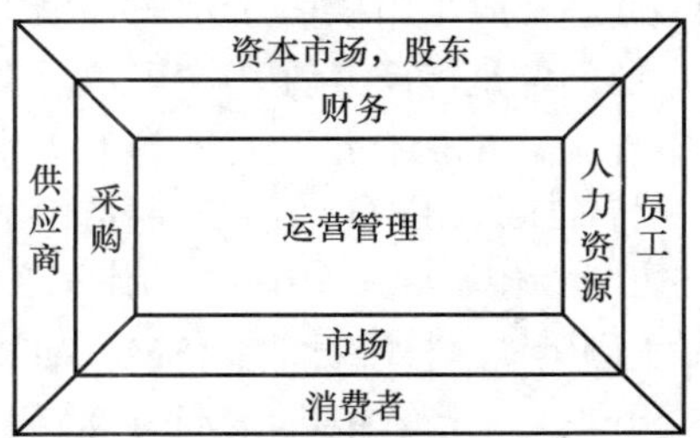

图 1-2　将运营管理视为管理核心

2. 运营是一个转换过程

生产过程包括资源的投入、转换、产品的输出以及内外部信息的反馈。在制造系统中，不同的过程就是不同的生产工艺流程；在服务系统中，不同的过程就是不同的业务流程。生产管理是面向过程的管理活动，包括生产运营系统的设计、运营与改进活动。生产管理使得生产活动能够使用可靠的投入资源，由最佳的运营流程提供顾客满意的产品或服务。生产系统的运营如图 1-3 所示。

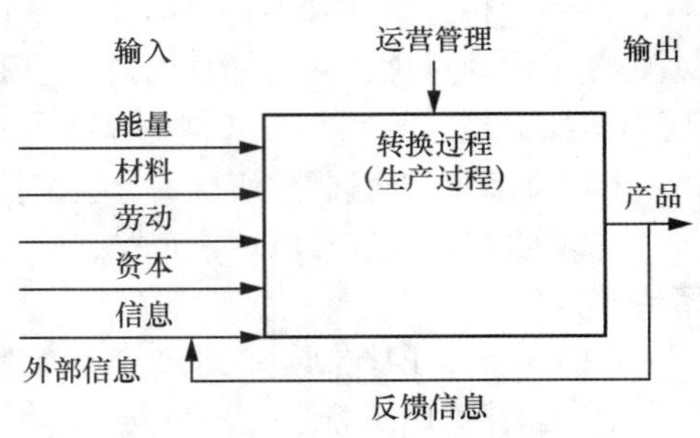

图 1-3 生产系统的运营

生产系统输出不同，则生产系统不同。显而易见，电视机厂的生产系统不同于机床厂的生产系统，电信企业的运营系统也不同于医院的运营系统。为了确保获得满意的产出，管理者必须对转换过程的各个阶段进行监测反馈，并与制定好的标准进行比较，以决定是否采取纠正措施。表 1-1 给出了不同生产系统实例。

表 1-1 生产系统实例

系统	输入	转换	输出
电视机厂	原材料、设备、工具、劳动	电视机制造、装配	电视机
医院	患者、医生、护士、药物、医疗设备	治疗与护理	健康的人
电信企业	电信用户、终端设备、信息、通信设备	传递信息	满意的顾客与高质量通信

1.1.3 运营管理的发展历程

运营管理的发展大致可以划分为 4 个主要阶段。

运营管理的发展历程

第一阶段，生产管理的探索和研究阶段（1911 年以前），始于 18 世纪 60 年代手工业过渡到工厂制之后西方工厂制度早期的生产管理实践。产业革命使得生产社会化程度得到了很大的提高，由劳动分工引发的大批量生产方式开始逐渐取代单件生产方式。1776 年，亚当·斯密（Adam Smith）在《国富论》中系统地论述了劳动分工的三个基本经济优点：重复单项作业提高劳动熟练程度，提高效率；减少由于工作变换而损失的劳动时间；作业专门化促使人们发明新机械。这一时期的代表人物还有发明蒸汽机的瓦特（James Watt），被称为“现代人事管理之父”的欧文（Robert Owen），《论机器和制造业的经济》的作者、经济学家和数学家巴贝奇（Charles Babbage）等。

第二阶段，现代生产与运营管理理论形成与发展阶段（1911 年至 20 世纪 60 年代），以泰勒（Frederick Taylor）所领导的科学管理运动为特征，奠定了现代生产管理理论的基础。1911 年，泰勒在《科学管理原理》中引入科学定量分析方法，改变原有凭经验办事的传统管理方式，认为一切管理问题都应当用科学方法研究和解决、实验是寻找答案的最好方法，其主要观点是：科学管理的中心问题是提高劳动生产率；为了提高劳动生产率必须有第一流的工人；实现工人操作方法、工具、作业环境的标准化；实施有差别的计件工资等。泰勒因此被誉为“科学管理之父”。亨利·福特（Henry Ford）在汽车制造中引入流水装配线，使一辆 T 型车的生产时间由 12 小时缩短到 1.5 小时，使 1908—1916 年的汽车产量扩大了近 100 倍。其他较早采用大规模生产方式的企业（例如美国钢铁、标准石油、IBM、AT&T、杜邦、通用电气等）大多成为工业巨头。它们以低价格进行开发、生产、销售、交付产品和服务。这一时期的代表人物还有动作研究的吉尔布雷斯夫妇（Frank Gilbreth，Lillian Moller Gilbreth），横道图（甘特图）的提出者甘特（Henry Gantt），提出库存管理的经济订货批量模型的哈里斯（Ford Harris）、电话接续质量控制的厄朗（Agner Erlang）、“霍桑实验”的梅奥（Elton Mayo）等。20 世纪 60 年代，随着客户需求日益多样化，市场竞争日益激烈，新产品和技术不断涌现，原来以分工为基础的生产运营理论正面临着以集成为发展方向的生产经营理论的强有力的挑战。

第三阶段，运营管理理论与实践的发展阶段（20 世纪 70 年代至 20 世纪 90 年代），以 20 世纪 70 年代计算机技术在管理中的应用为特征，运营管理理论与实践开始研究成本之外的其他运营重点。大野耐一（Taiichi Ohno）以日本本土思想为基础，创造了超越福特生产方式的丰田生产方式（TPS），他构建了新式的经营思想，并以此指导产业实践，被称为“日本复活之父”和“日本生产管理教父”。大野耐一是从生产现场走出来的实践管理学宗师，在世界管理学界与以理论见长的彼得·德鲁克（Peter Drucker）各树一帜，并驾齐驱。这一时期的代表人物还有“质量管理之父”戴明（Edwards Deming），现代质量管理的领军人物朱兰（Joseph Juran），约束理论的提出者、以色列物理学家高德拉特（Eliyahu Goldratt）（其代表作有《目标》等）。

20 世纪 70 年代以后，计算机技术在生产管理领域得到了广泛的应用。柔性制造系统、无人工厂开始出现，成组技术解决了多品种、小批量生产带来的问题，对生产管理理论的研究拓展到了服务业领域，运营管理从理论上和应用上取得突破性进展，标准化服务比比皆是。进入 20 世纪 80 年代，以顾客为中心的管理，强调对顾客的需求做出快速响应，不仅要求企业按照业务流程对组织进行重组，消除不增加顾客价值的活动，形成多功能团队，而且还要求企业善于利用外部资源和公共资源。准时化生产、精益生产或敏捷生产、大规模定制生产概念被提出并日渐成为主流生产方式；全面质量管理（Total Quality Mangement，TQM）在许多公司得到实施；供应链管理日益受到重视；企业组织也从效率型的机械组织向适应型的有机组织转变。

第四阶段，运营组织边界发生变化（20 世纪末至今），以 20 世纪末互联网的普及为特征，运营管理理论与实践突破了原有的企业边界。国际市场进一步发展，逐步成为全球化生产和全球化市场，一个企业的竞争力已十分有限，必须与其他企业共同组成动态联盟参与市场竞争。企业组织的生产方式、组织方式发生前所未有的变革，运营管理呈现出与传统经济中截然不同的特点。知识经济、网络经济、数字经济的出现既为企业带来了难得的发展机遇，又使企业面临着极大的挑战。为了提高企业竞争能力，世界制造业开始了空前的改造和重构，核心是生产与运营模式的改造，建立起面向 21 世纪基于信息技术、知识与创新的全球制造体系。

运营管理的发展历程以及不同时期的代表性人物及其主要贡献，如表 1-2 所示。

表 1-2 运营管理发展过程

发展阶段	时间	主要理论或实践	代表人物或组织
第一阶段：生产管理的探索和研究阶段	20 世纪以前	工业革命	瓦特
	1776 年	《国富论》	亚当·斯密
	1832 年	《论机器和制造业的经济》	巴贝奇
第二阶段：现代生产与运营管理理论形成与发展阶段	1911 年	《科学管理原理》	泰勒
	1911—1917 年	动作研究	吉尔布雷斯夫妇
	1913 年	移动装配线	亨利·福特
	1917 年	横道图	亨利·L.甘特
	1915 年	库存管理的经济批量模型	F.W.哈里斯
	1931 年	质量控制的抽样检查和统计表	沃特·休哈特（Walter Shewhart） 道奇（Harold Dodge）、罗米格（Harry Romig）
	1927—1933 年	“霍桑试验”	梅奥

续表

发 展 阶 段	时　　间	主要理论或实践	代表人物或组织
第二阶段：现代生产与运营管理理论形成与发展阶段	1934 年	工作活动的抽样调查	提普特
	1940 年	解决复杂系统问题的协作方法	运筹学小组
	1947—1950 年	线性规划的单纯形法模拟理论、决策理论、数学规划、计算机硬件和软件 PERT 和 CPM 的项目进度安排等技术的进一步发展	丹齐格（George Bernard Dantzig）等
第三阶段：运营管理理论与实践的新发展，运营重点的变化	20 世纪 70 年代	研制各种处理车间进度计划、存储、布置、预测、项目管理等日常问题的软件包	计算机制造商
	20 世纪 80 年代	服务质量和生产率、准时化生产、TQC、工厂自动化、MRP Ⅱ、CIMS 同步制造（瓶颈分析和约束的优化理论）	大野耐一、戴明、朱兰、高德拉特等
	20 世纪 90 年代	全面质量管理普及化、敏捷制造、业务流程再造、供应链管理	里海大学 哈默（Michael Hammer）、SAP、Oracle
第四阶段：运营组织边界发生变化	20 世纪末至今	电子化运营、虚拟企业、网络组织	淘宝、拼多多、抖音等

1.1.4　运营管理的发展趋势

进入 21 世纪，随着制造技术和信息技术的发展，特别是在顾客的个性化需求与经济全球化的推动下，运营管理的创新活动呈现出前所未有的活跃状态，其发展趋势表现为以下几个方面。

1. 生产方式方面，从粗放生产转变为精细生产

精细生产既是一种原理，又是一种新的生产方式。从一般意义上讲，精细生产是指减少对一切资源的占用，提高对一切资源的利用率，它包含一系列通过消除浪费和简化过程来降低成本的原理和实践。例如，以持续变化、快速反应、质量高标准和低费用为特征的柔性制造；寻求定制生产和大规模生产结合点的大规模定制（Mass Customization，MC），以多样化和定制化的产品代替标准化的产品，产品的生命周期和开发周期日益缩短，在满足用户个性化需求的同时降低生产成本；基于网络的敏捷制造，把企业与客户、供应商有机地联系成一个整体、提高产品研发速度，降低开发成本，延长产品寿命周期，打破成本与批量生产的直接关系形式，最大限度地发挥人的积极性和创造性，并将虚拟制造技术和网络技术相结合，做到分散网络化制造。

2. 生产组织方面，从以产品为中心转变为以客户为中心

在生产过程中，企业从注重产品的差异化转变为注重顾客的差异化。这时，由于产品的极大丰富，卖方市场转变为买方市场，客户拥有很大的自主选择权。为了实现与客户间良好的合作关系，企业必须转变生产组织方式，建立以满足客户需求为中心的组织方式，从注重产品的价值转化为注重客户的价值。消费互联网平台使企业更容易了解并掌握消费者（客户）的行为偏好，精确洞察消费者需求。“在线带货”和“在线购买，店内取货”等模式允许零售商跨渠道履行在线订单，使线上和线下消费的整合成为主流。企业基于消费者行为的预测可以制定合理的定价和促销策略，通过提供个性化产品和服务使企业获得更大收益。

3. 运营管理手段方面，由人工管理转变为计算机管理

信息技术的采用使企业的经营计划、产品开发、产品设计、生产制造以及营销管理等一系列活动有可能构成一个完整的有机系统，从而更加灵活地适应市场环境变化的要求。目前大多数企业已从手工管理向计算机管理过渡，计算机的应用和普及给企业带来巨大的效益。从 ERP

（Enterprise Resourse Planning，企业资源计划）系统的使用，到人工智能程序化广告的精准投放，移动互联网、大数据、超级计算等新技术为企业的运营管理带来深刻的变革。新一代信息技术催生的消费互联网平台、工业互联网平台、物流互联网平台等带来了制造、消费、物流的新模式。产品和服务的定位、设计、制造、分销、运输等活动的组织方法及资源和能力的配置模式都发生了新的变化。

4. 制造业与服务业的深度融合

与制造有形产品的生产过程不同，无形的服务过程可以不消耗自然资源。发展服务业不仅可以减少环境污染，提高人们的精神生活质量，而且能够促进国民经济持续、健康发展。随着新一轮信息产业发展和全球制造业逐渐由单一生产型向“生产+服务”型转变，促进制造业与服务业相融共生、协同发展，成为推动制造业高质量发展的必然选择。先进制造业和现代服务业融合的基础动力是价值链高度相关，融合的过程是价值链在开放、互生中分解、渗透、延伸和重构。加快制造业服务化进程，有效管理从要素源头到产出终端全产业链的所有环节，从而加快制造业与服务业联动发展和向价值链高端提升。

5. 实行绿色制造，构建生态供应链

在全球碳排放量增多、全球气候加速变暖的背景下，发展“绿色经济”已成为全球热点。习近平总书记强调，中国坚持走生态优先、绿色低碳的发展道路。绿色制造（Green Manufacturing）也被称为清洁制造（Clean Manufacturing）、环境意识制造（Environmentally Conscious Manufacturing）、环境责任制造（Environmentally Responsible Manufacturing）、全面环境质量制造（Total Quality Environment Management）或工业生态（Industrial Ecology）等，其目标是通过设计和制造使得产品在设计、制造、包装、运输、使用、报废处理的全寿命周期中，对环境的负面影响最小，资源利用率最高，并使企业经济效益和社会效益协调优化。绿色制造可以构建绿色供应链，建立以资源节约、环境友好为导向的采购、生产、营销、回收及物流体系，推动上下游企业共同提升资源利用效率，改善环境。

对制造技术本身来说，各学科、专业之间的界限已经不再那么明显，从产品的设计开始，到确定产品的加工工艺、加工过程、质量检测，以及最后装配和包装，已逐渐趋向一体化。例如，快速成型技术是集材料成形、CAD（Computer Aided Design，计算机辅助设计）、数控、激光等技术为一体的综合技术，快速成型技术可以在没有模具、刀具和工装的条件下，根据三维 CAD 模型的分层数据，对材料进行堆积，快速地制造出任意复杂程度的产品原型或零件。这种技术先是在模具制造、工业设计等领域被用于制造模型，后逐渐被用于一些产品的直接制造。目前已经有使用这种技术打印而成的零部件，这种技术未来可被应用的范围会越来越广。

1.2 电信业及其发展

1.2.1 电信的概念

1992 年，国际电信联盟（International Telecommunication Union，ITU）在日内瓦通过的《国际电信联盟组织法、公法和行政规则》中对电信的定义是：利用有线、无线、光或者其他电磁系统传输、发射或接收符号信号、文字、图像、声音或其他任何性质的信息。世界贸易组织的《服务贸易总协定》中“关于电信服务的附件”对电信的定义是：电信是指以任何电磁方式传递或接收信号。

电信业及其发展

根据《中华人民共和国电信条例》（简称《电信条例》）的定义，电信是指利用有线、无线的电磁系统或者光电系统，传送、发射或者接收语音、文字、数据、图像以及其他任何形式信息的活动。这种活动表现为电信业务经营者提供各种电信业务的行为，例如固定电话服务、宽带接入、数据专线服务、移动互联网服务等。本书采用《电信条例》的定义。

作为社会经济的有机组成部分，"产业"是社会分工的产物。它随着社会分工的产生而产生，并随着社会分工的发展而发展。20 世纪 20 年代，国际劳工局对产业进行划分，把一个国家的所有产业分为初级生产部门、次级生产部门和服务部门。第二次世界大战以后，西方国家大多采用了三次产业分类法。在中国，产业的划分是：第一产业包括农、林、牧、渔业；第二产业包括采矿业，制造业，电力、热力、燃气及水生产和供应业，建筑业；第三产业包括交通运输、仓储和邮政业，信息传输、软件和信息技术服务业等。

1.2.2 电信产业的特点

与其他产业相比，电信产业的主要特点如下。

1. 自然垄断性

自然垄断性是指当一种产品或一种服务的生产全部交给一家垄断企业经营时，对全社会来说总成本最低。具有自然垄断性的行业有两个主要特征：一是规模效益明显；二是投资会形成巨大的沉淀资本。电信产业的规模效益主要体现在运营成本中固定成本比重大，变动成本比重小，随着生产规模的扩大单位产品成本趋于下降。沉淀资本是指企业在参与一个行业的经营后，需建设大量基础设施，并购置大量专用设备，而这些基础设施和设备又难以挪作他用，使得行业进入门槛和退出障碍都很高。如果在同一地区，多家具有自然垄断性的企业参与竞争，必然导致多头竞争，重复建设，资源浪费。电力、煤气、自来水、电信等领域一般具有自然垄断性。

2. 准公用性

完全以社会效益为目标的组织是公用性组织，例如国防、环保机构没有独立的经济利益。一些提供社会基础设施的组织往往具有准公用性，主要体现在外部经济性与普遍服务性。外部经济性是指一个行业或一个部门为社会带来的经济效益高于它本身的经济效益。例如电信部门每完成一个单位的业务，可为社会节约几十倍的费用，电信产业为国民经济的发展发挥了巨大的作用。普遍服务是指一个部门的经营以全社会各阶层为服务对象。现代社会将人们在任何地方均享有同等水平通信服务的通信权作为人权的组成部分。经济发展与合作组织（Organization for Economic Cooperation and Development，OECD）将普遍服务理解为"任何人在任何地点都能以承担得起的价格享受电信业务，而且电信业务质量和资费标准一视同仁"。可采用以下几种方式对提供普遍服务的企业进行补贴：①政府直接补贴；②各种电信业务相互之间交叉补贴；③征收普遍服务基金。

3. 网络性

电信产业的网络性具体表现为全程全网、联合作业以及不同网络间的互联互通。电信通信是社会化的通信，必须有一个完整的网络才能提供社会性的服务。这就是全程全网联合作业。"全程全网"指的是，当用户在一个时刻进行某种通信业务的呼叫（如通过电话、数据、多媒体等方式）以后，业务信息在整个传递的过程中经过交换设备、传输设备、传输介质，到达被叫端的各种终端设备。这一过程还涉及有关路由、接口、协议等的内容。一个信息要传递到用户所要求的地方，往往需要不同的电信企业的共同作业，属于同一经济体的各电信企业要联合作业，属于不同的经济体的各电信企业也要联合作业。这体现出了电信生产的网络性。

4. **服务性**

菲利普·科特勒（Philip Kotler）给服务下的定义是：服务是一方能够向另一方提供的基本上是无形的任何行为或绩效，并且不导致任何所有权的产生。由于服务是无形的，就具有与有形商品不同的性质。首先是易消失性，服务是不能保存的，只能即时享用。其次由于服务是无形的，因此交易过程就是不可逆的，商品出售后可退换收回，服务是不可能收回的。例如，电信企业将一个信息传递到用户所要求的地方，收信方已经了解了信息的内容，不可能恢复到不了解该信息的状态。这个特点决定了服务的运营管理过程与有形产品的生产过程有显著的不同。

1.2.3　电信产业的发展状况

1837 年，莫尔斯（Samuel Morse）发明了电报技术。为顺利实现各国之间的电报通信，1865 年 5 月 17 日，法、德 、俄、意、奥等 20 个欧洲国家的代表在巴黎签订了《国际电报公约》，国际电报联盟（国际电信联盟的前身）宣告成立。1969 年 5 月 17 日，国际电信联盟第二十四届行政理事会正式通过决议，确定 5 月 17 日为“世界电信日”（现称为“世界电信和信息社会日”）。

20 世纪 60 年代以前，各国的电信业都处于长期垄断经营状态。在垄断体制下，政府必须通过管制控制垄断企业的利润，确保其按照公共利益要求提供服务。20 世纪 90 年代以后，随着信息技术的融合发展，电信产业在世界范围内发生了巨大的变化，电信市场由垄断走向竞争。鼓励竞争和放松电信管制的浪潮席卷全球。

1949 年以来，我国电信业的发展取得了举世瞩目的巨大成就，电信业对国民经济发展的贡献显著提高，通信网的规模容量、技术层次和服务水平都发生了质的飞跃。我国电信产业经过多次改革重组形成目前的竞争格局，主要发展历程如下。

（1）1949 年，中央人民政府邮电部（后改名中华人民共和国邮电部，下文简称邮电部）诞生成为电信行业内唯一的运营主体和管理主体。

（2）1993 年，首次在 9 种非基础电信业务中引入竞争机制。

（3）1994 年，中国吉通和中国联通分别成立；1995 年中国电信从邮电部独立出来。

（4）1998 年，邮电部撤销，中华人民共和国信息产业部（下文简称信息产业部）成立，这从根本解决了政企分开的问题。

（5）1999 年，信息产业部对中国电信进行拆分重组，俗称“第一次重组”，将中国电信的寻呼、卫星和移动业务剥离出去，原中国电信拆分成中国电信、中国移动和中国卫星通信公司 3 个公司，寻呼业务并入中国联通，同年中国网通成立——也就是后来的“网通控股”“小网通”。

（6）2000 年，中国铁通成立；2001 年，中国卫通成立。

（7）2002 年，电信业进行“第二次重组”，以打破固定电话领域的垄断为重点，已被剥离了移动业务的中国电信又实施南北拆分（北方 10 省市划给新的中国网通、南方 21 省市划给新的中国电信），新的中国电信和中国网通（北方电信+小网通+中国吉通）挂牌成立。形成“5+1”的电信市场新格局，即中国电信、中国网通、中国移动、中国联通、中国铁通、中国卫通 6 家。其中，移动通信领域是中国移动、中国联通双寡头垄断经营；固网和宽带领域是中国电信、中国网通、中国铁通及中国联通少量业务的竞争经营；卫星通信领域是中国卫通经营。这让不同的电信业务领域在一定程度上打破了垄断经营。

（8）2008 年，中华人民共和国工业和信息化部（下文简称工信部）成立。同年电信业进行“第三次重组”，使 6 家基础电信运营商重组为 3 家。在这一轮重组中，中国电信+中国联通 C 网+中国卫通公众服务网络组成新中国电信，中国网通+中国联通 G 网组成新中国联通，中国移动+中国铁通固网及宽带组成新中国移动。

（9）2009 年 1 月，工信部发放 3 张 3G 牌照，新中国电信获得 CDMA2000 牌照、新中国联通获得 WCDMA 牌照、新中国移动获得我国自主知识产权的 TD-SCDMA 牌照。

（10）2010 年 6 月，三网融合试点正式开始。

（11）2013 年 5 月，工信部发放了首批虚拟运营商牌照。同年 12 月工信部发放 4G 牌照。

（12）2014 年 7 月，为了减少电信行业中铁塔及相关基础设施的重复建设，提高电信基础设施共享共建水平，在国务院国有资产监督管理委员会（下文简称国资委）和工信部的协调下，三家基础电信运营商共同出资建立了中国通信设施服务股份有限公司后更名为中国铁塔股份有限公司。

（13）2016 年 5 月，中国广电获得工信部颁发的基础电信业务许可证，成为第四家基础电信运营商。

（14）2019 年 6 月，工信部正式向中国移动、中国联通、中国电信以及中国广电 4 家运营商发放了 5G 商用牌照。同年 7 月，中信网络获得基础电信业务牌照，成为第五家基础电信运营商。

当今世界正发生着人类有史以来最为迅速、广泛、深刻的变化。以信息技术为代表的高新技术突飞猛进，以信息化和信息产业发展水平为主要特征的综合国力竞争日趋激烈。在大数据、云计算、物联网、区块链、人工智能、移动互联网等新兴技术的推动下，电信产业面临前所未有的机遇和挑战。电信企业应当把握经济社会数字化转型新趋势新特点，站在统筹中华民族伟大复兴战略全局和世界百年未有之大变局的高度，围绕加快建设制造强国、网络强国和数字中国的战略目标，开启信息通信行业高质量发展新征程。

1.3 学习目的与学习方法

1.3.1 学习目的

电信企业生产运营活动是一个价值增值的过程，是向社会提供电信服务的过程。电信服务中最重要的一点就是时效性，同时也要保证所提供的电信服务质量是安全可靠的。电信服务的成本，决定了电信服务的价格，即资费。电信服务的柔性则反映了电信企业满足用户个性化需求的能力。时效性、质量、成本和柔性这 4 个方面构成了电信企业运营价值的实现条件，也就决定了电信企业运营管理的目标必然是：电信企业以合理的资费，及时、有效地提供各种电信业务并达到规定的电信服务水平，满足用户的通信需求。通过学习本书，读者可以理解电信企业运营管理的组织职能，以及电信企业管理者的职责、作用和运营决策技巧，掌握运营管理理论的基本内容及其在电信企业的应用，对电信企业的运营体系框架有一个清晰的认识，并熟练掌握各种常用通信网络和通信业务的运营理论与管理技术。

要想实现运营管理的目标，电信企业首先要做到以下 3 点。

1. 重新审视运营管理在电信企业经营管理中的地位和作用

过去，由于电信系统是国家的信息中枢，关系到国家安全和人民生活，电信企业的社会职能被认为是其首要的职能。随着我国电信业破除垄断、走向竞争，电信企业逐步建立起自主经营、自负盈亏的现代企业制度，电信企业生产运营的目的就在于提高生产效率、实现企业利润最大化。强调电信企业的经济效益目标并不意味着弱化它的社会职能，相反从长远来看，这也意味着电信企业能够以较小的生产运营成本实现其社会职能。

2. 掌握提高电信服务质量的基本方法

服务质量是电信企业的生命线，也是电信企业生产运营管理的根本立足点。向社会提供优质高效的电信服务是电信企业的“天职”，也是电信运营管理的最重要的指导目标。有效的运营管理有助于电信企业不断提高服务质量，扩大服务范围，完善服务内容和服务手段。

3. 掌握提高电信企业运营效率的方法

提高运营管理效率，不仅是电信企业运营管理的基本要求，也是检验电信企业运营管理是否成功的直接依据。提高劳动生产率有利于降低成本，提高工作效率，是电信企业实现经济效益目标的重要手段。

近年来，电信企业不断进行内部组织运营机构的调整，有些调整是基于外部环境的需要，而有些是基于内部人事安排的需要。对传递一次性信息的通信产品来说，电信企业运营管理特征导致电信业务量在时间分布上的不均衡，如何使电信企业适应业务量在时间分布上的不均衡的规律性，将是提高通信质量的关键因素。

1.3.2 学习方法

读者在学习电信企业运营管理相关知识的时候，既要了解工商管理理论的一般学习方法和运用范围，也要了解电信运营管理理论学习方法的特殊性。由于运营管理理论研究范围的广泛性、内容的复杂性、发展的快速性，以及信息通信技术日新月异的变化，读者除了要达到工商管理理论学习的一般性要求之外，还要树立起系统的观点，要全面地了解、掌握电信运营管理的具体方法、技术和原理。在本书学习过程中，读者应注意坚持以下原则：理论和实践的统一、技术和市场的统一、纵向与横向的统一、传承和创新的统一、产业和企业的结合、理解和记忆的结合。

要做到这些，读者不仅需要扎实的理论基础和创造性的实践能力，还需要胸怀报国之志以及对我国电信事业的热爱和浓厚的兴趣。这将是读者学好电信企业运营管理的动力和源泉所在。

1.4 本章小结

本章首先介绍了运营管理的有关概念，回顾了企业运营管理的发展历史，讨论了运营管理的发展趋势。其次，本章对电信和电信产业进行了阐述，给出了电信产业的特点，介绍了电信产业的发展现状。最后，本章明确了读者学习本书内容的目的与相关方法，为读者学习本书后续内容奠定了基础。

案例讨论：营业厅的服务体验

请读者分别到 3 家不同电信企业的营业厅办理同种业务，注意选取各电信企业相同规模的营业厅，观察这些电信企业在其营业厅的基本运营方面有哪些区别，并回答以下问题。

（1）营业厅受理业务的流程怎样（例如一站式服务还是自助式服务）？

（2）遇到 VIP 客户，营业厅工作人员如何处理？

（3）营业厅是否提供产品介绍、业务演示和客户体验等服务？

（4）营业厅的营业环境如何（包括安全设施、服务设施、公告内容、业务演示系统、资料准备等方面）？

（5）营业厅的服务质量如何（包括服务引导、营业秩序与现场管理、服务态度、服务效率等方面）？

思考与练习题

1-1 什么是运营管理？简述运营管理的内涵。

1-2 运营管理有哪些新的发展趋势？

1-3 电信的定义是什么？电信产业的特点有哪些？

1-4 试述“电信运营管理”的学习目的与方法。

第 2 章 电信运营企业

【引例】沃达丰从“单纯的电信公司”向“科技公司”转变

沃达丰是跨国移动通信运营商，为全球几十个国家或地区提供网络服务。沃达丰拥有较完备的企业信息管理系统和客户服务系统，在增加客户、提供服务、创造价值上拥有显著优势。沃达丰正力求从“单纯的电信公司”向“科技公司”转变，其战略包括：改革运营，以降低成本；数字化改造客户体验和服务开发流程；利用 5G、物联网和边缘计算提升差异化的客户价值。

电信运营企业是以信息传递为主要经营内容的企业，是构成信息产业的重要单位。电信运营企业是电信运营活动的主要实施者，是从事电信服务的生产者和经营者。本章将讨论电信运营企业的分类与特点、电信运营企业的组织结构及电信运营企业的边界。

电信运营企业

本章学习目标

（1）掌握电信运营企业的分类与特点。

（2）了解决定电信运营企业组织结构的关键因素。

（3）熟悉企业边界的内涵，以及如何确定电信运营企业的纵向边界与横向边界。

2.1 电信企业的分类

简单而言，电信企业就是为了达到组织目标而进行电信服务的经济组织。为了更好地掌握电信企业的内涵，从而更好地理解电信企业的运营过程，读者必须从不同的角度对电信企业进行分类。具体来说，分类标准不同，电信企业的内涵也会有所不同。

1. 按照产品性质分类

广义上来说，按照产品性质来分，电信企业可以分为制造商和服务商。电信制造商包括生产电信设备、零部件的硬件制造商和提供软件产品的软件开发商。电信服务商可以分为提供资源性服务的企业和提供功能性服务的企业。以此为维度，电信服务商包括面向电信制造商的服务提供商、面向用户的服务提供商以及面向电信运营商的服务提供商。狭义上来说，电信企业是指以提供电信服务为主要经营内容的服务型企业。本书研究的对象为狭义上的电信企业，即电信运营企业。本书在后文所涉及的电信企业都是指电信运营企业。本书后面的内容，为了语义的清晰表述，可能会灵活使用“电信企业”“电信运营企业”“电信运营商”这 3 种表述，三者含义是一致的，请读者注意。

2. 按照商业类别分类

按照商业类别来分，电信企业可以分为零售商和批发商。电信零售商主要面向最终用户提供电信服务。它的特点为业务种类固定、个人用户数量众多。电信批发商主要面向零售商、产业用户，而不直接服务于个人用户，位于电信服务商品流通的中间环节。

3. 按照技术类型分类

技术依赖性是电信企业区别于其他企业的重要特点。随着经济环境的变化，技术在电信企业中的影响力逐步加大，技术类型成为划分电信企业的重要标准。按照通信技术类型，我国一般把电信企业分为固网运营商、移动通信运营商、卫星通信运营商。我国的电信行业在 2008 年重组之前，中国电信、中国网通、中国铁通是固网运营商，中国移动、中国联通属于移动通信运营商；重组以后，中国电信、中国移动和中国联通 3 家均获得电信运营全业务牌照，成为全业务电信企业。

2.2 电信运营企业的特点

企业的特点，是企业自身能力的综合反映。由于电信业服务的特殊性，电信运营企业区别于一般企业，主要有如下特点。

1. 技术依赖性

传统电信与计算机技术不断融合，使得电信服务向宽带化、综合化、智能化的方向发展。各种新业务层出不穷，电信通信与信息服务紧密结合，使人们能够更加有效、方便地传递信息和获取信息。电信网络作为社会基础设施和电信通信与信息服务的技术基础，其发展速度应当与社会经济发展相匹配，这就要求电信运营企业在生产运营中积极跟踪新技术，采用合理、先进的科学技术，以满足人们日益增长的通信需求。

2. 产品的无形性

电信运营企业是以传递信息业务为主要经营内容的服务型企业。电信运营企业大多不直接生产具体的、有形的物质产品，而是为其他部门提供通信服务，当然许多服务的一部分是有形的。由于生产力水平和社会分工的发展，人们交流的信息量不断增加，交流信息的方式不断进步，对电信服务的需求也越来越大，因此电信运营企业的地位变得更为重要。正是由于产品的无形性，电信运营企业具有了一系列独特性。

3. 与顾客接触程度高

在传统的制造业中，顾客与产品在空间、时间上是分离的，而在以电信运营企业为代表的服务业中，服务是以顾客体验为中心的。为了提高服务质量，就电信运营企业而言，其运营能力以及运营质量要满足顾客的需求变化，换句话说就是要求电信运营企业要有一定的运营弹性；就获得服务的用户而言，他们的知识面、动机等都会影响服务的完整实施，这就要求电信运营企业规范企业文化，以积极的服务文化培育引导形成良好的服务氛围。

4. 服务响应的实时性

电信运营企业所提供的电信服务是借助电信号或者光信号传递信息，将经过调制或编码后的信号在各类传输介质中进行传输。因此，电信运营企业为用户提供服务的时刻也是用户消费服务的时刻，即电信服务具有高度的时效性。电信运营企业的生产运营过程也以时效为第一要求。电信运营企业在设计电信服务系统时，应首先考虑实时性，只有满足了实时性，才能在此基础上提供后续的服务。

5. 从垄断到竞争

作为国民经济基础设施的电信业属于公用事业，因此电信运营企业的生产经营活动具有明显的公益服务性和天然的垄断性。改革开放以来，按照产业组织理论和国际电信业发展经验，我国电信业力求建立一种规模经济和市场竞争活力相兼容的适度竞争、有效竞争。为此，我国首先进行了引入市场竞争的改革，1994 年，中国吉通公司成立，被授权建设、运营和管理国家公用经济信息网，与原中国电信在数据业务领域展开竞争。随后成立的中国联通，经营电信基础业务和增值业务。这被赋予打破“老中国电信”垄断地位的色彩，一定程度上提升了市场效率。在中国联通进入移动通信市场后，邮电部门大幅降低了入网费和资费。2008 年新一轮电信重组后，中国移动、中国电信、中国联通均获得电信运营全业务牌照。各电信运营企业普遍提高了市场意识、竞争意识和服务意识，多方采取措施加强管理，降低成本，提高效率。

6. 企业间的相互依存性

电信通信是网络型产业，互联互通的电信网是提供电信服务的物质技术基础。由于电信运营管理具备全程全网的特点，因此一项通信任务的完成往往需要各个电信运营企业的联合生产、相互协作。因此，为了保证在全行业范围内有效地进行生产经营，切实保障全网的经济效益和各个电信运营企业自身的经济利益，电信运营企业的生产经营决策就要受到全行业以及互联互通企业的限制与影响。只有保障不同运营商、不同类别网络、设备间的线路畅通，才能保证电信生产的正常进行。

2.3 电信运营企业的组织结构

不同的组织有不同的组织结构，企业的规模、内部分工与协作都影响着企业组织结构。电信运营企业是一个由众多复杂部门组成的有机整体。要了解现有电信运营企业的组织结构，我们首先需要回顾企业传统的组织结构。

2.3.1 传统的组织结构

1. 组织结构的概念

任何组织活动都离不开分工和协作这两个既相关又对立的要素。分工是指按照提高专业化程度和工作效率的要求，把组织的目标和任务进行分解，明确各层次、各部门乃至个人的职责。分工的概念应用于整个组织的纵向分工和横向分工，从而形成管理层次和各类部门。协作是指明确部门之间以及部门内部的协调关系与配合方法，从而在完成组织任务的过程中，各部门的工作努力达到统一。现代企业的分工越细，专业化程度越高，协调越困难，组织的协作也越重要。组织结构是指组织成员为完成工作任务、实现组织目标，在职责、职权等方面的分工、协作体系。

2. 组织结构设计的关键因素

一般来说，管理者在设计组织结构时，必须考虑以下 6 个关键因素。

（1）工作专门化。工作专门化就是把企业中的工作任务进一步划分成单独工作单元。通过专门化的工作，企业不仅可以最大限度地实现员工自身的价值，还可以实现其他目标，例如提高员工的技能水平，使企业培训更有针对性。同时要注意的是，过度的工作专门化会带来“不经济”影响，例如使员工产生厌烦情绪、疲劳感、压力等（如图 2-1 所示）。在这种情况下，企业适当扩大员工工作活动的范围，可以提高企业的效率。

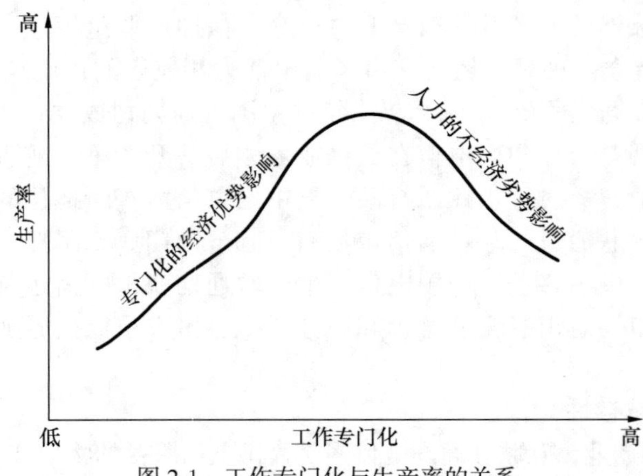

图 2-1　工作专门化与生产率的关系

（2）部门化。对工作单元进行合并的基础是部门化。企业进行部门划分的方法主要有 4 种：职能划分、产品类型划分、地域划分、顾客类型划分。职能划分就是把不同的专业员工，按不同的职能需求划分到不同的部门中进行管理；产品类型划分是指以每一项主要的产品或服务为单位来划分相关部门；地域划分即围绕某个地区形成一个部门，满足每个区域中员工的需求；由于相似类型的顾客存在着共同的问题和需求，把不同类型的顾客区分开有利于更大程度地满足顾客的需要。

（3）命令链。命令链是一种从组织高层贯穿到基层的不间断的职权线路。它明确指出谁要向谁报告工作。在传统的命令链中，每位基层成员只由一个主管直接负责，然而随着信息技术的发展和给下属授权浪潮的冲击，组织中任何位置的成员都能与他人交流而无须通过正式渠道，命令链的作用越来越薄弱。

（4）控制跨度。控制跨度是指一名管理者可以有效指挥下属的人数，它在很大程度上决定了一个组织要设置的层级和配备的管理者人数。当其他条件相同时，控制跨度越宽，组织效率就越高。

（5）集权与分权。集权是指组织中决策权集中于一点。集权式组织与分权式组织在结构上有着本质差异。在分权式组织中，成员采取行动解决问题的速度较快；更多的成员参与决策当中并为决策提供建议；成员与那些影响到自己工作生活的决策者之间隔阂更少。这也是分权式决策越来越受现代企业所推崇的原因。

（6）正规化。正规化是指组织内部的工作标准化的程度。工作的正规化程度越高，意味着成员对于工作内容、工作时间、工作手段的自主权越低。当正规化程度较低时，工作行为相对来说就不那么程序化，成员对自己工作的处理权限也比较宽松。

3. 组织结构形式

经过长期的实践与发展，组织结构已经形成了多种不同类型，其中常见的主要有以下 6 种。

（1）简单结构。简单结构是一种仅有 2～3 层垂直层次、决策权集中在一个人手中的扁平式组织结构形式，如图 2-2 所示。

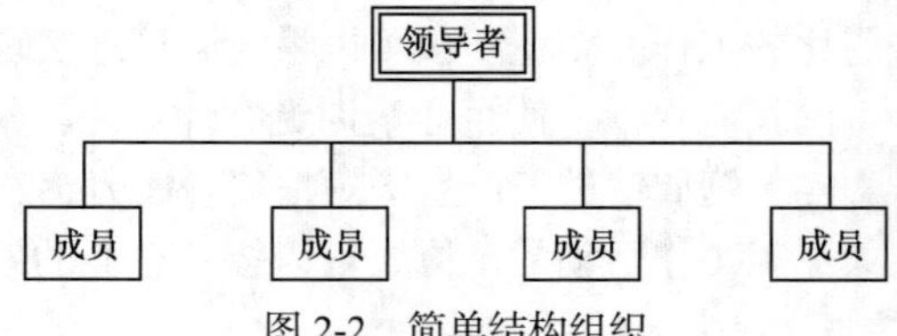

图 2-2　简单结构组织

（2）官僚结构。官僚结构就是将工作专门化从而得到十分规范的操作任务、正规的规章制度，将任务根据职能部门进行组合，集中权威，控制跨度窄，通过命令链进行决策。

（3）矩阵结构。矩阵结构是两种部门化形式（职能部门化和事业部门化）的融合，它的命令链是双重的。矩阵结构的优势在于能使组织满足来自环境和顾客的双重要求，资源可以在不同产品之间灵活分配，有利于各种活动的协调，同时也给员工提供机会获得职能或一般管理两方面的技能。

（4）团队结构。当管理层运用工作团队作为协调组织活动的核心方式时，它的组织结构即为水平结构或团队结构。在小型企业中，团队结构可作为整个组织形式；在大型企业里，团队结构一般作为典型官僚结构的补充。

（5）虚拟组织。虚拟组织是一种企业与企业之间的临时组织形式，是不同的企业通过合作所组建的“战略联盟”。联盟内的各个企业，可以充分发挥自己的竞争优势，共同开发产品或提供服务。虚拟组织打破了传统组织的层次与界限，在管理上具有很大的松散性，有利于节约资源，发展核心竞争力；虚拟组织借助先进的通信技术外包主要职能，组织核心的工作就是协调、监控各组织之间的活动，如图 2-3 所示。

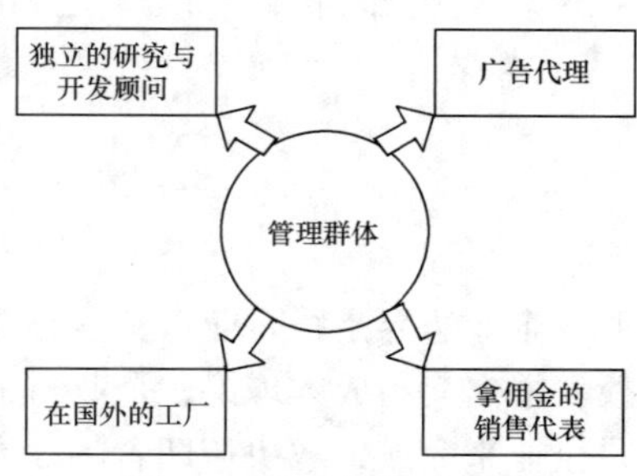

图 2-3　虚拟组织示意图

（6）无边界组织。通用电气公司前总裁杰克·韦尔奇（Jack Welch）创造了这种结构形式。无边界组织的思想是减少企业内部的水平界限和垂直界限，并且消除企业与供应商、顾客之间的外部屏障。无边界组织寻求的是减少命令链，对控制跨度不加限制，取消各种职能部门，代之以授权的工作团队。无边界组织可以通过采取一些有效的行动来实现：管理人员取消组织垂直界限而使组织趋向扁平化，等级秩序作用降低到最低限度；以多功能团队取代职能性部门，围绕组织的工作流程开展活动可以消除组织的水平界限；充分发挥无边界组织的功能，有助于打破组织与顾客之间的外在界限，以及由地域带来的障碍。

4. 组织设计的影响因素

对于各种不同的组织设计方案，从高度结构化和标准化的官僚结构组织（机械结构），到松散而形状不定的无边界组织（有机结构），管理者在决定对组织进行设计或重新设计之前，通常需要对 4 种因素进行评估。这 4 种因素是：战略、组织规模、技术、环境。每种因素都可以单独对设计决策产生影响，也可以作为合力促进或限制组织设计方案的选择。

表 2-1 列举了 3 类组织战略及其对应的组织结构特点。

表 2-1　3 类组织战略及其对应的组织结构

战略	结构方案
创新战略	有机结构：结构松散，工作专门化程度低，正规化程度低，分权化
低成本战略	机械结构：控制严密，工作专门化程度高，正规化程度高，高度集权化
模仿战略	有机-机械机构：松紧搭配，对于目前的活动控制较严，但对创新活动控制较松

2.3.2　电信运营企业的基本组织职能

电信运营企业采用何种组织结构，取决于该企业的规模以及所处的发展阶段。在相同的发展阶段，各个电信运营企业的行为和组织方式是类似的。对于电信运营企业而言，除基本的财务管理、人力资源管理、物资采购等综合管理职能以外，它的职能按管理专业分工划分，还包括市场经营职能、网络运营维护职能、客户服务职能等。

作为特大型公用事业单位，我国传统的电信运营企业曾以事业部组织结构为主，其中地区事业部和专业事业部并存。随着电信市场的开放，我国电信运营企业加快了业务流程改造的步伐，充分考虑企业的发展战略、顾客需求和自身效益等因素，建立前后端型扁平的组织架构。新的架构前端以营销为中心，后端以网络为中心。前端按照客户群和产品进行划分，面向电信用户统一界面；后端按照网络维护和投资建设进行划分，并根据市场导向统一调度后端资源，简化了管控部门。企业在前端进行扁平化设计是为了进一步突出按客户群进行差异化服务，有利于构建无缝的服务体系，同时将考核指标直接分解到各个部门，强化了责任；在后端进行调整，打破了原有条线界面，促进维护和资源的集中管理；在前、后端引入了服务水平协议（Service Level Agreement，SLA），规范和制约了前后端之间的行为。

2.4　电信运营企业的边界

企业边界是指企业以其核心能力为基础，在与市场相互作用过程中形成的经营范围和经营规模。根据交易成本理论，企业与市场是相互替代的治理机构，一项经济活动究竟应该交由市场还是企业来完成，取决于两者的效率比较。科斯（Ronald Coase）认为，市场交易的边际成本和企业内交易的边际成本正好相等的点，就是企业的最优边界。威廉森（Oliver Williamson）把组织进行交易的方式分为层级和市场两种形态，层级机制的交易成本包括企业内部组织管理成本，市场机制的交易成本包括谈判、合同、付款等。其中，代理效率与市场交换过程有关，技术效率与组织生产过程有关。威廉森认为，最优的纵向组织可以减少技术非效率和代理非效率的总和、厂商通过降低生产成本和交易费用的总和，实现经济化。当交易在企业内进行比在市场进行更有效率时，企业倾向于扩张；反之，企业则会缩小其边界，更多诉诸市场交易，而非企业内部交易。

2.4.1　电信运营企业的纵向边界

任何产品或服务的生产都涉及相当多的活动，而从获取生产要素开始到最终产品的分配和销售的过程被称为产品或服务的纵向链条。为了将投入转化为产出，企业必须考虑哪些活动应该由自己完成，哪些又应该从外部市场购买。这种决策就决定了企业的纵向边界。要确定纵向边界，企业必须衡量利用外部市场时的收益与成本，并与自己完成该活动相比较。电信服务业的纵向链条如图 2-4 所示。

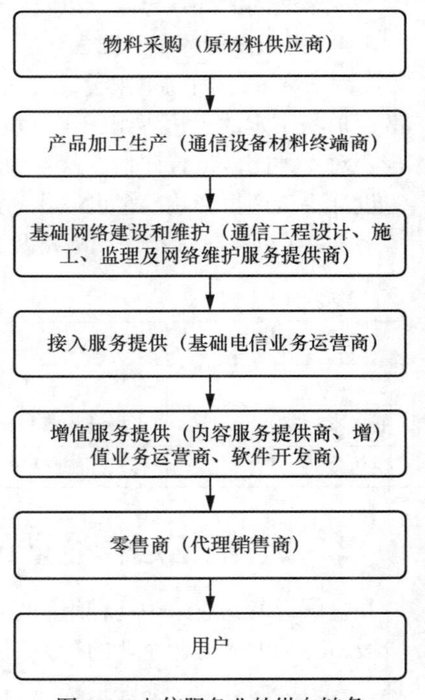

图 2-4　电信服务业的纵向链条

2.4.2　电信运营企业的横向边界

横向边界由工作专门化和部门化形成，指的是企业所提供产品或服务的数量和种类。实施多元化战略是扩大横向边界的常用方法。多元化经营是指企业超越以往的经营业务领域而同时经营两个或更多行业的经营战略，多元化经营的企业同时向不同的行业市场提供不同的产品或服务。许多企业实行多元化战略的动机之一就是要实现范围经济。范围经济是指如果企业不提高活动水平，仅增加企业活动的种类（多元化经营），企业就能够降低成本，则该企业存在范围经济。降低交易成本是企业开展多元化经营的另一个重要原因。企业除了考虑获得的收益外，还必须考虑不同的多元化经营模式的交易成本。在几个独立的企业之间，合作往往会增加交易成本，而且会把与之相关的关键问题复杂化。

企业能否开展多元化经营、多元化经营发展到何种程度应由企业内部条件和外部环境决定。多元化经营战略要求企业自身具有拓展经营项目的实力和管理更大规模企业的能力。企业向多元化过渡应具备以下条件：第一，要有稳定的核心竞争优势；第二，企业在主营业务所在领域已占据了相当稳定和有利的地位；第三，企业要有一定的规模与资产剩余；第四，目标行业具有一定的行业吸引力。行业吸引力可以由销售额、竞争状态、收益性和环境的制约条件等指标来进行评价。

2.4.3　电信运营企业边界的模糊化

随着信息技术的发展和网络的普及，基本的工作信息和工作活动能在各个参与者之间自由流动，企业边界的范围已经扩大到顾客、供应商及其他利益相关者。相对于市场交易成本而言，信息技术应用对企业内部之间协调成本的节约尤其明显，这促进了企业的横向一体化程度提高。也有研究认为，信息技术对企业新涉及的领域节约更大一些，从而企业的促进纵向一体化发展；信息技术应用的普及，将推动经济活动向中间组织形式（例如战略联盟、长期合作）移动。总体而言，企业的边界将趋于模糊。

2.5　本章小结

本章对电信运营企业进行了全面的阐述。首先，本章对电信企业的分类与电信运营企业特点进行了介绍。其次，本章在介绍了企业组织结构的基础上，指出电信运营企业向前端、后端扁平型的组织结构转变。最后，本章阐述了电信运营企业边界的问题，介绍了电信运营企业的纵向边界、横向边界以及信息技术如何促进企业边界的模糊化。

案例讨论：中国电信、中国联通的组织架构调整

2019 年底，中国电信在集团层面进行了较大的组织架构调整，撤销了以前的网络运行维护事业部、企业信息化事业部等部门，成立云网运营部（数据中心）、网络和信息安全管理部等部门。在中国电信的此次改革中，“云网”融合是最大亮点。从机构设置来看，“云网”已覆盖到网络建设、运营、维护、应用等环节，贯穿中国电信主业全链条。与此同时，网络安全也成为中国电信近年来高度重视的战略聚焦点。中国电信设立网络和信息安全管理部的原因是网络和信息安全是电信运营企业的生命线。中国电信认为，5G 必然是安全的 5G，云必须是安全的云。

2020 年，中国联通也在集团层面进行了机构大调整，设立了大市场统筹组织体系下的市场部，其未来的主要职责是负责集团营销模式的建立。中国联通此次改革的主要目标是聚焦客户价值经营、品牌塑造与传播、产品创新、全渠道运营、中台、大数据、生态合作、金融等八大能力建设。

试回答：两大运营商组织架构调整的战略聚焦点是否一致？分别是什么？试分析二者的优劣势。

思考与练习题

2-1　联系实际讨论电信运营企业的特点。

2-2　决定电信运营企业组织结构的关键因素有哪些?

2-3　试比较中国移动、中国联通和中国电信 3 家企业在组织结构上各有什么优点?

2-4　电信运营企业纵向一体化和横向一体化的动机是什么？讨论电信运营企业边界模糊化的例子。

2-5　试描述电信服务业的纵向链条。

第3章 电信运营管理基础

【引例】中国电信智能化转型升级新战略

中国电信顺应信息通信业智能化发展趋势，着力推进网络智能化、业务生态化、运营智慧化，实施网络、业务、运营、管理四大智能化重构，致力于做领先的综合智能信息服务运营商。在运营智慧化方面，中国电信推进运营和管理重构，推广大数据应用，增强网络基础、网络运营、数据运营、渠道销售、客户服务和人才队伍等六大能力，推进运营重构和管理重构，支撑智慧运营。中国电信运营重构的核心是注入大数据应用、集约支撑服务等要素，建设用户导向的一体化智能运营体系；管理重构旨在面向创新创业，推进一线经营自主化、内部支撑平台化，打造高效、协同、自适应的生态组织。

从中国电信的运营战略重构可以看出，依据技术发展和市场需求制定相应运营战略是企业获得竞争优势的先决条件。本章将主要介绍与电信运营管理相关的基础内容，包括电信企业的运营战略、内部资源管理、价值链管理、技术与研发管理、项目管理和质量管理等内容。

本章学习目标

（1）熟悉运营战略、电信运营战略的内涵及分类。

（2）了解电信企业内部资源管理的内容和手段。

（3）掌握价值链分析法，了解电信价值网络的构成。

（4）掌握研发的类型，熟悉电信企业中研发的基本决策问题。

（5）掌握电信企业项目管理的方法和技术。

（6）掌握常用的质量管理方法，了解电信网质量的衡量标准。

3.1 电信企业的运营战略

3.1.1 企业战略与运营战略

电信企业的运营战略

企业的战略决策通常会对企业的发展产生深远的影响。运营战略属于职能战略，是企业战略中的一部分，与企业其他战略相辅相成，共同构成企业的竞争优势。

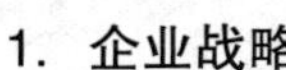

1. 企业战略

“战略”一词本是军事名词，指“依据国际、国内形势和敌对双方政治、经济、军事、科学技术、地理等因素确定对战争全局的计划和策略”。现在，这个词已经被广泛地应用于各个管理领域。企业战略是指企业为了生存和发展，对较长的时期内生产经营活动的发展方向和关系全局问题做出的重大谋划。这种谋划包括企业的宗旨、目标、总体战略、运营战略和职能战略。从广义上讲，企业战略包括了企业的使命、目标、战略和策略。从狭义上讲，企业战略是指企业为了实现使命和长期目标而制定的一种具有总体性和长远性特征的谋划。

一般来说，事业部型的企业战略可以分为 3 层：企业总体经营战略、业务战略和职能战略，如图 3-1 所示。

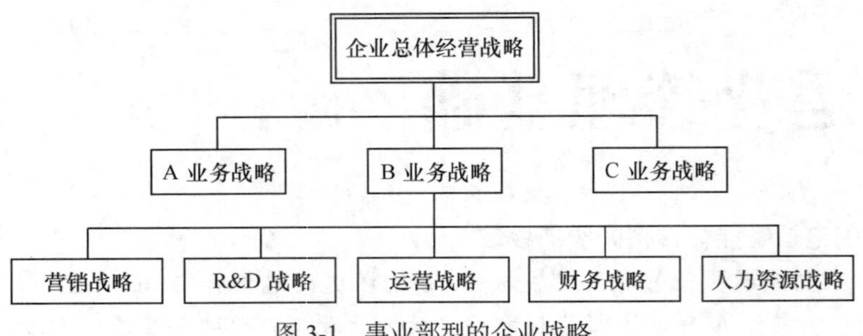

图 3-1　事业部型的企业战略

2. 运营战略

学术界关于运营战略的研究非常丰富。有的学者认为，运营战略是指界定运营系统作用、目标、活动的战略决策和战略行动的总体模式。有的学者则认为，运营战略是一种职能性战略，是对运营职能的远见；这个远见为制定运营决策确立了总体方向和职责，能够指导企业在确定运营活动时应一直遵从的决策模式并给企业带来竞争优势。下列是关于运营战略有代表性的阐释。

早在 1969 年，斯金纳（Wickham Skinner）就在《哈佛商业评论》上指出，生产运营不仅是例行的执行部门，也是企业总体战略的一个关键组成部分。运营战略指企业利用生产运营资源所制订的计划、作出的各项生产决策。生产运营资源由 5 部分组成：人（People）、工厂（Plant）、部件（Parts）、工艺（Processes）以及计划控制系统（Planning and Control System）。

施罗德（Roger Schroeder）、安德森（Anderson）和科莱渥兰德（Cleverland）将运营战略定义为宗旨、特有能力、目标和策略 4 个组成部分，认为最终的战略应能帮助指导运营各部分的决策。

海斯（Roger Hayes）、威尔瑞特（Steven Wheelwright）把运营战略定义为一种在运营决策中应一致遵守的模式，强调运营战略的结果——决策模式的一致性。

黑尔（Terry Hill）指出，企业运营要满足客户需求，企业应根据客户需求来做出质量、工艺过程、能力、存货以及劳动力的决策。

斯莱克（Nigel Slack）和刘易斯（Michael Lewis）把运营战略分解为运营战略的内容和运营战略的过程进行研究。运营战略的内容是指用来界定企业作用、目标、活动的特定决策和行为，而运营战略的过程是指用来制定这些特定的“内容”决策的方式。

由此可以认为，运营战略是指在企业经营战略的总体框架下，以企业各种资源要素和内外部环境为基础，通过运营活动来支持和完成企业的各项目标，以达到最大限度地利用企业资源的长期竞争战略。

运营战略的内容包括 4 个部分：运营使命、运营目标、运营能力及运营策略，如图 3-2 所示。

运营战略作为企业整体战略体系中的一项职能战略，主要解决的问题是：在运营管理职能领域内如何支持和配合企业在市场中获得竞争优势。运营战略一般分为两大类：一类是结构性战略，包括设施选址、运营能力、纵向集成和流程选择等长期的战略决策问题；另一类是基础性战略，包括劳动力的数量和技能水平、产品的质量、生产计划和控制以及企业的组织结构等时间跨度相对较短的决策问题。

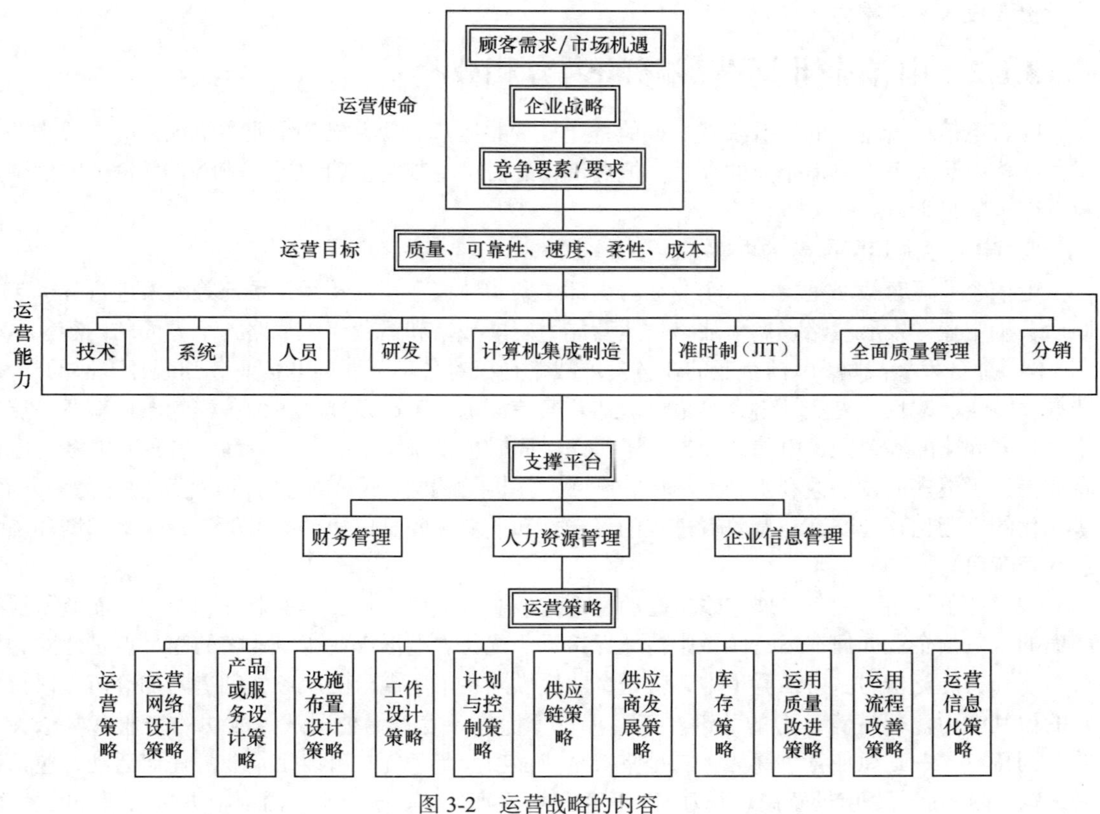

图 3-2　运营战略的内容

3. 服务业中的运营战略

与制造业相比，服务产出的特点决定了服务运营过程和管理过程有很大的不同。这些不同点主要体现为以下几个方面。

（1）以顾客为中心的服务型企业。从运营的基本组织方式上说，服务业是以人为中心的组织运营。由于运营过程和服务对象是面向人的，需求有很大的不确定性，难以预先制订周密的计划；在服务过程中，即使是预先规范好的服务程序，仍然会由于服务人员的随机性和顾客的随机性而产生不同的结果。因此，服务型企业是以人为中心来考虑的。

（2）服务管理的集成性。服务的过程性要求企业协调各项职能为顾客创造价值，使顾客满意。在绝大多数服务型企业中，运营职能和销售职能密不可分，服务提供者与顾客密不可分，一线服务员工通常是兼有运营、销售两种职能。企业实现集成服务管理的各项职能的前提是各部门共同努力，相互理解和沟通。

（3）衡量与评价服务产出的复杂化。对于许多服务型企业来说，服务系统输出的质量与效果更为重要，而服务质量难以描述或定义，更难以精确评价。另外，许多服务型企业具有多元化的目标，所以对于服务型企业来说，即便在投入相同的情况下，也不能简单地通过收入、成本等数据来评价服务的绩效，以人为中心的运营性质使服务过程所输出的结果隐形化、复杂化。

（4）产品的无形性。在提供有形产品的制造型企业中，企业可以通过专利的方式对产品加以保护。而在服务型企业中，概念、方法、流程等无形因素发挥着重要的作用，实物形态的有形因素比较少，因此服务型企业很少能利用专利保护自己，要提高竞争力，必须从无形因素着手；同时，由于服务本身的无形性，顾客对服务型企业的形象、品牌更为重视，因此服务型企业对品牌建设更要投入一定精力。

3.1.2 电信企业运营战略的内容和分类

随着电信市场竞争的日益激烈，电信企业日常的运营活动就成了企业竞争优势的重要来源。运营战略更是关系着电信企业的存亡。把握市场的需求，制定正确的运营战略，是每个电信企业孜孜以求的目标。

1. 电信企业运营战略的内容

电信企业运营战略是指电信企业在对内部要素、外部环境以及运营系统等因素进行分析与判断后，确定业务发展战略、竞争战略、运营能力发展战略和运营组织战略 4 个方面的内容。

（1）业务发展战略。电信企业的业务发展战略是指对各种不同的电信业务和服务采取的开发、选择、整顿、改良、淘汰、组合等策略。随着通信技术的飞速发展，各种各样的电信新业务层出不穷。多元化的经营既给电信企业带来了机遇，同时也带来了挑战。一方面，各种新业务为电信企业提供了更多的发展盈利机会，多种业务的共享也有可能降低每项业务的运营成本；另一方面，多元化的经营也存在着其他竞争者进入的可能性和业务之间难以协调的可能性，这些都增加了企业的经营风险。

（2）竞争战略。业务发展战略考虑的是电信企业应该提供什么样的业务和服务，而竞争战略考虑的是电信企业如何在运营领域中持续保持竞争优势。电信企业竞争战略的立足点是建立和保持企业独特的竞争力。所谓竞争力，就是企业提供满足市场需求的服务，创造附加价值，保持良好的盈利能力。保持竞争力的关键在于发挥竞争优势。麦肯锡公司认为成功的企业有两个关键的共同特点：一是抓住竞争优势，二是坚持企业强项。竞争优势可以是企业的任何活动，包括设备采购、内部运营、市场营销、人力资源管理等一系列环节。电信企业需要根据自己所处的环境、所提供的业务、运营组织方式、运营能力等确定自身的竞争战略，明确自身的竞争重点。

（3）运营能力发展战略。运营能力发展战略主要包含两方面的内容，一方面是电信企业根据自身日常运营过程中运营能力的不均衡性特点，合理安排运营能力，同时保持各个生产环节作业能力的协调性，消除能力瓶颈环节，保证企业健康地运行；另一方面是电信企业根据自身的发展需求，对自身运营能力的发展进行统筹规划，制定和评估企业运营能力发展的各种方案，确定各阶段运营能力发展的目标和措施。

（4）运营组织战略。在业务发展战略决定了提供何种业务，并确定了竞争战略之后，电信企业还必须决定其运营组织战略，包括运营网络结构、组织形式、组织流程、组织职责、运营能力发展、资源获取、面向客户的服务形式等，总而言之就是以何种基本形式来组织运营资源，提供相应的业务。

2. 电信企业运营战略的分类

根据侧重点的不同，电信企业的运营战略可分为以下类别。

（1）运营竞争战略。运营战略的重要任务之一就是确定电信企业在生产运营领域的竞争重点，保持企业在特定领域的竞争优势。关于竞争战略，从运营的角度看，电信企业的竞争重点主要包括价格、服务质量、业务多样性、技术创新能力以及网络规模等。

（2）运营能力平衡发展战略。电信企业运营能力在一定时期内保持相对稳定，但不是永远不变，客观上有随着运营技术条件发展而变化的潜在动因。电信企业要解决运营过程中运营能力的不均衡性，有以下几种办法：增加瓶颈环节的运营能力；通过诸如加班、添加关键环节设备或与外部企业订立购买合同等措施来增加运营能力；同部门之间共享相同的生产设备等。

（3）业务整合战略。电信业务整合战略就是根据电信企业的经营目标，对业务组合的广度、深度进行调整优化的策略。业务组合的广度是指不同类别业务种类的数量；业务组合的深度是指同一类别的具有类似功能但在档次、款式等方面不同的业务数量。业务投放市场后，随着时间的推移，其成本、盈利能力、销售量、市场占有率、竞争力等都在不断变化。电信企业必须根据这些变化的情况，选择适当的时机，对自身的业务组合进行整合。业务整合策略包括扩大业务组合、缩减业务组合、业务延伸等。

3.2 电信企业的内部资源管理

资源管理是企业战略调整的手段，也是企业运营管理的日常工作。具体说来，内部资源管理就是企业通过对内部资源的优化配置，实现有进有退、有取有舍，最终获得整体的优化。

电信企业的内部资源管理和电信价值链分析与管理

3.2.1 企业内部资源的定义

企业的资源一般由内部资源和外部资源组成。内部资源指企业控制并拥有所有权和使用权的经营资源。企业的内部资源具有有限性和特定性的特征。一定程度上，企业所拥有的内部资源的数量和质量决定了企业的竞争优势。企业的内部资源主要可以分为有形资源、无形资源两类，其中，有形资源是指能够看得见的并且可以量化的资源，主要体现在财务资源和实物资源上；无形资源是指植根于企业历史、伴随企业的成长而积累起来的、以独特的方式存在的、不易被竞争对手了解和模仿的资产，主要包括制度、人力、创新、声誉、品牌等。有形资源与无形资源并不是相互独立的，而是相互联系、交织在一起的。

3.2.2 企业内部资源管理

内部资源管理又被称为内部资源整合，即企业根据自身的发展战略和市场需求对相关的内部资源进行重新配置，以期望最大可能地适应市场的变化，凸显企业的核心竞争力。企业要寻找到内部资源配置与客户需求的最佳结合点，只有通过合理的组织结构安排、管理与协调价值链等方式才能实现。

（1）合理的组织结构安排。企业的战略依靠有效的组织结构才能实现。企业的资源只有合理地分配到每个组织单位中，才能实现资源效用最大化，同时合理的组织结构还能帮助企业节约资源。企业在安排组织结构时，建立有效的垂直控制系统和水平控制系统对内部资源的合理安排有极大的作用。通过垂直控制系统，管理人员对下属及其所使用的企业内部资源负责，达到物尽其用的目标。垂直控制系统可分为高耸型和扁平型两种。

（2）管理与协调价值链。企业的价值链代表了企业为获得最终产出而组织企业资源的能力。管理者在分析企业的价值链时，可以将企业成本分解为各种各样的功能性成本，评估价值链组成的合理性，理解并识别资源的类别、强弱等，从而找出持续保持竞争优势的源泉。针对价值链的特点，企业内部资源管理就是检查每个价值创造活动中的成本与绩效，并寻求改进。管理与协调价值链的步骤为：识别价值链中的差别资源；评估价值链组成的合理性；重组价值链，取得协同效应。

3.2.3 电信企业内部资源管理

电信企业内部资源管理是一个以客户需求为导向的不断演进的整合过程；它通过组织和协

调，把企业内部彼此相关但却彼此分离、既参与共同的使命又拥有独立经济利益的内部资源整合成一个系统，取得整体效益。

电信企业应努力提升内部资源管理能力，主要是优化企业内部资源的整体结构，使得物流、资金流、工作流和信息流“四流合一”。这对于用传统经营方式来运营的电信企业来讲是很难实现的，必须借助企业资源计划（Enterprise Resource Planning，ERP）系统来整合企业内部资源。电信企业可通过对组织架构、管理模式、业务流程等方面的改革，在内部各经济单位之间建立友好合作关系，以实现良好竞争优势。

ERP 系统是建立在信息技术基础上，以系统化的管理思想，为企业提供决策运行手段的管理平台。ERP 系统是整合了企业管理理念、业务流程、基础数据、人力、计算机硬件和软件于一体的企业资源管理系统。

3.3　电信价值链分析与管理

现代企业间的竞争不再是发生在企业与企业之间，而是发生在企业各自的价值链之间。只有对企业的价值链进行科学、有效管理，企业才能获得真正的竞争优势。随着信息技术、通信技术、计算机网络技术的高速发展，电信企业的价值活动由传统的简单价值链逐步向复杂价值网络演化。

3.3.1　价值链理论

20 世纪 80 年代，哈佛商学院波特（Michael Porter）教授提出“价值链分析法”（如图 3-3 所示），把企业内外价值增加的活动分为基本活动和支持性活动。基本活动涉及企业生产、销售、进料后勤、发货后勤、售后服务。支持性活动包括采购、研究与开发、人力资源管理、企业基础设施等。这些互不相同但又相互关联的生产经营活动，构成了一个创造价值的动态过程，即价值链。在企业的生产系统中，并不是每个环节都创造价值，实际上只有某些特定的价值活动才真正创造价值。这些真正创造价值的经营活动，就是价值链上的“战略环节”。企业要保持的竞争优势，实际上就是企业在价值链的某些特定战略环节上的优势。企业运用价值链的分析方法确定核心竞争力，需要密切关注组织的资源状态，并特别关注能够在价值链的关键环节上获得的核心竞争力并进行针对性培养，以形成和巩固企业在行业内的竞争优势。

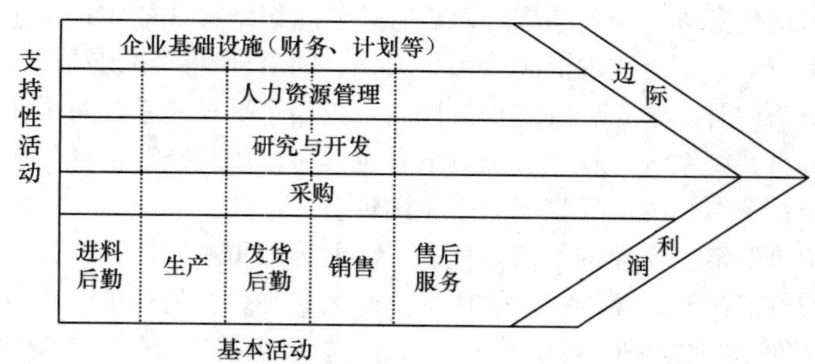

图 3-3　价值链分析法

波特的价值链分析模型揭示，消费者心目中的价值由一连串企业内部物质与技术上的具体活动与利润所构成，当企业和其他企业竞争时，其实是内部多项活动进行竞争，而不是某一项活动的竞争。

企业价值链的综合竞争力决定了企业的竞争力，这是因为消费者对企业价值的感知是由一连串企业内部具体活动构成的。所以，企业要将自身价值链与竞争对手的价值链进行比较，寻找企业之间竞争优势差异的主要来源。

3.3.2 电信产业价值链的演化

价值链由一系列的价值增值环节组成，每个中间价值增值环节输入前一个环节的价值产品，输出增值的新产品。价值链包括不同的层次，例如超产业价值链、产业价值链、企业价值链甚至某一业务的价值链。超产业价值链是描述在社会经济中由于不同的产业分工而形成的连续价值增值过程；产业价值链是在产业内部分工合作的基础上，实现产品和服务连续增值的过程，例如通信制造业和电信服务业的价值链；企业价值链是描述企业内部在可以划分不同经济利益单位的基础上，企业生产的产品或服务经历一系列的内部分工环节，并实现价值增值的过程。业务价值链则是描述某一项业务的价值增值过程，是以业务分工为基础的。这些不同层次的价值链存在以下关系：产业价值链是超产业价值链的一部分，企业价值链是产业价值链的一部分，而企业价值链又可能包括多条业务价值链。

不同产业的价值链受其产业特征及其发展情况的影响，存在简繁程度的差异，但在现代产业分工细致、企业之间联系越来越复杂的环境下，价值链的分解整合表现出了共同的发展趋势：构成产业价值链的企业数量大幅增加，而且更为专业化；各企业间协同方式发生转变，从传统的以基于产品和服务的交易为主逐渐发展成为以战略联盟为特征的深度合作；产业价值链的动态性增强，各环节对产业价值链的价值贡献随着市场技术的变化被重新界定，价值和利润随之在产业价值链上转移和流动；各环节上企业的个体运作效率受到整体产业价值链运营效率的影响越来越大，各成员企业的相互依赖性增强；通过建立行业标准、共享技术和控制关键资源等手段，企业可以引领产业价值链的重新构建，变革产业组织方式；不同产业间的关联性加强，原来看似没有联系的不同产业价值链之间变得越来越有关联，并出现一系列的重叠、替代、交叉等变化。

若干年前，在电信市场快速发展时，电信设备制造商在某种程度上处于价值链的主导地位；在现阶段，电信产业价值链向复杂网络演化，电信运营商为整个电信服务业提供基础网络接入服务，处于价值网络的核心。所以，电信产业内的企业不能静止地看待价值链，要建立与上下游企业的合作，实现整个价值网络的竞争优势。

电信产业的纵向价值链的演化如图 3-4 所示。

从图 3-4 中，我们可以看到传统电信产业价值链相对简单：在此价值链中，电信运营商处于价值链的中心，其向电信设备制造商付费购买网络设备，将设备部署成运营的电信网后向用户提供基础电信服务，并且电信运营商要负责电信网络的管理与维护；用户需要付费给电信运营商，以享受这些服务；随着用户数增多，电信运营商再次向电信设备制造商付费购买设备，建设新网络或扩容原有网络；用户之间是端到端的通信方式，用户既是信息的生产者也是信息的消费者。

随着移动互联网的发展和信息技术的日臻成熟，电信产业的价值链从主体到模式等都发生了质的变化：除了传统的价值链的主体（电信运营商、电信设备制造商、用户）外，应用服务提供商、网络内容提供商、网络服务提供商等电信服务型企业如雨后春笋般出现，并且市场上还增加了虚拟网络运营商的份额。此时，电信产业价值链的运营模式已经变成了复杂多元网络，价值链出现了竞合关系网。

电信产业价值链的演化除了帮助传统电信运营商进行转型升级，满足用户音视频等多媒体互动业务需求外，还为网络内容与网络服务提供商、终端制造商以及虚拟网络运营商提供了发展平台和机会。

电信设备制造商 电信运营商 用户

（a）传统电信产业价值链

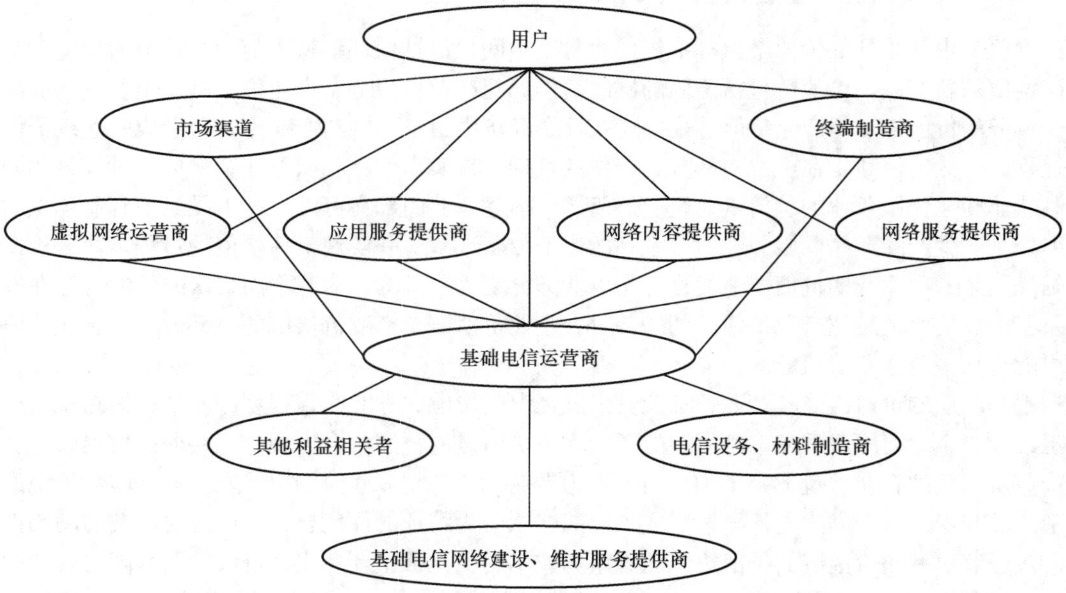

用户

市场渠道 终端制造商

虚拟网络运营商 应用服务提供商 网络内容提供商 网络服务提供商

基础电信运营商

其他利益相关者 电信设备、材料制造商

基础电信网络建设、维护服务提供商

（b）电信产业价值网络

图 3-4　电信产业的纵向价值链的演化

3.4　电信运营企业的技术与研发管理

电信运营企业的技术与研发管理

电信运营企业属于技术依赖型企业。高投入与高风险是电信运营企业研发的主要特征。如何科学有效地进行技术与研发管理，是电信企业运营管理的重要内容之一。本节重点讲述电信运营企业的技术与研发管理。

3.4.1　技术与研发管理的类型

通常，技术与研发可分为基础研究、应用研究和技术开发研究。这 3 种类别的对比如表 3-1 所示。

第一类是基础研究，包括纯基础研究和应用基础研究。其中纯基础研究以探索新的自然规律、创造学术性新知识为使命，大多与特定的应用、用途无关。基础研究主要在学术机构或国家性的研究院所中进行。

第二类是应用研究，指为探讨如何将在基础研究中所得到的自然科学上的新知识、新规律应用于产业而进行的研究，即运用通过基础研究所获得的知识，为创造新产品、新方法、新技术、新材料的技术基础而进行的研究，也被称为产业化研究。

第三类是技术开发研究，指利用基础研究和应用研究的结果，为创造新产品、新方法、新技术、新材料或改变现有产品、方法、技术而进行的研究，也被称为企业化研究。

表 3-1　基础研究、应用研究与技术开发研究的对比

类型	基 础 研 究	应 用 研 究	技术开发研究
目的	寻求真理，扩展知识	探索新知识应用的可能性	将研究成果应用于生产实践
性质	探求发现新事物、新规律	发明新事物	完成新产品、新工艺，使之实用化、商品化
内容	发现新事物、新现象	探索基础研究应用的可能性	应用基础研究、应用研究成果从事产品设计、产品试制
成果	论文	论文或专利	专利、图纸、样品
成功率	低	较高	高
经费	较少	费用较大、控制松	费用大，控制严
人员	基础扎实、钻研和探索能力强的科研人员	创造能力强、应用能力强的发明家	知识和经验丰富、动手能力强的技术专家
管理原则	尊重科学家意见，支持个人成果，采用同行评议	尊重集团意见，支持研究组织，在适当时候做出评价	尊重和支持团体合作
计划	自由度大，没有严格的指标和期限	弹性，有战略方向，期限较长	硬性，有明显目标，期限较短

从基础研究到技术开发研究的过程，也是从理论到实践的过程。

3.4.2　电信运营企业中的研发管理

电信运营企业的研发管理主要涉及研发的组织、成本控制、人员以及信息等方面，其基本决策问题主要包括研发领域的选择、研发模式的选择、研发投资规模的确定以及研发评价这 4 个方面。

1. 电信运营企业的研发领域

一般来说，电信运营企业的研发对象有两种：新技术、新业务。无论是新技术，还是新业务，都必须具有先进性或独创性。电信新业务是指计算机、互联网与信息通信技术逐步融合，所产生的众多业务。当前，基于深度学习的机器视觉、语音识别和自然语言处理、虚拟现实等技术助力电信运营企业从传统的管道化业务向新型综合数字化业务转型。

从目前来看，电信运营企业研发领域探索的途径可以分为 4 种类型：一是在现行电信领域里，依靠现有的技术，开发多种业务，以扩大现有市场；二是向现有市场推出用新技术开发的新业务；三是利用现有技术的业务打入新市场；四是用新技术开发新业务，并加入新市场。

2. 电信运营企业的研发模式

根据企业不同的战略，一般企业的研发模式可以分为封闭式研发和开放式研发。电信运营企业研发模式的选择要根据研发内容、企业自身研发能力及可利用资源的情况来定。电信运营企业的研发模式还可以分为主体模式和动力模式。

（1）主体模式。主体模式指电信运营企业建立自己的研究开发机构，以其为主体进行研究开发工作，主体模式把研发机构当作具有决定性意义的战略武器，特别是特殊产品与技术的研究开发，多以自身力量进行，可以防止技术机密泄露。例如，我国的主导电信运营企业都设有自己的集团研究院。

（2）动力模式。随着产品和服务向市场推广的速度越来越快，主体式的封闭研发模式受到了挑战，动力模式研发成为了提高研发效率的有效途径之一。动力模式研发主要有两种动力：技术

推力和市场拉力。

技术推力指从最初的科学探索出发开发新业务，以供给的变化带动需求的变化。技术推力正在重塑用户和企业之间的力量平衡。技术推力能够帮助用户便捷地获得信息并拥有选择权，同时也为企业的业务带来更多收益。这些收益是很多业务进行数字化转型的主要驱动力。电信运营企业需要建立速度更快、反应更迅速的运营流程，进而才能利用数字技术的优点推动业绩的显著提升。

市场拉力是指通过市场调查，了解市场需求。当技术趋于稳定时，市场就开始分化。这时市场的导向作用就非常重要。

3. 电信运营企业研发投资规模的确定

电信运营企业研发投资规模是指电信运营企业投入研发活动中的资源的数量或与企业总资源数量的比率。电信运营企业进行研发活动，不可能无限制地投入资源，必须从企业整体经营的角度和运营战略的角度分配资源。下面介绍 4 种决定研发费用的常用方法。

（1）定率法，电信运营企业根据实际采用的指标（例如业务收入、业务总量、利润、投资额等）中研发费用所占的比率决定研发投资规模，一般以业务收入或业务总量为准。

（2）定额法，即电信运营企业以固定金额决定研发费用的方法。这种方法有利于维持研发的稳定性，但也容易被以此所决定的范围所束缚，使研发缺乏灵活性。因此，电信运营企业即使采用这种方法也应根据企业的发展而增加或减少研发费用。

（3）比较法，即电信运营企业调查竞争企业的研发投资规模，在此基础上制定本企业能与其对抗的研发费用的方法。此方法又被称为“竞争者对抗法”。这种方法一般使用同行业其他企业的平均值，或领先企业及有直接竞争关系的企业的实际数值或一定比率。由于这种方法是以掌握竞争企业研发规模为前提，而企业可以采取各种方法来使用研发费用，单从表面上并不一定能了解竞争企业的实际研发规模，因此，有必要根据竞争企业的研究机构的规模、研究人员、所公布的专利件数等加以验证。

（4）经济评价法，对每个研发项目进行经济性评价，将它们综合起来，预测研发可能带来的全部收益，以此来决定研发投资规模。

4. 电信运营企业研发评价

在确定好研发领域、研发模式以及研发投资规模之后，电信企业要在充分考虑以上 3 个过程的复杂性后，对研发进行综合评价。电信运营企业可从技术、生产、财务、市场、管理等多方面对研发进行评价，如表 3-2 所示。

表 3-2　电信运营企业的研发评价标准

标准类别	具体内容
技术评价标准	成功的可能性，可靠性，操作性能，结构，技术的前向和后向联系
生产评价标准	服务的规范性，服务设施能否有效利用
财务评价标准	研究和生产成本，发展潜力，与研发相关的投入资本和经济效益等
市场评价标准	业务的独特性和新颖性，资费、质量、功能、预期的市场规模、市场竞争力等
管理评价标准	业务周期，对企业经营目标的贡献度，所需人才、设备等其他资源在整个研发战略计划的平衡性等

3.4.3　电信运营企业中的设备选用与评价

电信运营企业的经营活动大多是通过通信设备来进行的。电信运营企业是资金密集型企业，选定一项技术后需要投入大量的人力、财力，这就要求电信运营企业在进行技术选择的时候要进行充分的评估，以免出现技术落伍或技术生命周期较短的局面。电信运营企业选择设备的基本原则是：技术上先进、经济上合理、生产上适用。

设备评价的主要方法是通过几种方案的对比、分析，选择最佳的方案，选用经济性最好的设备。具体的方法有以下两种。

1．投资回收期法

投资回收期法就是通过比较设备投资回收期的长短来选择最优设备的方法。在其他条件相同的情况下，选择投资回收期最短的设备为最佳设备。这种方法称为静态分析法，也称静态投资回收期法。

计算公式如下：

$$T=\frac{K}{P_r}$$

式中，K——设备的投资额（万元）。P_r——设备投入使用后年节约额（万元/年）。T——投资回收期（年）。

【例 3-1】某企业为满足日益增长的市场需求，准备购置一批新设备。现有 3 种设备可供选择，各种设备的投资额和投入使用后年平均节约额如表 3-3 所示。

表 3-3　各种设备的投资额和投入使用后平均节约额

投资额和年均节约额	设备 A	设备 B	设备 C
投资额（万元）	24	25	27
投入使用后年平均节约额（万元/年）	4	2.5	3

问选择哪种设备能使得投资回收期最短？

解：根据公式 $T=\frac{K}{P_r}$。

设备 A：$T=\frac{24}{4}=6$（年）。

设备 B：$T=\frac{25}{2.5}=10$（年）。

设备 C：$T=\frac{27}{3}=9$（年）。

根据计算结果，设备 A 的投资回收期最短，为 6 年，故选择设备 A。

这种方法没有考虑货币的时间价值，比较简单。

2．费用换算法

费用换算法就是通过对设备投资费用及维持费用，按一定的利率换算比较费用支出额的多少，从而选择费用少的为最佳设备的方法。费用换算法有现值法和年费法两种。

（1）现值法

这种方法首先计算设备最初投资费用和寿命周期全部维持费用，再考虑利息因素，计算设备寿命周期总费用，总费用最少的，就是最佳设备。

计算公式如下：

寿命周期总费用=设备最初投资费用+每年维持费用×现值系数

其中，现值系数=$\frac{(1+i)^n-1}{i(1+i)^n}$。$i$——资金年利率；$n$——设备的寿命周期。

【例 3-2】 比较这两台设备，它们的各种支出如表 3-4 所示。

表 3-4　　设备的各种支出

项目	设备 A	设备 B
购置安装费	80 万元	100 万元
寿命周期	10 年	10 年
资金年利率	6%	6%
每年维持费	5 万元	4 万元

解：

（1）现值法

$$现值系数=\frac{(1+0.06)^{10}-1}{0.06\times(1+0.06)^{10}}=7.36$$

设备 A 的寿命周期的总费用$=80+7.36\times5=116.8$（万元）。

设备 B 的寿命周期的总费用$=100+7.36\times4=129.44$（万元）。

设备 A 的寿命周期的总费用比设备 B 的少，故选择设备 A。

（2）年费用法

年费用法首先把购置设备的最初投资费用，依据设备的寿命周期，按年利率计算，换算出每年支出，然后加上平均每年的维持费用，得到不同设备的年总费用，选择年总费用最少的设备为最佳设备。

计算公式如下：

$$年总费用 = 设备最初投资费用\times投资回收系数 + 每年维持费用$$

其中，投资回收系数$=\frac{i(1+i)^n}{(1+i)^n-1}$。$i$——资金年利率。$n$——设备的寿命周期。

【例 3-3】 以例 3-2 所举数据计算：

$$投资回收系数=\frac{0.06\times(1+0.06)^{10}}{(1+0.06)^{10}-1}=0.13587$$

设备 A 的年总费用$=80\times0.13587+5=15.8696$（万元）。

设备 B 的年总费用$=100\times0.13587+4=17.5870$（万元）。

设备 A 比设备 B 的年总费用低，故选择设备 A。

3.5　电信运营企业的项目管理

电信运营企业的项目管理

项目是指在一定资源约束条件下，为创造独特的产品或服务而进行的一次性努力。项目管理不同于重复进行的生产作业管理，因此，项目管理方法也不同于其他管理方法。通过本节的学习，读者可以掌握电信运营企业的项目管理（电信项目管理）的基本概念，以及与电信项目的进度管理、成本管理、质量管理和风险管理相关的知识。

3.5.1　电信项目管理概述

1. 项目

在我国古代，劳动人民修筑长城、赵州桥、都江堰水利工程等都是耗资巨大的工程项目。第二次世界大战后期，项目管理的工具和方法逐渐被用于军事、航空航天领域，其中有代表性的项目管理技术有网络计划技术、关键路径法、工作分解结构等。项目管理逐渐发展成为“管理科学与工程”学科的一个分支，是介于自然科学和社会科学之间的一门学科。

电信项目可以分为两类：直接项目和间接项目。直接项目旨在提高企业通信水平，改善网络承载能力，例如升级通信网络、铺设新线路、研发新服务系统等；而间接项目并不直接作用于提高通信水平或改善通信能力，例如新建办公大楼等。电信直接项目，有别于其他企业，一般具有投资大、风险高、技术先进、运营维护复杂等特点。

2. 项目的生命周期

一般来说，电信项目生命周期包括定义、计划、实施、交付等阶段，如图 3-5 所示。

3. 电信项目管理

电信项目管理，就是电信项目管理者在有限资源的约束下，运用系统的观点、方法和理论，对项目涉及的全部工作进行有效管理，即从项目的投资决策到项目结束的全过程进行计划、组织、指挥、协调、控制和评价，以实现项目目标。

质量、时间与成本是电信项目管理中较为重要的目标。任何一个项目组都应力求以最低的成本、最短的工作时间完成最高质量的项目。这样才能使得企业的效益最大化。但在实际项目管理中，这 3 个目标经常会存在相互制约的关系，要提高质量就可能增加成本，要缩短工期（时间）又可能提高成本。项目管理就是要处理好三者的关系，使之处于最佳状态。三者关系如图 3-6 所示。

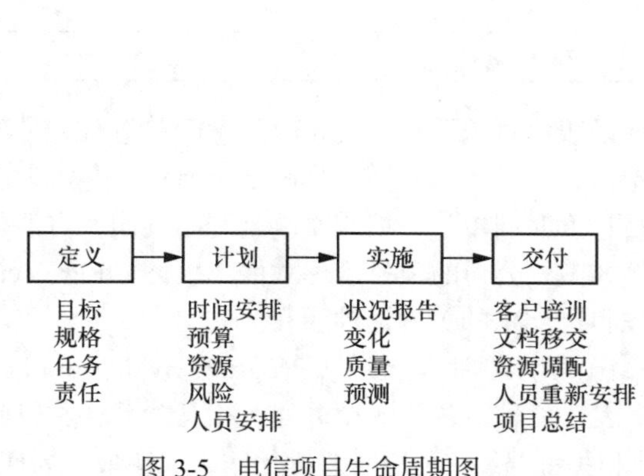

图 3-5　电信项目生命周期图

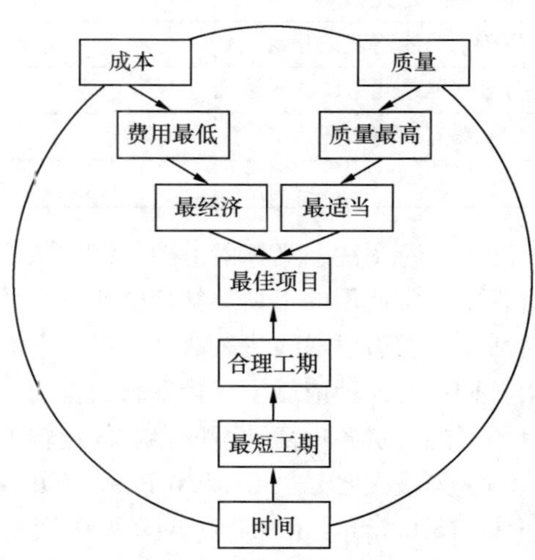

图 3-6　质量、成本与时间的关系图

3.5.2　电信项目进度管理

项目进度管理是指在项目实施过程中，对各阶段进展程度和项目最终完成的期限进行的管理，其目的是保证项目在时间约束条件下实现总体目标。项目进度管理包括项目进度计划的制订及实施。

1. 项目进度计划的制订

制订项目进度计划的步骤为：搜集信息资料、分解项目结构、估算项目活动时间、编制项目进度计划等。

为保证项目进度计划的科学性和合理性，在编制项目进度计划前，必须搜集真实、可信的信息资料，以作为编制项目进度计划的依据。这些信息资料包括项目背景、项目实施条件、项目实施单位，以及人员的数量和技术水平、项目实施各个阶段的定额规定等。

分解项目结构是指根据项目进度计划的种类、项目完成阶段的分工、项目进度控制精度的要求，及项目实施单位的组织形式等情况，将整个项目分解成一系列相互关联的基本活动。这些基本活动在项目进度计划中通常被称为工作。

估算项目活动时间是指在项目结构分解完毕后，根据每个基本活动工作量的大小，投入资源的多少，以及完成该基本活动的条件限制等因素，估算出完成每个基本活动所需的时间。

编制项目进度计划就是在前面工作的基础上，根据项目各项工作完成的先后顺序和组织方式等条件，通过分析计算，将项目完成的时间、各项工作的先后顺序、期限等要素用图表形式表示出来。这些图表即为项目进度计划。

2. 项目进度计划的实施

常用的进度计划管理工具有以下几种。

（1）关键日期表法。表 3-5 是最简单的一种进度计划表，它只列出项目中一些关键活动的起止时间。

表 3-5　　关键日期表

关键活动	1 月 16 日	2 月 21 日	4 月 30 日	8 月 1 日
服务定义完成	·			
主干网络线路调试开始		·		
各分公司网络线路调试开始			·	
网络互联测试开始				·
……				

（2）甘特图法，又称横道图、线条图法，以线条表示每项活动的起止时间，简单直观，是项目管理中经常使用的工具。甘特图法有两种表现形式，一种是示意图，如图 3-7 所示，左边列出项目活动，右边以横线代表活动工期，下面是项目进度时间单位，横线左端是开始日期，右端是结束日期；另一种依靠项目管理软件自动生成，例如微软公司的项目管理软件 Microsoft Project，甘特图不能反映各项活动可能存在的逻辑关系及项目周期中的关键活动所在。

（3）关键路径法（Critical Path Method，CPM）和计划评审技术（Program Evaluation and Review Technique，PERT）。两者都采用网络图来表达项目中各项活动进度及相互关系，并以此进行网络分析，计算网络时间因素，确定关键活动和关键路线，利用时差优化网络求得最短周期。1956 年，杜邦公司在编制企业不同业务部门的系统规划时，制订了第一套网络计划。这种计划借助于网络表示各项工作与所需要的时间，以及各项工作的相互关系。通过网络分析研究工程费用与工期的相互关系，并找出在编制计划及计划执行过程中的关键路线，这种方法称为关键路径法（CPM）。1958 年，美国海军在制订"北极星"导弹的研制计划时，同样地应用了网络分析方法与网络计划，但它注重对各项工作安排的评价和审查。这种计划被称为计划评审技术（PERT）。鉴于这两种方法的差别，CPM 主要被应用于以往在类似工程中已取得一定经验的承包工程，PERT

更多地被应用于研究与开发项目。

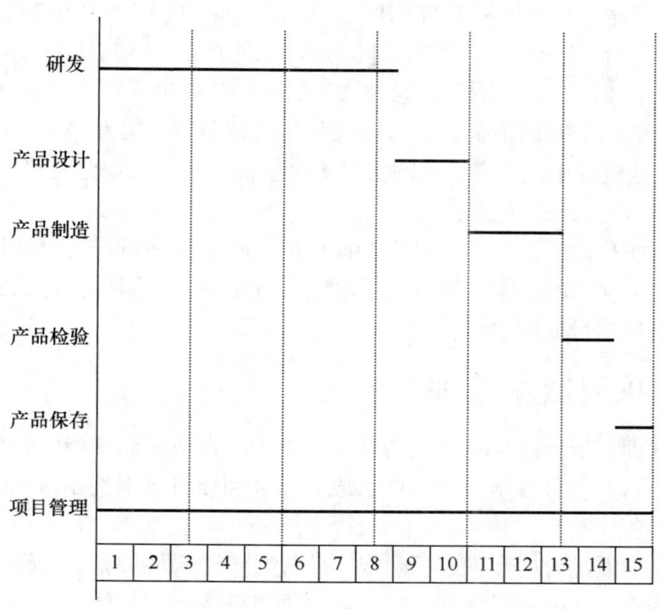

图 3-7　甘特图

以箭线图表示的网络图是由事件、活动和线路 3 个要素构成。事件是指某一工序的开始或完成，在网络图中一般以“○”表示，也称为节点；活动是指一道工序，在网络中以“→”表示，也称为箭线；线路是指从网络始点事件开始，顺着箭头方向，到网络终点事件为止；箭线上方的符号表示工序的标号；箭线下方的数字表示完成工序所需时间。下面我们就以一个例子来说明关键路径法的使用情况。

某一项产品需要通过 9 道工序才能完成，其网络图如图 3-8 所示。

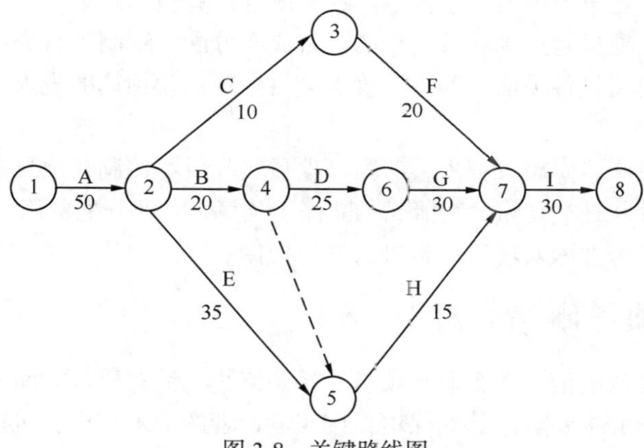

图 3-8　关键路线图

可以看到，工序 A 完成后，B、C、E 才能够开始；B 完成后，D 才能够开始；D 完成后，G 才能够开始；C 完成后，F 才能够开始；B、E 都完成以后，H 才能够开始；F、G、H 都完成以后，I 才能够开始。节点 4、5 之间的虚箭线表示的是虚工序，反映的是 B 和 H 之间的先后逻辑关系，而虚工序并不存在于现实生产活动中。得出如下 4 条路线。

第 1 条路线 1→2→3→7→8，所需时间为 A + C + F + I = 50 + 10 + 20 + 30 = 110。

第 2 条路线 1→2→4→6→7→8，所需时间为 A + B + D + G + I = 50 + 20 + 25 + 30 + 30 = 155。

第 3 条路线 1→2→4→5→7→8，所需时间为 A + B + H + I = 50 + 20 + 15 + 30 = 115。

第 4 条路线 1→2→5→7→8，所需时间为 A + E + H + I = 50 + 35 + 15 + 30 = 130。

可见，第 2 条路线所需时间最长。这条路线就是关键路线。关键路线上的工序被称为关键工序。在网络计划的实施过程中，关键工序的实际进度提前或拖后，均会对总工期产生影响。因此，关键工序的进度是项目进度控制的重点。

由于电信项目往往是由许多个子项目组合而成的，各个子项目进度可能进度相差较大，所以总项目进度受到各个子项目的影响。这就要求电信运营企业在编制项目计划的时候要努力消除子项目的瓶颈，保证项目总目标的实现。

3.5.3 电信项目成本管理

电信项目成本管理，指为减少项目耗费并取得更大项目成果而开展的管理活动。电信项目成本管理由项目资源计划、项目成本估计、项目成本预算和项目成本控制组成。

1. 项目资源计划

项目资源计划是指通过分析和识别，确定项目需要投入资源的时间、资源的种类、资源的数量等，从而实现项目目标的一种项目管理活动。制订项目资源计划具体的工作是要编制一份该项目所需的各种资源的清单和资源的使用计划。

2. 项目成本估计

项目成本估计是项目成本管理的基础。一般来说，由于项目成本估计的对象不会仅是一种方案，这就需要采用工具或方法来进行优化选择。常用于项目成本估计的方法有类比估计法、参数模型法、自下而上的估计法、自上而下的估计法。

3. 项目成本预算

项目成本预算指根据项目成本估计，为项目的各项活动或工作单元分配和确定费用预算指标，并科学、合理地制定整个项目的总预算。项目成本预算包括两个因素：一个是项目成本总预算的高低，另一个是从项目起点到项目终点的项目成本分配。编制项目成本预算计划，主要包括确定项目总预算、确定项目各项活动预算、确定项目各项活动预算的投入时间。

4. 项目成本控制

项目成本控制是在项目实施过程中，努力将项目实际成本控制在项目成本预算范围内，并且随着项目进展，根据项目成本实际发生情况不断修正预算，合理分配费用。企业可从组织、技术、经济、合同与信息管理等方面对项目成本进行有效控制。

3.5.4 电信项目质量管理

电信项目质量管理指电信运营企业从项目开始到终止，针对质量方面进行的一系列检查和控制活动。项目质量管理的主要目标是确保项目按照设计者的要求完成，包括保证项目能满足原先规定的各项要求。项目质量管理通过质量规划、质量保证、质量控制、质量改进等手段在质量体系内加以实施。

1. 质量规划

质量规划是确定项目应当采取哪些质量标准以及如何达到。企业在制订质量规划的过程中，应以以下事项为依据。

（1）质量方针：明确企业关于质量问题的所有打算和努力方向。

（2）范围说明：规定项目的质量目标。

（3）成果说明：进一步阐明范围说明中的项目，包括可能出现的问题。

（4）标准和规范：判断哪些质量标准与本项目相关，并决定应如何达到这些质量标准。

2. 质量保证

项目的质量保证是由质量保证部门向项目管理组织或用户提供的保障项目实施质量的管理活动。企业应定期评估项目总体绩效，建立项目能达到相关质量标准的信心。质量保证的主要内容如图 3-9 所示。

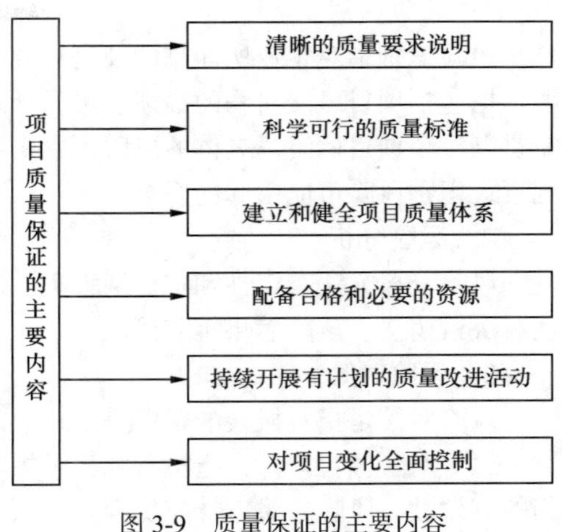

图 3-9　质量保证的主要内容

3. 质量控制

质量控制主要是监督项目的实施结果，将项目的结果与事先制定的质量标准进行比较，找出存在的差距，并分析形成这一差距的原因。质量控制贯穿项目实施的全过程。质量控制依据、工具和结果如表 3-6 所示。

表 3-6　质量控制依据、工具和结果

质量控制	内容
质量控制依据	① 工作结果（包括过程结果和产品结果） ② 质量管理计划 ③ 操作定义（用专业术语说明某事物是什么及其在质量控制过程中是如何测量的） ④ 检查表（用于核实一系列要求的步骤是否已经实施的结构化工具）
质量控制工具	① 检查（包括为确定结果是否符合需求所采取的诸如测量、检查和测试等活动） ② 7 种控制工具（统计分析法、数据分层法、散布图、帕累托图、因果分析图、直方图和控制图） ③ 统计抽样（选取收益总体的一部分进行检查） ④ 趋势分析（根据历史结果，利用数学等技术预测未来的成果。常用于监控等）
质量控制结果	① 产品或服务的质量得到提高 ② 做出验收决定 ③ 对不符合要求的项目或工作包返工 ④ 得到完成的检查表 ⑤ 根据用户的要求，对项目进行调整等

4. 质量改进

质量改进包括达到以下目的的各种行动：增加项目有效性和效率以提高项目投资者的利益。在大多数情况下，质量改进将要求改变不正确的行动以及克服这种不正确行动的过程。

3.5.5　电信项目风险管理

电信项目风险管理，指对项目风险从识别到分析乃至采取应对措施等一系列过程，它包括将积极因素所产生的影响最大化和使消极因素产生的影响最小化两方面内容。项目风险管理主要包括风险识别、风险分析、风险对策和风险控制。

1. 风险识别

风险识别指对企业所面临的及潜在的风险加以判断、归类和鉴定性质的过程。风险识别的主要依据包括项目可交付物的描述、项目计划及历史资料3个方面。风险识别不是一次性行为，而是贯彻整个项目始终。具体的风险识别内容包括：识别有哪些潜在的风险；识别引起风险的主要因素；识别风险可能引起的后果。

2. 风险分析

风险分析方法有定性和定量两大类。定性分析方法有主观评分法和层次分析法；定量分析方法有决策树法、风险后果矩阵等。

3. 风险对策

风险对策是指对机会的跟踪进度和对危机的对策。常用的风险控制方法有如下4种。

（1）风险应对审计，指检查和记录规避、转移、缓解风险等应对措施的有效性，以及风险承担的有效性。风险应对审计应贯穿整个项目周期。

（2）定期项目风险审核，指通过定期确定风险值和优先次序的变化，同时进行定量和定性分析。

（3）风险数据库分析，指通过在长期的风险管理过程中收集大量的数据形成知识库，供风险管理人员借鉴分析。

（4）偏差分析，指比较项目执行中成本、进度、质量、技术等实际实现值与原计划要求之间的偏差。当偏差达到一定程度时，某种风险可能已经被触发。

4. 风险控制

风险控制包括在整个项目过程中，根据项目风险管理计划和项目实际发生的风险与变化所开展的项目风险控制活动。风险控制流程图如图3-10所示。

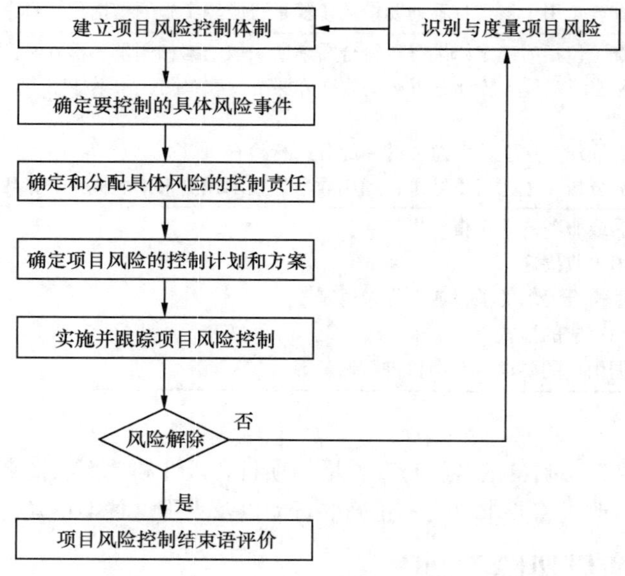

图3-10 风险控制流程图

3.6　电信运营企业的质量管理

在激烈的市场竞争中，组织必须视质量为生命，以持续的质量改进作为永恒的目标，电信运营企业也不例外。本节首先回顾质量管理的发展历程，然后对质量的概念、质量管理的体系等做基本介绍；最后针对电信运营企业的实际情况，重点讲述电信网的质量管理。有关电信服务质量的内容将在后续章节中讲述。

3.6.1　质量管理概述

电信运营企业的质量管理

1. 质量管理的发展历程

质量管理是随着生产的发展和科学技术的进步而逐渐形成和发展起来的。通常认为质量管理的发展大致经历了质量检验阶段、统计质量控制阶段、全面质量管理阶段 3 个阶段。

20 世纪以前，产品质量主要依靠操作者本人的技艺水平和经验来保证，属于“操作者的质量管理”。20 世纪初，以泰勒为代表的科学管理理论的产生，促使产品的质量检验从加工制造中分离出来。这一阶段的质量管理属于“事后检验”的质量管理。

1924 年，贝尔电话研究所的统计学家休哈特提出“预防缺陷”的概念，并运用数理统计理论解决质量控制问题，但相关方法直到第二次世界大战后期才被推广。

20 世纪 50 年代以后，人们逐渐认识到，产品质量的形成不仅与生产过程有关，而且还与其所涉及的其他许多过程、环节和因素有关，由此产生了全面质量管理。全面质量管理是“为了能够在最经济的水平上、在考虑到充分满足顾客要求的条件下进行生产和提供服务，并把企业各部门在研制质量、维持质量和提高质量方面的活动构成为一体的一种有效体系”。20 世纪 80 年代国际标准化组织（ISO）正式发布了 ISO9000 系列标准。20 世纪 90 年代，摩托罗拉公司提出了六西格玛管理，采用量化的方法分析工作流程中影响质量的因素，找出关键因素加以改进从而达到更高的客户满意度。

2. 质量和质量管理的定义

根据 ISO 的定义，质量是指“反映产品或服务满足明确或隐含需要能力的特征和特性的总和”；质量管理是指“确定质量方针、目标和职责，并通过质量体系中的质量策划、质量控制、质量保证和质量改进来使其实现的所有管理职能的全部活动”。在电信运营企业中，服务质量是指提供通信服务的质量，保证信息传递的时限性、保密性、真实性、可靠性。

3. 质量体系

为了实现质量方针、目标，提高质量管理的有效性，企业应建立与健全质量体系。质量体系是指“实施质量管理的组织机构、职责、程序、过程和资源”（ISO 8402:1994）。在质量体系中，相关要素都是相互关联的。企业不应把单个要素从质量体系中割裂出来进行管理，而应对质量体系中每个要素以及要素间的组合和相互作用进行连续的控制。

在现代企业管理中，ISO9000 标准是被广泛采用的质量管理体系。1997 年成立的通信卓越品质协会（QUEST），借鉴 ISO9000 标准开发了电信行业标准化质量体系——TL9000 质量体系，其具体目的是为电信行业产品和服务的设计、开发、生产、交付、安装和维护确定质量体系要求。

4. 质量管理的方法

下面介绍服务企业常用的两种质量管理方法，即因果图法和 PDCA 循环。

（1）因果图法。因果图法又称为鱼骨图法。鱼骨图法借助于图解清楚而详细地识别、探查以及发现所有涉及质量问题的原因，以找到解决这些问题的方法。

企业在质量管理方面使用鱼骨图法的步骤如下。

① 查找要解决的质量问题，把问题写在鱼骨上。

② 召集员工共同讨论导致问题出现的可能原因，尽可能多地找出问题（一般从机械、员工、环境、方法和材料等方面分析），把相同的问题分组，在鱼骨上标出。

③ 根据不同问题征求大家的意见，总结出正确的原因。

④ 拿出任何一个问题，研究为什么会产生这样的问题，针对问题的答案再问为什么，这样至少深入 5 个层次（连续问 5 个问题）。

⑤ 当深入到第 5 个层次后，认为无法继续进行时，列出这些问题的原因，而后列出至少 20 个解决方法。

下面以电信运营企业 A 为例，运用鱼骨图法来分析电信设备服务质量不理想的问题。如图 3-11 所示，“鱼头”表示需要解决的问题，即 A 企业的设备服务质量不理想。根据现场调查，导致质量问题的原因被分为五大类：机械、员工、环境、方法和材料。每一类包含若干造成这些原因的可能因素，比如员工全面质量观念差、对新设备性能不熟悉、不节约材料等。将五大类原因及相关因素分别以鱼骨分布态势展开，形成鱼骨图。下一步的工作是找出产生问题的主要原因，为此可以根据现场调查的数据，计算出每种原因或相关因素在产生问题过程中所占的比例，以百分数表示。例如，通过计算发现，“员工全面质量观念差”在产生问题的过程中所占比例为 35%，“操作方法不规范”为 25%，“设备维护不够”为 18%，三者在产生问题过程中共占 78%的比例，可以被认为是导致 A 企业设备服务质量不理想的主要原因。即 A 企业针对这三大因素提出解决方案，就可以解决整个问题的 78%。

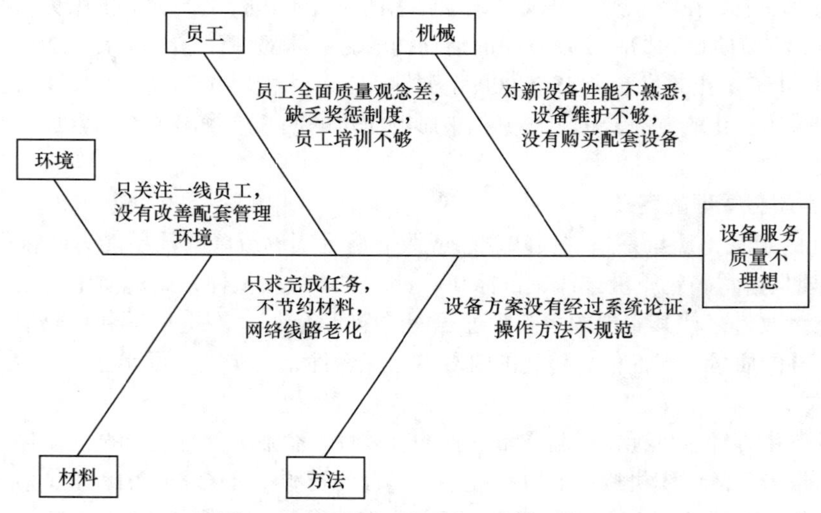

图 3-11　鱼骨图法在电信企业中的应用

（2）PDCA 循环。戴明最早提出了 PDCA 循环的概念，因此又称它为“戴明循环”。PDCA 循环包括计划（Plan）、执行（Do）、检查（Check）、行动（Action）4 个环节，在质量管理中得到了广泛的应用。

PDCA 循环有 4 个显著特点。

① 周而复始。PDCA 循环的 4 个环节不是运行一次就完结，而是周而复始地进行：一个循环

结束可以解决一部分问题，可能还有问题没有解决，或者又出现了新的问题，再进行下一个 PDCA 循环，依次类推，如图 3-12 所示。

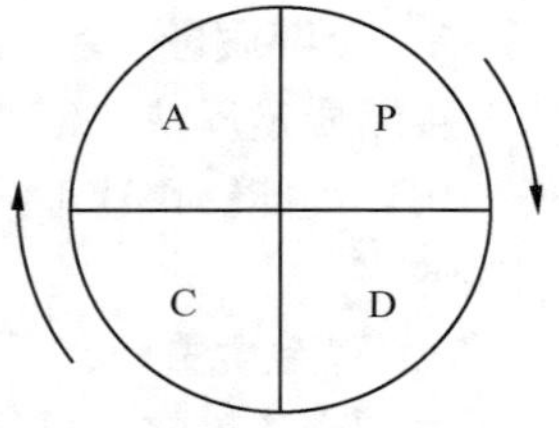

图 3-12　周而复始的 PDCA

② 大环带小环。如图 3-13 所示，一个企业或组织的整体运行体系与其内部各子体系的关系是大环带动小环的有机逻辑组合体。

③ 阶梯式上升。PDCA 循环不是停留在一个管理水平上的循环。在这循环中，企业不断解决问题的过程就是管理水平逐步上升的过程，如图 3-14 所示。

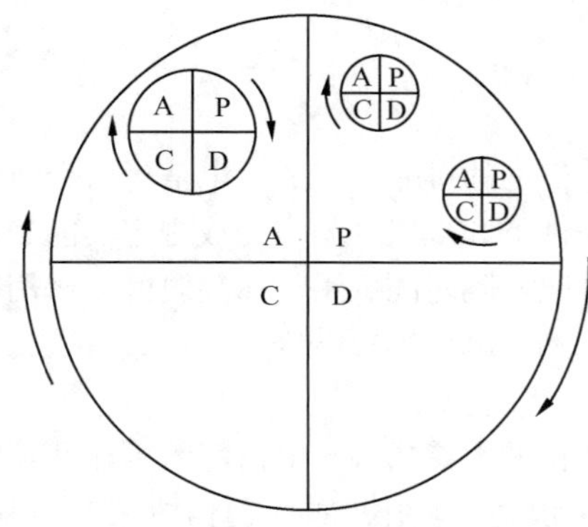

图 3-13　大环带小环的 PDCA

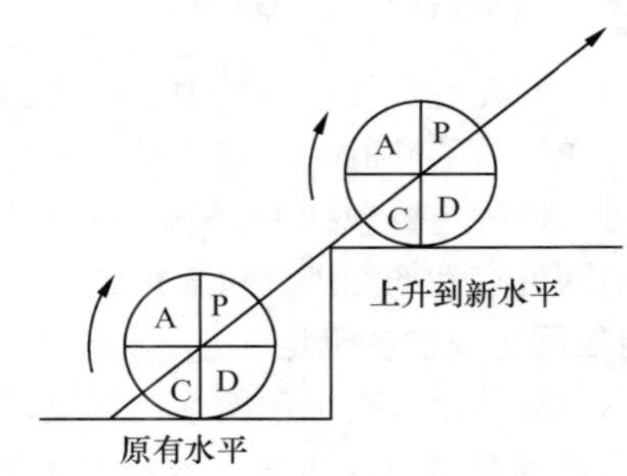

图 3-14　阶梯式上升的 PDCA

④ 统计的工具。PDCA 循环应用了科学的统计观念和处理方法。作为推动工作、发现问题和解决问题的有效工具，PDCA 典型的模式被称为“4 个阶段、8 个步骤”。4 个阶段就是 P、D、C、A；8 个步骤包括分析现状，发现问题；分析质量问题中各种影响因素；分析影响质量问题的主要原因；针对主要原因，采取解决的措施；执行，按计划去做；检查，把执行结果与要求达到的目标进行对比；标准化，把成功的经验总结出来，编制相应的标准；把没有解决或新出现的问题转入下一个 PDCA 循环中去解决。

3.6.2　电信网质量概述

对于任何一个通信系统，能否快速、可靠、有效地传递信息，决定了它能否提供高质量的服务。为了提高电信网的质量并充分发挥电信网的作用，人们提出了衡量电信网质量的 3 个方面，即传输质量、接续质量、稳定质量。

1. 传输质量

传输质量反映通信的清晰度。不同的通信业务以不同的指标反映传输质量。

对于语音业务来说，传输质量可以通过响度、清晰度、重复度、满意度、可懂度、困难度、平均意见得分等参数来表达。这些参数可用于度量通话双方声音的优劣程度。

对非语音业务而言，传输质量也可以通过一些信号参数来衡量。例如，数据业务的传输质量主要用误比特率和时延来衡量。

$$\text{误比特（字符、码组）率}=\frac{\text{接收出现差错的比特（字符、码组）数}}{\text{总的发送比特（字符、码组）数}}$$

此外，电信网的传输质量还要求信号传输的透明性与传输质量的一致性。信号传输的透明性是指在规定业务范围内的信息都可以在网内传输，对用户不加任何限制。传输质量的一致性是指网内任何两个用户通信时，应具备相同的或相仿的传输质量，而与用户之间的距离无关。

2. 接续质量

接续质量反映电信业务建立持续过程的良好程度。它要求接通的任意性和快速性，即网内的任一用户都能够快速地接通网内的其他任一用户。衡量接续质量的主要指标包括呼损、接续时延和接通率。

3. 稳定质量

电信网的稳定质量体现为电信网是否可靠。所谓可靠是指在概率意义上，平均故障间隔时间（两个相邻故障间隔时间的平均值）达到要求。提高可靠性往往需要增加投资，电信运营企业应根据实际需要在可靠性与经济性之间取得折中和平衡。

3.6.3 电信网的可靠性

随着电信网在现代社会中的地位越来越重要，电信网的可靠性就成了电信运营企业和用户十分关注的问题。可靠性的一般定义是，产品在规定条件下和规定时间内完成规定功能的能力。常用来测度可靠性的指标包括失效率、可靠度、平均失效间隔时间、平均修复时间、可用度等。下面介绍电信网可靠性的测度、可靠度的计算以及电信网可靠性的影响因素。

1. 电信网可靠性的测度

电信网可靠性是进行电信网络规划设计与性能评价的重要指标。电信网的可靠性一般包括的生存性、抗毁性及有效性等多个方面，涉及网络通信设备、拓扑结构、通信协议等多方面因素。

（1）电信网的生存性。网络在部件（节点和链路）随机失效情况下的可靠性被称为电信网的生存性，即指网络在规定的条件下、规定的时间内，在部件随机失效的情况下完成规定功能的能力。其中，规定的条件通常指给定的使用环境、网络拓扑结构、业务负荷、外来攻击或干扰等；规定的时间通常是电信网络的使用周期；规定的功能是指用户要求的各种指标，例如服务质量、保密质量等，度量指标通常用可靠度来描述。电信网的生存性由连通概率表示，即反映电信网的连通性，是电信网最基本的一个特性。

（2）电信网的抗毁性。电信网的抗毁性是指电信网的拓扑结构在遭到外来攻击或人为破坏的情况下，电信网的生存或重组能力，它指出了破坏一个电信网的困难程度。电信网的抗毁性与网络部件的可靠性无关，主要反映了网络拓扑结构的可靠性。衡量此类可靠性的指标有连通度、黏聚度等。

（3）电信网的有效性。电信网的有效性是一种基于业务性能的可靠性测度。它指出了电信网在网络部件失效条件下满足通信业务性能要求的程度。这种测度比前面两种测度更有意义。因为在失效状态下，用户更为关心业务的性能情况，比如呼损和时延等。网络的有效性由于考虑了部件失效引起的业务性能下降问题，使电信网的可靠性的测度更面向通信、面向用户，更具有直观性。

2. 电信网可靠性测度的计算

对于一个串联系统，如图 3-15 所示，若每条链路的可靠度为 r，则任意两端局间的可靠度为

$$R(t)=r^n \text{（}n\text{ 为链路数）}$$

对于并联系统，如图 3-16 所示，若每条链路的可靠度为 r，则任意两端局间的可靠度为

$$R(t)=1-(1-r_1)(1-r_2)$$

3. 电信网可靠性的影响因素

影响电信网可靠性的因素可以分为外部因素和内部因素。外部因素是指通信设备和网络所依存的环境条件，比如设备的工作条件等可控因素和影响通信设备、网络正常运行的外部不可控因素。内部因素指设备可靠性、网络工程设计、网络的组织和维护管理等。外部因素通过内部因素

起作用，内部因素受技术发展的影响很大。新技术的采用提高了设备和系统的可靠度，提高了网络组织的有效性和维护管理能力。另一方面，网上设备种类的增多给网络的运行和管理带来一定难度。

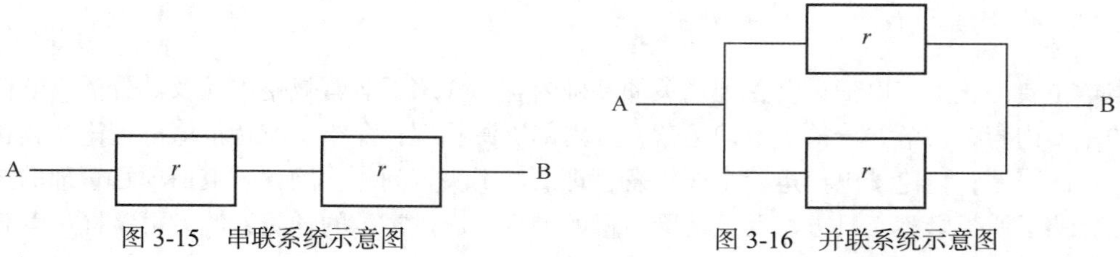

图 3-15　串联系统示意图　　图 3-16　并联系统示意图

3.6.4　电信网的过负荷和拥塞

1. 网络过负荷

网络过负荷是指流入网络的业务量稍微大于设计业务量，使网络进入低性能（无效呼叫增多、时延增大等）状态，但完成的话务量仍能随着呼入话务量的增加而略微增加的现象。导致过负荷的原因很多，主要有网络故障、自然灾害、重大节日等。一般来说，随着电信网过负荷的逐步加重，拥塞现象就会出现。发生过负荷的网络状态为“电路限制型”，即由于接续电路不足而受限。

2. 网络拥塞

网络拥塞的本质是对资源“需求”大大高于“供给”。当话务量严重超过设计值时，由于交换系统（特别是公用设备）严重过负荷造成接续时延增加，大量接不通的无效试呼发生，真正能完成的有效呼叫下降，并且较多地占用对端设备而使过负荷向邻区、邻局扩散。这种现象随着过负荷时间的延长而变得日益严重，服务等级急剧下降。这种状态称为拥塞。此时的网络状态称为“交换限制型”。这种限制主要是由于交换机内部处理能力不足引起的。这时，若电信运营企业采用了某些集中控制式的程控交换机，则系统可能会中断，导致所有通话终止。

典型的网络过负荷和拥塞对网络质量的影响如图 3-17 所示。

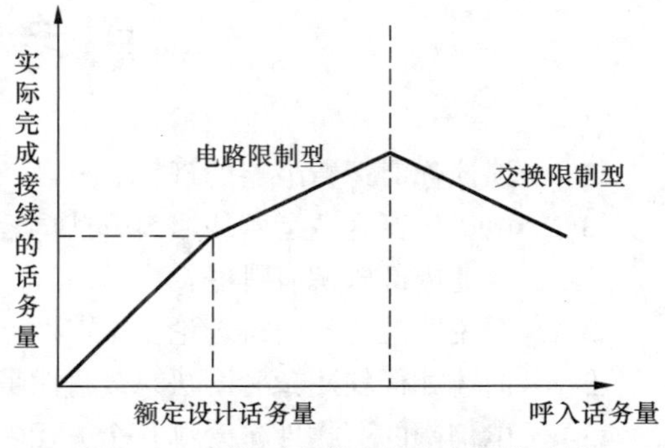

图 3-17　网络过负荷和拥塞与网络质量

3. 网络拥塞的扩散

当网络发生拥塞时，若不加以处理，则拥塞将很快地向全网扩散。拥塞扩散的主要原因有以下几点：用户的不断试呼，使得大量无效呼叫增加，占用更多的处理时间；由于过负荷形成过多的迂回路由，大量的回路资源作为不成功的呼叫被占用，有效利用率就下降了；交换设备及中继线被占用引发连锁反应。

在图 3-18 中，A、B、C 表示 3 个交换局。假设 C 处于拥塞状态，此时若 A 呼叫 C，在 B 处呼叫记发器内存储了拨号号码，并且占用了 C（每个呼叫平均占用 3 ~ 4 毫秒）。由于 C 已处于拥塞，所以不能送回确认信号，B 就不能解脱记发器，使 B 也处于拥塞状态。C 影响 B，B 也影响 A。

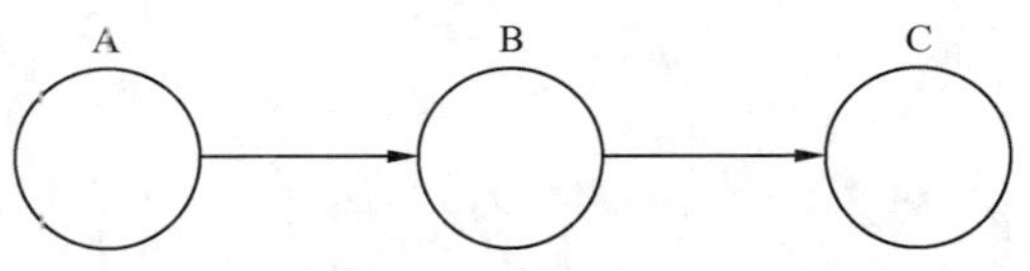

图 3-18　3 个交换局网络拥塞扩散示意图

这样就造成了拥塞的扩散。拥塞的程度还和信令种类有关。

3.7　本章小结

本章主要讲述了与电信运营管理相关的基础内容：介绍了运营战略内涵及其分类，电信运营战略的主要内容；讲解并分析了电信运营企业内部资源管理；介绍了波特价值链理论及其在电信运营企业的应用；讨论了电信运营企业研发管理的基本决策问题；阐述了电信项目管理的技术及方法；介绍了质量管理工具方法及电信网质量的测度。通过本章的学习，读者可掌握运营管理的基本理论框架，为学习后续章节的内容奠定基础。

案例讨论：浙江移动部署光纤到户

光纤到户（Fiber to the Home，FTTH）是现今为止，满足全业务、高带宽的接入需求的最佳技术方案之一。近年来，随着信息技术的快速发展，用户对家庭宽带提速和提质需求在不断增加。光纤到户项目有别于传统的通信管线项目，它是临近用户接入的“最后一公里”，对网络建设和运行维护的质量管理和控制提出了更高挑战。中国移动浙江省分公司根据集团关于网络扁平化的要求，对有线城域网进行了改造；根据 FTTH 项目的不同分类，进行了新建和增补；全流程采用闭环管理，建立健全 FTTH 接入网质量控制体系，为光纤接入网络运行质量提供保障。

讨论题：结合案例内容分析运营商价值链的演化路径。光纤到户项目对网络建设和运行维护的质量管理和控制提出了哪些挑战？

思考与练习题

3-1　谈谈你对运营战略的理解。

3-2　电信运营企业运营战略有哪些内容？

3-3　企业内部资源有哪些？

3-4　试说明波特价值链理论。

3-5　简述如何使用鱼骨图法来改进服务质量。

3-6　电信网的可靠性包含哪几个方面？

3-7　什么是过负荷？什么是网络拥塞？

3-8　某电信运营商在选择设备时，有 A、B 两种方案可供选择。

A 方案：投资 90 万元，年维护费用 3.5 万元，设备折旧率为 5%，年收入为 15.5 万元。

B 方案：投资 60 万元，年维护费用 3 万元，设备折旧率为 5%，年收入为 10 万元。

试用投资回收期法比较哪种方案最优。

第 2 部分 电信网络组织

提升网络效率

电信产业在现代社会中占有举足轻重的地位。电信产业的发展可以加速信息流动，缩短空间距离，提高社会经济运行效率。电信网是电信运营企业拥有的特殊资源。近年来，电信技术发展迅速，电信网不断进行升级换代，电信产业的内外部环境发生了巨大的变化。电信产业的新形势影响电信网络的建设与发展。电信运营企业在构建网络组织时必然面临许多新的问题。通过对电信网络的合理组织和管理，电信运营企业可以有效利用企业的网络资源，最大程度地提升电信网的运营效率。本部分在介绍现代通信网规划基础、电信网组织与管理、电信网运行维护管理等内容的基础上，从电信网监管和电信全球竞争的角度分别阐述电信网的互联互通以及电信网络的国际化运营。

第 4 章 电信网规划基础

【引例】中国移动的算力网络规划

中国移动的算力网络规划以“面向国家产业数字化升级，构建新型信息基础设施，实现自我转型的同时，赋能全社会数字化转型”为指导思想。算力网络是以算为中心、网为根基，网、云、数、智、安、边、端、链深度融合的新型信息基础设施，以实现“算力泛在、算网共生、智能编排、一体服务”为目标，逐步推动算力成为可“一点接入、即取即用”的社会级服务，达成“算力无处不在、网络无所不达、智能无所不及”的愿景。中国移动算力网络总体规划了算网底座、算网大脑、算网运营 3 层。云原生是算力网络基于异构、多样化、分布式算力提供算力服务供给的重要技术，中国移动将重点推动云原生技术和产品演进，基于磐基 PaaS（Platform as a Service，平台即服务）平台，支撑算力封装、算力感知和算力调度等核心能力。

21 世纪是电信技术蓬勃发展的时代。在这个时代，电信技术和计算机技术的发展和相互融合，拓宽了信息的传递和应用范围，使得人们在广域范围内随时随地获取和交换信息成为可能，尤其是随着网络时代的到来，人们对信息的需求与日俱增，在给传统电信网络带来巨大冲击的同时，也为电信产业的发展提供了新的机遇。本章主要介绍电信网的技术基础、电信网规划、常用的预测方法以及电信网优化与经济评价。

本章学习目标

（1）掌握电信、电信网的概念及组网形式。

（2）了解电信网规划的内容，掌握常用的预测方法。

（3）熟悉电信网优化和经济评价的基本内容。

4.1 电信网及电信标准化组织

电信网及电信标准化组织

4.1.1 电信网的概念与分类

1. 通信发展简史与电信系统模型

通信就是信息的传递。信息是不确定性的消除总量，是一切客观事物之间影响的总和。

通信是人类社会发展的基础。通信技术的发展深刻地改变着人们的生产方式和生活习惯，是推动人类文明与进步的巨大动力。通信包括邮政与电信。通信技术的发展经历了 3 个阶段。

第一阶段是语言和文字通信阶段。在古代，人类用手势、旗语、信鸽等传递一些简单的信息。从甲骨文的记载来看，我国在殷商盘庚时期，已出现有组织的通信活动。商周时，在传递边疆紧急军情的过程中，我国出现了一种“声”“光”通信相结合的通信方式，即烽燧大鼓。从西周开始，我国逐渐形成了两类有组织的通信：一是以烽火为主的早期声光通信系统，二是以步行乘车为主的邮传通信系统。

中国古代历代王朝利用烽火传递军事情报。从后来发掘出来的“汉简”可以知道：在两汉时代，从河西四郡（今甘肃武威、张掖、酒泉、敦煌），一直到盐泽（今新疆东部罗布泊），都有烽火台设置，而且规模很大，据说是“五里一燧，十里一墩，三十里一堡，百里一城寨”。举放烽火的方法，昼夜不同，白天举烟，夜晚放火。此外，各种不同的暗号被用来表示进犯敌人的多少。例如，敌人在五百以下时放一道烽火，五百以上时放两道烽火。这种有组织的通信方法，对防守边疆、抵御敌人，曾起过一定的作用，直到明、清时代，许多地方还在使用。例如，山东省的烟台市就是因为明朝在那里设置狼烟台，防止倭寇入侵而得名的。烽火台遗址如图 4-1 所示。

用烽火传递军情，固然很快，但它不能把详细的敌情从边境传达上来，更不能把上级的命令传达下去。所以，随着社会的发展和政治、军事的需要，我国古代还形成了传送官府文书的更严密的邮驿制度，和烽火配合使用。我国从商代到秦汉时期，形成了一整套驿传制度。特别是汉代，将所传递的文书分出等级，要求专人、专马按规定次序、时间传递不同等级的文书。这些文书的收发信息被登记，注明时间，以明责任。唐代的官邮交通线以京城长安为中心，向四方辐射，直达边境地区，大致 30 里设一驿站。据《大唐六典》记载，唐代全国最多有 1639 个驿站，专门从事驿务的人员共两万多人，其中驿兵一万七千人。邮驿分为陆驿、水驿、水路兼并 3 种，各驿站设有驿舍，配有驿马、驿驴、驿船和驿田。宋代将传递公文和书信的机构总称为“递”，并出现了“急递铺”。急递的驿骑马领上系有铜铃，在道上奔驰时，白天鸣铃，夜间举火，铺铺换马，数铺换人，风雨无阻，昼夜兼程。南宋初年抗金名将岳飞被宋高宗以十二道金牌从前线召回临安时用的就是急递铺传递的十万火急金字牌。古驿站如图 4-2 所示。

图 4-1　甘肃汉代烽火台遗址

图 4-2　高邮古盂城驿

公元前 558 年—公元前 486 年，古波斯建立有急使信差传邮的邮政驿站，设有待命的信使和驿马。当时信件由信使一站传一站的方式急速传递，邮递速度很快，被人们称为“接力邮政”。17 世纪中叶，法国在巴黎街道设立了邮政信箱，出现了邮票的雏形。1840 年，第一枚现代意义上的邮票在英国诞生。

第二阶段为电通信阶段。19 世纪 30 年代，随着电的发明与应用，不少科学家在法拉第电磁感应理论的启发下，开展利用电传送信息的试验。在众多的电报发明家中，萨缪尔·莫尔斯于 1834 年利用电流一通一断的原理，发明了用电流的“通”和“断”来编制代表字母和数字的代码，即“莫尔斯电码”。后来他在助手维尔德的帮助下，于 1837 年制成了举世闻名的莫尔斯电报机。1843 年，在美国国会的赞助下莫尔斯修建了从华盛顿到巴尔的摩的电报线路，全长 64.4km。1844 年 5 月 24 日，在座无虚席的国会大厦里，莫尔斯向巴尔的摩发出了人类历史上的第一份电报。这份电报是利用架空明线来传送的，所以这是有线通信的开始。电报的发明拉开了电信时代的序幕。这时由于有电作为载体，信息传递的速度大大加快了。一秒钟它便可以载着信息绕地球 7 圈半。这是以往任何通信工具所望尘莫及的。1876 年，亚历山大·贝尔利用电磁感应原理发明电话（注：也有观点认为安东尼奥·梅乌奇是电话的发明者）。这样，利用电磁波不仅可以传输文字，还可以传输语音，“人们不用出门也能互相交谈的日子到来了！”1879 年，第一个专用人工电话交换系统投入运营。1881 年，电话传入我国。

有线通信的传输方式是以金属为传输介质，只有线路架设到的地方，信息才能传到，这大大限制了信息的覆盖面。因此人们开始探索无线方式的电通信。1895 年，马可尼和波波夫发明无线电，从而开创了无线电通信的历史。1901 年，无线电越过大西洋，让人类实现了远距离通信。1903 年，无线电话实验成功。

20 世纪初，真空二极管和真空三极管相继问世，解决了电信号的放大问题，为无线电广播和远距离无线电通信铺平了道路。1906 年圣诞前夕，费森登在马萨诸塞州海岸建立了世界上第一个广播站，并播送两段讲话、一支歌曲和一支小提琴独奏曲。这个小广播站只有一千瓦功率，但它所广播的讲话和乐曲却清晰地被陆地和海上拥有无线电接收机的人所听到。这便是历史上第一次无线电广播。1920 年 6 月 15 日，美国 KDKA 电台在匹兹堡播放了马克尼公司在英国举办的“无线电电话音乐会”，标志着商业无线电广播的开始。

1925 年，英国人贝尔德发明了机械扫描式电视机。当年的 10 月 2 日，贝尔德用他发明的电视在伦敦塞尔弗里奇百货商店做了一次现场表演，第一个登上这个电视屏幕的便是住在他楼下的一个名叫威廉·戴恩顿的公务员。1927 年，英国广播公司试播了 30 行机械扫描式电视，从此便开始了电视广播的历史。1928 年，美国通用电气公司在纽约实验台播映了第一部电视剧。1935 年，英国广播公司启用电子扫描式电视机，并于 1936 年在柏林举行的第 6 届奥林匹克运动会上首次使用电视作现场转播。

第三阶段为电子信息时代。以微电子和光电技术为基础、以计算机和数字通信为支撑、以信息处理技术为主题的现代通信正经历飞速发展的过程并深刻改变着人们的生活。1947 年，晶体管在贝尔实验室问世，成为必不可少的通信器件；1956 年，越洋通信电缆铺设成功；1959 年，伴随第一代电子计算机（如图 4-3 所示）集成电路的发明，微电子技术诞生。20 世纪 70 年代以后，商用卫星通信、程控数字交换机、光纤通信系统相继投入使用。与此同时，通信介质从普通导线、同轴电缆发展到双绞线、光纤、光缆，信息承载量大大增加。

图 4-3　第一代电子计算机

在光纤通信领域做出重要贡献的科学家中，华裔物理学家高锟功不可没。1957 年，高锟开始研究光导纤维在通信领域的应用。1964 年，他提出在电话网络中以光代替电流，以玻璃纤维代替导线。1965 年，他在《光频率介质纤维表面波导》一文中提出玻璃纤维损耗率低于 20 分贝/千米，远距离光纤通信将成为可能。由于他在光纤领域的特殊贡献，他被誉为“光纤之父”，并于 2009 年获得诺贝尔物理学奖。

20 世纪 90 年代，蜂窝电话系统的使用、多媒体技术的兴起与发展、无线传输技术的不断迭代升级、互联网的普及、催生了移动互联网。

纵观电信技术发展历史，通信方式经历了由简单到复杂、由低级到高级、由模拟到数字、由一元到多元的发展历程。移动通信、数据通信的出现，结束了通信方式一元化时代，而数字技术和计算机技术的进一步发展，又使得通信方式由多元化走向综合化。在信息媒介方面，随着电信技术的不断进步和发展，从语音到图像、数据，直至多媒体综合通信，通信方式的演变带来了更贴近人类感知的信息交流方式。

在各种各样的通信方式中，利用电信号传递信息的通信方式被称为电通信。这种通信具有迅速、可靠、准确等特点，且不受时间、地点、空间、距离的限制，因而得到飞速发展和广泛应用。本书讨论的通信技术主要是指电信技术。根据国际电信联盟（International Telecommunication Union，ITU）给出的定义，电信（Telecommunication）是指利用有线、无线、光或者其他电磁系统传递、发射或者接收符号、文字、图像、声音或者其他任何性质的信息。

电信系统（Telecommunication System）是传递信息的设施整体，它由电信网络和终端设备组成。其中，电信网络是电信系统的公用设施；终端设备是电信系统中与电信业务有关的用户设备。最简单的电信系统如图 4-4 所示，这是一个点-点单向电信系统，它的基本组成包括信源、发送设备、信道、噪声源、接收设备及信宿 6 个部分。

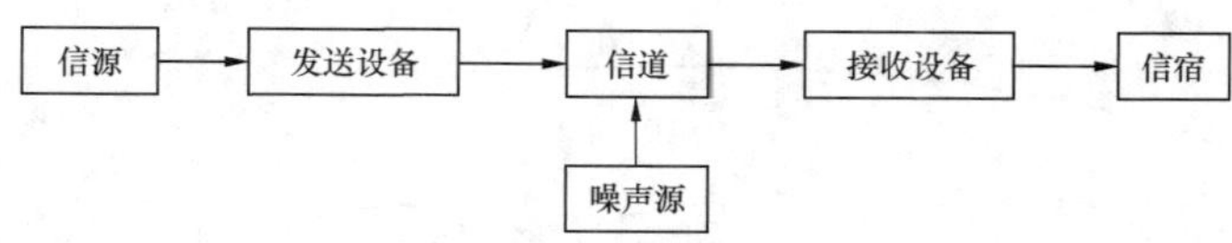

图 4-4　点-点单向电信系统

信源产生各种信息。发送设备的作用是将信源发出的信息变换成适合在信道中传输的信号。信道是信号的传输媒介。接收设备的作用是将从信道上接收的信号变换成信息接收者可以接收的信息。信宿是信息的接收者。噪声源是系统内各种干扰影响的等效结果。

2. 电信网的概念

电信网是一定数量的节点（包括终端设备和交换设备）和连接节点的传输链路相互有机地组合在一起，以实现两个和多个规定点间信息传递的通信体系。

一个完整的电信网由硬件和软件组成。传统电信网的硬件主要包括三大类设备：终端设备、传输设备和交换设备。

（1）终端设备，一般被安装在用户端，是用户实现接入协议所必需的功能设备。最常见的终端设备有电话机、手机、计算机、视频终端等。

（2）传输设备，是将电信号从一个地点传送到另一个地点的设备。它构成电信网中的传输链路，包括传输线路和各种发送/接收设备。例如光端机、光缆等。

（3）交换设备，是实现一个终端（用户）及其所要求的另一个或多个终端（用户）之间的接续，或非连接传输链路的设备和系统，是构成电信网中节点的主要设备。例如程控交换机等。

除了以上的硬件外，为了保证网络能正常运行，电信网还应有相应的软件，即一整套的网络技术和对网络的组织管理技术，包括网络拓扑结构，网内信令、协议和接口，以及网络的技术体制、标准等。各种电信网还有不同的网络组织管理方法，它们是电信网能够提供电信服务和运行支撑的重要条件。

3. 电信网的分层结构

随着电信技术发展与用户需求日益多样化，电信网络类型及所提供的业务种类不断增加和更新，形成了复杂的电信网络体系。依据网络纵向分层的观点，电信网可按不同的功能分解成多个功能层。例如，开放系统互连（Open System Interconnection，OSI）参考模型中采用了 7 个层次的体系结构，如图 4-5 所示。

把 OSI 参考模型简化来看，从垂直结构上按照功能可以把电信网分成应用层、业务层和传送层，如图 4-6 所示。在这一结构体系中，应用层提供各种信息应用；业务层为各种业务网；传送层是支持业务网的传送手段和基础设施。此外还有支撑网，其提供保证电信网有效正常运行的各种控制和管理能力。传统的电信支撑网包括信令网、同步网和电信管理网。

图 4-5　OSI 参考模型

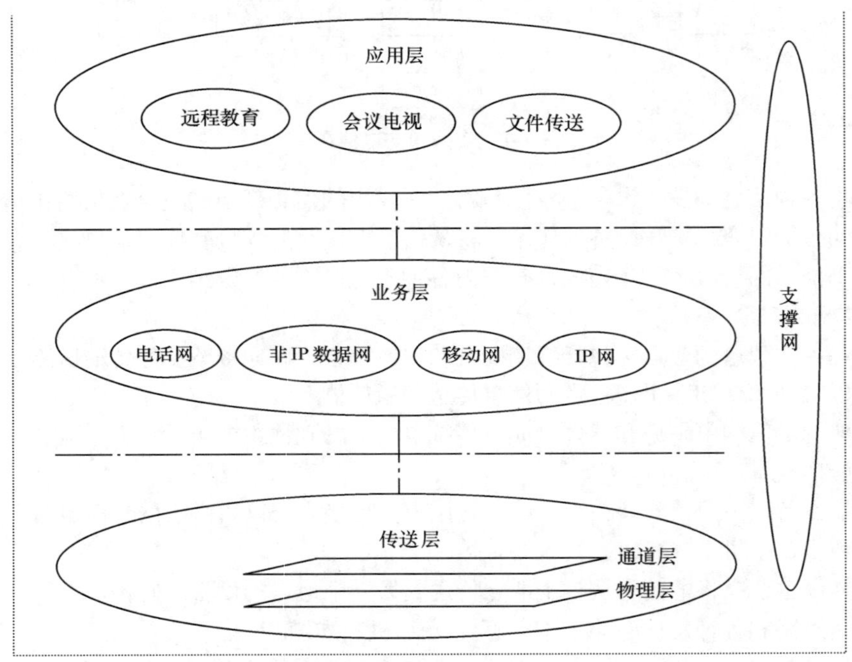

图 4-6　垂直的网络结构

另外，我们还可以从横向角度对电信网加以描述。基于用户接入网络实际的物理连接进行划分，电信网可分为用户驻地网（Custorner Premises Network，CPN）、接入网和核心网，如图 4-7 所示。

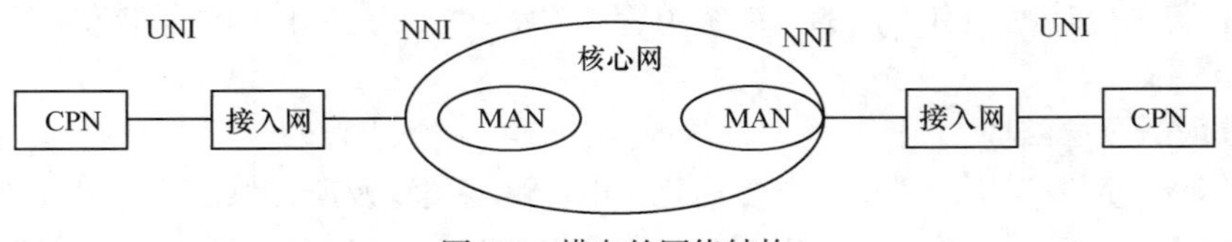

图 4-7　横向的网络结构

其中，用户驻地网指用户终端到用户网络接口（User Network Interface，UNI）之间所包含的机线设备，是属于用户自己的网络。CPN 可以大至公司、企业和大学校园，由局域网的所有设备组成，也可以小至普通居民住宅，仅由一部电话机和一对双绞线组成。

核心网包含了交换网和传输网的功能，在实际网络中一般分为省际干线（即一级干线）、省内干线（即二级干线）和局间中继网（即城域网）。

UNI 和 NNI（Network Node Interface）分别为用户网络接口和网络节点接口。

接入网位于核心网和用户驻地网之间，包含了连接两者的所有设备与线路。传统的接入网即为电话网的用户环路，一般分为馈线段、配线段和引入线；新的接入网概念主要完成交叉连接、复用和传输功能，一般不包括交换功能。

4. 电信网的分类

电信网是一个复杂的体系，表征电信网的特点很多，可以从不同的角度以不同的方式将电信网划分为各种类型。按照服务对象不同，电信网可以分为公用通信网和专用通信网；按照信号形式的不同，电信网可以分为模拟通信网和数字通信网；按照用户是否可移动，电信网可以分为固定通信网和移动通信网；按照承载业务不同，电信网可以分为电话网、电报网、数据通信网、传真通信网和图像通信网等；按照主要传输介质不同，电信网可以分为电缆通信网、光缆通信网、微波通信网、卫星通信网等；按照服务地域不同，电信网可以分为国际通信网、长途通信网、本地通信网等；按照交换方式不同，电信网可以分为电路交换网、分组交换网、报文交换网等；按照网络拓扑结构不同，电信网可以分为网形网、星形网、环形网、复合网、格形网等如图 4-8 所示。

4.1.2 电信网的结构

1. 基本结构形式

电信网的基本结构形式主要有网形网、星形网及环形网。

（1）网形网，也被称为全连接网，任意两个节点之间互联，如图 4-8（a）所示。这种网络形式中，如果网内有 N 个节点，就需要 $N(N-1)/2$ 条传输链路。这种形式的网络稳定性较好，但线路利用率不高，经济性较差。

（2）星形网，又被称为辐射制，设置一个中心节点，网内其他各节点与中心节点有直达链路，各节点之间的通信都经中心节点转接，如图 4-8（b）所示。N 个节点的星形网，需要 $N-1$ 条传输链路。与网形网相比，星形网的传输链路少，线路利用率高，但可靠性较差。

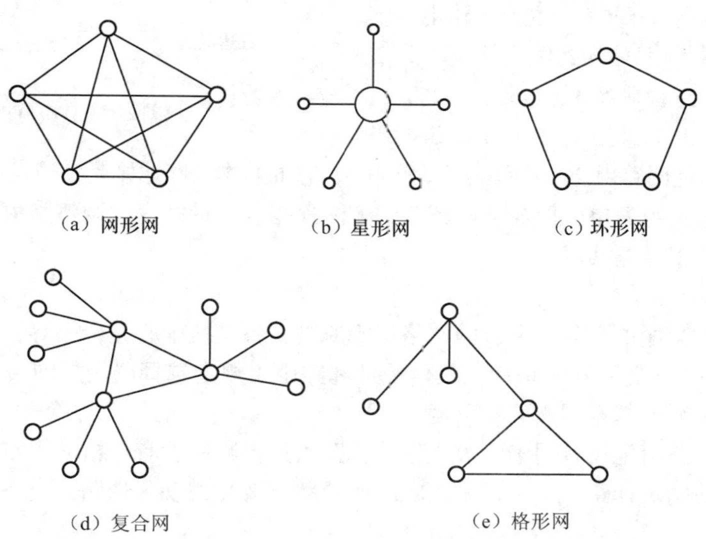

图 4-8 电信网的拓扑结构

（3）环形网。环形网是由 3 个及以上节点用闭合环路形式组成的通信网，如图 4-8（c）所示。

环形网所需要的链路数等于节点数，所需线路较网状网少，可靠性相对星形网来说较高，但由于转接次数多而影响通信速度。

2. 电信网的非基本结构形式

利用电信网的基本结构形式，可以构成非基本结构的拓扑结构，主要包括复合网（如图 4-8（d）所示）和格形网（如图 4-8（e）所示）。

复合网吸取了星形网和网形网的优点，较为经济，又有一定的可靠性，是构成长途网的最基本的形式。在实际运用时，要根据具体情况和发展趋势确定复合网的级数，例如长途电话网由过去的四级网络向二级网络演变。

格形网是复合网向网形网发展的中间状态，随着发展的完备程度逐渐增强和集中性逐步减少，网格的分散性逐渐增强。

3. 分级网与无级网

根据网络结构与路由组织的不同，电信网可以有分级网和无级网两种形式。

（1）分级网

在分级网中，网络节点间存在等级划分，设置端局和各级汇接中心，每一个汇接中心负责一定区域的通信流量，网络的拓扑结构一般为逐级辐射的星形网或复合网。

分级网中，路由也有等级，路由选择有其严格的规则。分级网是为尽量集中业务量，提高全网传输系统利用率所采用的结构形式。传统的电话网就为典型的分级网。在传统的电话网中，交换中心分为初级、二级等若干等级；电路分为基干电路、低呼损直达电路、高效直达电路等；路由分为发话区路由和受话区路由，其中，发话区路由选择方向自下而上，受话区路由自上而下。图 4-9 所示为 A 处的初级交换中心到 B 处的收端局的路由选择顺序 1、2、3、4、5、6：首先应选择直达路由 1；其次是 B 处上一级初级交换中心转接的与迂回路由 2；最后是基干路由 6，它的基本选路原则是使通信的转接次数最少。

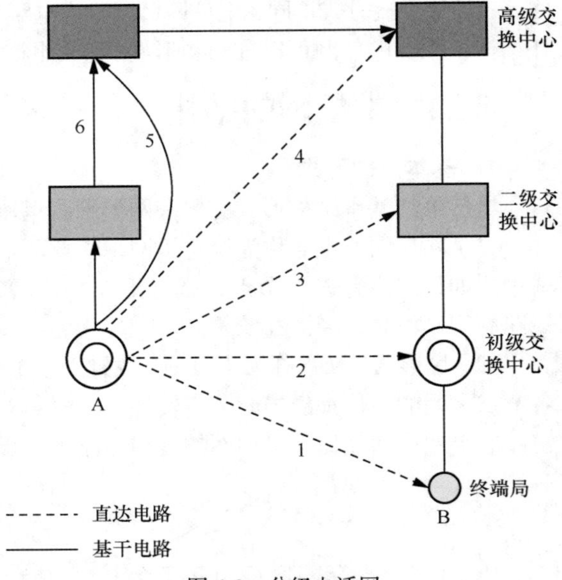

图 4-9　分级电话网

分级网的网络组织简单，但灵活性较差，无法根据业务量的变化调整路由选择，网络故障的适应能力差，不便于带宽共享。

（2）无级网

无级网打破了交换中心分上下级的网络组织原则，各交换中心完全平等，任何两个交换中心之间均可以组成发话-受话对，采用按收信地址和路由表规定选择出局局向。无级网对应的拓扑结构一般分为所有节点基本同级的格形网。

在无级网中，路由也没有明确的等级划分，路由选择顺序没有严格的规定。它的路由选择方案可以采取静态的固定选路，也可以采用随时间或状态变化的动态选路。

4.1.3　电信网的技术基础

1. 传送网技术

传送网是一个由许多单元组成的庞大的网络，完成将信息从一个点传递到另一个点的功能。

从物理实现角度看，传送网技术包括传输介质、传输系统和传输节点设备技术。

（1）传输介质是传递信号的通道，提供两地之间的传输通路，分为有线传输介质和无线传输介质。

（2）传输系统包括发送/接收设备和传输复用设备。发送/接收设备主要有发/收信机、光端机等。若想要在一定传输介质中传输多路信息，则需要有传输复用设备将多路信息进行复用与解复用。复用方式主要分为频分复用、时分复用、码分复用和空分复用。

（3）传输节点设备包括配线架、电分插复用器（Add-Drop Muliplexer，ADM）、数字交叉连接器（Digital Cross Connect，DXC）、光分插复用器（Optical Add-Drop Multiplexer，OADM）、光交叉连接器（Optical Cross Connect，OXC）等。

目前，实际采用的主要传送网技术有同步数字体系（Synchronous Digital Hierarchy，SDH）、密集波分复用（Dense Wavelength Division Multiplexing，DWDM）、光传送网（Optical transport Network，OTN）。

另外，不同类型的业务节点可以使用同一个公共的用户接入网，实现由业务点到用户驻地网的信息传送，因此可将接入网视为传送网的一个组成部分。接入设备包括非对称用户线路（Asmmetric Digital Subscriber Line，ADSL）、无源光纤网络（Passive Optical Network，PON）、无线接入设备等。

随着业务云化、视频化等应用发展，光传送网专线目标网架构应该是提供物理隔离、全程资源独享的高质量、大带宽、低时延、快速接入、带宽随选、智能可视的精品组网专线和专网能力，涉及的关键技术包括泛在接入、稳定低时延、安全硬隔离、业务高可靠、算网感知技术、算网统一编排技术、任务式调度等。

2. 业务网技术

业务网是向用户提供诸如语音、数据、图像、广播电视等各种电信业务的网络。在传送网上安装不同类型的业务节点设备，就形成了不同类型的业务网。业务节点设备主要包括各种交换机、路由器和数字交叉连接设备等。其中交换机是构成业务网的核心要素，它的基本功能是完成接入交换节点链路的汇集、转接接续和分配，实现一个用户及其所要求的另一个或多个终端用户之间的路由选择的连接。交换设备的交换方式有电路交换（例如公众电话网）和分组交换（例如报文交换等）两种方式。数字交叉连接设备既可作为通信网的节点设备，也可作为数字数据网和各种非拨号专用网的业务节点设备。业务网的基本技术要素包括网络结构、编号计划、计费方式、路由选择、流量控制等。

3. 应用层技术

现代通信系统的最终目的是为用户提供他们所需的各类通信业务。应用层业务就是直接面向用户的。应用层业务主要包括模拟与数字视音频业务（例如电话业务、IP 电话业务、广播电视业务、智能网业务等）、数据通信业务（例如电子商务、电子邮件等）、多媒体通信业务（例如交互型业务）等。

不同的业务应用，一般通过不同的终端设备提供给用户。这些终端设备的作用是将语音、文字、数据和图像（静止的或活动的）信息转变为电信号或电磁信号发出去，并将接收到的电信号或电磁信号复原为原来的语音、文字、数据和图像信息。典型的终端设备有电话机、电报机、无线寻呼机、数据终端机、微型计算机、传真机、电视机、智能手机、智能多媒体终端、可穿戴智能设备等。有的终端设备本身也可以是一个局部的或小型的电信系统，它们对公用电信网来说，就是作为终端设备接入的，例如用户交换机、局域网、办公自动化系统、计算机系统等。

随着信息通信技术和移动互联网业务的蓬勃发展，以及新一代移动通信技术、物联网技术、人工智能技术、网络安全技术的应用，电信网络将全面连接物理世界、数字世界和人类世界。

4. 支撑网技术

支撑网是保障业务网正常运行、增强网络功能、提供全网服务质量，以满足用户要求的网络。支撑网主要传送相应的控制、检测信号。支撑网包括信令网、同步网和电信管理网。

信令网的功能是实现网络节点（包括交换局、网络管理中心等）间信令的传输和转接。同步网的功能是实现在数字交换局之间、数字交换局和传输设备之间的同步信息的传递。电信管理网是搜集、处理、传送所存储的有关电信网维护、操作和管理信息的支撑网，是为提高全网质量和充分利用网络设备而设置的，它能够实时或近实时地监视电信网络的运行，及时地采取控制措施，以达到在任何情况下，最大限度地使用网络中一切可利用的设备，使尽可能多的通信业务得以实现。

同步网的作用是使数字网中所有节点设备的时钟频率和相位都控制在预定的容许范围内，使通过网内各节点设备的数字流实现正确、有效地传送与交换。同步网的基本功能，是将同步信息准确地从基准时钟传送给网内各同步节点，从而调节网中的同步节点时钟和基准时钟，使之保持一致。同步方式主要有主从同步方式、互同步方式、准同步方式（独立时钟方式）、主从同步和准同步相结合的混合方式。

现代电信网具有大规模、高性能和分散化的特点。如果没有先进的运营支持系统是难以对电信网进行有效管理的。对此，国际电信联盟电信标准化部门（International Telecom Union-Telecommunication standardization Sector，ITU-T）提出了具有标准协议接口和体系结构的管理网络——电信管理网（Telecommunication Management Network，TMN）。

4.1.4 电信网的发展趋势

电信网的发展与电信设备、电子器件、计算机技术的发展紧密相关。一方面电子技术按摩尔定律或超摩尔定律发展，具有宽带化、智能化、个人化和多媒体化的特征；另一方面基础设施投资巨大、回收周期较长，促使人们在研究应用更先进的电信网络理论技术的同时，必须考虑市场需求，兼顾投资回报率，形成与原有电信网长期并存的局面。

20 世纪 90 年代出现的下一代网络（Next Generation Network，NGN）反映了未来网络的发展方向。NGN 泛指一个不同于传统电信网、采用新技术提供先进业务的网络，它具有传统电话网的普遍性和可靠性、互联网的灵活性、以太网的简单性、异步转移模式的低时延、光网络的高带宽、蜂窝网的移动性和有线电视网的丰富内容。

NGN 具有以下特点：开放分布式网络结构、高速分组化的核心网、独立的网络控制层、网络互通和网络设备网关化、多样化接入方式。NGN 将传统交换机的功能模块分离成为独立的网络部件，各个部件可以按相应的功能划分各自独立发展，部件间的协议接口基于相应的标准，它的体系架构如图 4-10 所示。实现 NGN 的关键技术是软交换技术、高速路由/交换技术、大容量光传送技术和宽带接入技术，其中软交换技术是 NGN 的核心技术。

NGN 的含义可以从多个层面来理解。从业务上看，NGN 应该支持语音、数据、视频和多媒体业务。从网络层面上看，在垂直方向，它应该包括业务层、传送层等不同层面；在水平方向，它应该覆盖核心网和边缘网。NGN 至少包含以下 5 个领域：下一代交换网、下一代传送网、下一代互联网、下一代移动网和下一代接入网。在技术方面，NGN 呈现出数字化、综合化、融合化、宽带化、智能化、标准化的特性；在新业务发展上，它呈现业务宽带化、业务 IP 化、业务智能化、业务移动化、业务个人化、基于物联网技术、泛在网络、机器学习、数字孪生等新技术业务蓝图的趋势，利用人工智能的数据感知、智能分析、意图洞察能力，进一步向智能化网络方向演进。

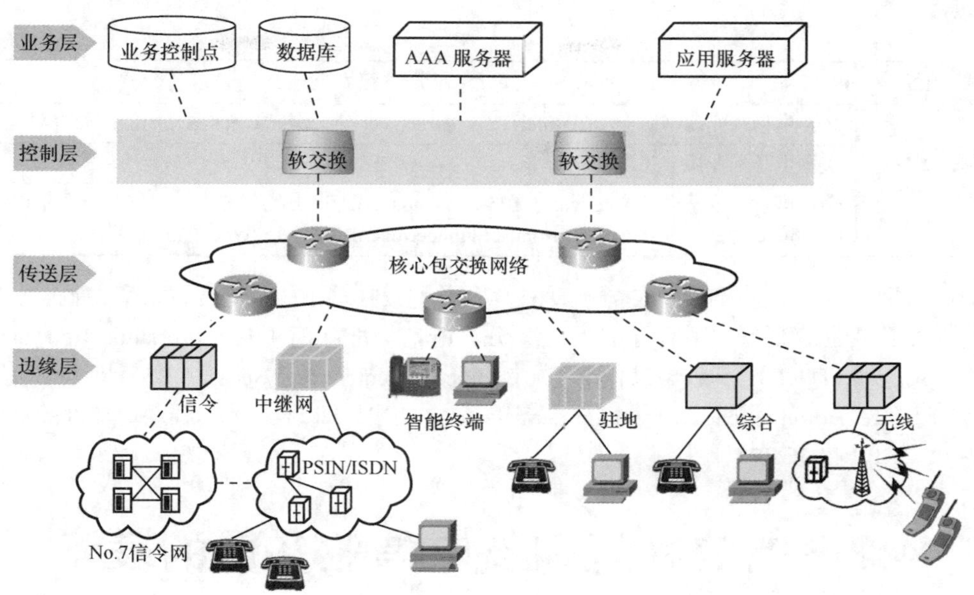

图 4-10　NGN 的体系结构

4.1.5　标准化组织

通信涉及双方或多方的信息交互，统一的标准有利于系统的异构组成，也给用户提供了选择的灵活性。然而，标准的制定，除了受技术的因素影响之外，还受经济乃至政治因素的影响。因此，各国政府和企业纷纷建立相应的机构，抢占标准高地。表 4-1 列出了不同国家和地区的电信标准化组织。

表 4-1　电信标准化组织

国家/地区	标准化组织
全球	国际标准化组织（International Standards Organization，ISO）
	国际电信联盟（International Telecommunication Union，ITU）
	第三代合作伙伴计划（3rd Generation Partnership Project，3GPP）
	第三代合作伙伴计划 2（3rd Generation Partnership Project2，3GPP2）
	国际互联网协会（Internet Society，ISOC）、下属国际互联网工程任务组（The Internet Engineering Task Force，IETF）和互联网架构委员会（Internet Architecture Board，IAB）
亚洲、泛太平洋	亚洲、泛太平洋电信标准化机构（Asia-Pacific Telecommunity Standardization Program，ASTAP）
欧洲	欧洲电信标准化协会（Europe Telecommunication Standard Institute，ETSI）
	欧洲计算机制造商协会（European Computer Manufacturers Association，ECMA）
中国	中国通信标准化协会（China Communication Standard Association，CCSA）
日本	无线工商业联合会（Association of Radio Industries and Business，ARIB）
	电信技术委员会（Telecommunication Technology Committee，TTC）
印度	印度电信标准发展协会（Telecommunications Standards Development Society，India，TSDSI）
韩国	通信技术协会（Telecommunication Technology Association，TTA）
美国	电信产业协会（Telecom Industry Association，TIA）

续表

国家/地区	标准化组织
美国	蜂窝电信和互联网协会（Cellular Telecommunications & Internet Association，CTIA）
	美国电子工业协会（Electronic Industries Association，EIA）
	美国国家标准学会（American National Standard Institute，ANSI）、电气与电子工程师学会（Institute of electrical and Electronics Engineering，IEEE，是 ANSI 的成员）

其中，国际电信联盟（ITU）成立于 1865 年，总部设在瑞士的日内瓦，它牵头制定电报、电话和无线与卫星通信业务的国际标准。ITU 分为电信标准部门（Telecommunication Standards Sector，TSS，即 ITU-T）、无线电通信部门（Radiocommunications Sector，RS，即 ITU-R）和电信发展部门（Telecommunication Development Sector，TDS，即 ITU-D）。移动通信网的标准主要由 ITU-R、3GPP 和 3GPP2 牵头制定。

4.2 电信网规划及电信业务量的表示

电信网规划及电信业务量的表示

4.2.1 电信网规划的概念和特点

1. 电信网规划的定义

一般来说，规划是指对某种事业在未来一段时间内的发展方向、发展目标及主要发展步骤的估计和决定。根据原国际电报电话咨询委员会（Comité Consultatif International Téléphonique et Télégraphique，CCITT）《通信网规划手册》对电信网规划的定义，电信网规划是为了满足预期的需求和提供可以接受的服务等级，在恰当的地方、恰当的时间以恰当的费用提供恰当的设备。也就是说，电信规划就是在时间、空间、目标、步骤、设备和费用 6 个方面，对未来做出一个合理的安排和估计。广义的规划工作包括制定规划、执行规划和检查规划的全过程。狭义的规划指的是制定规划的过程。在本书中所讨论的规划，主要是指狭义的规划。

2. 电信网规划的分类

原 CCITT《通信网规划手册》中将电信网规划分为如下 4 类。

（1）战略规划（Strategic Planning）：给出电信网要遵循的基本结构准则。

（2）实施规划（Implementation Planning）：给出实现投资目的的特定途径。

（3）发展规划（Development Planning）：处理那些为适应目标所需要的装备的数量问题。

（4）技术规划（Technical Planning）：处理那些为了保证所需的服务质量满意地运行而采用的选择和安装设备方法问题，它对整个电信网都是通用的，并保证未来电信网的灵活性和兼容性。具体来说，技术规划可包括路由规划、编号规划、计费规划、传输规划等。

按照不同时间跨度，电信网规划可分为长期规划、中期规划和短期规划。按照业务种类的不同，电信网规划可分为城域网规划、电话网规划、移动网规划、数据网规划、智能网规划等，按照规划的方法和所使用指标的不同，电信网规划可以分为定量规划与定性规划。定量规划要给出各电信网规划期末时应达到的指标，其中包括相对静态的指标，例如网络拓扑、设备规模、用户数量、设备投资等；也包括动态的指标，例如话务量、动态带宽需求、可用性等。定性规划主要分析发展趋势、技术走向、网络演变、生命周期、经济效益、社会效果及一些深层次问题，这些问题难以量化。与定量规划相比，定性规划涉及面更广，综合层面更高，要求编制人员的知识面更宽，因此定性规划的难度也更大。

3. 电信网规划的特点

电信网规划具有适度超前性、整体性、业务互相替代性、发展转移性和总体经济性的特点。这些特点要求电信网规划适度超前于社会的经济发展，在遵循统一的技术规定的同时做到不同地区间、不同装备间、各种业务间的协调发展，不断地更新技术，进行方案比较及经济效益估算，以得到技术与经济的综合优化。

4.2.2 电信网规划的步骤及内容

1. 电信网规划的任务和步骤

电信网规划的基本任务包括：（1）根据国民经济和社会发展战略，研究确定电信发展的方向、目标、发展速度和重大比例关系。（2）探索电信发展的规律和趋势。（3）提出规划期内有关的重大建设项目和技术经济分析，研究规划的实施方案以及相应的对策和措施。

为了实现上述任务，电信网规划一般要遵循以下 5 个步骤：（1）对电信网的现状进行调查研究。（2）确定电信网规划目标（规划目标应满足社会需求目标、技术发展目标、保证社会经济发展的目标等）。（3）对电信网的用户（业务量）、技术等发展动向、趋势和前景进行科学的预测。（4）对电信网发展的规划（这也是电信发展规划的核心所在）。不同的电信网，对应不同的规划方法和优化模型。在这一步骤中，电信网规划可大量采用定量分析和优化分析技术，还可采用计算机辅助优化，同时要注意定量分析和定性分析相结合。（5）进行技术经济分析，即对多种方案进行比较和经济评价。

2. 电信网规划的内容体系

在进行电信网规划时，不同的网络对应不同的规划目标和规划方法。由此就形成了电信网的规划体系。按照电信网的构成和种类，电信网的规划体系大致如图 4-11 所示。

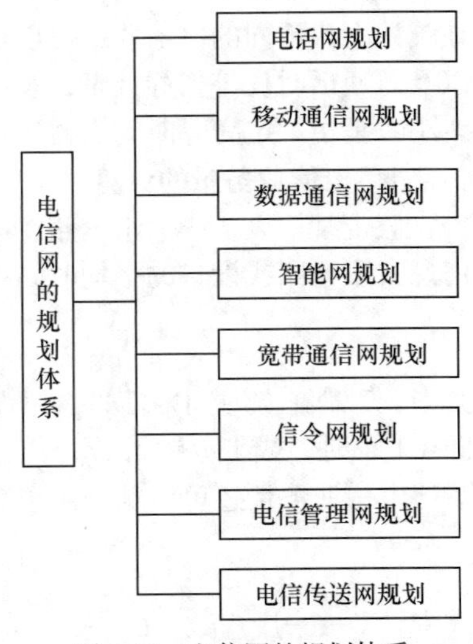

图 4-11　电信网的规划体系

另外，由于电信网具有层次性，在规划时还可按照长途网和本地网分别进行规划。从规划内容来看，各类电信网规划的主要内容由以下 3 部分组成。（1）预测：包括用户发展预测、话务量预测、流量预测等。（2）网络优化：对网络资源进行配置，不同类型的网络对应不同的网络优化方法。（3）经济分析：计算投资、投资回收期、内部收益率等指标，通过现金流量分析、盈亏平衡分析等方法，确定规划方案的经济可行性。

典型的电信网规划文本主要包含以下基本内容：（1）概述现状与存在的问题。（2）规划目标和水平。（3）业务预测。（4）业务规划和网络规划。（5）建设项目安排与分步实施规划。（6）投资估算和财务评价。

就规划的具体内容和方法而言，不同网络对应的规划方法不尽相同。图 4-12 所示为本地电话网规划的主要内容。图 4-13 所示为移动通信网规划的主要内容。二者的组网技术不同，网络规划的内容也不同。

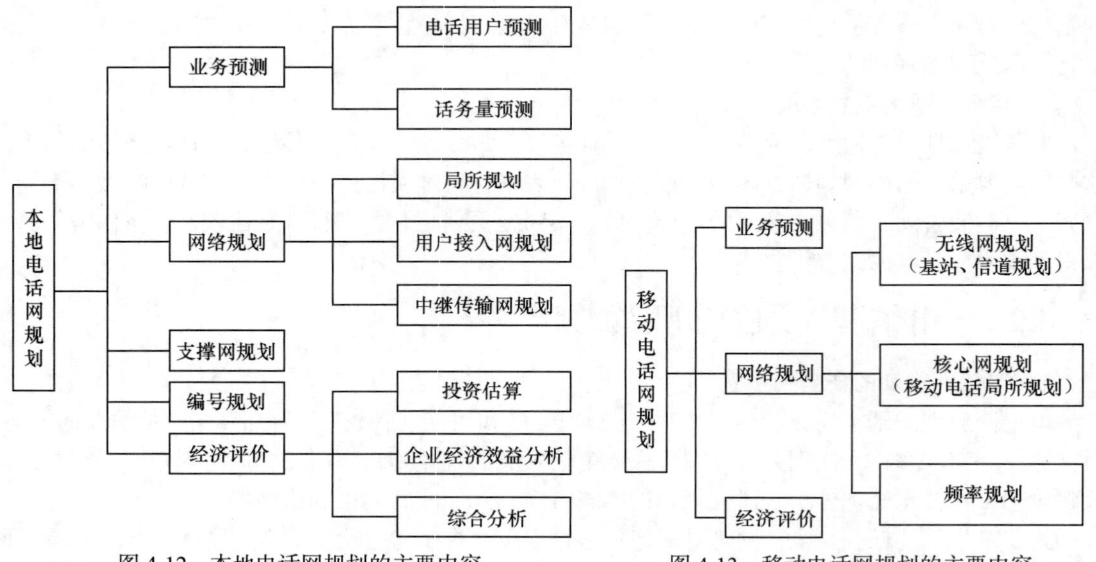

图 4-12　本地电话网规划的主要内容　　图 4-13　移动电话网规划的主要内容

4.2.3　电信业务量的表示

电信业务量表示需要传递的电信信息数量，它是核算设备、生产人员和组织生产的主要依据。在统计上，不同的电信业务可以用不同的指标进行计量。例如，电话业务可以用电信业务用户数以及总通话时长等指标计量，互联网业务可用用户数及流量计量。核算单位往往是占线小时，占线小时是指一定间隔时间内占用设备的时间，也可以用占线分钟、小时呼、百秒呼来表示。

1．电信业务量的计算

假定某一设备或一组电路在某间隔时间 T 内（1 天或 1 小时）有 C 份信息到来，每一份电信信息占用电路或设备的平均时间是 $\overline{t_0}$，则

$$Y = C \cdot \overline{t_0}$$

其中，Y 是在 T 时间内信息占用设备的总时间，也就是 T 时间内的电信业务量，如果 T 为单位时间（1 小时，或 1 分钟），$\overline{t_0}$ 的单位与 T 相同，则电信业务量的单位也写成厄朗。

电信业务量还可以结合用户数来计算，例如：

$$\text{市话业务量}\ Y = N \cdot C \cdot \overline{t_0}$$

式中，N——用户数。C——一定间隔时间内平均每一用户的呼叫次数。$\overline{t_0}$——每次呼叫平均占用电路时间。

【例 4-1】南京-上海电路方向在 T 时间内有 30 次长途电话，每次通话电路平均占用电路时间是 10 分钟（$\frac{1}{6}$ 小时），则长途电话业务量 $Y = 30 \times \frac{1}{6} = 5$（占线小时），即在 T 时间间隔内，电信信息对该组电路的总占用时间是 5 占线小时。

如果 Y 为 1 小时内所形成的电信业务量（厄朗数），则 Y 在数值上等于平均在时间 $\overline{t_0}$ 内出现的电信信息次数，也等于平均所需要的电路数。

【例 4-2】南京-上海电路方向在 1 小时内形成的长途电话业务量是 5 占线小时，$\overline{t_0} = 10$（分钟），则在 10 分钟内出现的长途电话平均次数为 5，平均需要的长途电路数也为 5 条。证明过程如下。

$$Y=5\text{（占线小时）},\ \overline{t_0}=10\text{（分钟）}=\frac{1}{6}\text{（小时）}$$

则 1 小时内长途电话通话次数为 $C=\frac{Y}{\overline{t_0}}=\frac{5}{1/6}=30$（次）。

则 10 分钟内出现的长途电话平均次数为 $30\times\frac{1}{6}=5$（次）。

由于每次通话平均占用时长为 10 分钟，则一条电路平均在 1 小时内可以进行 6 次通话，那么要完成 1 小时 30 次通话，则平均需要 5 条电路。

2. 电信业务量的不均匀性

电信服务所传递的信息是用户根据实际需要而随时提出的，因而电信业务量表现出了显著的不均匀性。这种电信业务量的不均匀性不仅表现在一年内每个月，也表现在一周内的每一天，甚至表现在一天内的每小时中。这种不均匀性是有规律可循的，掌握这些规律便于合理组织生产，提高设备利用率和劳动生产率。对于这种不均匀性，可以使用以下指标来进行表示。

（1）月不均匀性。一年内的每月的业务量不均匀性以月不均匀系数来衡量。

$$\text{月不均匀系数}\ H_{Yi}=\frac{i\text{月业务量}}{\text{月平均业务量}}$$

$$\text{繁忙月不均匀系数}H_{YM}=\frac{\text{繁忙月业务量}}{\text{月平均业务量}}$$

（2）日不均匀性。一周内每日的业务量不均匀性以日不均匀系数来衡量。

$$\text{日不均匀系数}H_{Ri}=\frac{i\text{日业务量}}{\text{日平均业务量}}$$

$$\text{繁忙日不均匀系数}H_{RM}=\frac{\text{繁忙日业务量}}{\text{日平均业务量}}$$

（3）昼夜每小时的不均匀性。电信业务量在昼夜 24 小时内的不均匀性表现最为明显，繁忙时段的业务量与清闲时段的业务量可相差 10 倍之多，一般表现为上午和下午两个高峰。昼夜每小时的不均匀性以小时集中系数来表示。

$$\text{小时集中系数}K_{Si}=\frac{i\text{小时业务量}}{\text{全日业务量}}$$

$$\text{繁忙小时集中系数}K_{SM}=\frac{\text{繁忙小时业务量}}{\text{全日业务量}}$$

通常，我们可以根据电信业务量的历史数据，测算各个衡量电信业务量不均匀性的指标，找出这种业务量不均匀分布的规律。例如，电话业务的繁忙月不均匀系数一般取 1.15～1.3，繁忙日不均匀系数一般取 1.2 左右，繁忙小时集中系数为 0.15～0.2。

由于电信服务在人们生产生活中的重要性，电信服务必须最大限度地满足人们的通信要求，在业务量最高的最繁忙小时仍然要能够满足需求，因此，在核算电信设备（包括电路）的时候，它的主要依据是最繁忙小时业务量。最繁忙小时业务量就是考虑了月不均匀性、日不均匀性、昼夜每小时不均匀性的最繁忙的小时业务量，也就是通常所指的繁忙小时业务量。在对全年的业务量进行预测的基础上，可以根据下式预测繁忙小时的业务量。

$$C_{SM}=\frac{C\cdot H_{YM}\cdot H_{RM}\cdot K_{SM}}{365}$$

式中，C_{SM}——繁忙小时业务量。C——预测年度的全年电信业务量。H_{YM}、H_{RM}、K_{SM}分别为繁忙月不均匀系数、繁忙日不均匀系数和繁忙小时集中系数。

在需要生产人员介入的电信业务生产中，安排生产人员时，一般的做法是根据电信业务量的大小随时间的分布情况，把全天分为繁忙时段、一般时段和清闲时段。各时段的繁忙小时业务量是核算生产人员的主要依据。在网络的管理和控制自动化程度较高的时候，由于不需要过多的人员介入，因此不需要对忙闲时段的人员变化做过多控制。

在实际工作中，繁忙月集中系数和繁忙日集中系数常被用来反映月、日的业务量的不均匀性，计算公式如下。

$$\text{繁忙月集中系数}\ R_{m} = \frac{\text{繁忙月业务量}}{\text{全年业务量}}$$

$$\text{繁忙日集中系数}\ R_{d} = \frac{\text{繁忙月业务量}}{\text{全年业务量}}$$

如果使用这两个指标，则繁忙小时业务量的可以按照下式进行计算：

$$C_{SM} = C \cdot R_{m} \cdot R_{d} \cdot K_{SM}$$

式中，C——预测年度的全年电信业务量。R_{m}、R_{d}、K_{SM}分别为繁忙月集中系数、繁忙日集中系数和繁忙小时集中系数。

在已知月平均电信业务量的条件下，也可以忽略电信业务量的月不均匀性。这时，繁忙小时业务量的计算公式简化为：

$$C_{SM} = C_{m} \cdot R_{d} \cdot K_{SM}$$

式中，C_{m}——平均每月的电信业务量。

4.3 常用的电信业务预测方法

常用的电信业务预测方法

4.3.1 预测

1. 预测的概念与基本方法

预测就是根据事物过去、现在的发展情况和某些规律性，以及新出现的各种可能性，对事物未来的发展趋势进行科学的预知和推测。

根据研究任务的不同，预测可以有以下3种分类。

（1）按预测的时间长短不同，可分为长期预测、中期预测、短期预测和近期预测。

（2）按预测方法的不同，可分为定性预测和定量预测。

（3）按预测的时态不同，可分为静态预测和动态预测。

预测有以下3种基本途径。

（1）因果分析：通过研究事物的形成原因来预测事物未来发展变化的必然结果。

（2）类比分析：根据某一事物的发展状况，预测与之类似的事物的未来发展，例如在进行某城市长话预测时，可以参考国外其他同类城市的情况。

（3）统计分析：通过一系列数学方法，分析事物的过去的数据资料，揭示历史数据背后的必然规律性。

2. 预测的程序

预测的程序随着预测的目的和采用的方法而异，一般程序如图 4-14 所示。

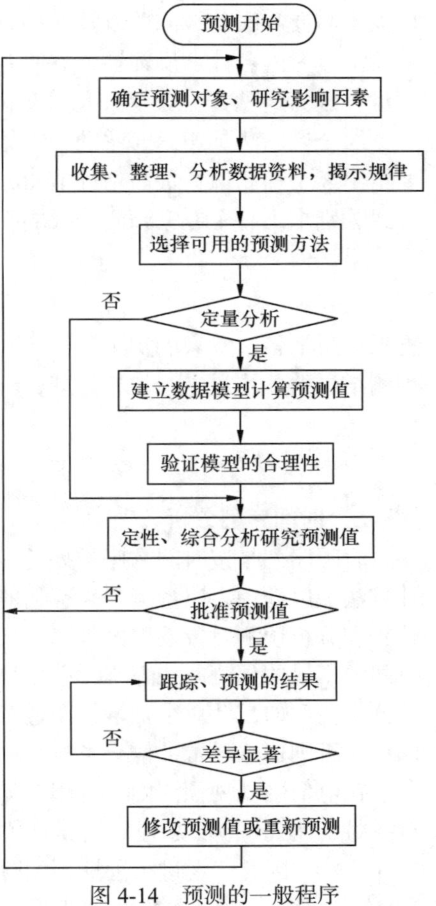

图 4-14　预测的一般程序

4.3.2　电信网规划中预测的内容

电信网规划所要进行的预测范围很广，包括与电信发展相关的人口与经济环境预测和电信业务与网络发展预测。相关的人口经济指标的预测可以参考国家统计部门的预测值，而电信业务预测是电信网规划中的主要内容。

电信业务预测包括对电信业务种类的预测和对电信业务量的预测，显然业务种类预测为定性预测，业务量预测为定量预测，业务量的预测值是进行网络配置与优化的依据。电信业务量的预测包括宏观预测和微观预测。宏观预测涉及的内容包括对规划地区每一种电信业务总的普及率的预测、对设备总容量的预测、对业务总量和业务流量流向的预测、对传输带宽的预测等；微观预测涉及的内容包括对用户密度图的预测、对小区或分区的预测、对分类用户的预测、对不同层次用户的预测等。

电信业务预测是整个规划的定量数据和定性发展的基础和依据。电信业务预测的准确程度将直接影响电信网规划的实用性。因此，在进行预测的时候不仅要考虑到已有数据资料，更要注意到电信技术、电信业务发展的新形势以及相应环境（包括服务对象、技术环境、业务环境、市场环境和资金环境）的变化情况。

4.3.3　主要预测方法

预测方法有很多，常用且实施较简单的方法有直观预测法、时间序列分析和相关回归分析。此外还有灰色预测法、系统动力学预测法和模糊预测法等较为复杂的方法。复杂的预测方法通常需要计算机辅助建立预测模型。下面主要介绍前 3 种方法。

1. 直观预测法

直观预测法又被称为专家预测法，主要通过熟悉情况的有关人员或专家的直观判断进行预测。这种方法简单、易掌握、适用性较强，特别是在历史数据资料不足时可以采用，例如对电信新业务的预测。直观预测法的局限在于预测者的知识和经验决定了预测结果的正确性。

直观预测法常用的方法有专家会议法、德尔菲法和综合判断法。

专家会议法邀请有关方面的专家，以会议形式，对某个新产品本身情况及其市场前景进行评估预测。为使会议开得有成效，事先要做一些调查研究，向专家们提供必要的背景材料，明确预测的目标。专家们在会上展开充分讨论，相互交流，使意见逐步集中。专家会议法利于交换意见，相互启发，弥补个人预测的缺陷。它的缺陷为：代表性不充分；专家表达能力或时间限制都会导致考虑问题不全面。

德尔菲法既能保留专家会议法的优点而又能克服其缺点。该方法邀请有关专家出面回答问题，并使他们处于匿名状态；然后邀请 3～5 名专家组成仲裁小组，负责编制整理问卷，准备一份关于需要解决什么问题以及所用方法具有什么特点的说明材料；最后进行若干轮问卷反馈。德尔菲法具有匿名性、反馈性，方便专家从多次的反馈资料中进行分析选择，从而提出更好的预测意见。因为这种方法对专家人数没有限制，专家小组代表性也有充分保证。

综合判断法是德尔菲法的一种派生形式，也称为概率估算法。每个专家提出预测结果时，还要给出 3 个预测值：最高估计值（a_i）；最低估计值（b_i）和最可能估计值（c_i）。然后，根据以下公式分别求出每个专家预测结果的平均值 x_i。

$$x_i = \frac{a_i + 4c_i + b_i}{6}$$

再根据所请各位专家的实际工作经验、意见的权威性等分别给出各位专家的权重 w_i。再将各人的预测结果的平均量进行加权处理，求得预测结果 x，即

$$x = \frac{\sum x_i w_i}{\sum w_i}$$

2. 时间序列分析

时间序列是按时间顺序排列的一组数字序列。时间序列分析就是利用这组数列，应用数理统计方法加以处理，以预测未来事物的发展。时间序列分析的基本步骤是：根据统计数据值的变化趋势和分析预测对象发展的规律，选择拟合曲线模型，然后根据统计数据计算相关参数，得到以时间为变量的预测曲线方程，即可得到特定时间的预测值。在整理数据时，要注意对异常数值进行分析。例如，针对个别增长率过高或过低的年度数据，应对这些数据进行调查以便决定取舍或修正，否则这些异常数值会影响预测准确度。

在电信网规划预测中，常用趋势外推法进行近期、短期或中期预测。趋势外推法的曲线方程有线性方程、指数方程、幂函数方程、二次曲线方程等。长期来看，电信业务量呈饱和型曲线（S 曲线），因此，在进行远期预测时，可以采用龚珀兹和逻辑曲线方程或是多段曲线来近似模拟 S 曲线。下面以趋势外推法的线性方程为例，说明参数的计算方法。

趋势外推法的基本原理是假定未来发展趋势和过去发展趋势一致，因此比较适合近期、短期或中期预测。在选择曲线方程时，若相邻两期的增长量基本相等，则属于线性增长，可以考虑采用线性方程预测；若增长量越来越大，则可以考虑采用其他的曲线方程。以线性方程为例。

$$y_t = a + bt$$

式中，y_t——t 年的业务量。a，b 为不相等常数。

应用线性方程进行预测时，根据最小二乘法可得到参数 a，b 的值，计算方法如下。

$$b = \frac{\sum t y_t - n\overline{t}\,\overline{y}_t}{\sum t^2 - n(\overline{t})^2}, \quad a = \overline{y}_t - b\overline{t}$$

其中，$\overline{y}_t = \frac{\sum y_t}{n}$，$\overline{t} = \frac{\sum t}{n}$，$n$ 为时间序列数据的组数。

3. 相关回归分析

回归分析是确定两种或两种以上变数间相互依赖的定量关系的一种统计分析方法。按照自变量的多少，回归分析可分为一元回归分析和多元回归分析；按照自变量和因变量之间的关系类型，回归分析可分为线性回归分析和非线性回归分析。只包括一个自变量和一个因变量，且二者关系可用一条直线近似表示的回归分析，称为一元线性回归分析；有两个及以上的自变量，且因变量和自变量之间是线性关系的回归分析，称为多元线性回归分析。

例如，根据调查统计分析，长话业务量的增长与工业总产量有关，且接近于线性相关，则可建立一元线性回归方程 $y = a + bx$。

参数的计算公式如下。

$$b = \frac{\sum x_i y_i - n\overline{x}_i\overline{y}_i}{\sqrt{\left[\sum x_i^2 - n(\overline{x}_i)^2\right]\left[\sum y_i^2 - n(\overline{y}_i)^2\right]}}，\quad a = \overline{y}_i - b\overline{x}_i$$

其中，$\overline{y}_i = \frac{\sum y_i}{n}$，$\overline{x}_i = \frac{\sum x_i}{n}$，$n$ 为数据组数。

在使用一元线性回归方程进行预测时，还应计算相关系数，计算公式如下。

$$r = \frac{\sum x_i y_i - n\overline{x}_i\overline{y}_i}{\sqrt{\left\{\left[\sum x_i^2 - n(\overline{x}_i)^2\right]\right\}\left[\sum y_i^2 - n(\overline{y}_i)^2\right]}}$$

只有在相关系数的绝对值接近 1，即表明两组数据确实存在较强的线性相关关系时，使用相关回归分析进行预测的结果才是可信的。以上过程，可以通过 SPSS 软件等计算机辅助手段完成。

4.3.4　预测结果的审定

在电信网规划中，不同指标的重要性不同，因此应对重要指标进行重点预测。例如，主线普及率（包括固定电话主线普及率、移动电话主线普及率）可作为规划预测的基础预测量，进行直接预测；有数据基础的直接预测的业务量，应同时运用两种及以上方法进行预测；预测时，最好能给出低方案和高方案两套预测结果；每个地区的主要预测结果要与经济水平相接近的同级别地区横向比较，以确定其合理性和可信度；间接的或派生指标的预测，关键是选择合理的比例系数，并参照其他同级别地区的数据；贯彻定量预测和定性预测相结合原则，充分考虑专家的经验性建议。

4.4　电信网优化与经济评价

4.4.1　电信网的规划与优化

电信网优化即对电信网络资源进行合理配置。不同类型的电信网有不同的优化方法。进行电信网的优化，首先要规定好一系列的约束条件和目标函数，而优化就是要在全面满足所有约束条件的前提下，使所有的目标函数达到极值。如果约束条件和目标函数不同，就会产生不同的优化方案，即存在不同含义的优化。显然，优化的目标要求越高，所规定的约束条件和目标函数的个数也就越多，在数学上要求的模型结构就越复杂，网络优化的难度就越大。

当前电信网优化应用最广泛的约束是，在满足业务流量流向和服务等级要求的前提下，网络优化的目标函数是使全网建设费用达到极小或者使全网期望效益达到极大；反过来，也可以在一定的费用条件下，达到质量最优的目的要求。当然还可以加入其他条件，例如，随着网络的日渐庞大，还应加入有关可靠性和安全性等方面的约束条件。

目前，对于电信网的优化问题可以概况为网络的拓扑结构问题、网络的链路容量分配问题、网络的流量分配问题。从广义上说，电信网的优化不仅涉及技术，也与经济和社会的许多因素有密切关系。电信运营企业在进行电信网规划时，应该在可能的范围内，在全面综合定量和定性的分析之后，最终确定方案。在技术、历史和社会条件允许的情况下，电信运营企业应优先选择那些考虑层面更宽，技术含量更高，意义更为深远，经济效益和社会效果更好的优化方案。

无线网络优化的主要功能是提供网络无线覆盖，即实现有线通信网络与无线终端之间的无线信号传输。无线网络优化一般是围绕覆盖面、通话质量、投资效益、建设难易、维护方便性等要素进行的。无线网络优化具体可以分为覆盖优化、干扰优化及切换优化。覆盖优化的主要内容是消除网络基站的弱覆盖和交叉覆盖，从而优化接通率低、掉线率高、用户感知差等问题。干扰优化主要包括调整站址布局、根据现场无线环境调整天线设置和功率等。干扰优化能够解决网络切换失败、掉线和接入失败等问题。切换优化的关键在于控制切换区的位置和长度，并尽量保证在切换区里参与切换的信号强度能够平稳变化。

4.4.2 电信网规划的经济评价

对电信网规划方案的评价的核心内容是经济效果的评价。评价指标通常分为三大类：第一类是以时间作为计量单位的时间型指标，例如投资回收期、贷款偿还期等；第二类是以货币单位计量的价值型指标，例如净现值、费用现值等；第三类是反映资源利用效率的效率型指标，例如投资利润率、内部收益率等。

在进行电信网规划方案的经济评价时，首先应进行投资估算和业务收入、业务支出的测算，然后在此基础上进行规划方案的企业经济效果分析。企业经济效果分析通过盈亏分析、现金流量分析、经济指标计算和敏感性分析进行。通过分析，计算出内部收益率、投资回收期、投资利润率等指标。考虑到规划期内各种可能出现的不确定因素的影响，在评价时还应进行敏感性分析，把握不确定性因素中对规划方案经济效果影响程度较大的因素（敏感性因素），对投资总额、业务收入和业务支出分别作增减变动，从而了解规划方案的经济风险性。在对规划方案进行经济评价的基础上，还要对它的社会效益进行综合的评价。

4.5 本章小结

本章对电信网规划的相关内容进行了讨论：首先，介绍了通信发展简史、电信网的概念与分类、电信网的结构，以及电信网的技术基础和发展趋势；其次，对电信网规划的概念、特点，规划的步骤和内容进行了阐述，说明了电信业务量的表示方法；接着，介绍了电信网规划中常用的预测方法；最后，对电信网优化的内容和电信网规划的经济评价分别进行了阐释。

案例讨论：中国电信“信号升格”专项行动

2024 年 1 月，工信部等 11 部门联合启动开展“信号升格”专项行动，发布《关于开展“信号升格”专项行动的通知》，就加快推动移动网络深度覆盖，提升网络质量，优化用户感知，不断满足人民群众日益增长的美好生活需要，支撑重点行业数字化转型需求，促进经济社会高质量发展作出具体安排。“信号升格”专项行动要求推动“感知升格”，加快重点业务服务提升。中国电信加强基础设施的优化部署，积极开展新技术的研发应用，对加快重点业务服务质量的提升有重要的作用。以视频直播业务为例，中国电信积极实施云边协同，顺应各类企业上云趋势，优化设施部署，天翼云已建设成为覆盖全国、业界领先的云网融合数字化基础设施。中国电信基于强大的 5G+云网能力，提供低延时、流畅、一站式的视频直播服务。与此同时，中国电信积极探索支持重点业务的新技术，例如超级上行基于载波聚合技术的增强上行传输方案，提高用户上传速度和网络稳定性，从而改善视频直播的画质和流畅度，让用户产生身临其境的感觉。通过重点业务视角，中国电信更加聚焦网络能力和用户感知的匹配能力，进一步满足用户数字化生活的需求。

讨论题：试从案例“信号升格”的视角，结合本章所学知识谈谈无线网络优化的主要内容和经济评价。

思考与练习题

4-1　什么是电信？什么是电信网？

4-2　电信网的 3 种基本结构形式有哪几种？它们各自有哪些优缺点？

4-3　电信网规划的主要步骤和内容是什么？

4-4　电信网规划中常用的预测方法有哪些？

4-5　电信网规划中网络优化和经济评价的基本内容是什么？

4-6　某局某年长话业务量按月统计如表 4-2 所示。

表 4-2　某局某年长话业务量月统计表

月　份	1 月	2 月	3 月	4 月	5 月	6 月
业务量（次）	5 300	5 600	5 200	4 900	5 000	5 500
月　份	7 月	8 月	9 月	10 月	11 月	12 月
业务量（次）	5 800	4 800	6 100	6 500	5 100	5 400

试计算繁忙月不均匀系数 H_{YM}，如果繁忙日不均匀系数 $H_{RM}=1.2$，繁忙小时集中系数 $K_{SM}=20\%$，试求繁忙小时业务量。

4-7　某地区市话用户数为 20 万户，据调查，平均每个用户每月市内电话通话次数为 15 次，平均每次通话时长为 3 分钟，若繁忙月不均匀系数为 1.1，繁忙日集中系数为 0.05，繁忙小时集中系数为 0.15，则该地区最繁忙小时的市话业务量是多少厄朗？

4-8　某电信局在编制长途通信网规划时，需预测 2030 年的长话量。为了能使预测值比较准确，该局准备采用 3 种方法来预测。现已收集到一些相关数据，试用这些数据来预测 2030 年的长话去话量。

（1）该局聘请了甲、乙、丙 3 位专家，对该县 2030 年的长话量进行了估计，其估计值如表 4-3 所示，并确定甲的权重为 3，乙和丙的权重为 1。

表 4-3　某县 2030 年专家预估长话去话量

专家	最高	最低	最可能
甲	226	220	223
乙	231	215	220
丙	240	226	236

（2）该局收集到若干年的长话量和农业总产值的历史数据，如表 4-4 所示。请使用线性回归方程 $Y=a+bt$，$Y=a+bx$ 预测 2030 年长话量和 2025、2030 年农业总产值。

表 4-4　长话量和农业总产值的历史数据

年份（年）	2020	2021	2022	2023	2024	2025	2030
长话量（万分）	115	126	135	141	153	167	
农业总产值	42.1	43.2	44.5	45.8	46.1		

第 5 章 电信网组织与管理

【引例】无线电的发明

无线电的发明可以追溯到 19 世纪末和 20 世纪初的一系列重要科学研究和发明。1864 年，麦克斯韦的电磁场理论奠定了电磁学的基础，并预言电磁波的存在。随后，1888 年，赫兹通过实验验证了电磁波的存在，证明了电磁波的速度与光速相同。这些理论和实验为无线电波的应用提供了基础。1895 年，马可尼和波波夫发明了无线电报机。1898 年，这种通信方式被用于报告英格兰海岸的救生艇营救海上遇难者的消息。1915 年，电子管发射器和接收器在大西洋两岸进行了无线电话试验。无线电经历了从电子管到晶体管，再到集成电路，从短波到超短波，再到微波，从模拟方式到数字方式，从固定使用到移动使用等各个发展阶段。无线电技术已成为现代信息社会的重要支柱。

1837 年，电报的发明开启了人类电通信的时代。穆齐于 1860 年展示了电话的雏形。1876 年，贝尔申请了电话的专利权。迄今为止，遍布全球的公众电话交换网仍是规模最大的电信业务网。随着通信技术的发展，电信网的种类越来越多，电信网提供的电信业务越来越丰富。与此同时，技术和组网也越来越复杂。本章将介绍几种较为普遍的电信网络的组织与管理。

本章学习目标

（1）掌握电话网及其组织形式。

（2）熟悉数据通信网的概念及分类。

（3）掌握移动通信的概念和特点，移动通信系统的类型。

（4）了解物联网、泛在网的概念及相互关系。

（5）熟悉信息安全和网络安全的内涵，主要的网络安全防范技术。

5.1 电话通信网的组织与管理

电话通信网的组织与管理

5.1.1 电话网

电话网，即 PSTN（Public Switching Telephone Network），是一种历史最悠久、电信业务量最大、服务面最广的电信专业网，主要是为用户提供电话业务服务，它是电信网的基本形式和基础。从服务范围来说，电话网包括本地电话网、长途电话网和国际电话网。

电话网采用电路交换方式，由发送与接收话音信号的用户终端设备（例如电话机）、交换设备（例如程控交换机）交换设备之间的线路（中继线）及连接用户终端和交换设备的线路（用户线）组成。

1. 电话网的等级结构

电话网的等级结构主要和地理条件、行政区划以及电话业务流量的空间分布有关。在不同级别的地域中心，汇接中心局将区域内的电话业务量汇集起来，可以提高通信资源的利用率，降低网络建设、维护和运营成本。

根据 ITU-T 的有关建议，交换局最多分为 5 个等级，由高到低依次为一级交换中心（C1 局）、二级交换中心（C2 局）、三级交换中心（C3 局）、四级交换中心（C4 局）和端局（C5 局），如图 5-1 所示，C1-C4 局构成四级长途网。其中，由端局 C5 组成的本地电话网可以设立本地汇接局（Tm），以汇集或疏通本地话务。低等级的交换局与管辖它的高等级的交换局相连，形成多级辐射汇接网，最高级的交换局则直接互联，组成网状网。所以等级结构的电话网一般是复合网，将各区域的话务流量逐级汇集，达到既保证通信质量又充分利用电路的目的。

随着社会经济的发展，电话网也在不断变化。过去实行的五级制电话网逐渐向三级网演变。其中，长途电话网由省间长途网和省内长途网二级组成，C3 局以下的电话网以扩大的本地电话网形式取代原有的网络结构，如图 5-2 所示。长途电话网的这种演变，可以更好地利用长途资源，提高电话接通率和网络可靠性。

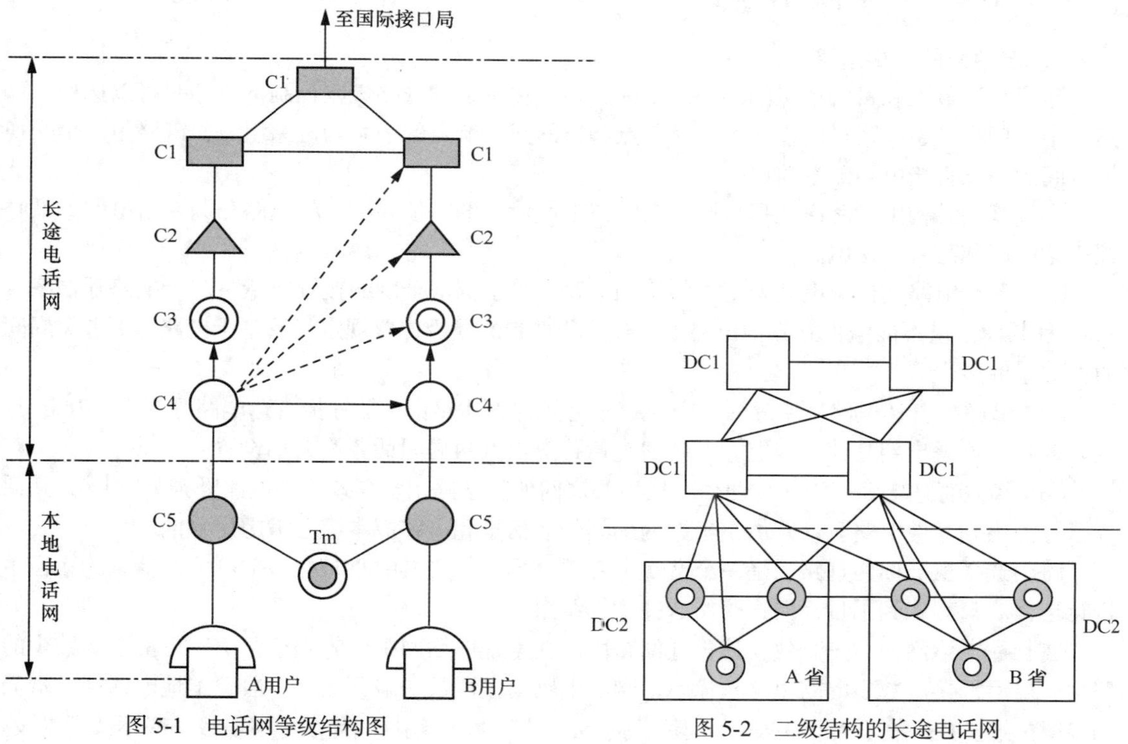

图 5-1　电话网等级结构图

图 5-2　二级结构的长途电话网

本地电话网是相对于全国长途电话网而言的局部地区电话网，是指在一个长途编号区内，由端局（或端局和汇接局）、局内中继线、长市中继线、用户线和终端设备组成的网络，如图 5-3 所示。一个本地电话网内所有用户实行统一号码长度的自动拨号。一个长途编号区就是一个本地电话网的服务范围。本地电话网不包括长途电话局，但在本地电话网地理服务区域内一般要设立长途电话局，用于疏通该本地电话网至网外的长途电话业务量。

国际电话网是各国（或各地区）的国际交换中心（International Switching Centre，ISC）和若干个国际转接中心（International Traue Centre，ITC）所组成的电话网。国际交换中心完成国际电路的相互接续，国际转接中心则连接国际电话网和国内电话网，也称国际接口局。如图 5-4 所示，国际电话网通常由三级交换中心组成，其中一级、二级是国际交换中心，三级是国际转接中心。CT1 之间基本上构成网形网，然后逐级辐射。

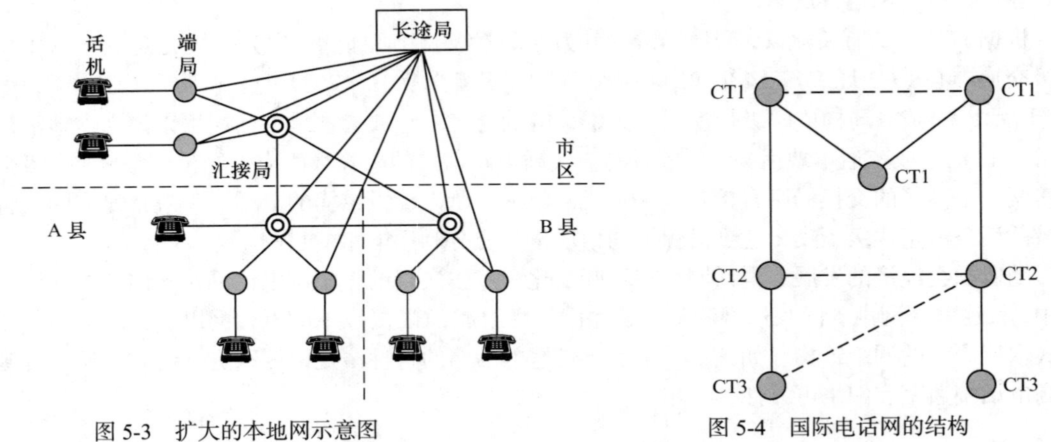

图 5-3　扩大的本地网示意图

图 5-4　国际电话网的结构

2. 电话网的路由选择

路由是源节点和目的节点间的一组不同路径。在特定的选路规则控制下，呼叫可以选择这些路径中的任意一条。路径由连接源交换节点和目的交换节点的一系列链路组成。链路是两个交换节点间的一条直接电路或电路群。

在等级制结构中，路由选择规则以及链路上所设计的呼损要求，将电路分为基干电路、低呼损直达电路和高效直达电路。

（1）基干电路：构成电话网基本结构的电路。为了保证全网的接续质量，基干电路呼损率≤1%，且其话务量不能溢出到其他电路上。根据分级制的局级位置规定设置基干电路，不考虑局间通信数量的多少。

（2）低呼损直达电路：任意两个交换中心之间的直达路由。低呼损直达电路呼损率≤1%，且其话务量不能溢出到其他电路上。低呼损直达路由根据两局间话务量大小设置。

（3）高效直达电路：为任意两个交换中心之间的直达路由。高效直达电路呼损率 > 1%，其话务量可溢出到其他电路。该路由是根据两局间的通信量和电路成本综合考虑设置的。

路由选择也被称为选路，是一个交换中心呼叫另一个交换中心时在多个可传递信息的途径中进行选择。只有选到了目标局，路由选择才算结束。

在长途电话网中，先高效直达再迂回路由。在本地电话网中，先直达路由，再汇接次数少的路由，最后汇接次数多的路由。长途电话网的电路串接段数一般不大于 3 段；本地电话网的端局间连续中继段数一般不大于 3 段；不同运营商本地网互通时，端局间连续中继段数一般不大于 5 段。

3. 电话网的编号计划

编号计划是指本地电话网、长途电话网、国际电话网、特种业务以及一些新业务等各种呼叫所规定的号码编排和规程。

本地电话网的用户号码由局号和用户号组成，是 8 位等位编号，手机编号是 11 位等位编号。长途电话网和国际电话网的用户号码是不等位编号：长途电话网的用户号码的组成为“国内长途字冠 0+长途区号+本地电话网用户号”，国际电话网的用户号码的组成为“国际长途字冠 00+国家号码+长途区号+本地电话网用户号”。

4. 电路配置

（1）高效直达电路的经济计算

在长途电话网中，高效直达电路群的配置应符合经济性的原则。一般情况下，直达电路费用低于迂回电路费用之和。但如果转接电路上的话务量集中，利用率高，则在同样负荷情况下所需要的电路更少。因此，配备高效直达电路群更经济合理。

从排队论可知，呼叫损失系统的呼损率与负荷量和电路数的关系可用厄朗公式表示。

$$p=\frac{y^n/n!}{\sum_{r=0}^{n} y^r/r!}$$

式中，p——呼损率。y——负荷量（厄朗）。n——电路数。

呼损率代表服务质量，即呼叫到达时，遭到阻塞以至发生呼叫损失的概率。负荷量即繁忙时呼叫需占用电路的时间，以厄朗为单位。

根据上式可以得出结论：在同样呼损率的情况下，负荷量越大所需要的电路数越多。但电路数的增多是非线性的，因此，在不同负荷量情况下，平均每条电路的负荷量不等，也就是说电路的利用率不一样。总的负荷量越大，需要的电路数越多，电路群越多，则电路的平均利用率越高。

当一定的负荷量到达电路群时，若接续按照一定的顺序进行，则各条电路所负担的负荷量是不等的，第 1 条最忙，第 2 条次之，逐渐减少。直达电路数配备越多，则最末一条电路的利用率越低；迂回电路群越大，则电路平均利用率越高。因此，我们可以找到一条经济合理的分割点来配备直达电路数。

设最末一条直达电路（第 n 条）所传送的负荷量为 LTC，平均每条直达电路所需费用为 k_H，则直达电路单位负荷量所需费用为 $\frac{k_H}{LTC}$；每条迂回电路所需费用为 k_A，每增加一条迂回电路，电路群所增加的负荷量为 ATC，则该电路传送单位负荷量所需要的费用为 $\frac{k_A}{ATC}$。

为了使直达电路费用不超过迂回电路费用，需使 $\frac{k_H}{LTC}\leqslant\frac{k_A}{ATC}$。

在临界情况下，$\frac{k_H}{LTC}=\frac{k_A}{ATC}$。

令 $\varepsilon=\frac{k_H}{k_A}$，于是有

$$LTC=\varepsilon ATC$$

式中，ε 为费用比。

若 ATC 不变则输入负荷越大，费用比 ε 越小，则需要配备越多的直达电路才是经济的。

$$LTC=y[p(n,y)-p(n+1,y)]=\varepsilon ATC$$

式中，y——负荷量。$p(n,y)$——n 条电路负荷量为 y 的呼损率。$p(n+1,y)$——$n+1$ 条电路负荷量为 y 的呼损率。

通过上式可以求出经济的高效直达电路条数（n 的值）。ATC 的值视迂回电路群的大小而定，一般取 0.7 ~0.84。由于计算较为复杂，因此在实际中通常可以通过查图或表来得出结果。图 5-5 为在不同电路数情况下，输入负荷量 y 与最末一条负荷量 LTC 之间的曲线。

【例 5-1】已知两局之间负荷量 $y=30$（厄朗），直达电路与迂回电路的费用比 $\varepsilon=0.65$，$ATC=0.8$。试求两局之间配备多少条直达电路较合适？

$$LTC=\varepsilon ATC=0.65\times0.8=0.52\text{（厄朗）}$$

查图 5-5，$y = 30$ 与 $LTC = 0.52$ 的交点位于第 32 条电路处，于是选定 n=32 条较为经济合理。

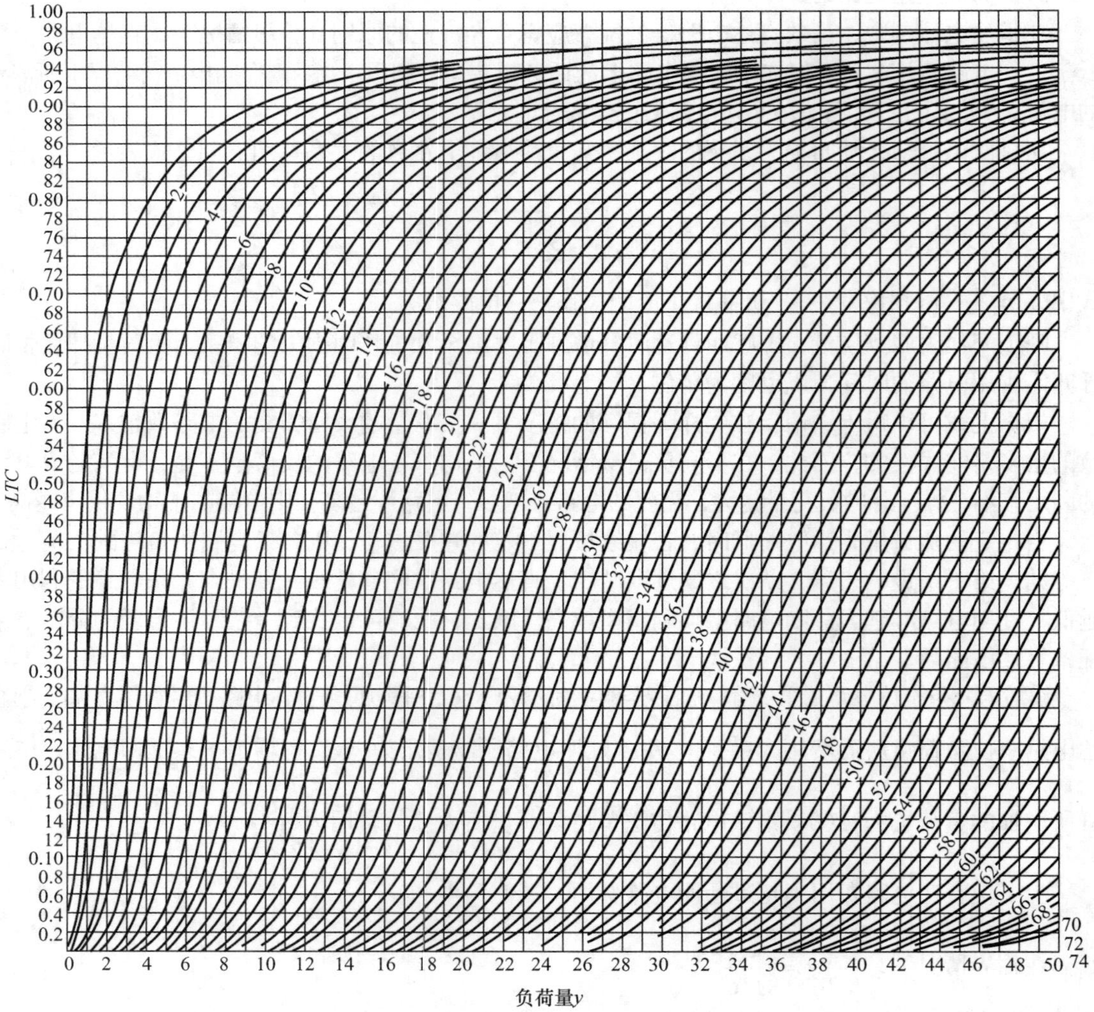

图 5-5　第 n 条电路承担的负荷量

两局之间电路的建立有 3 种可能：①全部经转接。②部分经高效直达电路，部分经转接。③全部建立直达电路。这取决于负荷量 y 和费用比 ε。根据原 CCITT 的建议，图 5-6 为采用上述 3 种方式的范围。

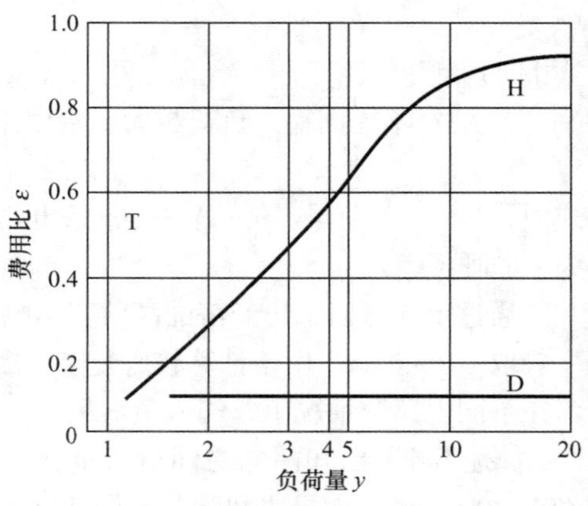

图 5-6　负荷量和费用比的曲线

图 5-6 中，T 区表示全部经过转接；H 区表示部分经直达电路，部分转接；D 区表示全部建立高效直达电路。

（2）基于业务量的电路配置计算

自动电话属于明显损失制系统，当电路被占用时，呼叫被损失，需重新呼叫。可采用厄朗公式计算电路数。

$$p = \frac{y^n / n!}{\sum_{r=0}^{n} y^r / r!}$$

式中，p——呼损率。y——负荷量（厄朗）。n——电路数。

自动长途电话网的电路数和质量要求与呼损率的大小有关。在同样的业务量的情况下，要求的呼损率越小，需要的电路数越多，反之亦然。长途电话网中，基干电路和低呼损直达电路的呼损率不超过 1%，高效直达电路的呼损率可以是 7% ~ 10%。

利用厄朗公式进行电路数计算时，可以按照呼损率直接查自动电话电路计算表得到结果。例如，基干电路和低呼损直达电路计算表如表 5-1 所示。

表 5-1　　自动电话电路计算表（基干电路和低呼损直达电路）

单位：厄朗　　P=1%

十位	个位									
	0	1	2	3	4	5	6	7	8	9
0	—	0.01	0.15	0.46	0.87	1.36	1.91	2.50	3.13	3.78
1	4.46	5.16	5.88	6.61	7.35	8.11	8.88	9.65	10.44	11.23
2	12.03	12.84	13.65	14.47	15.26	16.13	16.96	17.80	18.64	19.49
3	20.34	21.19	22.05	22.91	23.77	24.64	25.51	26.38	27.25	28.13
4	29.01	29.89	30.77	31.66	32.54	33.43	34.32	35.22	36.11	37.00
5	37.90	38.80	39.70	40.60	41.50	42.41	43.31	44.22	45.13	46.03
6	46.95	47.86	48.77	49.69	50.60	51.52	52.44	53.35	54.27	55.19
7	56.11	57.03	57.96	58.88	59.80	60.73	61.65	62.58	63.51	64.43
8	65.36	66.29	67.22	68.15	69.08	70.02	70.95	71.88	72.81	73.75
9	74.68	75.62	76.56	77.49	78.43	79.37	80.31	81.24	82.18	83.12
10	84.06									

【例 5-2】某电路方向经调查长途电话业务量 $y = 60$（占线小时）。求应建立的基干电路数。

查表 5-1，$n = 74$（条）时，电路可承担的业务量是 59.80（占线小时）；$n = 75$（条）时，电路可承担的业务量是 60.75（占线小时），因此应建立 75 条电路。

5．转接系数的计算

（1）流量与交换量

转接系数与最大转接次数是衡量长途电话网的结构合理性的重要指标。转接系数反映电话网中每次通话平均需转接的次数，而最大转接次数是网中一次通话最多需经多少次转接。当转接系数和最大转接次数较高时，意味着网络中转接较多。转接过多时信息传递速度就会下降，通信服务质量将会受到影响，经济效益也差。因此，在组织网络时，要将转接系数及最大转接次数控制在一个合理的范围内。

要计算转接系数和最大转接次数，首先要了解电信网中流量和交换量的概念。

流量是指电信网中两局（地区）间的通信数量。流量与网络结构、经转路由和转接次数无关，它可分为去流量和来流量，用流量矩阵来表示。流量矩阵反映电信网中各节点（局）之间的通信数量，它是由两个节点的用户相互之间的通信需求所决定的。

交换量所反映的是两局之间实际传递的通信数量，它和经转路由、经转次数和网的结构有关。

【例 5-3】某电信网中有 3 个节点，网络结构如图 5-7 所示，流量矩阵如表 5-2 所示。流量矩阵中的数值表明了该网络中 A、B、C 这 3 点之间的通信流量，求全网总流量。

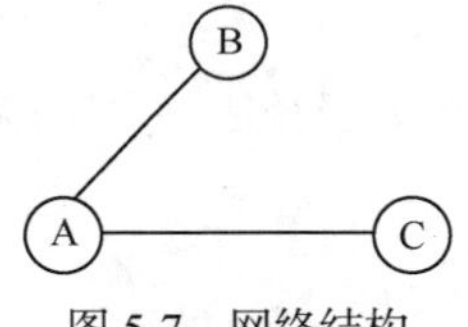

图 5-7　网络结构

表 5-2　　流量矩阵

	A	B	C	y_i
A	—	50	40	90
B	45	—	30	75
C	40	20	—	60
q_j	85	70	70	225

各局去流量之和 $\sum y_i = y_A + y_B + y_C = 90+75+60=225$。

各局来流量之和 $\sum q_j = q_A + q_B + q_C = 85+70+70=225$。

该网的总流量为 225。

在计算交换量时，必须注意到，由于 BC 之间没有直接相连的线路，因此 BC 之间的流量无法直接形成 B、C 两点之间的交换量，而需要通过 A 点转接来完成通信。因此，BC 之间的流量形成了 AB 和 AC 之间的交换量。

AB 之间的交换量为 50 + 45 + 30 + 20 = 145。

AC 之间的交换量为 40 + 40 + 30 + 20 = 130。

这时该网的总交换量为 130 +145 = 275。

可以看出，由于转接的存在，总交换量并不等于总流量，而是大于总流量，它们的差别就是转接的总量。只有在网中不存在转接，也就是网络结构为网形网（点点相连）的情况下，总交换量才等于总流量。

（2）转接系数的计算

$$转接系数=\frac{转接总量}{总流量}=\frac{总交换量-总流量}{总流量}$$

对于结构简单的网络，可以很容易地分析哪些流量需要转接，因此可直接运用上面的公式计算出转接系数。但是对于节点数和链路数较多的复杂网络，直接计算总交换量非常困难，而且容易出现漏算和重复计算的错误。因此，对于复杂网络，可采用矩阵的方法计算转接系数。

假设网络中总流量为 N，不需要转接的流量为 H_0，需要经过一次转接的流量为 H_1，经过两次转接的流量为 H_2，依此类推，经过 n 次转接的流量为 H_n。若最大转接次数为 m，则 $N=\sum_{n=0}^{m} H_n$。

根据例 5-3 可以推导出，不需要经过转接的流量 H_0 在网络中将形成 H_0 的交换量，经过一次转接的流量 H_1，将形成 $2H_1$ 的交换量。经过两次转接的流量 H_2，将形成 $3H_2$ 的交换量，以此类推，经过 n 次转接的流量，将形成（n +1）H_n 的交换量。因此全网总交换量 K 为

$$K=\sum_{n=0}^{m}(n+1)H_n$$

转接系数的公式如下，

$$转接系数=\frac{转接总量}{总流量}=\frac{(总交换量-总流量)}{总流量}=\frac{\left[\sum_{n=0}^{m}(n+1)H_n\right]}{N}=\frac{\sum_{n=1}^{m}nH_n}{N}$$

若经过一次转接的流量比重为 C_1，二次转接的流量比重为 C_2，以此类推，则转接系数 Q 为：

$$Q=\frac{\sum_{n=1}^{m}nH_n}{N}=\sum_{n=1}^{m}nC_n$$

其中，$C_n = \dfrac{H_n}{N}$。

利用上式来计算转接系数时，可直接计算转接总量，而不需要算出交换量。当网络较为复杂时，采用上式计算较为简单，并且可以根据上式结合流量矩阵来计算，便于编写程序，通过计算机对复杂的网络进行分析。

在进行计算时，首先要使用网络矩阵，它是通过表示网络中各节点间的邻接关系来描述一个网络结构的矩阵，也叫作邻接矩阵，一般用 **A** 来表示。

A 为一个 0，1 矩阵，即矩阵中的元素 α_{ij} 只为 0 或 1，α_{ij} 的取值规则如下。

$$\alpha_{ij} = \begin{cases} 1, i \to j \text{ 有链路时} \\ 0, i \to j \text{ 无链路时，或} i = j \text{时} \end{cases}$$

网络矩阵 **A** 仅表示节点的邻接关系，矩阵(**A**+**I**)则表示不经过转接的情况下，网络各节点间的可达性（每个节点都与其自身之间是可达的），其中 **I** 为单位矩阵，而$(\boldsymbol{A}+\boldsymbol{I})^n$则可表示允许最多经过(n−1)次转接的情况下，网络各点的可达性。当$(\boldsymbol{A}+\boldsymbol{I})^m$为全 1 矩阵时，表明最多经过(m−1)次转接，在全网任何两点之间都可通达，这时最大转接次数就为(s−1)。

令 $\boldsymbol{G}_n$ 代表转接 n 次的矩阵，在 $\boldsymbol{G}_n$ 中的元素 g_{nij} 若为 1，则表示 $i \to j$ 需要经过 n 次转接。$\boldsymbol{G}_n$ 可以用以下公式计算。

$$\boldsymbol{G}_1 = (\boldsymbol{A}+\boldsymbol{I})^2 - (\boldsymbol{A}+\boldsymbol{I}),\ \boldsymbol{G}_2 = (\boldsymbol{A}+\boldsymbol{I})^3 - (\boldsymbol{A}+\boldsymbol{I})^2,\ \cdots,\ \boldsymbol{G}_n = (\boldsymbol{A}+\boldsymbol{I})^{n+1} - (\boldsymbol{A}+\boldsymbol{I})^n$$

在计算出 $\boldsymbol{G}_n$ 后，可以结合流量矩阵，分别计算出 H_1、H_2，直至 H_m，然后利用公式 $Q = \dfrac{\sum_{n=1}^{m} nH_n}{N} = \sum_{n=1}^{m} nC_n$ 计算出转接系数。

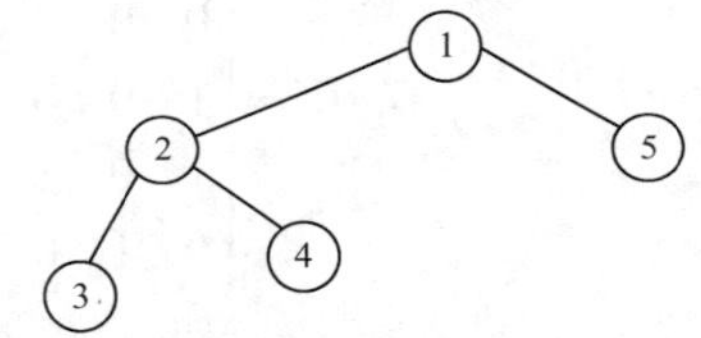

图 5-8　网络结构图

【例 5-4】某网络结构如图 5-8 所示，流量矩阵为 **W**。计算该网的转接系数及最大转接次数。

$$\boldsymbol{W} = \begin{bmatrix} 0 & 30 & 14 & 24 & 48 \\ 25 & 0 & 32 & 35 & 23 \\ 10 & 32 & 0 & 11 & 8 \\ 24 & 31 & 10 & 0 & 16 \\ 40 & 18 & 6 & 15 & 0 \end{bmatrix}$$

分析：当$(\boldsymbol{A}+\boldsymbol{I})^m$为全 1 矩阵时，最大转接次数就为(s−1)。因此，最大转接次数可通过计算$(\boldsymbol{A}+\boldsymbol{I})^n$来求得。对于图 5-8 所示的网络结构图，网络矩阵为

$$\boldsymbol{A} = \begin{bmatrix} 0 & 1 & 0 & 0 & 1 \\ 1 & 0 & 1 & 1 & 0 \\ 0 & 1 & 0 & 0 & 0 \\ 0 & 1 & 0 & 0 & 0 \\ 1 & 0 & 0 & 0 & 0 \end{bmatrix},\quad \boldsymbol{A}+\boldsymbol{I} = \begin{bmatrix} 1 & 1 & 0 & 0 & 1 \\ 1 & 1 & 1 & 1 & 0 \\ 0 & 1 & 1 & 0 & 0 \\ 0 & 1 & 0 & 1 & 0 \\ 1 & 0 & 0 & 0 & 1 \end{bmatrix}$$

$$(\boldsymbol{A}+\boldsymbol{I})^2 = \begin{bmatrix} 1 & 1 & 0 & 0 & 1 \\ 1 & 1 & 1 & 1 & 0 \\ 0 & 1 & 1 & 0 & 0 \\ 0 & 1 & 0 & 1 & 0 \\ 1 & 0 & 0 & 0 & 1 \end{bmatrix} \times \begin{bmatrix} 1 & 1 & 0 & 0 & 1 \\ 1 & 1 & 1 & 1 & 0 \\ 0 & 1 & 1 & 0 & 0 \\ 0 & 1 & 0 & 1 & 0 \\ 1 & 0 & 0 & 0 & 1 \end{bmatrix} = \begin{bmatrix} 1 & 1 & 1 & 1 & 1 \\ 1 & 1 & 1 & 1 & 1 \\ 1 & 1 & 1 & 1 & 0 \\ 1 & 1 & 1 & 1 & 0 \\ 1 & 1 & 0 & 0 & 1 \end{bmatrix}$$

$$(\boldsymbol{A}+\boldsymbol{I})^3=\begin{bmatrix}1&1&1&1&1\\1&1&1&1&1\\1&1&1&1&0\\1&1&1&1&0\\1&1&0&0&1\end{bmatrix}\times\begin{bmatrix}1&1&1&1&1\\1&1&1&1&1\\1&1&1&1&0\\1&1&1&1&0\\1&1&0&0&1\end{bmatrix}=\begin{bmatrix}1&1&1&1&1\\1&1&1&1&1\\1&1&1&1&1\\1&1&1&1&1\\1&1&1&1&1\end{bmatrix}$$

$(\boldsymbol{A}+\boldsymbol{I})^3$ 为全 1 矩阵，故最大转接次数为 2。

$$\boldsymbol{G}_1=(\boldsymbol{A}+\boldsymbol{I})^3-(\boldsymbol{A}+\boldsymbol{I})=\begin{bmatrix}0&0&1&1&0\\0&0&0&0&1\\1&0&0&1&0\\1&0&1&0&0\\0&1&0&0&0\end{bmatrix}$$

$$\boldsymbol{G}_2=(\boldsymbol{A}+\boldsymbol{I})^3-(\boldsymbol{A}+\boldsymbol{I})^2=\begin{bmatrix}0&0&0&0&0\\0&0&0&0&0\\0&0&0&0&1\\0&0&1&1&0\\0&1&0&0&0\end{bmatrix}$$

$$\boldsymbol{G}_1\cdot\boldsymbol{W}=\begin{bmatrix}0&0&1&1&0\\0&0&0&0&1\\1&0&0&1&0\\1&0&1&0&0\\0&1&0&0&0\end{bmatrix}\cdot\begin{bmatrix}0&30&14&24&48\\25&0&32&35&23\\10&32&0&11&8\\24&31&10&0&16\\40&18&6&15&0\end{bmatrix}=\begin{bmatrix}0&0&14&24&0\\0&0&0&0&23\\10&0&0&11&0\\24&0&10&0&0\\0&18&0&0&0\end{bmatrix}$$

$$\boldsymbol{G}_2\cdot\boldsymbol{W}=\begin{bmatrix}0&0&0&0&0\\0&0&0&0&0\\0&0&0&0&1\\0&0&0&0&1\\0&0&1&1&0\end{bmatrix}\cdot\begin{bmatrix}0&30&14&24&48\\25&0&32&35&23\\10&32&0&11&8\\24&31&10&0&16\\40&18&6&15&0\end{bmatrix}=\begin{bmatrix}0&0&0&0&0\\0&0&0&0&0\\0&0&0&0&8\\0&0&0&0&16\\0&0&6&15&0\end{bmatrix}$$

总流量 $\boldsymbol{N}$=25 + 10 + 24 + 40 + 30 + 32 + 31 + 18 + 14 + 32 + 10 + 6 + 24 + 35 + 11 + 15 + 48 +23 + 8 + 16 = 452

经过一次转接的流量即为 $\boldsymbol{G}_1\cdot\boldsymbol{W}$ 矩阵中各元素之和。

$$H_1=10+24+18+14+10+24+11+13=134$$

经过二次转接的流量即为 $\boldsymbol{G}_2\cdot\boldsymbol{W}$ 矩阵中各元素之和。

$$H_2=6+15+8+16=45$$

最后，转接系数 $Q=\dfrac{134+2\times45}{452}=0.496$

下面对最大转接次数和转接系数的计算步骤进行一下总结。

在已知网络图（或者网络矩阵 $\boldsymbol{A}$）和流量矩阵的情况下，最大转接次数和转接系数可按以下步骤进行计算。

① 依次计算 $(\boldsymbol{A}+\boldsymbol{I})^n$（$n$=1，2，3，…），直到得到 $(\boldsymbol{A}+\boldsymbol{I})^s$ 为全 1 矩阵，则最大转接次数就为 s−1。在此步骤中，应首先确定该网络图为连通图，即网络中各点之间都可以相互通达。

② 按照公式 $\boldsymbol{G}_n=(\boldsymbol{A}+\boldsymbol{I})^{n+1}-(\boldsymbol{A}+\boldsymbol{I})^n$，计算 $\boldsymbol{G}_n$。

③ 计算 $\boldsymbol{G}_n \cdot \boldsymbol{W}$。

④ 计算总流量 N，以及经过各次转接的流量数 H_n。

⑤ 根据公式 $Q=\frac{\sum_{n=1}^{m} nH_n}{N}=\sum_{n=1}^{m} nC_n$，计算转接次数。

5.1.2 No.7 信令网

1. No.7 信令网的组成

信令是控制交换机动作的信号和语言。这些控制过程的控制信号的产生、发送、接收的硬件及操作程序组成的系统就是信令系统，它由专用设备或专用装置产生与接收，通过信息传输通道传递。No.7 信令是一种公共信道信令，由信令点（Signal Point，SP）、信令转接点（Signal Transfer Point，STP）和信令链路组成。信令点是信令消息的源点和目的地点。信令转接点具有转接信令的功能。信令链路是信令网中连接信令点和信令转接点的基本部件。

2. No.7 信令系统的工作方式

在使用 No.7 信令传送局间话路群信令时，根据话音通路和信令链路的关系，No.7 信令系统的工作方式可分为直联工作方式和准直联工作方式两种。

在直联工作方式下，两个相邻信令点之间的信令消息通过一段直达的公共信道信令链路传送，如图 5-9（a）所示。在准直联工作方式下，两交换局之间的信令消息是通过两段或两段以上串接的公共信道信令链路来传送，如图 5-9（b）所示。在实际的 No.7 信令网中，通常采用直联和准直联相结合的工作方式。这与通信网的结构及经济性有关。

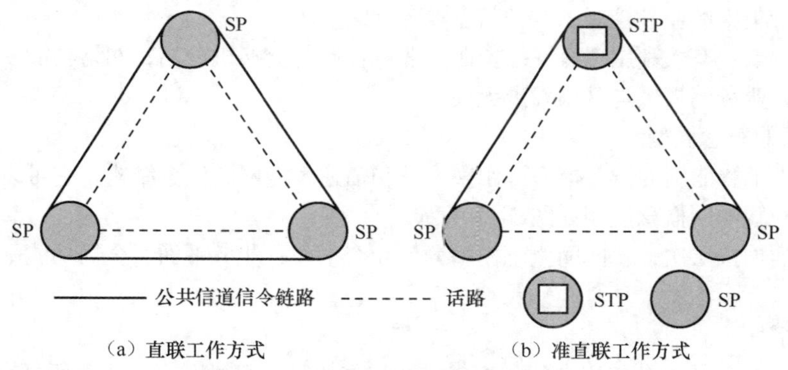

图 5-9 直联和准直联工作方式示意图

3. 我国 No.7 信令网的结构

我国 No.7 信令网采用三级结构。

第 1 级为高级信令转接点（High Signal Transfer Point，HSTP），负责转接第 2 级低级信令转接点（Low Signal Transfer Point，LSTP）和第 3 级信令点（SP）的信令消息。HSTP 采用独立型信令转接点设备。

第 2 级为低级信令转接点（LSTP），负责转接第 3 级信令点（SP）的信令消息。

第 3 级为信令点（SP），是信令网传递各种信令消息的源点或宿点。

与电话网相对应，我国信令网的网络组织由跨城市的长途信令网和大中城市的本地信令网组成。信令网中信令节点的连接方式是：HSTP 间采用 A、B 双平面连接，A 或 B 平面内部网状相连，A 和 B 平面间由成对的 HSTP 相连，如图 5-10 所示。

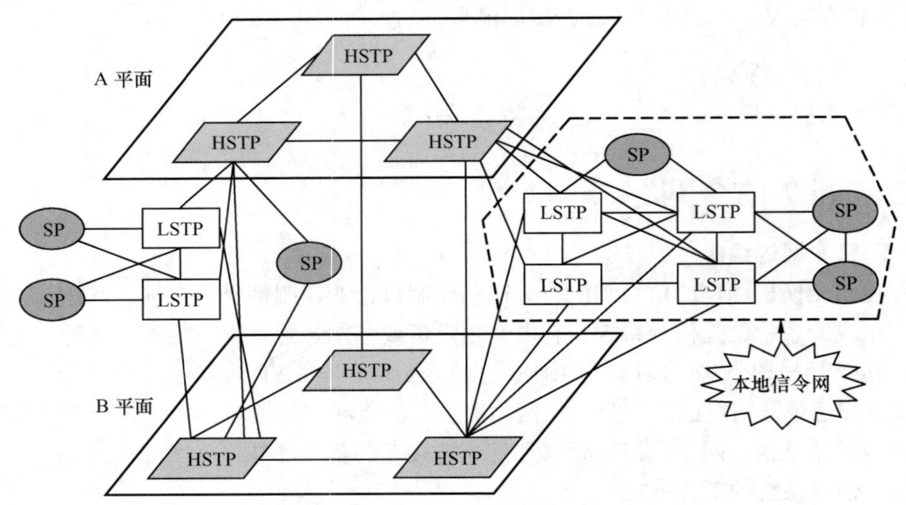

图 5-10　我国的 No.7 信令网结构和网络组织示意图

5.1.3　智能网

1. 智能网的概念与特点

智能网是在原有网络基础上，为快速、方便、经济、灵活地生成和实现各种电信新业务而建立的附加网络结构。从本质上讲，智能网就是通过网络的各功能部件，把交换功能和业务提供功能分开，以实行集中的业务控制的一种新型业务网络。

智能网的特点：有效利用现有网络资源；业务控制与交换机分离；网络功能模块化；可多方参与业务生成；业务的提供与网络发展无关。

2. 智能网的概念模型

ITU-T 定义了智能网的概念模型，用来设计和描述智能网的体系结构，它可以帮助我们更好地理解智能网。智能网概念模型如图 5-11 所示。

根据不同的抽象层次，智能网概念模型分为 4 个平面：业务平面、全局功能平面、分布功能平面、物理平面。

（1）业务平面

业务平面（SP）从业务使用者的角度来描述智能业务，只说明智能业务所具有的业务属性，而与业务的具体实现无关。

（2）全局功能平面

全局功能平面（GFP）反映了智能网所具有的总功能，它位于业务平面和分布功能平面之间，是由业务平面中的业务特征而来，继而成为分布功能平面中实现相应功能实体的依据。GFP 包括基本呼叫处理（BCP）、独立于业务的积木式组件（SIB）以及 BCP 和 SIB 之间的起始点（POI）和返回点（POR）。INCS-1 中定义了 14 个 SIB 以实现 38 种业务特征。

（3）分布功能平面

分布功能平面（DFP）描述了每个 SIB 的功能是如何完成的。每个 SIB 包含 3 种元素：功能实体动作（FEA）、功能实体（FE）、功能实体之间的信息流（IF）。其中，每个功能实体包括若干个功能实体动作。

（4）物理平面

物理平面（PP）是面向实现的，它包括了各种物理实体和这些实体之间的定义，描述了如何将 DFP 上的功能实体映射到该平面的物理实体上。

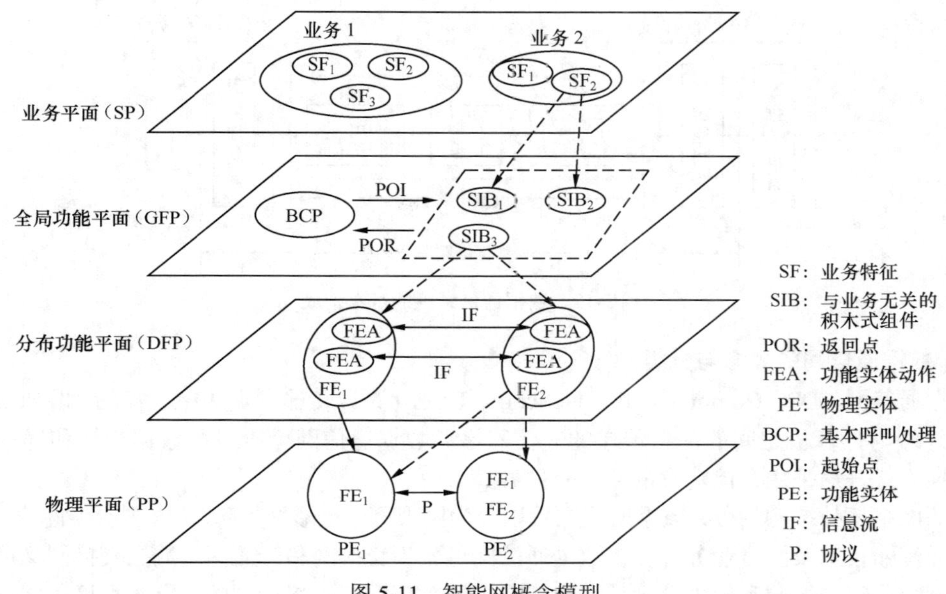

图 5-11　智能网概念模型

物理平面是由物理实体组成的。在配置这些物理实体时应满足以下基本要求：在同一个物理实体中，可以具有一个或多个功能实体；一个功能实体不能分散在两个物理实体中，即一个物理实体仅能转换在一个物理实体中；每个物理实体应提供标准接口。

物理平面包含的物理实体有：业务交换点（SSP）、业务控制点（SCP）、业务数据点（SDP）、智能外设（IP）、附件（AD）、业务节点（SN）、业务交换和控制点（SSCP）、业务管理点（SMP）、业务生成环境点（SCEP）、业务管理接入点（SMAP）等。

3. 智能网支持的业务

ITU-T 对 INCS-1 阶段提出了 25 种目标业务，包括缩位拨号，记账卡呼叫，自动更换计账单，呼叫分配，呼叫前转、重选呼叫路由，完成对忙用户的呼叫，会议呼叫，信用卡呼叫，按目的码选择路由，跟我转移，被叫集中付费，恶意呼叫识别，大众呼叫，发端去话筛选，附加费率，遇忙/无应答可选的呼叫前转，分摊计费，电话投票，终端呼叫筛选，通用接入号码，通用个人通信，按用户的规定选路，虚拟专用网等。

5.2　数据通信网的组织与管理

数据通信网的组织与管理

5.2.1　数据通信网概述

1. 数据通信

数据通信是依照一定的协议，利用数据传输技术在两个终端之间传递数据信息的一种通信方式。数据通信是人与计算机或者计算机与计算机之间的通信，通信过程可能没有人的直接参与，采用严格统一的通信协议。

典型的数据通信系统由数据终端设备、数据电路和中央计算机系统 3 部分组成，如图 5-12 所示。

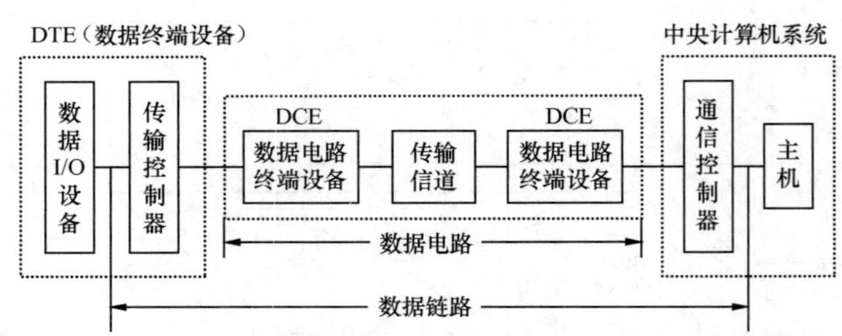

图 5-12　数据通信系统的基本构成

2. **数据通信网的概念与分类**

数据通信网（Data Communication Network，DCN）是以传输数据为主，实现计算机之间，以及数据终端与计算机之间的信息传递的通信网络。数据通信网可以进行数据交换和远程信息处理，交换方式普遍采用存储转发的分组交换方式。

按照网络拓扑结构划分，数据通信网可以分为网形网、星形网、环形网、格形网和复合网等。

按照传输技术及网络业务分类，数据通信网可分为交换网和广播网。数据交换网又可分为电路交换网、分组交换网和帧中继网，另外还有采用数字交叉连接设备的数字数据网（Digital Data Network，DDN）。

按照传输距离和覆盖范围的不同，数据通信网可分为局域网、城域网和广域网。除覆盖范围不同以外，这 3 种网络的设备、组网技术和控制方式也有很大的不同，各自满足不同通信需求。

3. **数据通信网络组织应考虑的因素**

（1）拓扑结构。受数据吞吐能力及用户线长度、投资、数据平均传输时延等因素影响，一般实际网络都为分级网络。骨干网节点为网形连接的全连接网，省内网、市内网等本地网则一般为树形或星形连接。

（2）可靠性。在配置节点机、链路和中继线时应考虑足够的备用容量，以提高可靠性和满足业务将来的发展。

（3）连通性。在一个网络图中，如果每两个节点之间至少有一条通路，则称该图为连通图。若网络图的某条链路出现故障，则网络的连通性可能受到影响。一个好的网络应保证在某一条或几条链路出现故障时仍能保持连通。因此网络的连通性和可靠性有着直接的关系。可利用图论中的相邻矩阵计算网络的连通性。

（4）流量分析。流量分析包括分析网络中所有连接点之间信息流的类型和数量。流量可以按平均值进行计算，但是必须要考虑到信息流的高峰期大于平均值。

（5）中继线容量的分配。中继线容量的大小影响网络的吞吐能力、时延和经济性指标。要想确定中继线容量，必须已知网络的信息流量、网络拓扑结构和网络路由选择方案。

5.2.2　分组交换网

分组交换网（Packet Switching Network，PSN）是按照 OSI 提出的网络体系结构构架，采用 X.25 协议标准，由物理层、数据链路层和分组层构成的数据通信网。分组交换网的核心技术是分组交换，即采用“信息分组，存储转发”的方式，把报文分割成若干个较短的、规格化的分组进行交换和传输，分组进入交换机后在主存中停留很短的时间，进行排队和处理，一旦确定了输出路由，就很快传输到下一个交换机和用户终端。分组交换网由分组交换机、网络管理中心、远程集中器、用户终端设备和线路传输设备组成。

5.2.3　数字数据网

数字数据网（DDN）是利用数字信道传输数据信号的数据传输网，它的主要作用是向用户提供永久性和半永久性连接的数字数据传输信道，既可用于计算机之间的通信，也可用于传送数字化传真、数字语音、数字图像信号或其他数字化信号。

数字数据网一般是由本地传输系统、复用交叉系统、局间传输系统、网同步系统、网络管理系统组成，如图 5-13 所示。DDN 是一个全透明网络，可以为分组交换网、公用计算机互联网等提供中继电路。金融证券公司、科研教育系统、政府部门可以租用 DDN 专线组建自己的专用网。

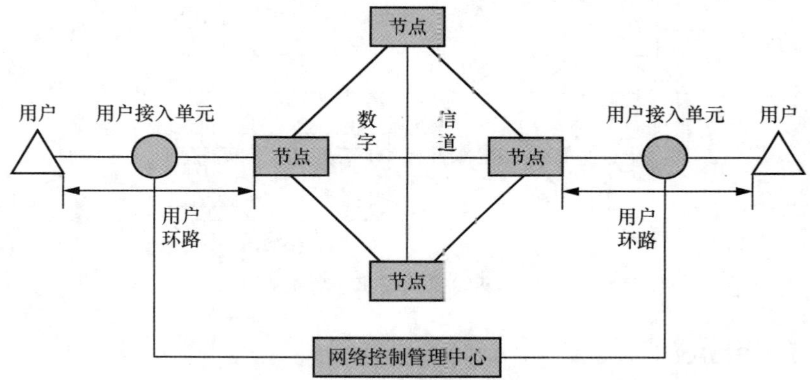

图 5-13　DDN 组成结构框图

5.2.4　帧中继网

帧中继（Frame Relay，FR）技术是在 OSI 第 2 层上用简化的方法传送和交换数据单元的一种网络技术。帧中继网（Frame Relay Network，FRN）以帧为单位进行数据传输和交换，由帧中继节点和传输线路构成。

帧中继仅完成 OSI 物理层和数据链路层核心层的功能，将流量控制、检查纠错等留给智能终端去完成，大大简化了节点机之间协议；同时，帧中继采用虚电路技术，能充分利用网络资源，因而帧中继具有吞吐量高、时延低、适合突发性业务等特点。

帧中继主要应用在广域网（Wide Area Network，WAN）中，支持多种数据业务，例如局域网（Local Area Network，LAN）互联、计算机辅助设计和计算机辅助制造、文件传送、图像查询业务、图像监视等。

5.2.5　ATM 网

异步转移模式（Asynchronous Transfer Mode，ATM）作为 B-ISDN 的核心技术，因其具备强大的业务综合能力和灵活的信息处理功能，在宽带通信网中得到广泛运用。ATM 网采用固定长度的信元的概念，综合了传输、复用、交换技术，向用户提供高速带宽，使用户可以在一个网上传送综合业务。在这一模式中，信息被组织成固定长度的信元，信元由信息段和作为标志的信头构成，每个用户信息的各个信元被复用到信息流中，进行传输和交换。在 ATM 网中，ATM 交换机占据核心位置，融合了电路交换方式和分组交换方式的优点，简化了分组交换的通信规程，建立虚电路，采用硬件处理信元交换。

从功能角度划分，ATM 交换机一般由信元交换、控制和定时 3 个单元组成，如图 5-14 所示。ATM 交换结构具有信头变换、选路和排队这 3 项基本功能。

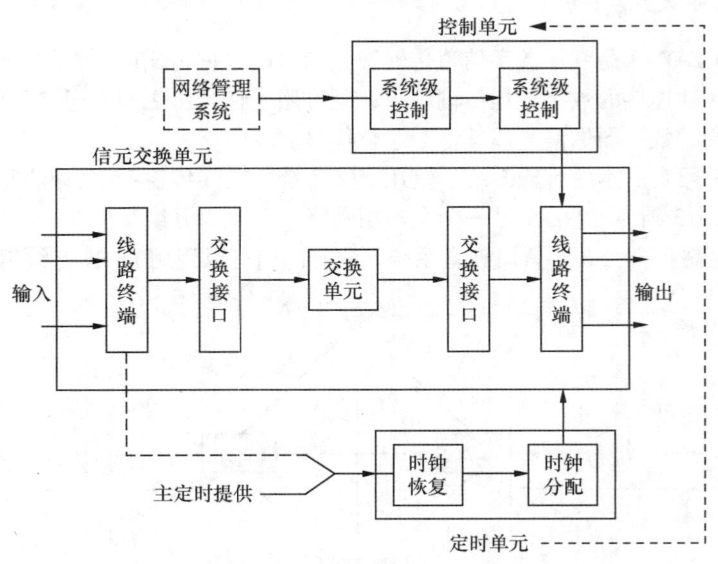

图 5-14　ATM 交换机的功能结构

5.2.6　Internet

1. Internet 概述

Internet 是由众多的计算机网络互联组成，主要依照传输控制协议/网际协议（Transmission Control Protocol/Internet Protocol，TCP/IP），采用分组交换技术，由众多路由器通过电信传输网连接而成的一个世界性范围的信息资源网。Internet 将分布于世界各地的各种各样的物理网络连接起来，构成一个整体，而不论这些网络类型的异同、规模的大小和地理位置的差异。

Internet 是基于 TCP/IP 来实现网间通信的。TCP/IP 不仅包含 TCP 和 IP，还包括许多与之相关的协议和应用程序。例如，远程登录（Telent）主要用来与远程主机建立仿真终端；文件传输协议（File Transfer Protocol，FTP）用来进行远程文件传输；简单网络管理协议（Simple Network Management Protocal，SNMP）；简单邮件传输协议（Simple Mail Transfer Protocol，SMTP）主要用来传输电子邮件；超文本传输协议（Hypertext Transfet Protocol，HTTP）、域名系统（Domain Name System，DNS）用于 IP 地址的文字表现形式；远程过程调用（Remote Procedure Call，RPC）用于支持异构型分布式系统间的通信；网络文件系统（Network File System，NFS）允许网络中的计算机之间通过 TCP/IP 共享资源；外部数据表示法（External Data Representation，XDR）允许把数据包装在独立于介质的结构中，使数据可以在异构的计算机系统中传输；用户数据报协议（User Datagram Protocol，UDP）可以代替 TCP，与 IP 和其他协议共同使用，利用 UDP 传输数据时不必使用报头，也不处理丢失、出错、失序等意外情况，适合传输较短的信息。

TCP/IP 所采用的通信方式是分组交换方式：数据在传输时分成若干段，每个数据段称为一个分组。TCP/IP 的基本传输单位是数据报。这时，可以把数据看成是一封长信，分装在几个信封中邮寄出去。

Internet 采用一种唯一、通用的地址格式，为 Internet 中的每一个网络和几乎每一台主机分配一个地址，其地址类型有 IP 地址和域名地址两种。

IP 地址是 Internet 主机的一种数字型标识，用二进制表示。它由两部分构成，一部分是网络标识，另一部分是主机标识。IP 地址按节点计算机所在的网络规模的大小分为 A、B、C 3 类，如图 5-15 所示。A 类地址分配给规模特别大的网络。B 类地址分配给一般规模的大型网络。C 类地址分配给小型网络，例如大量的局域网和校园网。

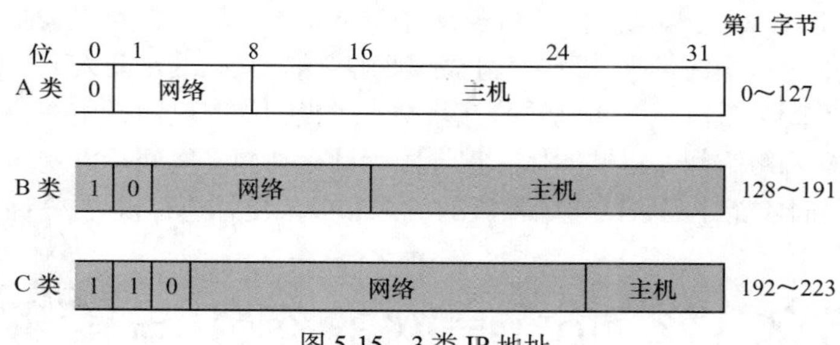

图 5-15　3 类 IP 地址

IP 地址是数字型的，不便记忆，于是人们又研究出了另一套字符型的地址方案即域名地址。目前所使用的域名是一种层次型命名法，对网络上的每台计算机赋予一个直观的唯一性标识名，结构如下（一般 $2 \leqslant n \leqslant 5$）。

第 *n* 级子域名. ……. 第 2 级子域名. 第 1 级子域名

域名可以以一个字母或数字开头和结尾，并且中间的字符只能是字母、数字和连字符，字符长度必须小于 255 个。第 1 级子域名一般是一种标准化的标号，代表建立网络的部门、机构或网络所隶属的国家、地区等含义，常见的一级域名有 COM（商业组织）、EDU（教育机构）、GOV（政府部门）、MIL（军事部门）、NET（网络管理部门）、ORG（非营利组织）、INT（国际组织）。另外，国家代码采用国际通用两字符编码，例如 CN（中国）、CA（加拿大）、UK（英国）等。

2. Internet 的典型构成

Internet 是由一些典型设备构成的，如图 5-16 所示。处于用户端的设备包括计算机、调制解调器（Modem）、局域网设备、路由器等；局端的设备包括网络接入服务器、认证服务器、域名系统、

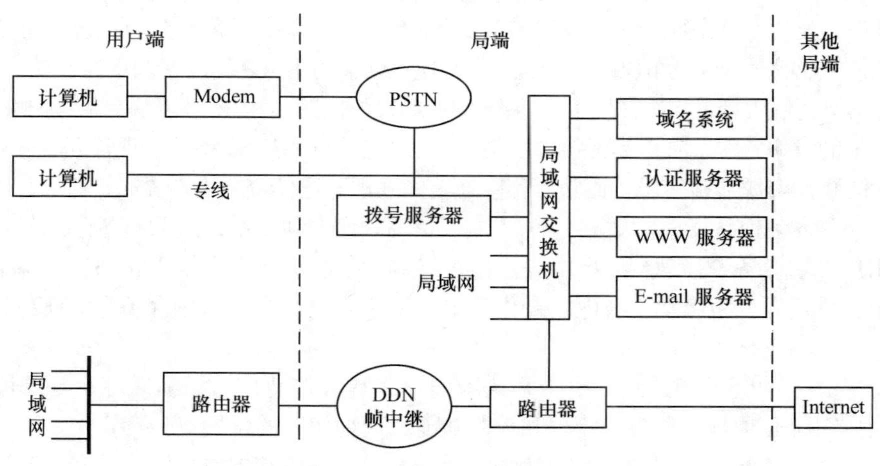

图 5-16　Internet 的典型构成

各种应用服务器、骨干路由器等。当然，实际的局端设备还有很多，例如计费和网管设备等。在用户端和局端之间还有用户线路、数字线路、中继线路等传输线路。

3. Internet的发展

原有基于IPv4的Internet存在着以下问题：（1）地址资源存在枯竭的可能。（2）网络安全问题。（3）网络运营商的成本与用户使用费用的问题。（4）网络滥用行为这些问题已经是全球的普遍问题，严重制约了互联网的应用和发展。IPv6的研究和使用，就是针对以上问题，不仅有助于解决地址资源，而且有助于提高业务质量，支持新的业务。可以肯定的是，未来的网络世界必然是以IP为核心的。Internet与移动通信的结合，将开辟未来个人宽带多媒体通信的新篇章。

互联网给人类的生产生活带来的巨大变化才刚刚开始，互联网驱动人类全面发展的列车才刚刚启动，未来想象空间无限。只有正确看待互联网，积极拥抱互联网，用好管好互联网，建设网络空间新秩序，构建网络空间命运共同体，倡导国际社会在网络空间尊重差异、凝聚共识，聚焦发展、助力创新，我们才能让互联网繁荣发展的机遇和成果更好造福世界、造福人类和造福未来。

5.3 移动通信网的组织与管理

移动通信网的组织与管理

5.3.1 移动通信网概述

1. 移动通信的概念和特点

移动通信是指通信的一方或双方可以在移动中进行的通信，即至少有一方具有可移动性。移动通信是传统固定电话的延伸，随着移动通信技术的发展，通信不再局限于语音通话，还包括数据、图像等多媒体信息业务。

由于允许在移动状态（甚至很快速度、很大范围）下通信，因此与固定通信相比，移动通信具有以下特点。

（1）电波传输条件复杂。由于采用无线传输方式，电波会随着传输距离的增加而衰减；不同的地形、地物对信号产生不同的影响；信号可能经过多点反射，会从多条路径达到接收点，产生多径效应（电平衰落和时延扩展）；当用户的通信终端快速移动时，还存在多普勒效应，影响信号的接收。因此，移动通信系统应具有较强的抗衰落、抗干扰和调整控制能力。

（2）噪声和干扰严重。通信质量不仅与通信设备有关，还与外部噪声强弱有关。移动台在通信时不仅受到各种工业噪声和天然电噪声的干扰，同时还受到移动用户之间的互调干扰、邻道干扰、同频干扰等。为确保通信质量，除选择抗干扰性强的调制方式外，移动台还必须留有足够抗噪声的储备。

（3）有限的频率资源。考虑到无线的覆盖、系统的容量和用户设备的实现等问题，移动通信系统可以利用的频谱资源非常有限。而随着移动通信的发展，通信容量不断提高，所以，电信运营企业必须研究和开发各种新技术，采取各种新措施，提高频谱的利用率，合理地分配和管理频率资源。

（4）用户终端设备（移动台）要求高。用户终端设备除了技术含量很高外，对于手持设备还要求体积小、重量轻、防震动、省电、操作简单、携带方便；对于车载台还应保证在高低温变化等恶劣环境下也能正常工作。

（5）要求有效的管理和控制。由于系统中用户终端可移动，为了确保与指定的用户进行通信，移动通信系统必须具备很强的管理和控制功能，例如用户的位置登记和定位、呼叫链路的建立和拆除、信道的分配和管理、越区切换和漫游的控制、鉴权和保密措施、计费管理等。

移动通信系统由移动终端、基站和移动网络组成。移动终端可以在任何移动通信系统覆盖的地方，通过基站接入到移动网络，而此移动网络可以与其他网络实现互联。当然，移动网络与一般的通信网一样，也需要由交换设备、传输设备和线路通过一定的方式相互连接而成。

2. 移动通信的主要技术

移动通信综合了无线通信、交换、信令、传输、数字信号处理等众多领域的技术，主要相关技术如下。

（1）多址调制技术：使众多的用户公用公共的通信信道，可以采用频率、时间或代码分隔的多址连接方式，即频分多址（Frequency Division Multiple Access，FDMA）、时分多址（Time Division Multiple Access，TDMA）和码分多址（Code Division Multiple Access，CDMA）。

（2）频率重用和指配技术：主要是做好蜂窝小区频率规划，以提高频率利用率和减少同频干扰。

（3）空间信号接收技术：空间信号接收技术包括分集接收、自适应均衡、差错控制等技术。其中，分集接收是将两路接收信号进行解码，并逐比特选取较好的信号。自适应均衡则指对波形形成特性的失真进行校正。

（4）信源编码和信道编码技术：研究传送效率高、纠错能力强、控制开销小的高性能编码方法。

（5）移动交换技术：研究以数字程控交换为基础，具有移动呼叫处理、漫游管理、自动频道切换、网间互联等功能的移动交换机。

（6）信令技术：研究适应给定移动通信系统业务需要的网络各个接口的信令协议和实现方式，包括不同移动网间互联及移动网和固定通信网互联的信令。

（7）数字移动通信技术：数字化是移动通信的发展方向和研究热点，它有利于移动通信网向未来综合业务通信网的演化。

3. 移动通信系统的主要类型

移动通信系统主要有以下五种类型。

（1）蜂窝陆地移动通信系统：把服务区域划分为若干小区（被称为"蜂窝"），每一个小区使用低功率的发射机，为小区内的用户服务。两个小区在相隔较远的情况下，使用相同频率不会产生严重干扰。通过划分小区、建立基站、切换控制，蜂窝移动通信系统可以覆盖较大的范围，为公众用户提供通信服务。

（2）集群调度移动通信系统：属于专用移动通信系统，主要实现某行业内部调度和指挥的通信。该系统由若干移动台组成，其中一个移动台充当调度台，由它用广播方式向所有其他的移动台发送信息，进行指挥和控制。

（3）无绳电话系统：主要应用于家庭或是办公楼宇内部，可作为固定电话的补充。

（4）无线寻呼系统：由无线寻呼控制中心、寻呼发射台及寻呼接收机（俗称 BP 机）组成。由于手机的发展，无线寻呼已退出市场。

（5）卫星移动通信系统：利用通信卫星作为中继站实现移动通信的系统。卫星通信的覆盖范围很大，可以覆盖海上、空中和地形复杂的地区，但也由于运行维护成本较高，用户的发展受到限制。

5.3.2　移动通信网的组网技术

1. 频谱使用

频率是稀缺的公共资源，在移动通信的发展中起到决定性的作用。频率的分配和使用需要在全球范围内制定统一的规则。国际上，由国际电信联盟（ITU）召开世界无线电行政大会，制定无线电规则，它包括各种无线电系统的定义、国际频率分配表和使用频率的原则、频率的分配和登记、抗干扰的措施、移动业务以及无线电业务的分类等。国际频率分配表按照大区域和业务种类给定。各国以国际频率分配表为基础，根据本国的情况，制定本国频率分配表和无线电规则。例如，我国的数字蜂窝移动通信系统（Global System for Mobile Communications，GSM）有 900 MHz 和 1800 MHz 两种频段，5G 使用 3300-3600MHz 和 4800-5000MHz 频段等。

频率的有效利用可以从频率、时间和空间 3 个方面来实现。在频率域提高频率的利用率的途径主要包括信道的窄带化和多址接入技术：应用窄带化技术减小信道间隔后，就可以在有限的频段内设置更多的信道，从而提高频率的利用率；多址方式有频分多址、时分多址和码分多址以及它们的组合。在空间域提高频率的利用率的途径为：在某一地区（空间）使用了某一频率之后，只要能控制电波辐射的方向和功率，在相隔一定距离的另一地区可以重复使用这一频率。这就是所谓的频率“再用”。蜂窝移动通信网就是根据这一概念组成的。在时间域，多个信道同时供大量用户共用，进一步提高频率的利用率。这就是多信道共用技术。在信道数一定的条件下，用户数越多则频率利用率越高，但同时呼损率也会随之升高。如何在信道数、用户数、呼损率和频率利用率之间取得平衡，是移动网络优化的重要问题。

2. 移动通信网的制式

公众移动通信网的服务区域覆盖方式可分为大区制和小区制，如图 5-17 和图 5-18 所示。这两种方式可支持的网络容量及管理控制方式有很多不同。

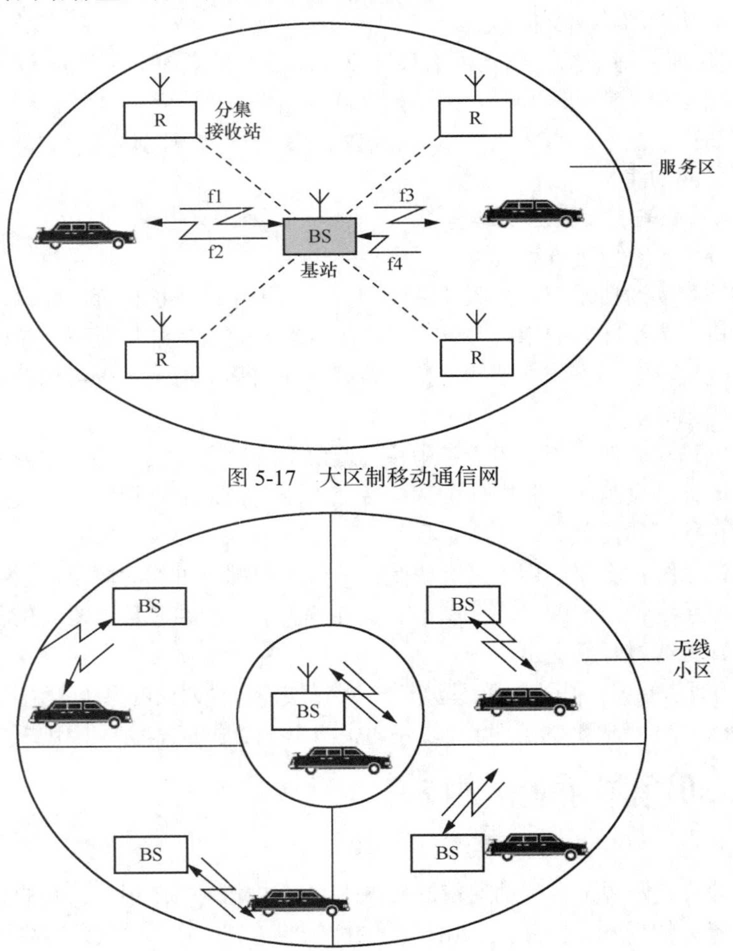

图 5-17　大区制移动通信网

图 5-18　小区制移动通信网

（1）大区制。大区制是指在一个服务区域内只设一个基站，并由它负责移动通信的联络和控制。大区制的好处是实现容易、设备简单，但由于受功率和频谱资源限制，系统容量有限，而且扩容很困难。我国电信运营企业在开展移动通信业务初期，由于客户较少，且主要是集中在发达地区，为节省工程投资，通常按大区制考虑。

（2）小区制。小区制是把整个服务区域划分为若干个小区，每个小区用一个基站进行信号覆盖，相邻的小区使用不同的频率，避免干扰，而相隔较远的小区可用相同频率且干扰程度很低。这样就实现了频率复用，从而提高频率利用率，系统容量得到很大提升。小区制的划分方法使整个区域看起来像由很多蜂巢组成，因此又被称为蜂窝小区。小区覆盖不到的地方人们又提出了微蜂窝小区，原小区就称为宏蜂窝小区。类似地，还有微微小区，基站的功率更小，用于覆盖会议室等 “热点” 区域。除此之外，智能小区技术是使用智能天线的基站所产生的信号小区，也得到广泛的应用。

5.3.3 移动通信网的演进

随着技术的更迭，移动通信网从最初的第一代模拟移动通信演进到了当前的 5G 移动通信，而 6G 基础理论及关键技术研发正在进行中。移动通信技术每一次的代际跃迁，都极大地促进了产业升级和经济社会发展：1G 到 2G，实现了模拟通信到数字通信的过渡，移动通信走进了千家万户；2G 到 3G、4G，实现了语音业务到数据业务的转变，传输速率成百倍提升，促进了移动互联网的普及和繁荣。当前，移动网络已融入社会生活的方方面面，深刻改变了人们的沟通、交流乃至整个生活方式。4G 网络造就了繁荣的互联网经济，解决了人与人随时随地通信的问题；5G 网络为用户提供增强现实、虚拟现实、超高清视频等更加身临其境的极致业务体验，解决人与物、物与物通信问题，满足移动医疗、工业控制、环境监测等物联网应用需求。6G 网络将是一个地面无线与卫星通信集成的全连接世界。新一代移动互联网成为支撑经济社会数字化、网络化、智能化转型的关键新型基础设施。

在移动通信的标准制式方面，国际电信联盟（ITU）确定的 3G 标准主要有欧洲提出的 W-CDMA、北美提出的 CDMA2000、中国提出的 TD-SCDMA 以及 IEEE 提出的 WiMAX 这四大主流标准。我国于 2009 年 1 月正式颁发了 3 张 3G 牌照，其中中国移动获得 TD-SCDMA、中国联通获得 W-CDMA、中国电信获得 CDMA2000 的运营牌照。这 3 张牌照的颁发因其标志我国重组后的三大基础电信运营商进入全业务竞争的时代、移动通信业务由语音向多媒体全面转型而格外引人瞩目。

随后，2012 年 1 月，在世界无线电通信大会上，国际电信联盟将 LTE-Advanced 和 WirelessMAN-Advanced（802.16m）技术规范确立为 4G 标准。我国主导制定的 TD-LTE- Advanced 也同时成为 4G 国际标准。2013 年 12 月，工信部正式向三大运营商发布 4G 牌照，中国移动、中国电信和中国联通均获得 TD-LTE 牌照。2015 年 2 月，工信部向中国电信和中国联通发放 FDD-LTE 牌照。

ITU 定义了 5G 的三大类应用场景，即增强移动宽带（enhanced Mobile Broadband，eMBB）、超高可靠低时延通信（ultra-reliable & Low-Latency Communication，uRLLC）和海量机器类通信（massive Machine Type of Communication，mMTC）。2018 年 6 月，第三代合作伙伴项目计划（3rd Generation Partnership Project，3GPP）发布了第一个 5G 标准（Release-15），支持 5G 独立组网，重点满足增强移动宽带业务。2020 年 6 月，Release-16 版本标准发布，重点支持低时延高可靠业务，实现对 5G 车联网、工业互联网等应用的支持。Release-17（R17）版本标准重点实现差异化物联网应用，实现中高速大连接。

在我国，2019 年 6 月工信部正式向中国电信、中国移动、中国联通、中国广电发放 5G 商用牌照。为加快 5G 商用步伐，工信部还对《电信业务分类目录（2015 年版）》（以下简称《目录》）进行了修订，增设“A12-4 第五代数字蜂窝移动通信业务”业务子类。

5G 正在与云计算、大数据、人工智能、区块链等技术融合，产生出更加丰富的应用场景。例如，车载互联网、沉浸式虚拟现实（Virtual Reality，VR）技术全景直播、增强现实（Augmented Reality，AR）虚拟视觉、智能制造、自动导向车（Automated Guided Vehicle，AGV）无人巡视、远程教育、智能医疗、智能旅行和智能安防等，最终实现“万物触手可及”。

5G 已经成为现实，6G 的前瞻性研发正在进行。2018 年我国已着手研究 6G。6G 的数据传输速率将达到 5G 的 50 倍，时延缩短到 5G 的十分之一，在峰值速率、时延、流量密度、连接数密度、移动性、频谱效率、定位能力等方面远优于 5G。和 5G 相比，6G 的发展尚且存在许多未知和机遇，我们的社会和经济发展也将随之产生重大改变。通过将卫星通信整合到 6G 移动通信，实现全球无缝覆盖，网络信号能够抵达任何一个偏远的乡村，让深处山区的病人能接受远程医疗，让孩子们能接受远程教育。此外，在全球卫星定位系统、电信卫星系统、地球图像卫星系统和 6G 地面网络的联动支持下，地空全覆盖网络还能帮助人类预测天气、快速应对自然灾害等。在 6G 时代，移动互联网通信技术不再只是简单的网络容量和传输速率的突破，它更是为了缩小数字鸿沟，实现万物互联这个“终极目标”。这便是 6G 的意义所在。

6G 将推动真实物理世界和虚拟数字世界的密切融合，构建数字孪生和万物智联的全新世界，通过在数字世界挖掘实时数据与丰富的历史，凭借前沿的算法模型创造认知智能与感知。在 6G 时代，数字世界可以对物理实体或者过程进行预测、验证、模拟和控制，进而取得物理世界的最优状态。全息感知、普惠智能、沉浸式云扩展现实（Extended Reality，XR）、智慧交互、感官互联、全域覆盖、通信感知、数字孪生等全新业务在群众生产生活、公共服务等领域的普遍使用，将促进经济高质量发展，实现高效化的公共服务、多样化的群众生活、精准化的社会治理。

5.4 物联网和泛在网

5.4.1 物联网

物联网（Internet of Things，IoT）被认为是继计算机、互联网之后，世界信息产业的第三次浪潮。有关物联网的实践，最早可以追溯到 1990 年施乐公司的网络可乐贩售机（Networked Coke Machine）的使用。1991 年，麻省理工学院（Massachusetts Institute of Technology，MIT）的凯文 · 阿什顿（Kevin Ash-ton）教授首次提出物联网的概念。1995 年，比尔 · 盖茨在《未来之路》一书中提及物物互联。1998 年，麻省理工学院提出了当时被称作产品电子代码（Electronic Product Code，EPC）系统的物联网构想。1999 年，麻省理工学院自动识别（Auto-ID）中心阐明了物联网的基本含义。物联网，顾名思义，是指“物物相连的互联网”，即利用二维码、射频识别（Radio Frequency Identification，RFID）和各类传感设备，按照约定的协议，将任何物体与互联网相连接，进行信息交换和通信，实现物与物、物与人之间的交互，进而实现对物体的智能化识别、定位、跟踪、监控和管理的一种网络。物联网的体系架构可分为 3 层：物联网感知层、物联网传输层、物联网应用层，如图 5-19 所示。根据 2005 年 11 月国际电信联盟（ITU）在突尼斯举行的信息社会世界峰会（World Summit on the Information Society，WSIS）上发布的《ITU 互联网报告 2005：物联网》，物联网的发展将推动人类进入智能化时代，实现人与人（Human to Human，H2H）、人与物（Human to Thing，H2T）、物与物（Thing to Thing，T2T）在任何时间、任何地点的互联，实现智能互动。物联网（Internet of Things，IOT）是一种建立在互联网上的泛在网络，是感知世界、物物互联的综合信息系统。物联网技术的目标就是使所有机器设备都具备联网和通信能力，其核心理念就是网络一切（Network Everything）。物联网的概念强调人与物、物与物的信息交换。物联网的最终形态既包括互联网和部分移动网，也包括传感网以及 RFID、二维码等信息标识网络。

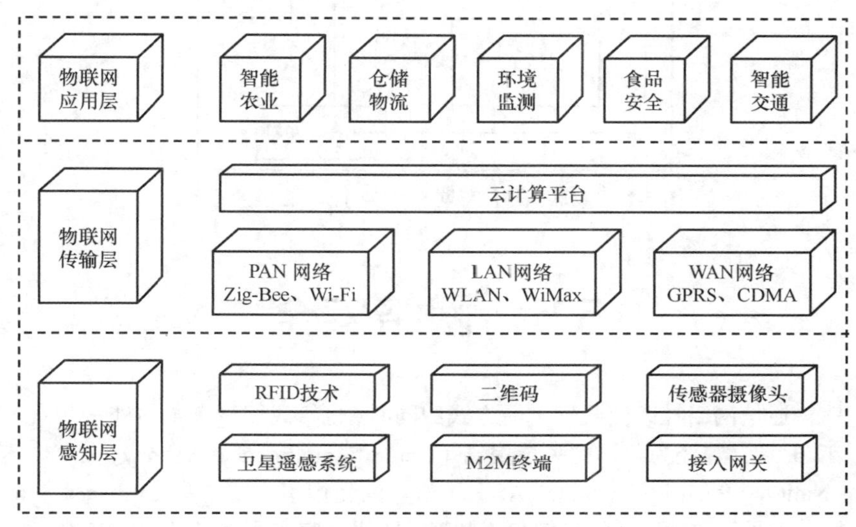

图 5-19　物联网的体系架构

物联网在军事、民用及工商业领域都具有广阔的应用前景。在军事领域，物联网通过无线传感网，可将隐藏地分布在战场上的传感器获取的信息回传到指挥部；在民用领域，物联网在智能农业、智慧城市、智慧港口、家居智能化、环境监测、医疗保障、火灾预测、智能电网等方面得到广泛应用；在工商业领域，物联网在工业自动化、空间探索等方面都得到广泛应用。物联网是互联网的一种延伸。物联网既具备了互联网的特性，又进一步增强了互联网的能力，实现了虚拟世界向现实世界的进一步扩展和延伸。随着网络的不断发展，网络的泛在化已成为趋势，从人与人的通信扩展到人与人、人与物、物与物的通信。这将是物联网的演进过程。

5.4.2　泛在网

泛在计算也被称为普适计算，是继主机计算、桌面计算之后发展起来的一种新的计算模式。这个概念最早是由施乐公司首席科学家马克·维瑟（Mark Weiser）于 1991 年在《21 世纪的计算》一文中提出的。普适计算的目标是建立一个充满计算和通信能力的环境，同时使这个环境与人逐渐地融合在一起。普适计算是信息空间与物理空间的融合。在这个融合的空间中，人们可以随时随地、透明地获得数字化的服务。其中“随时随地”是指人们可以在工作、生活的现场就可以获得服务，而不需要离开这个现场，去端坐在一个专门的计算机面前；“透明”是指获得这种服务时不需要花费很多注意力，即这种服务的访问方式是十分自然的甚至是用户本身注意不到的，即所谓蕴涵式的交互（Implicit Interaction）。普适计算是通过泛在网实现的。

泛在网（Ubiquitous Network）是指广泛存在的网络。泛在网基于个人和社会需求，利用现有的网络技术和新技术，实现人与人、人与物、物与物之间按需进行的信息获取、传递、存储、认知、决策、使用等服务。泛在网具有超强的环境感知、内容感知及智能性，为个人和社会提供泛在的、无所不含的信息服务和应用。物联网是泛在网的起点，是泛在网发展的物联阶段，而泛在网是物联网发展的终极目标。物联网与传感网、互联网、泛在网的关系如图 5-20 所示。从网络技术上看，泛在网是通信网、互联网、物联网高度融合的目标，它将实现多网络、多行业、多应用、异构多技术的融合与协同。

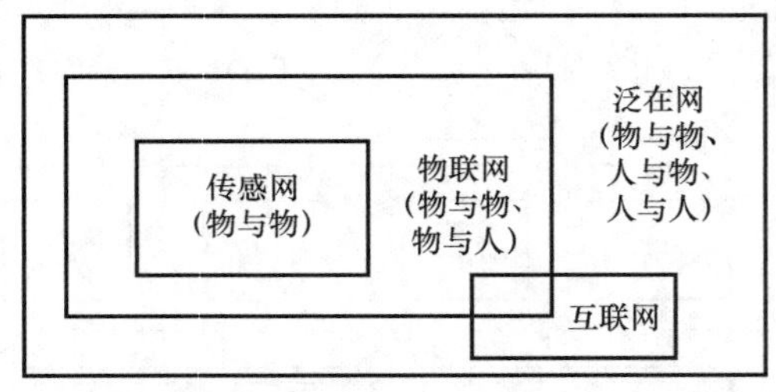

图 5-20　物联网与传感网、互联网、泛在网的关系

5.5　网络安全

网络安全

通信网络在改变我们生活方式的同时，也给我们带来了另外一些安全隐患。2013 年 6 月，曾经为美国中央情报局（Central Intelligence Agency，CIA）、美国国安局（National Security Agency NAS）工作过的爱德华·斯诺登（Edward Snowden）向英国《卫报》和美国《华盛顿邮报》等国际媒体曝光了美国的“PRISM（棱镜）”项目，由此掀开美国政府秘密监控全球民众网络信息活动的冰山一角。世界舆论一片哗然。“棱镜”事件进一步暴露出全球通信网络治理的严重缺陷，引起了各个国家对通信网络安全战略、国家安全政策、个人隐私保护等一系列重大议题的关注，推进了通信网络国际规则的研究和制定，加强了数据挖掘的治理，促进网络监管制度的完善。

5.5.1　信息安全和网络安全

通信是信息的传递。在通信过程中的信息安全问题，自古以来就备受政治、经济乃至商业领域的人们的关注。我国古代兵书《孙子兵法》记载的“能而示之不能，用而示之不用，近而示之远，远而示之近”体现对军事信息保密的重视。古罗马统治者恺撒（Caesar）曾使用字符替换的方式传递情报（比如将 a、b、c 用其他字母 F、G、H 表示），反映了对通信安全的重视。随着人类传递信息方式的变化和进步，信息安全的内涵在不断拓展。

信息安全是信息系统抵御意外事件或恶意行为的能力。这些事件和行为将危及所存储、处理或传输的数据或由这些系统所提供的服务的可靠性（Dependability）、可用性（Availability）、可控性（Controllability）、机密性（Confidentiality）、完整性（Integrity）、抗抵赖性（Non-repudiation）。信息系统安全主要包括 4 个层面：硬件安全、软件安全、数据安全和安全管理，其中的数据安全即是传统的数据安全。为了表述简单，在不会产生歧义时可以直接将信息系统安全简称为“信息安全”。

网络安全是在通信安全、计算机安全和密码技术的基础上建立的一种网络环境下的安全可控技术体系，其目的是保证网络系统本身，以及网络系统内部存储和传递数据的保密性、完整性和可用性。网络安全技术包括身份认证、访问控制、攻击检测、网络数据安全技术以及网络应用安全技术。

5.5.2　信息安全威胁

信息安全威胁是指某人、物、事件、方法或概念等因素对某信息资源或系统的安全使用可能造成的危害。一般把可能威胁信息安全的行为称为攻击。在现实中，常见的信息安全威胁有以下几类。

（1）信息泄露：指信息被泄露给未授权的实体（如人、进程和系统）。泄露的形式主要包括窃听、截收、侧信道攻击和人员疏忽等。其中，截收泛指获取保密通信的电波、网络数据等；侧信道攻击是指攻击者不能直接获取这些数据或信号，但可以获得其部分信息或相关信息，而这些信息有助于分析出保密通信或者储存的内容。

（2）篡改：指攻击者可能改动原有的信息内容，但信息的使用者并不能识别出被篡改的信息内容。在传统的信息处理方式下，对于篡改者对纸质文件的修改，一些鉴定技术可识别修改的痕迹，但在数字环境下，对电子内容的修改不会留下这些痕迹。

（3）重放：指攻击者可能截获并存储合法的通信数据，之后出于非法的目的重新发送它们，而接受者可能仍然进行正常的受理，从而被攻击者所利用。

（4）假冒：指一个人或系统谎称是另一个人或系统，但信息系统或其管理者可能并不能识别。这可能使得谎称者获得不该获得的权限。

（5）抵赖：指参与某次通信或信息处理的一方事后可能抵赖这次通信或相关的信息处理曾经发生过，这可能使得这类通信或信息处理过程的参与者不承担应有的责任。

（6）非授权使用：指信息资源被某个未授权的人或系统使用，也包括被越权使用的情况。

（7）网络与系统攻击：由于网络与主机系统不免存在设计或实现上的漏洞，攻击者可能利用它们进行恶意的侵入和破坏，或者攻击者仅通过对某一信息服务资源进行超负荷的使用或干扰使系统不能正常工作。后一类攻击一般被称为拒绝服务攻击。

（8）恶意代码：指有意破坏计算机系统、窃取机密或隐蔽地接受远程控制的程序，它们由怀有恶意的人开发和传播，隐蔽在受害方的计算机系统中，自身也可能进行复制和传播，主要包括木马、病毒、后门、爬虫、僵尸网络等。

（9）灾害、故障与人为破坏：信息系统也可能由于自然灾害、故障或人为破坏而遭到破坏。

5.5.3　网络安全与防范

常用的网络攻击方法包括端口扫描、网络监听、口令攻击、缓冲区溢出、拒绝服务（Denial of Service，DoS）与分布式拒绝服务（Distributed Denial of Service，DDoS）、网络欺骗与 IP 欺骗等。针对以上的网络攻击方式，可以采用入侵检测技术、防火墙技术、IPSec VPN 技术、“蜜罐”技术、应急响应技术进行防范。

（1）入侵检测技术。入侵检测是对入侵行为的发觉，通过对计算机网络或系统中的若干关键点收集信息并对其进行分析，从中发现网络或系统中是否存在违反安全策略的行为和被攻击的迹象。进行入侵检测的软硬件构成了入侵检测系统（Intrusion Detection System, IDS）。IDS 的主要任务是：充分并可靠地采集网络和系统中的数据、提取描述网络和系统行为的特征；高效并准确地判断识别网络和系统行为的性质；对网络和系统入侵提供响应手段。

（2）防火墙技术。防火墙是指设置在不同网络或网络安全域之间提供信息安全服务的一系列部件的组合，是不同网络或网络安全域之间唯一的信息出入口，能根据企业的安全策略控制（允许、拒绝、监测）出入网络的信息流，且本身具有强大的抗攻击能力。在逻辑上，防火墙是一个隔离器、限制器也是一个分析器，能够有效监控内网和外网之间的任何活动，保证内网的安全。

（3）IPSec VPN技术。虚拟专用网（Virtual Private Network，VPN）既是一种组网技术，又是一种网络安全技术，是架构在公用通信基础设施上的专用数据通信网络。VPN 利用隧道（Tunneling）技术、加解密技术、密钥管理技术、使用者与设备的身份认证技术和访问控制技术等，获得机密性保护。隧道技术是 VPN 的基本技术，类似于点对点连接技术，它在公用网上建立一条数据通道（隧道），让数据包通过这条隧道传输。

（4）“蜜罐”技术。在网络安全技术中，“蜜罐”（Honey Pot）技术是指对攻击、攻击者信息的收集技术，而“蜜罐”就是完成这类收集的设备或系统，它诱使攻击者入侵“蜜罐”，以搜集、分析相关的信息。“蜜罐”也被称为“鸟饵”（Decoys）、“鱼缸”（Fishbowls）等，是网络陷阱与诱捕技术的代表性技术。

（5）应急响应技术。应急响应就是对国内外发生的有关计算机安全的事件进行实时响应与分析，提出解决方案和应急对策，以保证计算机信息系统和网络免遭破坏。网络和信息系统设施遭到破坏的原因主要包括网络攻击、信息系统自身出现故障及自然灾害、战争破坏等不可抗力造成的损害。国内外相关机构高度重视信息系统安全的应急响应，组建了一些计算机应急响应小组/协调中心（Computer Emergency Response Team/Coordination Center，CERT/CC），负责制定应急响应策略并协调它们的执行，例如美国卡内基梅隆大学在美国国防部等政府部门资助下组建的美国 CERT/CC，以及欧洲的 EuroCERT、我国的国家计算机网络应急技术处理协调中心（CNCERT/CC）等。

5.5.4 国内外信息安全法律法规

国内外信息安全法律法规如表5-3所示。

表5-3 国内外信息安全法律法规

国家或组织、部门	法规名称、内容
联合国国际贸易法委员会（UNCITRAL）	《国际贷记传输示范法》 《电子商务示范法》 《电子签名统一规则》
经济合作与发展组织（OECD）	《克服全球电子贸易障碍》 《加密政策指南》
国际因特网方案委员会（IAHC）	《国际数字化安全商务应用指南》
欧盟（EU）	《欧洲电子商务行动方案》 《关于信息社会服务的透明度机制的指令》 《关于建立有关电子签名共同法律框架的指令》 《关于统一市场电子商务的某些法律方面的建议》 《通用数据保护条例》 《数据法案》
美国	《统一电子交易法》 《国际与国内电子签名法案》 《信息自由法》

续表

国家或组织、部门	法规名称、内容
美国	《阳光下的政府法》 《个人隐私法》 《美国电子通信隐私法》 《健康保险携带和责任法》 《金融服务现代化法》
英国	《网络的利益：英国电子商务议程》 《电子商务——英国的税收政策指南》 《数据保护法》
法国	《菲勒修正案》 《信息科学归档文件卡片与自由法》
日本	《电子计算机系统安全措施标准指导》 《计算机安全处罚条例》 《信息化社会基本法》 《关于行政机关保有的电子计算机处理的个人信息保护法》 《计算机病毒对策基准》
中国	《中华人民共和国国家安全法》 《中华人民共和国网络安全法》 《中华人民共和国密码法》 《中华人民共和国数据安全法》 《中华人民共和国个人信息保护法》 《中华人民共和国电信条例》 《信息网络传播权保护条例》 《中华人民共和国计算机软件保护条例》 《中华人民共和国计算机信息系统安全保护条例》 《中华人民共和国计算机信息网络国际联网管理暂行规定》 《互联网信息服务管理办法》 《商用密码管理条例》 《计算机病毒防治管理办法》

5.5.5　信息安全标准体系

在互联网飞速发展的今天，网络和信息安全不容忽视。积极推进信息安全标准化，牢牢掌握在信息时代全球化竞争中的主动权是非常重要的。

1．国际信息安全标准体系

国际信息安全标准化工作兴起于 20 世纪 70 年代中期；20 世纪 80 年代有了较快的发展；20 世纪 90 年代引起了世界各国的普遍关注。目前全球已经形成了较为完善、全面的信息安全标准体系。世界上约有近 300 个国际和区域性组织，制定标准或技术规则，与信息安全标准化有关的主要的组织有国际标准化组织（ISO）、国际电工委员会（International Electrotechnical Commission，IEC）、国际电信联盟（ITU）、国际互联网工程任务组（the Internet Engineering Task Force，IETF）等。ISO/IEC 联合技术委员会子委员会 27（ISO/IEC JTC1 SC27）是信息安全领域最权威和国际认可的标准化组织，它已经为信息安全保障领域发布了一系列的国际标准和技术报告，其中最主要的标准是 ISO/IEC 13335、ISO/IEC 27000 系列等。ISO/IEC 13335 包括《IT 安全的概念与模型》（1996）、《IT 安全管理和计划制定》（1997）、《IT 安全管理技术》（1998）、《安全措施的选择》（2000）、《网络安全管理方针》。ISO/IEC 27000 系列包括综合信息安全管理系统要求、风险管理、度量和测量以及实施指南等一系列国际标准，是目前国际信息安全管理标准研究的重点。

2. 国内信息安全标准体系

国内的安全标准化组织主要有全国网络安全标准化技术委员会以及中国通信标准化协会（China Communications Standards Association，CCSA）下辖的网络与数据安全技术工作委员会（TC8）。全国网络安全标准化技术委员会（TC260）于 2002 年 4 月成立，主要以工作组形式开展工作，下设多个工作组，主要包括网络安全标准体系与协调工作组（WG1）、保密标准工作组（WG2）、密码技术标准工作组（WG3）、鉴别与授权标准工作组（WG4）、网络安全评估标准工作组（WG5）、通信安全标准工作组（WG6）网络安全管理标准工作组（WG7）、数据安全标准工作组（WG8）、新技术安全标准特别工作组（SWG-ETS）。网络与数据安全技术工作委员会（TC8）成立于 2003 年 12 月，主要负责研究通信安全技术和管理标准，其研究领域包括面向公众服务的互联网的网络与数据安全标准、电信网与互联网结合中的网络与信息安全标准、特殊通信领域中的网络与数据安全标准，设置有安全基础及产业支撑工作组（WG1）、网络安全工作组（WG2）、数据安全工作组（WG3）、新兴技术和业务安全工作组（WG4）、防范治理电信网络诈骗工作组（WG5）和 2 个任务组。我国信息安全标准体系主要包括基础标准、应用标准、管理标准，如图 5-21 所示。

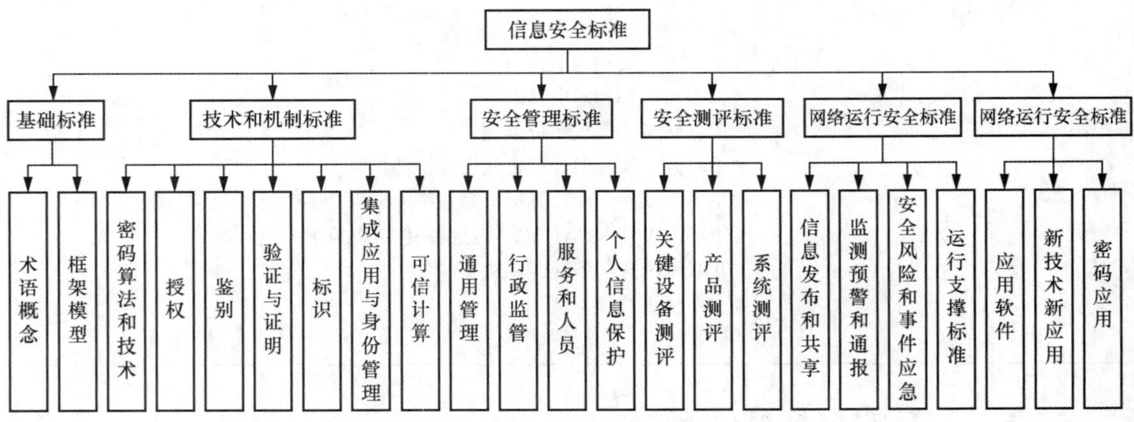

图 5-21　我国信息安全标准体系

5.6　本章小结

本章主要介绍了电话通信网、数据通信网、移动通信网的组织与管理。公用电话交换网是目前覆盖范围最广、规模最大的电信业务网，该网络采用电路交换方式，节点设备采用数字程控交换机，网络结构从四级长途网和一级本地网组成的五级网络逐步演变成两级长途网和一级本地网。常见的数据通信网有分组交换网、数字数据网、帧中继网、ATM 网以及 Internet。本章还介绍了移动通信网的组网技术及演进、物联网和泛在网、网络安全与防范等。

案例讨论：从世界电信日的主题看电信网络变迁

1844 年，电报正式用于公众通信。1850 年，世界上第一条海底光缆在英法两国间铺设成功。这为开辟国际电报通信创造了条件。1865 年 3 月，“德奥电报联盟”和“西欧电报联盟”合并成“国际电报联盟”；5 月，法国、奥地利、德国、意大利、俄国等 20 多个国家，在法国巴黎签署了“国际电报公约”，宣告“国际电报联盟”正式成立。1969 年 5 月，国际电信联盟第 24 届行政理事会正式通过决议，决定把国际电信联盟的成立日——5 月 17 日定为“世界电信日”，并要求各会员国从 1969 年起，在每年 5 月 17 日开展纪念活动。1969 年，第 1 届世界电信日的主题为“电联的作用及其活动”；2024 年，世界电信日的主题为“数字创新促进可持续发展”；2025 年，世界电信日的主题为“数字化转型中的性别平等”。

讨论题：试从案例给出的线索讨论电信网络如何改变人类的生活方式，并谈谈电信业务和电信网络的发展趋势。

思考与练习题

5-1　什么是电话网？我国长途电话网如何分级？

5-2　简述 No.7 信令网的组成和工作方式。

5-3　什么是智能网？智能网支持的业务有哪些？

5-4　简述 IPv4 的地址结构，说明目前 Internet 发展中存在的问题。

5-5　什么是移动通信？移动通信的特点有哪些？

5-6　简述移动通信网的演进历程。

5-7　某电信网有 A、B、C 3 个局，其中，B 为汇接局。现预测出 $y_{AC} = 40(\text{Erl})$，AC 电路费用成本为 1 万元，AB 电路费用成本为 1.2 万元，BC 电路成本为 0.8 万元，$ATC = 0.8$，那么设多少直达电路较为经济？

5-8　某长途电话网有 A、B、C、D、E 5 个交换中心，它的网络图如图 5-22 所示，忙时流量矩阵（单位：次）为 $\boldsymbol{W}$，求最大转接次数和转接系数。

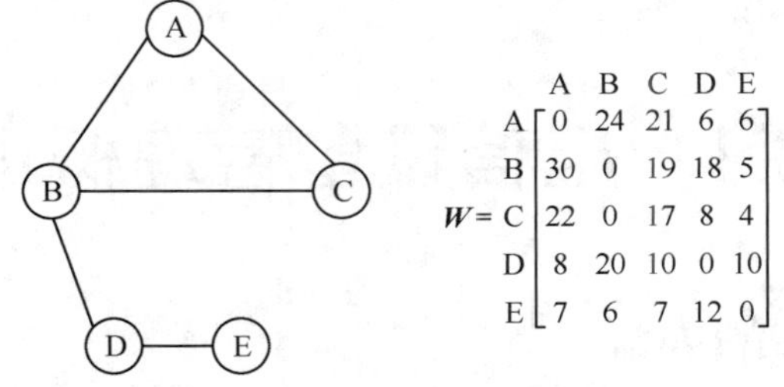

图 5-22　某长途电话网的网络图

5-9　什么是物联网？什么是泛在网？

5-10　主要的网络安全防范技术有哪些？

第6章 电信网运行维护管理

【引例】河北某运营商盘活网络资源

河北某运营商压缩建设投资，盘活网络资源，强化效益管理，不仅锻炼出一支过硬的技术人员队伍，而且提高了公司的运营效益。原 AXE10 型长途程控交换机自新长途交换机正式投产使用以来，就一直作为折旧完毕的废旧设备停用至今。虽然这台交换机的容量和性能技术指标已经不能满足开办新业务的需要，但若改造成市话汇接局，对于节省建设维护资金、提高现有网络运行维护水平是极有价值的。经过集中论证，该公司顺利完成交换机“搬家”工程。技术人员拆除铜缆接口近 2000 条、原长途交换数据 73728 条，重新制作市话汇接局数据 18432 条，将一台已报废的旧交换机改头换面，改造成具有 8610 中继线功能的市话汇接局，仅此一项节约设备资金 300 多万元。

对于电信企业来说，绝大多数经营管理活动都是通过通信设备进行的。通信设备是电信企业实现通信过程的物质基础。电信网运行维护管理是指对通信设备全过程的管理，即对通信设备的选型评价、维护管理、更新改造和报废处理的管理活动。本章将重点讲述电信设备的使用和维护、更新改造以及综合管理等内容。

本章学习目标

（1）了解电信设备管理的内涵。

（2）熟悉设备磨损的分类、磨损规律及补偿方式。

（3）了解设备使用过程中的故障规律、减少故障的对策。

（4）掌握设备最佳更新周期的分析方法。

（5）了解电信网设备综合管理内容。

6.1 电信设备管理概述

6.1.1 设备管理的内涵

1. 设备管理的概念

设备管理是指依据企业的生产经营目标，通过一系列技术、经济和组织措施，对设备在其寿命周期内的所有物质运动形态和价值运动形态进行的综合管理工作。设备寿命周期是指设备从规划、购置、安装、调试、使用、维护、改造、更新直至报废的全过程所经历的时间。

2. 设备管理的内容

抽象地讲，针对设备运动的两种形态，设备管理的内容除设备管理的基础工作外还包括两个方面：对设备的物质运动形态的管理，被称为技术性管理；对设备的价值运动形态的管理，被称为经济性管理。具体地讲，设备管理包括以下活动。

（1）建立设备管理的平台，包括建立相应的组织机构和信息处理系统，制定相应的规章制度和标准措施等，由此形成管理机制，为设备管理其他内容的实施提供条件和依据。这项内容也是设备管理的基础工作。

（2）依据企业战略和生产战略制定设备规划。

（3）组织设备购置中的技术经济评价和选购活动，以及设备购置后的安装与调试活动。

（4）监督与控制设备运动中的使用、保养和维护。

（5）对设备的改造与更新作出决策。

6.1.2　电信设备的使用

对于电信企业来说，科学管理设备与提高企业的生产能力、保证通信质量、降低成本以及保证安全生产密切相关。众所周知，电信设备的通信能力、性能和可靠性是保证通信质量的重要条件。电信设备的维修、折旧、更新等费用是构成产品成本的重要因素。因此，做好设备管理是提高通信质量和改善电信企业经营效果的重要环节。电话设备管理的具体任务包括如下 4 点。

（1）做好设备的投资规划。

（2）保证机器设备始终处于良好的技术状态。

（3）做好现有设备的挖潜、革新、改造。

（4）保证引进的设备正常运转。

正确使用设备是设备管理的一个重要环节。设备的效率、精度、寿命等，与操作者是否正确操作设备密切相关。正确、合理地使用设备，可以在节省费用的条件下发挥设备的效率。设备的合理使用包括两方面的含义：一是制止蛮干、滥用，因为蛮干、滥用会造成设备的过度磨损，影响产品质量，甚至带来严重事故；二是要防止设备闲置不用，因为闲置不用会使设备投资不能及时回收，承担无形磨损和负担必须支出的税费，以及维护保养费等。

6.2　电信设备的磨损

设备在使用或闲置过程中会逐渐发生磨损。磨损有两种形式，即有形磨损和无形磨损。

6.2.1　设备的有形磨损

电信设备的磨损与维修

设备在运转过程中，零部件间发生摩擦、振动和疲劳等现象，致使的磨损称为第 1 种有形磨损，也称正常磨损。设备在运转或闲置时由于受自然力磨损、腐蚀、保管不善或人为因素而引起的磨损，称为第 2 种有形磨损，也称意外磨损。

1. 设备的磨损规律

设备的磨损规律是指正常有形磨损的规律。设备在运转、使用过程中的正常磨损过程一般如图 6-1 所示。它大致可以分为 3 个阶段。

第 I 个阶段称为初期磨损阶段。这一阶段主要由于相对运动的零件表面的微观几何形状在受力情况下迅速磨损而发生，也可能由于零件接触表面的形状不同，机器设备运转后产生磨损。这阶段的磨损速度很快，但持续时间较短。

第 II 阶段称为正常磨损阶段。在这个阶段，零件的磨损随着时间匀速增加，磨损缓慢。这个时期，设备处于最佳技术状态，设备的生产率、产品质量最有保证。

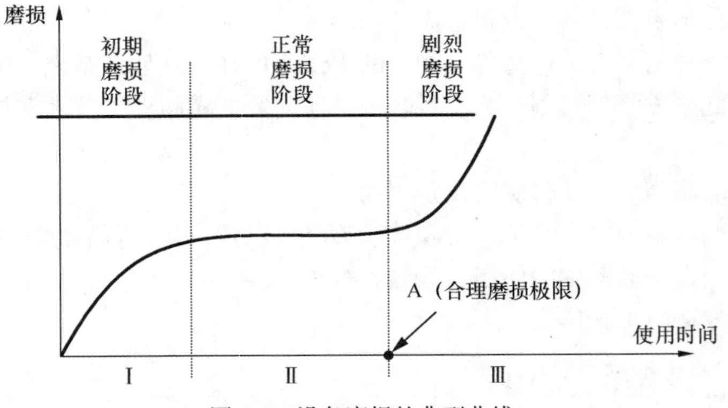

图 6-1　设备磨损的典型曲线

第Ⅲ阶段是剧烈磨损阶段。在这个阶段，因零件磨损超过一定限度，破坏了正常配合关系，零件磨损速度急剧增加，设备的性能和质量迅速下降。所以一般不允许设备的零件使用到这个阶段。当零件进入正常磨损阶段的后期，在急剧磨损阶段到来之前（如图 6-1 中的 A 点），就应修复或更换零件。

图 6-2 为强化磨损曲线。该曲线在Ⅱ、Ⅲ两个阶段没有明显的转折点，在初期磨损后，没有明显的正常磨损阶段，就进入剧烈磨损阶段，也就是说，正常磨损阶段的持续时间大大缩短，这就导致设备提前损坏。造成这种情况的主要原因是对设备使用不当和维修不及时。

图 6-3 为延缓磨损曲线，磨损速度减慢，第Ⅱ阶段持续时间显著延长，也就是说设备的寿命延长了。出现这种情况的原因主要是对设备使用合理和加强维护。

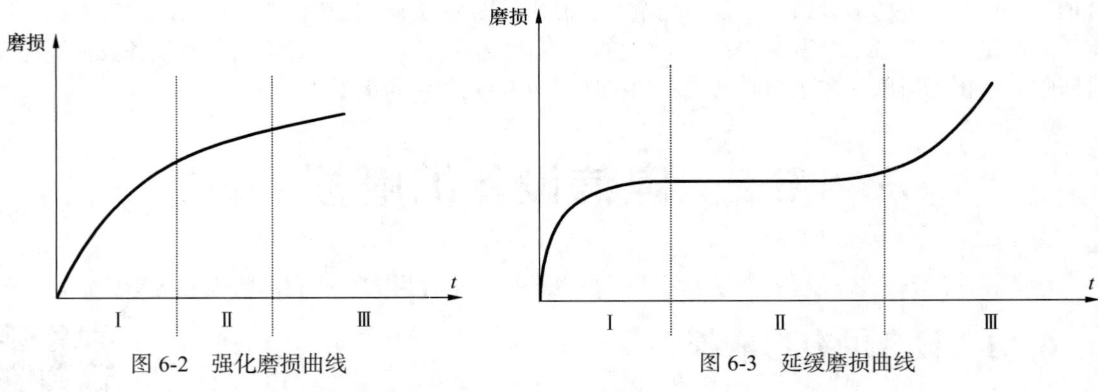

图 6-2　强化磨损曲线　　　图 6-3　延缓磨损曲线

由以上的磨损规律可知：零件磨损到一定程度，就会降低生产效率和产品质量；若设备使用合理且加强维护，就可以延长设备使用期限；加强设备日常检查和定期检查，可以对设备损坏起预防作用；应当统计分析正常情况下的磨损率和使用期限，有计划地维修。

2. 有形磨损的度量

设备的有形磨损程度可以用下式计算。

$$A = \frac{R}{K}$$

式中，A——设备有形磨损程度。R——修复全部磨损零件所用费用。K——该设备再生产的价值。

从经济角度分析，设备有形磨损的指标，不应超过 $A = 1$ 的极限。

6.2.2　设备的无形磨损

1. 无形磨损的形成

设备的无形磨损也叫精神磨损。无形磨损一般有两种。第 1 种无形磨损，是由于制造部门的劳动生产率提高，它的再生产费用相应降低，从而使原有的同种设备发生贬值。这种无形磨损意味着垫支资本的贬值，一般不影响机器设备的经济效用和使用期限，只是在大修理费用超过降低了的新设备的购置价格时，才需更新。第 2 种无形磨损，是由于新的、具有更高生产能力和经济效率的设备的出现与推广，使原有设备的经济效能降低而发生的损失，它意味着只拥有旧设备的企业的竞争能力和市场地位的削弱，因此，企业被迫不断以新设备替换旧设备。目前国际上的“快速折旧”就是采取提高折旧率、缩短设备使用年限的方法来弥补设备的无形磨损。

在确定设备的使用年限时，不仅要考虑设备在物理上最大可能的使用年限，还要同时考虑设备的无形磨损。

2. 无形磨损的度量

设备的无形磨损常常采用价值指标度量。计算公式如下。

$$A_e = \frac{K - K_e}{K} = 1 - \frac{K_e}{K}$$

式中，A_e——设备无形磨损程度。K——设备的原始价值。K_e——考虑无形磨损时设备再生产价值。

$$K_e = K_n \left[\frac{g_0}{g_n}\right] \times a \left[\frac{C_0}{C_n}\right] \times B$$

式中，K_n——新设备的价值。g_0——旧设备的年生产率。g_n——新设备的年生产率。C_0——使用旧设备生产单位产品的消耗费用。C_n——使用新设备生产单位产品的消耗费用。a——劳动生产率提高指数，$0 < a < 1$。B——费用降低指数，$0 < B < 1$。

当 $g_0 = g_n$，$C_0 = C_n$ 时，$K_e = K_n$ 表示发生第 1 种无形磨损（设备的使用价值并未降低）。$g_n > g_0$，$C_n = C_0$；$g_n = g_0$，$C_n < C_0$；$g_n > g_0$，$C_n < C_0$ 均表示发生第 2 种无形磨损。

6.2.3　设备磨损的补偿

设备磨损的形式不同，补偿的方式也不同。设备有形磨损的局部补偿是修理，设备的无形磨损的局部补偿是改造。无形磨损和有形磨损的完全补偿是更新。设备的磨损经过补偿，才能保持良好的技术状态。

所谓设备改造，是指应用现代的技术成就和先进经验，适应生产的需要，改变现有设备的结构，给旧设备装上新部件、新装置，以改善现有设备的技术性能，使之达到或局部达到新设备的水平。设备改进是克服现有设备技术状态陈旧，消除第 2 种无形磨损的重要方法之一。

6.3　电信设备的故障与维修

设备故障是随着设备使用而经常发生的自然现象。设备故障的定义是：系统、机器或零部件丧失了它规定的性能。设备在使用过程中发生这样或那样的故障，从而影响通信的正常进行，我们如果能够掌握故障出现的规律，采取相应的措施，则可以减少或消灭故障的出现。

6.3.1 设备的故障规律

所谓设备的故障规律，就是设备从投入使用直到报废为止的寿命周期内故障的发展变化规律。大量研究结果显示，设备的故障率在设备整个使用期间按“浴盆曲线”分布，如图 6-4 所示。

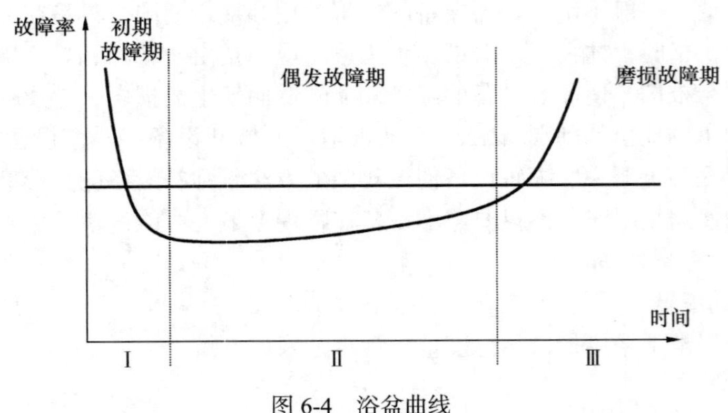

图 6-4 浴盆曲线

在图 6-4 中，故障率有 3 个不同阶段。

第Ⅰ阶段叫初期故障期。在这个阶段，故障率较高，发生故障的原因一般由设计和制造问题以及操作不习惯引起。在这个阶段，故障率也随着使用时间的增加而减少。

第Ⅱ阶段叫偶发故障期。在这个阶段，设备进入正常运转阶段，故障率较低，故障通常是由维护和操作失误引起的偶发故障。偶发故障期一般延续相当长时间，也是设备的有效寿命。

第Ⅲ阶段叫磨损故障期。在这个阶段，设备的零件已经老化，故障率剧增。若能事先预测老化开始时间，在老化开始之前更换零件，就可以降低故障率，延长设备的有效寿命。

电信企业可针对不同阶段的特点，在设备管理中采取不同的对策。在初期故障期，减少故障的主要对策是在使用设备前进行严格的实验运转，按规定标准验收，并针对出现的问题进行修理。在偶发故障期，主要对策是执行正确的操作，进行预防维护。在磨损故障期，主要对策是加强检修和更换零部件。因此，对于电信设备的维护，要从验收环节抓起，在设备运行使用中，严格遵守相应的维护规程，从而降低故障率，延长设备寿命。

6.3.2 设备的维修

设备的维修就是设备的维护保养和修理。设备维修的基本任务是：保证设备运行正常；迅速准确地排除障碍；保持设备的电气特性、机械特性符合标准；保证设备完整、清洁、良好，延长使用年限；合理调整设备配置，提高设备利用率；在保证通信质量的前提下，节约器材和维护费用。

1. 设备的维护保养

设备的维护保养是指为了及时处理设备在运行过程中，由于技术状态发生变化引起的大量常见问题，而随时改善设备的技术状况，以保证设备正常运行，延长它的使用寿命的一项经常性工作。按工作量大小、难易程度，设备的维护保养通常可以分为日常保养、一级保养、二级保养、三级保养等 4 个类别。

2. 设备的修理

设备的修理是通过修复或更换已严重受损、腐蚀的零部件，而使设备的技术性能和功效得到完全或部分恢复。设备的合理使用与修理可以减缓磨损速度和程度。按工作量大小及重要性，设备的修理可分为小修理、中修理、大修理。

小修理是对设备进行局部调整与校正。例如，对易损零件进行更换或修复，排除故障、调整零件间隙和相对位置。小修理的工作量一般占大修理工作量的 20%左右。

中修理是要修理设备的主要零部件和基准件，更换或修复部分不能使用至下次修理时间的零部件。中修理后，设备能恢复一定的性能和效率。中修理的工作量占大修理工作量的 50%左右。

大修理是对设备进行全面修理：需将设备全部解体，修理所有主要的零部件，更换全部已磨损而不能用到下一次修理的零部件，全面恢复设备原有的技术性能、工作精度和功效。

6.3.3　设备的维修类型

设备的维修包括事后维修、计划维修、预防维修、生产维修和改善维修 5 种维修类型。

1. 事后维修

事后维修就是等到设备损坏或发生了故障后再进行修理，也叫随坏维修，它包含两方面的内容：一是对非重点设备实行故障发生后的维修；二是对事先无法预测的突发故障的维修。

事后维修有许多缺点，因为设备损坏再维修必然已造成故障，影响通信。一般事先不能确定设备究竟什么时候发生故障，缺乏计划和准备，对质量不能充分保证，因此，事后维修一般不能作为电信主要设备的维修方式。用户终端设备往往采用事后维修。

2. 计划维修

（1）定期检查。定期检查要求建立严格的检查制度和检查计划，根据检查的情况、设备精度指数，以及有关修理资料，编制修理计划，确定修理日期和内容。

（2）日常维护。日常维护的工作内容比较简单，主要在设备表面进行。

（3）定期修理。定期修理即根据设备的使用情况，参考有关零部件磨损程度资料，规定设备修理的计划日期和大致的修理内容及工作量。

（4）周期维修。周期维修是对各种设备的故障规律进行分析，制定出修理周期，在设备使用过程中，按照周期编制计划，对设备进行测试、修理。

（5）计划保修。计划保修即有计划地进行设备保养和大修理。

3. 预防维修

预防维修就是在设备使用过程中经常进行监视和检查，一旦发现有发生故障的可能，立即进行修理，防止事故发生。预防维修一般指对重点设备，以及一般设备中的重点部位进行的预防性维修活动。预防维修工作可安排在夜间或业务清闲的时间进行，避免占用繁忙时的设备和电路。

预防维修也叫事前维修，它包括受控维修、预知维修和维修预防。

（1）受控维修。受控维修是按设备质量规律进行维修，就是根据质量的不均匀性，按照设备故障概率的分布情况，利用控制图来观察通信质量是否处于受控状态：当它们处于受控状态时，不进行维护；当控制图告警时，采取有效措施，进行维修、调整。这种根据设备各自的质量规律进行修理的方法既保证了质量又减少了维护工作量。

（2）预知维修。预知维修是设备基于监测技术的一种设备维修方式。用仪表在设备运行中连续监测，可以提早发现即将发生的故障。这时，可只对损坏零部件进行更换，费用少。

（3）维修预防。维修预防指的是在进行新设备设计、制造时，就考虑到提高设备的可靠性、维修性和经济性。

4．生产维修

生产维修指事后维修与预防维修相结合的维修方式，即对重点设备进行预防维修，对一般设备实行事后维修。生产维修可在节约维修费用的前提下，保证生产需要。

5．改善维修

改善维修是在修理设备时，同时进行设备的改装、改造。改善维修可提高设备的性能、效率、精度、能耗等。

6.4 电信设备的改造与更新

电信设备的改造与更新

6.4.1 设备的改造

所谓设备改造，是指应用现代化科学技术，根据生产发展的需要，改变原有设备的结构，或对旧设备增添新部件、新装置，改善原有设备的技术性能和使用指标，使设备局部或全部达到新设备的水平。设备改造的优点是周期短、费用省、见效快，能够获得比较好的技术经济效益。

设备改造的内容包括：①提高设备的自动化程度，实现数控化、联动化。②提高设备功率、速度、刚度，扩大、改善设备的工艺性能。③将通用设备改装成高效、专用设备。④提高设备零部件的可靠性、可维修性。⑤改装设备监控装置。⑥改进安全、保护装置及环境污染系统。⑦降低设备原材料及能源消耗。

设备改造的方案，必须经过初步设计和技术经济评价，通过多种方案对比分析，选择确定最佳方案。设备改造既要考虑设备的技术性、适用性，又要考虑它的经济性。一般最普通、最典型的设备改造，不是改造役龄最长或役龄最短的设备，而是役龄适中的设备；不是从根本上改变原有设备的结构，而是在原有基础上改革或增加某些机构，改善设备的技术性能。

6.4.2 设备的更新

1．何为设备更新

设备更新主要是指企业用新的、效率更高的设备去更换已经因陈旧得不能继续使用，或虽然可继续使用，但在技术上不能保证产品质量、在经济上极不合理的设备。企业为了适应生产发展的需要，保证生产的顺利进行，就必须重视设备的更新工作。

2．设备更新方案比选的原则

企业在进行设备更新方案比选时，应遵循如下原则。

（1）不考虑沉没成本。沉没成本就是过去已支付的靠今后决策无法回收的金额。在进行方案比选时，原设备的价值应按目前实际价值计算，而不考虑其沉没成本。

（2）不要简单地按照新、旧设备方案的直接现金流量进行比较，多以年费用为指标。

（3）逐年滚动比较。该原则意指在确定最佳更新时机时，应首先计算现有设备的剩余经济寿命和新设备的经济寿命，然后利用逐年滚动计算方法进行比较。

3．设备的最佳更新周期

更新设备时，要注意经济效益，分析设备的寿命周期，以确定设备最佳更新周期。

（1）设备的寿命。在计算设备的寿命时，不仅要考虑自然寿命，而且要考虑设备的技术寿命和经济寿命。设备的自然寿命，是指设备的物质寿命（也叫使用寿命），即设备从投入使用到报废止所经历的时间。设备的技术寿命，是指设备在投入使用后，由于不断出现在技术上更先进合理的同类设备，使其自然寿命未结束就被淘汰所经历的时间。随着科学技术发展的速度越来越快，设备的技术寿命趋向越来越短。设备的经济寿命，是指在设备的自然寿命后期，由于设备老化，必须支付较多的维修费用来维持设备的寿命，花费过多的维修费用可能得不偿失，因而考虑更新设备。这种根据使用费用计算的设备寿命为设备的经济寿命，它是设备的使用寿命。在此使用寿命内，设备平均每年的使用成本最低。经济寿命一般就是设备的最佳更新周期。

（2）设备的最佳更新周期。计算最佳更新周期的方法主要有 3 种。

① 最小年平均成本法

取折旧费和经营费最小年份作为最优更新周期。计算公式如下。

$$\overline{C_n}=\frac{C_{0n}+(K+E_n)}{n}$$

式中，$\overline{C_n}$ ——更新年限为 n 年时年平均成本。n——更新年限 $n=1$，2，3，…，n。C_{0n}——更新年限为 n 年时的经营费用总和。K——设备的购置费用。E_n——第 n 年的设备残值。

计算不同更新年限的年平均成本，选择其最小值，则该年限就是最佳更新周期。

【例 6-1】某电信企业在某设备上的投资额为 120 万元。设备的使用资料如表 6-1 所示。

表 6-1　设备的使用资料

使用年限（单位：年）	1	2	3	4	5	6	7
每年费用（单位：万元）	20	24	28	36	46	56	68
年末残值（单位：万元）	60	30	15	7.5	4	2	2

请根据上述资料确定此设备的最佳更新周期。

根据上述资料，计算每年成本费用。表 6-2 中第（2）行每年经营费用累计是表 6-1 中每年费用的累计值。例如，表 6-1 中使用第 1 年时每年费用为 20 万元，使用第 2 年每年费用为 24 万元，则在表 6-2 中使用 2 年经营累计费用为 44（20 + 24）万元。表 6-2 中第（3）行折旧费投资成本由投资 120 万元减去当年残值所得。由表 6-2 第（5）行可知，平均每年成本最低为 54 元，因此经济寿命为 5 年，于第 5 年末更新为宜。

这种方法未考虑货币的时间价值，若用现值法换算，则更为精确。

表 6-2　每年成本费用

使用年限 n（单位：年）（1）	1	2	3	4	5	6	7
每年经营费用累计 C_{0n}（单位：万元）（2）	20	44	72	108	154	210	278
折旧费投资成本（单位：万元）（3）	60	90	105	112.5	116	118	118
总成本（单位：万元）（4）=（2）+（3）	80	134	177	220.5	270	328	396
平均每年成本 $\overline{C_n}$（单位：万元）（5）=（4）/（1）	80	67	59	55.124	54	54.666	56.572

② 综合费用法

设备综合费用主要是指折旧费用和经营费用两大部分。每年折旧费用随使用年限的增加而递减，而经营费用随使用年限的增加而增加。选择综合费用最小值的年限为最佳更新周期。

计算公式如下。

$$C_n=C_{2n}+C_{0n}$$

式中，C_n—— 第 n 年的综合费用。C_{2n}—— 第 n 年的折旧费用。C_{0n}—— 第 n 年的年经营费用。

【例 6-2】假设例 6-1 中的设备每年的综合费用、折旧费用和经营费用如表 6-3 所示。

表 6-3 设备每年的综合费用、折旧费用和经营费用

使用年限（单位：年）（1）	1	2	3	4	5	6	7
C_{0n}（单位：万元）（2）	20	24	28	36	46	56	68
C_{2n}（单位：万元）（3）	60	30	15	7.5	3.5	2	0
C_n（单位：万元）（4）=（3）+（2）	80	54	43	43.5	49.5	58	68

表 6-3 中第（3）行每年的折旧费用是由 120 万减去当年残值再减去前几年的折旧费用所得。例如第 2 年的 $C_{2n} = 120 - 30 - 60 = 30$(万元)；又如第 3 年的 $C_{2n} = 120 - 15 - 60 - 30 = 15$(万元)。

由表 6-3 看出，第 3 年的综合费用最小，因此此设备的经济寿命为 3 年，于第 3 年末更新为宜。

如果经营费用随使用年限 n 按指数增加，则 $C_{0n} = C_0(1+i)^{n-1}$，其中 C_0 是基年的经营费用，i 是经营费用增长率；如果经营费用随使用年限 n 等额增加，则 $C_{0n} = C_0 + a \times n$，其中 a 是经营费用等额增加量。

③ 劣化值法

随着设备使用时间的延长而增加的使用费用为使用费用的劣化值。劣化值法是假定设备使用后残值为零，设备维修费用及燃料动力消耗每年以固定的数值增加的条件下，以年平均使用费用最小为标准，确定设备最佳更新周期。如果使用费用劣化值的增长和使用时间的延长是线性关系，则设备的年平均费用计算公式如下。

$$\overline{C_n} = \frac{K}{n} + \frac{1}{2}\lambda \times n$$

式中，$\overline{C_n}$——设备使用 n 年时的平均费用。n——设备使用年限。K——设备原始价值。λ——设备年使用费用劣化值（元/年），可根据同类设备实际统计记录分析确定。

对上式求导，并令 $\frac{\mathrm{d}\overline{C_n}}{\mathrm{d}n} = 0$，可得

$$n_{0\mathrm{pt}} = \sqrt{\frac{2K}{\lambda}}$$

式中，$n_{0\mathrm{pt}}$——设备的最佳更新周期。

【例 6-3】某设备的原始价值 $K = 80$（万元），若 $\lambda = 1.6$（万元/年），则

$$n_{0\mathrm{pt}} = \sqrt{\frac{2 \times 80}{1.6}} = 10\text{（年）}$$

该设备的最佳更新周期为 10 年。

6.4.3 设备改造与更新的选择

当设备改造与更新在技术上、资金上、货源保证上以及政策上都可行时，还须从维修的角度进一步分析，以便进行比较、选择。

（1）搜集相关资料，包括改造费、大修理费、停产损失、新设备购置费，新旧设备生产效率、单位产品成本等。

（2）计算有关费用的数值，判断改造方案是否可行。

$$R + K_{\mathrm{m}} + S_{\mathrm{e}} < K_{\mathrm{x}} \times a \times \beta + S_{\mathrm{a}}$$

式中，K_{m}——设备改造费。R——与改造同时进行的修理费。S_{e}——改造时的停产损失。K_{x}——

新设备购置费。a——生产效率系数（改造后设备生产效率/新设备生产效率）。β——修理间隔系数。S_a——未折旧完的费用损失。

（3）当上式成立时，说明设备改造方案可以考虑，则继续进行单位产品的生产成本比较。

$$C_m < C_x \text{或} \frac{C_x}{C_m} > 1$$

式中，C_m——改造后设备单位产品生产成本。C_x——新设备单位产品生产成本。

如果改造与更新的单位产品变动成本相同，则可只比较单位产品固定成本。

（4）选择确定方案。如果上式成立，应取设备改造方案；否则，应取更新方案。

6.5　电信设备的综合管理

设备综合管理本质上是对设备运动全过程的管理。设备运动存在两种形态：一是设备的物质运动形态，包括设备从研究、设计、制造或从选购进厂、验收、投入生产领域开始，经使用、维修、更新直至报废退出生产领域的过程；二是设备的价值运动形态，包括设备的最初投资、维持费用、折旧、收益以及更改资金的筹集运用等。前者的管理称为设备的技术管理，后者的管理称为设备的经济管理。这两种管理的有效结合，便构成了一个有机的设备管理体系。

6.5.1　设备综合管理的内容

设备综合管理的内容如下。

（1）设备的寿命周期费用

研究设备的寿命周期费用，使它最经济。寿命周期费用最经济也就是使设备的寿命周期费用最小，输出最大，综合效益最高。

设备寿命周期费用，是设备在整个寿命期的总费用，包括研究、设计、制造、安装调试、使用、维修直到报废为止所发生的费用总和，这个费用总和分为原始费（设置费）和使用费（维修费）两大部分。原始费对于自制设备来说，包括研究、设计、制造费；对于外购设备来说，包括设备价格、运费、安装调试费。使用费主要是指能源消耗费、操作人员工资、维修费、保险及税金等。设备整个寿命的总费用曲线如图 6-5 所示。

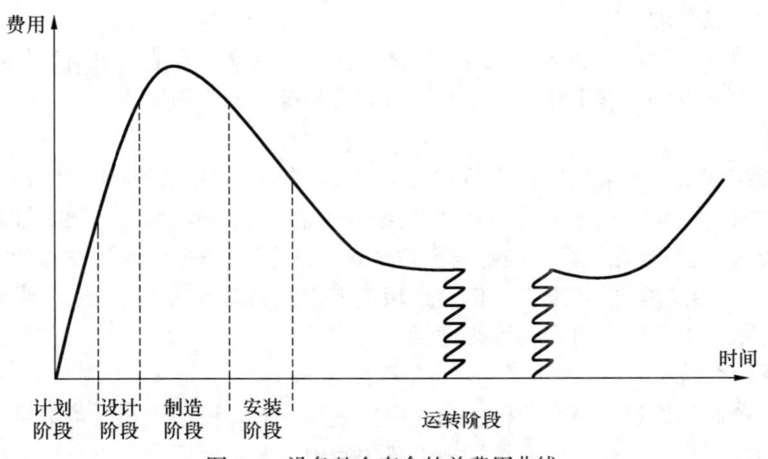

图 6-5　设备整个寿命的总费用曲线

设备的寿命周期输出包括高效率的产量（P）、符合标准的质量（Q）、低的生产成本（C）、保证合同规定的交货期（D）、生产过程中设备和人身的安全（S）、设备操作者饱满的劳动情绪及环境卫生（M）等 6 个方面。

设备的寿命周期费用与寿命周期输出的关系可用公式示意如下。

设备的综合效益=设备的输出/设备的输入= ($PQCDSM$) /设备的寿命周期费用

上式可以看出，设备的输出量越大、输入量越小，设备的综合效益越高，其中 $QCDSM$ 是产量 P 的保证条件，产量 P 要达到 $QCDSM$ 所预计的各项规定。

（2）设备的全过程管理

实行设备的全过程管理，即运用系统论对设备的研究、设计、制造、安装、调试、使用、维修、改造、更新、报废的全过程进行管理，充分调动各环节职能部门的积极性，正确处理由于分工不同所形成的要求、利益的矛盾，依靠各专业科学技术和管理知识，有效地解决使用现代化设备所带来的一系列新问题。

（3）设备的综合管理研究

在技术方面，不仅要考虑设备本身的性能，还要把各种专业技术综合起来研究。在经济方面，要研究设备的制造费用、维修保养费用、运行费用、折旧费用等。在管理方面，要研究与设备相应的组织、人员和管理方法。

（4）可靠性、可维修性

可靠性就是无故障。可维修性就是容易维修保养。在现代生产活动中，由于设备突发故障导致停产、产品质量下降、维修保养费用大幅度增加等，都会使企业承受严重损失，所以在设备设计阶段就要重视使用时的可靠性和可维修性，以减少或消除故障。

设备的可靠性可用设备从投入生产到出现故障这中间的可能工作时间来表示。这段时间越长，设备的可靠性越好。设备的可维修性可用排除故障所需要的维修保养时间来表示。这段时间越短，设备的可维修性越好。可靠性、可维修性设计，是为了提高设备的可利用率，其计算公式如下。

$$A=\frac{T_v}{T_v+T_d}$$

式中，A——设备可利用率。T_v——可能工作时间。T_d——维修保养时间。

设备利用最理想的状况是 $T_v\to\infty$，$T_d\to 0$，即要求“无维修设计”。这是设备综合管理追求的目标。

（5）设备的全员管理

凡和设备的研究、设计、制造、安装、调试、使用、维修、改造、更新，甚至报废处理有关的部门和人员都参加设备管理工作，形成专管与群管相结合的管理网络。

（6）维修工作

进一步加强维修工作要采用比较完整的维修方式，包括：日常维修（日常检查、定期检查和清扫、调整、润滑、更换、整理等活动），事后维修（适用于一般设备），预防维修（适用于重点设备或重点部位），生产维修（事后维修与预防维修相结合），改善维修（在修理的同时，对设备进行改造与改装），维修预防（在设计、制造阶段就考虑提高设备的可靠性、可维修性和经济性）。对重点设备实行重点维修，同时重视维修记录及其分析。

（7）信息反馈系统

一般来说，企业的信息反馈有两种：企业内反馈和企业外反馈。在设备综合管理方面，企业内反馈是指改善、维修；企业外反馈是指把设备的使用情况和使用过程中发现的缺陷，及时反映给制造设备的企业，以便从设计、制造等方面加以改进。

6.5.2　设备综合管理的任务

电信设备综合管理的基本任务就是对设备实行全面管理，以达到设备的寿命周期费用最少、综合效率最高的目的。

首先，根据技术上先进、经济上合理、生产上可行的原则，考虑各种产品的特点，科学合理地选购和配置设备。为了能够科学合理地选购设备，要及时掌握国内外技术发展的现状、动向以及各种电信设备在应用新技术方面的成就，为企业选购优良的装备。

其次，保证电信设备始终处于良好的技术状态。在将选购的设备投入使用时，要按照设备的性能、用途和效率等要求，制定完整的操作规程以求合理使用；同时，要根据设备的寿命周期和生产状况，确定采用何种维护保养制度及方式，并制订检修计划，以求减少磨损，恢复精度，延长寿命周期，保证设备处于良好状态。

最后，做好对现有设备的改造更新工作。这是为了不断提高电信企业现代化水平，使产品和服务在国内外市场具有竞争能力。

6.6　本章小结

电信设备是电信企业进行经营管理工作的物质基础。本章讲述了电信设备的使用、电信设备的故障与维修、电信设备的改造与更新、电信设备的综合管理等方面内容，并介绍了设备使用过程中的故障规律和维修的类型，以及电信设备最佳更新周期的分析方法。

案例讨论：江苏某运营商通信网络末梢运行维护管理举措

通信网络末梢的运行维护管理是构建电信服务体系的核心内容，直接关系到整体服务水平和用户对电信服务的感知。江苏某运营商从以下几个方面加强了对包括接入层网络和用户内部网络在内的通信网络末梢的运行维护管理。第一，建立通信网络末梢维护的管理体系。该运营商在现行营维经理由前端管理的基础上，明确后端负责运维经理的技术管理和支撑保障。第二，加强通信网络末梢维护人员的技能培训，按维护人员的技能和服务水平划分不同等级提供服务。第三，明确通信网络末梢运行维护部门和人员的绩效考核办法，对维护质量的考核设置权重和等级，加强大客户专线和宽带专线等重点用户线的维护。第四，加强装维工作质量的现场管理和日常监督。第五，完善网络运行维护综合调度流程，强化网络运行质量和运维成本的深度分析。第六，推进“光进铜退”的同时做好网络末梢维护和整治的基础资料管理工作，为该运营商长期可持续发展奠定基础。

讨论题：（1）加强通信网络末梢的运行维护管理有何重要意义？（2）结合本章内容，讨论该运营商在电信网络运行维护管理中的成功之处。

思考与练习题

6-1　如何对电信设备进行合理使用？

6-2　简述设备磨损的形式及补偿方式。

6-3　“浴盆曲线”反映了什么规律？根据此规律如何确定对策？

6-4　设备的维修包括哪些类型？

6-5　什么是设备更新？最佳更新周期的确定方法有哪些？

6-6　设备综合管理的本质是什么？设备的运动有哪两种形态？

6-7　简述设备综合管理的内容和任务。

6-8　某电信企业购进的设备价值 32 万元，每年费用及年末残值如表 6-4 所示。请用最小年平均成本法分析最佳更新周期为第几年末。

表 6-4　设备年经费及年末残值

使用年限（单位：年）	1	2	3	4	5	6	7	8	9
每年费用（单位：万元）	3.2	3.6	4.4	5.6	6.8	8.4	12	16	20
年末残值（单位：万元）	16	8	4	2	1	0.5	0.25	0.08	0.04

第 7 章 电信网的互联互通与全球化

【引例】数字丝路见证"电信速度"

共建"一带一路"倡议提出十年来，互联互通硕果累累，铺就了一条共同发展的繁荣之路。从驼铃相闻到通联万里，古今辉映，跨山越海，绵延不息。十年来，作为国内最早进行全球化布局的运营商之一，中国电信发挥企业优势、服务国家大局，深度参与"一带一路"共建国家和地区的信息化建设，助推当地数字基础设施互联互通，以丰富的云网资源和成熟的出海服务能力持续畅通"数字丝绸之路"，高质量推进一大批合作项目建设，有效助力"一带一路"共建国家和地区数字化转型。

电信网间互联互通是电信产业健康、持续、稳定发展的基础。由于涉及复杂的技术、经济和法律等诸多问题，以及互联各方不同的利益取向，电信网间互联管理这项工作尤显挑战性和重要性。本章主要介绍电信管制、电信网间互联、电信全球化运营和虚拟网络运营商相关内容。

本章学习目标

（1）了解电信管制的主要内容。

（2）掌握电信网间互联的定义、管制原则。

（3）了解 WTO 关于电信服务贸易相关条款，以及国际电信服务贸易的主要模式。

（4）熟悉虚拟网络运营商的定义、分类和经营模式。

7.1 电信管制概述

7.1.1 电信管制的概念

电信管制概述

政府管制在基础部门的发展过程中一直起到了重要的作用。日本学者植草益（Masn Uekusa）将政府管制（Regulation，国内有的学者译为"规制"）定义为社会公共机构按照一定的规则对社会经济主体的活动进行限制的行为。政府管制是指在以市场机制为基础的经济体制下，以校正和改善市场机制内在问题为目的，政府干预经济主体（特别是企业）活动的行为。特别在难以形成竞争的产业中，政府要通过一定的政策与措施，建立起一种类似于竞争机制的激励机制，以指导垄断性产业的经济决策。

根据政府管制的定义，所谓电信管制（Telecommunication Regulation）就是由社会监管机构（通常是各级政府或独立的监管机构）按照一定的规则，通过实施政策、法规、指令等手段，对电信产业、电信企业、电信市场实施监管、干预和限制的行为。20 世纪 60 年代以前，世界大多国家的电信产业都经过了长期的垄断经营。在垄断体制下，政府通过控制垄断企业的利润，确保垄断企业按照公共利益要求提供服务。20 世纪 90 年代以后，电信产业在全世界范围内发生了巨大的变化，电信市场由垄断走向竞争，鼓励竞争和放松电信管制的浪潮席卷全球。

7.1.2 电信管制的目标

电信管理体制是电信管制目标确定的制度基础；一个国家的电信产业所处的发展阶段是电信管制目标的产业基础；行政管理体制改革和政府职能转变决定电信管制目标的政治基础。这三大基础决定电信管制目标的基本属性。

由于电信产业的特殊性和复杂性，电信管制的目标呈现出层次性和多重性。

1. 电信管制目标的层次性

电信管制目标有终极目标和直接目标两个层次：终极目标是增进社会福利，这是政府管制的根本出发点；直接目标包括维护电信用户利益、促进电信市场公平有效竞争和促进电信行业发展等。《中华人民共和国电信条例》中明确规定了电信管制目标：规范电信市场秩序；维护电信用户和电信业务经营者的合法权益；保障电信网络和信息的安全；促进电信业的健康发展。这些既是直接目标，也是实现终极目标的手段。

2. 电信管制目标的多重性

我国电信市场正处于业务迅速普及、有效竞争格局逐步形成的阶段。在此阶段电信管制机构同时承担多重使命。在此前提下，电信管制目标具有多重性；同时，不同目标间不可避免地存在冲突。这需要我们根据电信市场发展的不同阶段，确定首要和次要的目标。在《中华人民共和国电信条例》中确定的 4 个目标之中，保障电信网络和信息的安全是电信管制机构的长期目标。在电信业打破垄断、引入竞争的时期，规范电信市场秩序应该是首要目标；在电信市场竞争格局基本形成以后，电信管制的首要目标应该是维护电信用户的合法权益和促进电信业的健康发展。

3. 电信管制目标实施的特殊性和复杂性

在具体实施中，电信管制面对的问题往往在法律法规条文中并没有明确的规定，甚至没有先例可循，对具体事务的处理时限也要求很紧。这使得对电信管制目标的实施表现出特殊性和复杂性。首先是管制实施中效率与公平的两难选择。电信管制面临大量的新情况、新问题，在实践探索和实证研究不足的情况下做出的判断有可能提高了工作效率，但却忽略了市场主体间的均衡和社会公平；而如果过于追求实践检验和理论论证，虽可保证稳妥可靠，却也可能造成决而不断，错失良机。因此，效率与公平两者兼顾是电信管制机构必须考虑的重要原则。当电信管制的重点变化时，管制目标的内涵随之变化。随着电信管制从电信网向互联网扩展，在电信业服务于国民经济和社会信息化的定位下，电信管制的价值取向也越来越倾向于全社会的利益和福利最大化，以社会责任和社会影响为指向的社会性管制越来越成为电信管制的核心任务。即便电信管制目标在表述上并未做太大的调整，其内涵却随形势的发展具有了新的含义。

7.1.3 有效管制的原则

有效管制应满足透明度、客观性、专业性、高效性和独立性的要求。虽然全世界的电信市场仍然处于变化之中，但大多数国家的基本发展方向大致相同，各国有效管制的原则也趋于类似。以下是电信管制机构实施有效管制时遵循的基本原则。

（1）管制独立原则。监管机构应当避免存在偏见，或是受到利益集团驱使，影响电信管制的公信力。

（2）竞争保障原则。竞争市场应当尽量减少管制，管制的程度应当同市场发展的程度，特别是竞争发展的程度相适应，随着竞争的发展逐步放松管制。为了确保形成有效竞争，在市场开放的初期必须有一个具有决断力的政府管制和干预体系。在市场竞争逐步得以建立的阶段，管制的对象往往集中于主导企业。这时，电信管制机构应防止主导电信企业商滥用市场权利，以保证新的电信企业得以生存。

（3）协调和借鉴国际管制标准。电信市场正日趋国际化和地区化。对于那些希望能保持本国电信市场竞争力的管制机构来说，应当密切注意国际电信管制的发展趋势，从而能够较早地采取管制措施促进本国市场竞争和效率。电信管制在每个国家都是一个非常复杂的过程。在大多数情况下，一些已经证实有效的经济和技术管制措施也能在类似的国家发挥作用。

（4）根据原则进行管制。监管机构在管制原则的确定过程中，应当采取透明的方式；在决定是否采纳新管制原则的过程中，应向大众提供评论机会。这样做通常能提高决策的质量，同时增加管制程序的可信度。

（5）建立高效管制体系。同其他管制机构分享经验是提高效率的有效方法。另外，管制机构可以借助信息手段来提高效率。

7.1.4　电信管制的主要内容

电信管制的主要任务是处理电信业中一些不能依靠市场机制解决的问题，这些问题就构成了电信管制的主要内容。

（1）市场准入管制

市场准入管制是电信业的规模特性、外部性和资源有限性所要求的，是建立电信业竞争架构的关键。市场准入管制的重点一般是根据业务实行的许可证管理。从世界各国电信发展来看，市场准入管制重点强调电信资源的合理配置和有效利用，在此前提下，其总的发展趋势是由市场决定经营者数量，但为防止过度竞争和重复建设，政府应对经营者数量进行适当的限制。随着我国电信业的发展，在市场准入方面，要重构目前实行的不对称管制政策，逐步取消电信企业的业务经营限制，鼓励全业务经营和竞争，同时，市场准入还要为我国民营资本进入电信业创造条件。此外，随着电信的发展和竞争加剧，市场准入管制还需要加快建立电信企业退出机制。

（2）互联互通管制

互联互通管制是电信业竞争得以顺利进行的关键，其管制涉及技术和经济两方面，但关键是经济利益之争。在互联互通管制中，主导电信企业是管制的重点，但更为重要的是要强化电信企业尤其是主导电信企业的竞争合作观念，鼓励电信企业将互联互通作为一项业务来看待。在现实中，互联互通往往是不同电信企业之间根据其网络和市场影响力不断讨价还价。

（3）普遍服务管制

普遍服务管制的主要目的是消除数字鸿沟，让每个用户有权以承担得起的价格就近进行电信消费。在垄断经营情况下，电信普遍服务管制主要通过地区补贴和业务交叉补贴实现。在引入竞争之后，通过建立普遍服务基金来发展电信普遍服务是普遍服务管制发展的方向。一般情况下，普遍服务基金交由政府授权的中介机构管理，其使用项目管理方式，实施的普遍服务项目采用招标方式。在无电信企业投标的情况下，由政府指定主导电信企业作为普遍服务的提供者。普遍服务的目标是阶段性的。

（4）资费管制

资费管制包括电信资费水平管制和电信企业收取电信资费的形式管制，管制的重点是资费水平。资费水平管制的发展趋势是逐步由政府定价，变为政府指导价，进而由市场定价，因此，其监管方式也是从事前监管发展为事后监管。

（5）电信资源管制

电信资源管制起源于电信资源的稀缺性和有限性，其内容涉及资源的开发、规划、分配和有效使用。电信资源管制又分为码号资源管制、频率资源管制等，其发展的基本方向是突出资源共享性，强调资源的有偿分配使用。在号码方面，单一用户单一通用号码是未来发展的方向，而在频率资源分配方面，多采取拍卖、招标等方式。

（6）服务质量管制

服务质量管制重在制定强制性的服务标准，并在此基础上发挥市场力量。服务质量的监管发展方向主要体现在四个转变和四个建立上，即从强制性向指导性转变、从事前控制向事后监督转变、从被动管制向主动管制转变和从封闭性向开放性转变，建立指导性的企业服务水平等级标准、建立企业服务水平等级测评制度、建立企业服务状况调查制度和建立企业服务状况信息公示制度。

（7）技术标准与设备准入管制

技术标准管制主要是确定体制，强调标准的统一性。设备准入管制强调设备的兼容性。这一管制目前主要是政府主导制定法律、法规和强制性标准，例如《中华人民共和国标准化法》。

7.2 电信网间互联

电信网间互联

7.2.1 网间互联的定义

电信网间互联包含了两层含义：一是网间互联，二是业务互通。网间互联的目的在于实现业务互通。所谓的网间互联是指电信网之间的物理连接，业务互通是指电信业务互通。对于电信网间互联，国际上有着不同但相近的定义。

国际电信联盟（ITU）对电信网间互联的定义是：电信业务经营者把它们的设备、网络、业务连接起来，使用户能够呼叫其他电信业务经营者的用户、使用其他电信业务经营者的业务。

世界贸易组织（WTO）对电信网间互联的定义是：电信业务经营者提供公用电信传输网络或业务的连接，目的是允许一个电信业务经营者的用户能与另一个电信业务经营者的用户通信和享用另一个电信业务经营者提供的业务。

亚太经合组织（Asia-Pacific Economic Cooperation，APEC）对电信网间互联的定义是：网络间有效的通信连接，以使某一运营商的用户能与另一运营商的用户进行通信或使用另一运营商提供的服务。

我国《公用电信网间互联管理规定》对“互联”的定义是：建立电信网间的有效通信连接，以使一个电信业务经营者的用户能够与另一个电信业务经营者的用户相互通信或者能够使用另一个电信业务经营者的各种电信业务。互联包括两个电信网网间直接相联实现业务互通的方式，以及两个电信网通过第三方的网络转接实现业务互通的方式。

根据以上定义，电信网间互联问题涉及不同类型网络之间、不同服务地域范围的网络之间、不同电信业务经营者网络之间的互联。

7.2.2 网间互联管制的原则

对于电信业的可持续性发展来说，网间互联是一个极其重要的因素。虽然互联互通对各方均有好处，但是，这种好处对于电信市场的后进者和占据主导地位的先进入者而言，则差异颇大。

同时，由于主导的电信业务经营者拥有较大的市场份额，控制着必要的基础设施，从而对其他电信业务经营者进入电信市场构成实质性影响。因此，制定一定的管制原则，对电信网间互联进行监管显得尤为重要。

1. 网间互联管制遵循的原则

（1）适当监管原则

事先干预模式指管制机构针对某些类型电信运营商（例如主导的电信业务经营者）规定一些强制性互联互通义务。事后干预模式指任何类型电信业务经营者之间的互联互通首先由互联双方通过谈判解决，若谈判失败，则由管制机构予以调解或裁决。

（2）诚实信用原则

《电信条例》第十七条规定“主导的电信业务经营者不得拒绝其他电信业务经营者和专用网运营单位提出的互联互通要求”，第十九条规定“公用电信网之间、公用电信网与专用电信网之间的网间互联，由网间互联双方按照国务院信息产业主管部门的网间互联管理规定进行互联协商，并订立网间互联协议”。为了保障互联互通的顺利执行，主导的电信业务经营者应当向其他提出互联互通要求的电信业务经营者提供其网络设施的技术资料与信息，否则，将会被认为违反了诚实信用的原则。

（3）强化主导运营商网间互联义务

《电信条例》第十七条指出“主导的电信业务经营者，是指控制必要的基础电信设施并且在电信业务市场中占有较大份额，能够对其他电信业务经营者进入电信业务市场构成实质性影响的经营者”。只有占据市场主导地位的电信业务经营者，才有能力“摆脱竞争的束缚”，按照非市场化的方式处理互联互通问题。其他电信业务经营者一般很难为网间互联设置歧视性条件、收取超额网间互联费用。

（4）非歧视和透明性原则

无论是多边国际协定或区域性国际协定，还是各国电信法律和管制规则，都将网间互联的非歧视和透明性要求，作为互联互通的一项基本原则。《电信条例》第十八条规定“主导的电信业务经营者应当按照非歧视和透明化的原则，制定包括网间互联的程序、时限、非捆绑网络元素目录等内容的互联规程。互联规程应当报国务院信息产业主管部门审查同意。该互联规程对主导的电信业务经营者的互联互通活动具有约束力”。

网间互联合同的透明性，是抑制主导的电信业务经营者实施不公平竞争措施的有效手段。非歧视即平等接入，主要是指在包括技术标准、互联费用和通信质量等方面，主导的电信业务经营者有义务为归属自己和不归属自己的相同性质网络提供同等的服务。在网间互联协议中实施歧视性行为有几种形式，其中的一种形式是主导的电信业务经营者在与几个不同的新的竞争者实施网间互联的过程中进行歧视，例如某个电信运营商可能获得比另一个电信运营商更优惠的条款。在网间互联协议公开的情况下，这种歧视通常是比较容易发现的。其他形式的歧视行为通常比较难以辨认。某些形式的歧视性行为会对竞争造成致命的负面影响，包括向互联方提供相对于主导的电信业务经营者本身的业务来说不充分的网络容量，将导致网络拥塞。网络拥塞是一种致命的妨碍竞争壁垒。管制机构必须通过干预来保证在网络接入和传输设施的配置上不存在歧视性的行为。

（5）网间互联费用的收取应以成本为基础

《电信条例》第二十二条指出“网间互联的费用结算与分摊应当执行国家有关规定，不得在规定标准之外加收费用”。如果没有以成本为基础制定网间互联费用标准，现存主导的电信业务经营者就会在终接业务方面向新竞争者收取高额的费用。这将阻碍市场发展，并且使竞争者的用户最终不得不支付这些高额费用。因此，成本导向是确定网间互联费用的基本原则，而且这种成本应当是一种高效的成本，在成本导向下，主导的电信业务经营者因其自身效率低下而产生的成本不得转嫁给与其互联的电信业务经营者。

2.《电信条例》规定的互联互通原则

（1）技术可行原则

在竞争环境下，不同电信业务经营者的网络要实现互联互通，必须解决一系列的技术问题，包括互联点的设置、互联技术方案等。这就要求在任何技术上可行的连接点都应当允许实现网间互联，但是对于任何非标准情况的网间互联提出要求的电信业务经营者应当支付因此产生的额外成本。

① 互联点的设置

a. 互联点的数量和地理位置。新的电信业务经营者与主导的电信业务经营者的网络要实现互联互通，首先要确定两个网络相连接的互联点。互联点的数量和地理位置对新的电信业务经营者的互联成本有很大影响，而且互联点的选取除了要考虑新的电信业务经营者的互联成本外，还要充分利用已有的网络资源，发挥总体效益，保持互联点的长期稳定。《公用电信网间互联管理规定》要求："非主导的电信业务经营者的电信网与主导的电信业务经营者的电信网网间互联时，互联点应当设置在互联传输线路的一端，即远离非主导的电信业务经营者侧的设备的一端（例如，当互联传输线路为光缆时，互联点设置在主导的电信业务经营者光配线架外侧）。两个非主导的电信业务经营者的电信网网间直接相联时，互联点的具体位置由双方协商确定。""互联点数量应当根据双方业务发展以及网间通信安全的需要协商确定。在一个本地网内各电信网网间互联原则上应当有两个以上（含两个）互联点。"

b. 互联点在主导的电信业务经营者的网络结构中的位置。我国电话网的网络结构一般是分等级的，新的电信业务经营者的互联点在何处接入以及如何接入对服务质量影响很大，而且在一定程度上会影响支付的成本。

② 互联技术方案

新的电信业务经营者的网络与主导的电信业务经营者的网络互联，还必须实现在互联点两侧的交换机设置、拨号方式、路由组织、中继容量，以及信令、计费、同步、传输质量等技术上的兼容，在技术规范上达成一致，以保证网间互联互通的实现和网间通信质量。

因此，网间互联要遵循技术可行原则，以保证互联点的合理选取和互联互通的有效实现。

（2）经济合理原则

互联费用是两家电信业务经营者的网络由于互联互通所发生的费用，它在新的电信业务经营者的各项支出中占有很大比重。互联费用的标准关系到双方的投资和经营策略，尤其是对新的电信业务经营者的生存和发展产生很大影响，往往是互联双方争议的重点和焦点问题，也直接影响到互联进程。因此，必须按照经济合理、保证双方的经济利益的原则处理互联互通的费用问题，以保证互联的顺利实施和市场竞争有效地开展。

（3）公平公正原则

电信网间互联的公平公正原则主要体现在两个方面：一是主导的电信业务经营者要公平、公正地对待自己的用户和新的电信业务经营者的用户，以及公平、公正地对待其他任何一个电信业务经营者；二是电信主管部门要公平、公正地处理电信业务经营者之间的互联争议问题。

（4）相互配合原则

电信网间互联是一个十分复杂的过程。新的电信业务经营者的网络要与主导的电信业务经营者或其他电信业务经营者的网络实现互联互通，要经历新的电信业务经营者提出互联要求，双方进行互联协商并就有关问题订立互联协议，进行工程建设，确定费用分摊比例，确定互联时限，进行互联测试，进行互联后的网络管理、计费与结算等过程，是一个复杂的系统工程，因此，互联双方必须认真合作，相互配合。

7.2.3　网间互联费用结算

网间通话费结算和互联费用分摊问题是网间互联协议中的一个重要商业条款，这一问题直接关系到各方的利益，往往是争议的焦点所在。合理的结算和分摊标准能够为所有电信业务经营者创造公平竞争的环境，并促进更加有效的网间互联工作的展开。

广义的互联费用主要包括以下 5 方面内容。

（1）连接费：专门补偿为提供互联而发生的直接成本，主要指交换机及配套设施，一般为一次性费用。

（2）接续费：指为完成新的电信业务经营者的呼叫而收取的费用，一般按呼叫时长计费，并和互联点位置相关。

（3）电路费：新的电信业务经营者向主导的电信业务经营者租用电路的费用。

（4）辅助服务费：指和通话接续无关的辅助服务的费用，例如提供紧急呼叫业务、查号、话务员辅助、号码翻译、主叫号码显示等方面的费用。

（5）接入亏损补偿费：对市话业务亏损的补偿，或普遍服务补偿费等。

目前在我国，互联费用主要包括电路费和接续费。在本地网范围内，固定用户通过网间互联点过网呼叫其他电信业务经营者网内挂设的业务台，每次通话的结算时长以分钟为单位，不足一分钟按一分钟计算；在本地网范围内，移动用户呼叫固定用户，以及通过网间互联点过网呼叫其他电信业务经营者网内挂设的业务台，每次通话的结算时长以分钟为单位，不足一分钟按一分钟计算；国内长途电话呼叫、国际及港澳台电话呼叫，每次通话的结算时长以 6 秒钟为单位，不足 6 秒钟按 6 秒钟计算。电信业务经营者间按双方签订的互联协议中商定的结算周期和结算地点进行网间互联结算。

7.2.4　电信运营商网间互联协议的内容

网间互联协议是一个包含着技术、经济、法律等方面内容的综合性协议。不同的网间互联协议内容会有很大的不同。这在很大程度上取决于相应的管制体系。如果管制体系对网间互联条款作出了细致的规定，那么网间互联协议就比较简短。其他情况下，网间互联协议的内容必须是更加全面的，因此它是一个具有法律效力的文件，要从互联涉及的各个方面对互联双方的行为进行规范。

我国《公用电信网间互联管理规定》第二十四条明确指出，“互联协商的主要内容包括：签订协议的依据、互联工程进度时间表、互通的业务、互联技术方案（包括互联点的设置、互联点两侧的设备设置、拨号方式、路由组织、中继容量、信令、计费、同步、传输质量等）、与互联有关的网络功能及通信设施的提供、与互联有关的设备配置、互联费用的分摊、互联后的网络管理（包括互联双方维护范围、网间通信质量相互通报制度、网间通信障碍处理制度、网间通信重大障碍报告制度、网间通信应急方案等）、网间结算、违约责任等”“互联协议不得含有歧视性内容和损害第三方利益的内容”。

典型的网间互联协议应具备如下内容。

（1）总体情况说明：包括网间互联的背景概述和主要用语的定义。

（2）网间互联的范围和目的：说明 Internet 的性质、网间互联协议的目的以及网间互联结构。

（3）网间互联点以及网间互联设施：确定网间互联点的位置，对于特定网间互联点的设施位置，以及设施的标准规则要求。

（4）网络和设施的变化：规定相互通知网络变化和容量预测的要求，以便进行网络的规划和发展，对各方有关在网间互联设施的购买和提供方面的权利和义务做出规定。

（5）流量测算以及路由选择：确定负责流量测算的责任划分，确定路由选择规则。

（6）设施共享和共置：对于共享设施的范围、容量、获取程序和费用作出规定，对于共置设备，确定可以获得的空间的程序，共置空间的价格或成本计算方法，确保共置设备准入和安全的程序等。

（7）收费问题：确定网间互联费用范围、水平、收费程序、支付条款，并对业务争议和调解程序作出规定。

（8）服务质量/性能和问题报告：规定服务质量标准、测试维护责任、问题报告制度、系统保护与安全措施。

（9）信息交换及处理：规定运营商之间进行信息交换与处理内容、方式以及各自的权限。

（10）平等接入和客户转移：规定依据平等接入方法采取的程序，对于转移客户的认证报告、处理客户争议的程序。

（11）辅助业务：规定运营商提供协助的业务种类以及其他辅助业务。

（12）协议终止：规定协议终止必须满足的限制性条件以及协议终止的程序。

（13）其他：免责条件、适用法律、监管机构批准、协议期限、修改程序等。

7.3 电信全球化运营

按照 WTO 电信基础业务协议，各签字方都要放开其电信市场，以形成全球化的、开放的通信大格局，提供全球化的跨国电信服务。电信全球化是电信企业之间竞争与合作的结果。

7.3.1 国际电信服务贸易

在现代经济体系中，电信服务扮演着双重角色。一方面，电信服务本身是经济活动的直接参与者，构成一个独立的服务部门；另一方面，电信服务也是许多其他经济活动得以传送的媒介和基础。电信服务不仅对于拥有电信产业的国家和地区而言具有重要的经济意义，对那些依赖电信服务、是消费者的国家和地区而言也同样意义重大。从具体的服务内容来看，电信服务通常分为基础电信和增值电信两部分。基础电信包括语音电话、分组交换数据传输、电路交换数据传输、电报、传真、租用电路等。增值电信主要是指以计算机为基础提供的电信服务，包括电子邮件、语音邮件、在线信息和数据库检索、电子数据交换、增强型传真、编码和协定转换、在线信息和数据处理等。

由于各国之间在电信服务发展程度上的巨大差距以及电信服务行业的特殊性，WTO 内有关电信服务的谈判进展缓慢。在乌拉圭回合谈判结束之时，各方在《服务贸易总协定》（The General Agreement on Tradein Services，GATS）的具体承诺表中仅就增值电信的市场开放作出了一些承诺，对于占主要地位的基础电信没有取得实质性进展，成员方同意在后乌拉圭时代继续推进谈判。1997 年，69 个成员方签署《基础电信协定》，即“第四议定书”及其附件作为旨在实现基础电信服务自由化的第一个多边协定。《基础电信协定》及其附件反映了基础电信的市场开放和全球竞争。此外，为支持基础电信服务谈判，各方取得的另一重要成果是通过了《支持竞争的基础电信监管原则和框架的参考文件》，对确保建立基础电信的市场竞争规范具有特别意义。以上文件基本奠定了当前 WTO 内规范电信服务的法律框架。然而，由于科技的发展，电信服务近些年经历了重大的结构性和技术性变革，导致现有的法律框架落伍于现实需求。

国际电信服务贸易作为国际服务贸易的一种，具有国际服务贸易的相关属性。除此之外，其还具有自身显著的特点。

1. 全程全网和互联互通

国际电信服务贸易主要通过各国电信网络系统的相互连接和交互操作来实现。全程全网和互联互通作为电信服务网络性的主要特征，成为国际电信服务贸易的基本特征。国家或地区电信经营者拥有并运行着各自的国内或地区内电信基础设施，包括用于交互的连接传输设备。而那些远程海底电缆和国际卫星等国际电信基础设施则是通过双边协议或共同所有而由多国或多地区共同使用。这些国际设施的特点是各国或各地区共担成本风险，共同使用，且只向得到授权的电信业务经营者开放，并且在向非所有方提供过境设施服务时，具有极高的互惠性。不同国家或地区的电信业务经营者间签署的双边协议是依照国际电信联盟推荐的多边框架拟定的。

2. 技术标准的垄断性

电信服务贸易与其他服务贸易或商品贸易最大的不同点在于技术标准的垄断性。电信企业是典型的网络型企业，需要解决的基本问题是沟通和协调，而标准则是沟通和协调的基础。许多电信跨国企业通过创造和制定隐藏着知识产权的技术标准，迫使竞争对手成为追随者，从而控制游戏规则和市场竞争格局。电信技术标准在竞争中很大程度上决定了电信业领导权的兴衰。在信息社会，电信业作为主导性技能产业领域，通过标准竞争获得的产业领导能力可以转化为持久的产业比较优势，进而影响到上下游产业的竞争绩效。而产业的结构和绩效又会影响到国家竞争优势。

20 世纪 80 年代以前，由于电信服务具有自然垄断行业的基本经济特征，各个国家和地区的经营管理体制基本雷同，所有电信服务、通信网络、通信设备及终端均由国家或地区电信主管部门垄断。随着新技术的不断涌现，特别是长途传输服务成本的大幅度下降，电信服务具有的传统规模效益也在逐渐降低。电信业结构快速变化，交易量大幅增长，开始出现竞争压力，许多国家和地区也开始推行民营化。而在科技加速变革的推动下，国际电信服务贸易的竞争格局正在被加速打破。越来越多的国家和地区在促进自身电信服务贸易发展的过程中高度重视科技的力量，从而获得后发优势和实现弯道超车。未来国际电信业务经营者都将面临更加激烈的竞争和挑战。

7.3.2 国际电信服务贸易的主要模式

按照服务贸易的 4 种贸易模式，国际电信服务贸易主要包括以下几个方面。

1. 跨境交付

跨境交付即一成员方的电信业务经营者在其境内向另一成员方境内用户提供电信类服务。在跨境交付模式中，存在国际电话费用分摊、对稀有资源进行分配以及与现有网络互联以给现有用户提供服务的问题。

2. 境外消费

境外消费即一成员方的电信业务经营者在其境内向来自其他成员方的用户提供电信类服务。境外消费的主要形式涉及呼叫电话卡、移动通信、无线寻呼漫游、移动卫星系统以及更换呼叫程序业务等。

3. 商业存在

商业存在即一成员方的电信业务经营者在另一成员方境内设立电信企业或分支机构向该成员方或其他成员方的境内用户提供电信类服务。商业存在的主要形式包括成立海外办事处、结盟、海外投资、多边战略投资等。

4. 自然人流动

自然人流动即一成员电信业务经营者的工作人员去另一成员方境内提供电信服务（无论是专业人员，还是一般的工作人员）。自然人流动的障碍涉及关键人员签证和工作许可的迅速有效办理。

除了按照服务贸易的四种贸易模式分类，在 WTO《基础电信协议》中特别提出服务分类的四个特征。

（1）地理特征（本地、国内长途和国际长途）。

（2）技术手段（有限的或固定网络和无线的或基于无线电波的网络）。

（3）传递手段（基于再售或基于设施）。

（4）代理（公共使用或非公共使用，例如依靠用户群体的服务销售），以此来弥补上述分类之不足。

7.3.3 我国电信服务贸易创新发展路径

1. 强化顶层设计

为促进电信业以及电信服务贸易的发展，我国颁发了一系列相关政策和指导意见。工业和信息化部发布的《“十四五”信息通信行业发展规划》明确了总体思路，即坚定不移推动制造强国、网络强国、数字中国建设，系统部署新型数字基础设施，有效推进网络提速提质，着力强化新技术研发和应用推广，建立完善新型行业管理体系，持续提升行业服务质量和安全保障能力，切实增强行业抗击风险的能力水平，实现行业高质量发展。到 2025 年，信息通信行业整体规模进一步壮大，发展质量显著提升，基本建成高速泛在、集成互联、智能绿色、安全可靠的新型数字基础设施，创新能力大幅增强，新兴业态蓬勃发展，赋能经济社会数字化转型升级的能力全面提升。这为我国电信服务贸易的健康快速发展提供了强大的政策支持。

2. 科技创新持续加快

我国电信服务贸易正处于科技创新推动与应用持续加快的时期。2023 年，我国信息通信业实现跨越式发展，建成全球规模最大、技术领先的信息通信网络，算力规模全球排名第二，智能算力规模同比增长 45%，服务器、计算机、智能手机等计算类产品产量居全球第一，累计建设 5G 基站 328.2 万个，实现“市市通千兆”“县县通 5G”“村村通宽带”。我国技术产业实现从“跟随模仿”到“引领创新”，5G 标准必要专利声明数量全球占比达 42%，提出的 5 个典型场景和 14 个关键能力指标成功纳入国际电信联盟 6G 愿景建议书，为推动全球 5G 发展提供了中国方案，在 6G、量子通信等前沿技术研发领域处于全球第一阵营。融合应用加速赋能经济社会各领域全过程，我国已成为全球最大、最活跃的数字消费市场，工业互联网应用已融入 49 个国民经济大类。我国安全保障能力不断增强，网络安全产业总体规模突破 2000 亿元。

3. 电信运营商全球织网

创新是我国电信服务贸易把握机遇、实现跨越式发展的重要着力点和推动力。特别是在科技创新不断加快的背景下，我国电信企业积极推动移动数据漫游、企业全球组网与解决方案等新兴业务，增强国际电信业务的可持续发展能力，为电信服务贸易的发展注入了生机活力。以中国电信为例，其积极进行全球化云网资源布局，积极打造覆盖“一带一路”共建国家和地区的高质量基础承载网络，积极推进境外云资源能力建设。截至 2023 年 10 月，中国电信业务范围覆盖亚太、欧洲、美洲、中东非等地区，现已在全球 68 个国家和地区设立了 107 个分支机构，拥有 51 条海缆、75 个跨境陆缆系统，在全球传输骨干中继达到 117T，国际网络节点达到 229 个，已形成“9+30+X+N”的海外资源节点战略布局。作为来自中国的电信运营商，中国电信正发挥在全球网络资源和运营管理方面的优势，打造连接全球的立体网络体系，向全球信息通信领域传递来自中国的亮丽的名片。

7.4　虚拟网络运营商的经营与管理

7.4.1　虚拟网络运营商的定义和分类

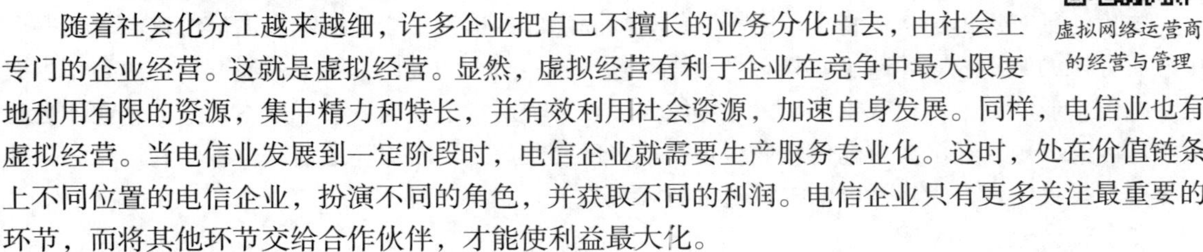

虚拟网络运营商的经营与管理

1. 虚拟网络运营商的定义

随着社会化分工越来越细，许多企业把自己不擅长的业务分化出去，由社会上专门的企业经营。这就是虚拟经营。显然，虚拟经营有利于企业在竞争中最大限度地利用有限的资源，集中精力和特长，并有效利用社会资源，加速自身发展。同样，电信业也有虚拟经营。当电信业发展到一定阶段时，电信企业就需要生产服务专业化。这时，处在价值链条上不同位置的电信企业，扮演不同的角色，并获取不同的利润。电信企业只有更多关注最重要的环节，而将其他环节交给合作伙伴，才能使利益最大化。

虚拟网络运营商（Virtual Network Operator，VNO），一般是指自身没有电信网络资源，通过租用基础电信运营商的电信基础设施，对电信服务进行深度加工，以自己的品牌向用户提供服务的新型电信运营商。

虚拟网络运营商与基础电信运营商的最大区别在于：前者自身不拥有骨干和核心网络资源，需要通过租用基础电信运营商的基础设施，建立自己的虚拟网络来进行运营服务。虚拟运营商以自己的品牌向最终用户提供电信增值服务。因此，虚拟运营商本质上有别于增值服务商和电信服务代理商。

2. 虚拟网络运营商的分类

虚拟网络运营商在自有设施方面的投资程度，决定了他们所能够提供的不同业务组合及其所能收取的资费水平。据此可以将虚拟网络运营商分成如下 4 类。

（1）捆绑业务提供商。捆绑业务提供商（Tied Service Provider，TSP）使用合作基础电信运营商的品牌，代理基础电信运营商发展用户，转售或零售从基础电信运营商批发来的业务，以批发价格购买端-端的服务，包括月租费和业务时长。由于 TSP 严重依赖基础电信运营商的网络服务和营销支持，所以其在业务提供方面的自由度很小。采取这种商业模式的运营商较多，如 BT Wireless、VNO dafone Group 等。

（2）独立业务提供商。独立业务提供商也从基础电信运营商批发用户月租费和业务时长，但他们并不局限于与某一家基础电信运营商合作，并且有可能以自己的品牌提供业务，而不是应用提供底层网络服务的基础电信运营商的品牌。独立业务提供商通常在较大程度上依赖基础电信运营商的网络能力，但也可以通过运营自己的计费系统形成差异化。在很多欧洲国家，这类独立业务提供商比较活跃，例如德国的 Debitel、Mobilcom、Talkline 等。

（3）间接接入服务运营商。在欧洲虚拟网络运营商市场上，间接接入服务运营商（Indirect Access Operator，IAO）的发展比较缓慢，他们向移动客户提供语音呼叫业务（用户必须首先拨打 IAO 的接入码），不转售月租费，不向基础电信运营商购买端-端的服务，而是投资建设自己的网络基础设施（例如交换机），以使其能提供增值业务，并自主决定呼叫的路由。这使他们在提供业务时具有较大的灵活性，并且节约成本。

（4）移动虚拟网络运营商。移动虚拟网络运营商（Mobile Virtual Network Operator，MVNO）要利用基础电信运营商的网络提供接入服务，并为此付费。MVNO 对用户的控制程度较深，因而能向最终用户提供范围广阔的业务。MVNO 的类型也是多种多样，一些 MVNO 严重依赖基础电信运营商的网络设施，而另一些则主要依赖自己的基础设施。大多数 MVNO 将会拥有自己的计费平台。所有的 MVNO 都向客户提供具有自己品牌的用户识别卡（Subscriber Identity Module，SIM）。而在其他 3 种类型的 VNO 情况下，运营商拥有 SIM 卡的品牌。因此，与其他类型的 VNO 相比，MVNO 具有较大的品牌价值。

3. 虚拟网络运营商产生的原因

虚拟网络运营商产生的原因主要有以下 4 个方面。

（1）电信业规模经济的要求

电信业具有规模经济的特点。由于电信业的固定成本远大于变动成本。电信用户越多，每个用户所分摊的共用成本才越少。只有当用户数量达到相当大的规模，网上的通信量也达到相当大时，电信企业从每个用户获得的收入才可能大于在每个用户上耗费的平均成本，电信企业才会有效益。因此，规模经济要求电信企业尽可能地多发展用户，不断提高通信量。有效利用社会各种销售渠道扩大销售，无疑是电信规模经济的客观要求。

（2）社会分工的要求

在市场经济条件下，任何一个企业都很难跨越一个行业的整个产业链。企业应专注于自己擅长的领域，将不擅长的部分交给合作伙伴。因此，基础电信运营商通过与虚拟网络运营商的合作，强强联合，实现优势互补。此外，虚拟网络运营商的存在对于基础电信运营商来说还能够起到节约投资、增强核心业务的作用。

（3）提高服务水平的要求

通过与虚拟网络运营商的合作，利用其与用户良好的关系和对用户需求的深刻认识，基础电信运营商可以开发出更合适的产品和服务，更广泛地接触用户。同时，利用虚拟网络运营商强大的服务体系和专业化的服务水平，基础电信运营商可以有效地提升电信服务水平。

（4）降低开发成本和降低运营风险的要求

用户的需求是多样的，基础电信运营商不可能完全满足用户的所有需求。基础电信运营商贸然开拓一个用户市场很容易导致成本过高和经营风险，而与熟悉用户市场的虚拟网络运营商合作，可以降低成本和经营风险。

毫无疑问，虚拟网络运营商的产生，对整个电信业产生深远的影响。首先，虚拟网络运营商的出现大大地提升电信服务质量、服务水平以至服务价值。其次，虚拟网络运营商的出现进一步繁荣电信市场，并开辟新的电信服务领域。再次，随着虚拟运营商的诞生，还将出现基础电信运营商与基础电信运营商、基础电信运营商与虚拟网络运营商、虚拟网络运营商与虚拟网络运营商共存互补及多重竞争的局面。

7.4.2 虚拟网络运营商的运营模式

虚拟网络运营商市场的进入者主要有 4 种类型，包括内容提供商、网络运营商、Internet 服务提供商、非电信行业企业。他们进入虚拟网络运营商市场的驱动力各不相同。

内容提供商包括传媒与娱乐企业，他们将移动终端看作是提供业务的新渠道。Internet 服务提供商（Internet Service Provider，ISP）和无线 Internet 服务提供商（Wireless Internet Service Provider，WISP）从移动 Internet 接入流量中获得收入。非电信行业企业进入虚拟网络运营商市场的原因很多：为了充分利用现有的品牌和客户基础，为了实现交叉销售的机会，为了利用广阔的市场，为了延伸现有产品/服务的范围等。例如，大型零售商 Tesco、Sainsbury's 等看好虚拟网络运营商市场的收入前景，希望通过移动终端来销售其现有的产品；汽车制造商，例如 General Motors、BMW

等，将移动通信业务作为他们现有产品线上的一个延伸，他们将无线技术应用在其核心产品（汽车）上，不仅改善用户在乘坐汽车时的通信状况，而且可以增强汽车与车主、修理厂、交通控制系统的通信能力。电信运营商在向海外扩展业务时，通常会采取虚拟网络运营商的运营模式。例如，T-Mobile International 以虚拟网络运营商的方式进入意大利市场。

根据各国政府对虚拟运营商的管制态度，虚拟运营商管制可以分为如下 5 种。

（1）为了提高频谱利用效率，促进竞争，强制移动网络运营商（Mobile Network Operator，MNO）开放网络。例如，中国香港地区 MVNO 起步早、政策支持力度大，成为全球 MVNO 发展领先的地区之一。

（2）为了打破市场垄断，要求 MNO 向 VNO 开放网络（通常是对主导 MNO 提出要求）。例如，为了打破垄断，韩国政府鼓励发展 VNO。

（3）采取中间路线，支持 VNO 发展，由 MNO 与 VNO 自行协商并达成合作协议，例如德国、意大利采用中间路线支持 VNO 发展。

（4）没有管制要求，放任自流。大多数国家采取这种政策，例如英国、荷兰、法国、澳大利亚、希腊、比利时、冰岛、卢森堡、日本、美国等。

（5）禁止成立 MVNO，例如卡塔尔。

7.4.3　虚拟网络运营商的风险规避策略

由于多数虚拟网络运营商本身没有电信网络资源，而是通过租用基础电信运营商的电信基础设施给最终用户提供增值的电信服务，因此，对于虚拟网络运营商来说，经营风险主要来自政策风险和赖以生存的基础电信运营商的网络资源和市场策略的风险。

（1）虚拟网络运营商的发展离不开国家政策的支持。面对产业政策调整可能引起的政策风险，虚拟网络运营商应当以谨慎的态度，灵活地调整自身的发展战略和竞争策略，提高业务的柔性，合理规避经营中的政策风险。

（2）对于基础电信运营商可能带来的网络资源和市场策略的风险，虚拟网络运营商在运营初期就要具备足够的思想准备，制定充分的防范措施。虚拟网络运营商应当正确理解电信市场的竞争态势，对于基础电信运营商的网络资源风险做好完善的预案。另外，虚拟网络运营商在市场策略上尽量避免与基础电信运营商展开同质竞争。

7.5　本章小结

电信网间互联的产生，主要是源于电信市场引入竞争机制。为了保证电信网的完整和技术规范的统一，保证电信网间互联各方的经济利益公平、合理，就需要进行网间互联管制。本章讲述了电信管制的概念、目标、原则和主要内容；介绍了网间互联的定义，管制原则和运营商网间互联协议的主要内容；从 WTO 电信服务贸易谈判规则为起点，分析了我国电信服务贸易创新发展路径；最后介绍了虚拟网络运营商的经营与管理。

案例讨论：“数字丝绸之路”上的移动风景

2017 年，习近平主席在首届“一带一路”国际合作高峰论坛上指出，要坚持创新驱动发展，加强在数字经济、人工智能、纳米技术、量子计算机等前沿领域合作，推动大数据、云计算、智慧城市建设，连接成 21 世纪的数字丝绸之路。这为数字经济发展和“一带一路”倡议的结合指明了方向，赋予“一带一路”崭新内涵。中国移动积极推动国际信息基础设施建设，不断优化“一带一路”沿线和全球资源布局，持续深化中国与全球的互联互通，国际“路（海陆缆）、站（网络接入点）、岛（数据中心）”新型数字基础设施布局日益完善。面向个人市场，推动海外移动业务（虚拟运营商业务）先后登陆英国、日本、泰国、新加坡、意大利等地，为旅居当地的海外华侨、留学生、商务及工作访客提供优质语音通话及数据流量服务；面向运营商市场，已与全球近千家运营商达成广泛合作，推出“牵手计划”（全球生态圈合作），覆盖超过30亿全球移动用户；面向企业市场，中国移动持续助力合作企业数智化转型升级，赋能千行百业，累计服务超7000家企业。

讨论题：试分析案例中中国移动的成功之处，并结合本章内容，讨论中国移动进入国外市场采用了什么样的策略？

思考与练习题

7-1 什么是电信管制？简述电信管制的原则和主要内容。

7-2 什么是网间互联？简述网间互联的原则。

7-3 简述电信运营商网间互联协议的主要内容。

7-4 国际电信服务贸易的主要模式有哪些？

7-5 简述我国电信服务贸易创新发展路径。

7-6 什么是虚拟网络运营商？分为哪几类？

7-7 简述虚拟网络运营商产生的原因。

7-8 简述虚拟网络运营商的风险规避策略。

第 3 部分 电信业务管理

创新业务模式

创新是提升企业核心竞争力的重要途径。近年来，中国电信业经历了长足的发展，电信市场由垄断走向竞争，电信业走向全球化，电信新技术发展迅速，电信新业务层出不穷，电信网络不断升级换代。面对激烈的竞争，电信运营企业以价格战抢占有限市场的传统竞争方式，正转变为通过业务创新拓展新的市场，通过不断开发新业务引领消费、不断推出新业务吸引用户，培育新的业务增长点，拓宽整个产业的发展之路。因此，电信运营企业必须从战略上重视业务创新。本部分首先介绍电信业务设计，然后讲述电信业务流程再造、电信业务供应链管理，最后介绍电信运营企业基于大数据技术的业务支撑系统。

第 8 章 电信业务设计

【引例】中国移动构建全新数智生态

青海玉树藏族自治州平均海拔超过 4000 米，是三江源最核心保护区。中国移动发挥“网络+”优势，利用 5G 室外宏覆盖解决方案，为当地环境治理信息化、生态监控提供支持。截至 2023 年 12 月，“江源之窗”观测点位已增加到 40 个，三江源生态环境监测网络体系不断完善，监测收集大量视频观测数据，同时还可观测到珍稀濒危野生动物，有效支撑了自然保护区监管和物种多样性监测。

如今，传统的电信网络正加速向新型信息通信网络演变。数字变革给电信运营企业带来前所未有的机遇和挑战。新技术催生出更加多样化和个性化的用户需求。为应对市场竞争、满足市场需求，电信业务创新设计显得尤为重要。本章主要讲述电信业务及其定价策略，以及电信业务运营模式与电信业务创新的理论和方法。

本章学习目标

（1）了解电信业务的概念及分类。

（2）掌握电信业务资费结构及定价策略。

（3）熟悉电信业务运营模式。

（4）掌握电信经营决策方法。

（5）熟悉电信业务创新途径。

8.1 电信业务概述

电信业务概述

8.1.1 电信业务的概念及分类

电信业务是电信运营企业利用电信通信系统，按用户的需求为用户传递信息，提供各类电信服务项目的总称。电信业务种类繁多，不同业务实现的技术手段不同，其功能和特征也存在较大的差异。为了方便读者更好地理解电信业务，本书根据信息感官、信息媒介或信息载体、业务是否增值、用户活动状态、网络执行功能、所需带宽和通信目的对电信业务进行分类。

1. 按信息感官分类

按信息感官，电信业务可以分为话音业务和非话业务两大类。话音业务是传递最终为人的听觉器官所接收的话音信息的业务，除此以外的业务都称为非话业务。

2. 按信息媒介或信息载体分类

按信息媒介，电信业务可分为话音、数据、图文、视频和多媒体业务。话音业务是以人的讲话声音为信息媒介的业务；数据业务是以由计算机进行运算和处理的数据为信息媒介的业务；图文业务是以人们可以阅读的文字和图表为信息媒介的业务；视频业务是以人们可以直接观看的活动图像为信息媒介的业务；多媒体业务是至少同时包含两种类型信息媒介的业务，例如可视电话同时包含了视频和话音，即为一种多媒体业务。

3. 按业务是否增值分类

按是否增值，电信业务可分为基础电信业务和增值电信业务。基础电信业务是指提供公共网络基础设施、公共数据传送和基本话音通信服务的业务；增值电信业务是指在基础网络设施上增加必要的设备，能够对信息进行加工、处理，为用户提供额外信息或信息重组，从而增加信息的使用价值的业务。

4. 按用户活动状态分类

按用户在通信时的活动状态，电信业务可分为固定业务和移动业务两大类。顾名思义，固定业务是指通信时用户基本不移动，即用户终端不能移往他处的业务；移动业务是指通信双方至少有一方处于移动状态。移动业务按照用户和用户终端所在载体的地理位置的不同又可分为陆地移动业务、海上移动业务和航空移动业务。

5. 按网络执行功能分类

按网络执行功能，电信业务可分为承载业务和用户终端业务。承载业务是指在用户与网络接口之间向用户提供、运送基本比特的低层功能的业务；用户终端业务是指不仅提供信息传递的低层功能，而且还提供包括用户终端功能在内的完整的通信业务。此外，用户在利用上述两种业务进行通信时，还要求网络提供额外的服务性能。这种额外的服务性能称为补充业务。补充业务不能单独提供给用户，必须依附于基本业务一起提供。

6. 按所需带宽分类

按 ITU-T 的定义，需要一次群（1.544Mbit/s 或 2.048Mbit/s）以上速率的基本传输信道的业务称为宽带业务，低于这个速率的为窄带业务。

7. 按通信目的分类

按通信目的，电信业务可分为三大类：第一类是以人与人之间的通信联络为目的的业务，例如电话、电报、电子邮件、会议电视等都属于这一类；第二类是以获得信息为目的的业务，例如可视图文；第三类是以获取信息处理为目的的业务，例如电子银行等。

8.1.2　我国电信业务的分类

我国于 2000 年 9 月颁布了《中华人民共和国电信条例》（2000 年 9 月 25 日中华人民共和国国务院令第 291 号公布；根据 2014 年 7 月 29 日《国务院关于修改部分行政法规的决定》第一次修订；根据 2016 年 2 月 6 日《国务院关于修改部分行政法规的决定》第二次修订），并发布了《电信业务分类目录》。工业和信息化部于 2019 年 6 月 6 日对《电信业务分类目录（2015 年版）》（以下简称《目录》）进行了修订。《目录》在 A 类“基础电信业务”，“A12 蜂窝移动通信业务”类别下，增设“A12-4 第五代数字蜂窝移动通信业务”业务子类。具体业务表述为：“第五代数字蜂窝移动通信业务是指利用第五代数字蜂窝移动通信网提供的话音、数据、多媒体通信等业务”。其他业务维持不变。如表 8-1 所示。

表 8-1　　我国电信业务分类

<table>
<tr><th colspan="2">类　别</th><th colspan="2">电 信 业 务</th></tr>
<tr><td rowspan="11">基础电信业务</td><td rowspan="4">第一类基础电信业务</td><td>固定通信业务</td><td>固定网本地通信业务
固定网国内长途通信业务
固定网国际长途通信业务
国际通信设施服务业务</td></tr>
<tr><td>蜂窝移动通信业务</td><td>第二代数字蜂窝移动通信业务
第三代数字蜂窝移动通信业务
LTE/第四代数字蜂窝移动通信业务
第五代数字蜂窝移动通信业务</td></tr>
<tr><td>第一类卫星通信业务</td><td>卫星移动通信业务
卫星固定通信业务</td></tr>
<tr><td>第一类数据通信业务</td><td>互联网国际数据传送业务
互联网国内数据传送业务
互联网本地数据传送业务
国际数据通信业务</td></tr>
<tr><td rowspan="7">第二类基础电信业务</td><td>集群通信业务</td><td>数字集群通信业务</td></tr>
<tr><td colspan="2">无线寻呼业务</td></tr>
<tr><td>第二类卫星通信业务</td><td>卫星转发器出租、出售业务
国内甚小口径终端地球站通信业务</td></tr>
<tr><td>第二类数据通信业务</td><td>固定网国内数据传送业务</td></tr>
<tr><td>网络接入设施服务业务</td><td>无线接入设施服务业务
有线接入设施服务业务
用户驻地网业务</td></tr>
<tr><td colspan="2">国内通信设施服务业务</td></tr>
<tr><td colspan="2">网络托管业务</td></tr>
<tr><td rowspan="11">增值电信业务</td><td rowspan="4">第一类增值电信业务</td><td colspan="2">互联网数据中心业务</td></tr>
<tr><td colspan="2">内容分发网络业务</td></tr>
<tr><td colspan="2">国内互联网虚拟专用网业务</td></tr>
<tr><td colspan="2">互联网接入服务业务</td></tr>
<tr><td rowspan="7">第二类增值电信业务</td><td colspan="2">在线数据处理与交易处理业务</td></tr>
<tr><td colspan="2">国内多方通信服务业务</td></tr>
<tr><td colspan="2">存储转发类业务</td></tr>
<tr><td rowspan="2">呼叫中心业务</td><td>国内呼叫中心业务</td></tr>
<tr><td>离岸呼叫中心业务</td></tr>
<tr><td colspan="2">信息服务业务</td></tr>
<tr><td>编码和规程转换业务</td><td>域名解析服务业务</td></tr>
</table>

8.2　电信业务定价策略

电信业务定价策略

消费者在使用收费电信服务时需要按照标定的通信资费标准支付费用，这和购买其他商品按标定价格支付货款没有差异。因此，作为一种商品或服务在市场上进行交易，电信业务首先必须具有一定的价格。电信业务的“价格”经常被称为“资费”，是因为电信运营企业所提供的产品主要是实现信息传递的电信服务。这也要求我们在为电信业务定价时要遵循电信运营企业和消费者之间商品交易的规律，采取合适的策略。同时由于电信行业技术经济特点的影响，在竞争初期或电信产业链的某些环节的市场有效竞争难以形成时，为了维护消费者利益，确保资源分配效率和公平竞争的市场环境，管制介入已成为近年来各国家和地区普遍采取的做法，其中电信价格水平及其制定方法也是管制部门管制的重要内容。

8.2.1　电信业务价格

1. 电信业务资费结构

对于单项电信业务来说，其资费结构形式通常可以分为线性资费和非线性资费两种形式。线性资费包括线性从量资费和定额资费两种。线性从量资费指的是按照用户使用业务的单位数量制定一个固定不变的资费比率，用户使用量越大，乘以单位资费比率后所交的总费用越高。非线性资费结构指资费总额与业务使用量之间没有一定的线性关系。相比线性资费，非线性资费结构往往利用灵活的非线性结构形式，较好地反映了企业供应的成本结构和用户使用数量、使用时间等因素的影响。常见的非线性资费有二部资费与高峰负荷资费等。

2. 移动互联网新业务的计费

5G 网络通过增强移动宽带、高可靠低时延通信、大规模机器通信以及网络切片化满足未来多样化的业务需求，支撑不同行业所需要的不同网络能力。电信运营企业可能针对不同行业的用户提供差异化的网络控制策略，或者个性化定制的网络切片。因此电信运营企业提供的业务能力将是个性化的，与业务需求紧密相关，并且更加关注用户使用网络的体验和获得的价值。由于不同的网络服务等级或切片能力都涉及网络运行及网络建设的各方面成本，所以其业务的定价模式将更加贴近网络特征。

（1）服务体验计费

电信运营企业传统上按使用量、使用时长付费的模式是从服务提供者角度进行度量的计费方式，而服务体验计费有别于传统计费模式，其更关注用户使用的感受，是以用户为中心的计费方式。要实现服务体验计费，首先需要解决服务体验的度量问题，即如何衡量用户的服务体验。这通常可以从影响用户体验的一些维度去分析，包括但不限于网速、可靠性、移动性等维度。

（2）5G 网络切片计费

所谓网络切片，是指将物理网络切成多个虚拟的端-端的网络，每个虚拟网络是逻辑独立的，可能有独立的接入、传输和核心网，甚至控制面功能。每个虚拟网络具备不同的功能特性，面向不同的需求和服务。网络切片是 5G 的重要能力。通过网络切片，电信运营企业可以向用户提供定制化的服务。

（3）云服务计费

云服务计费是使用一组预定义的计费策略从资源使用数据中生成账单的过程。首先在计费管理中要根据各类服务的成本、供需关系等因素制定计费策略。计费策略还包括根据业务情况制定的折扣率。其次要收集计费收据，例如使用的硬件资源、网络服务等。最后以前两者为基础计算资费并生成账单订单，最终的支付方式可不拘一格，既可以是正常的流通货币，也可以是抽象的等价交换概念。

（4）能力开放计费

能力开放的商业模式多种多样，有免费的、按调用收费的、一次性收费的、按周期收费的等。对于互相促进类的能力调用，可以采用免费的方式，例如电信运营企业开放充值能力、账户查询能力接口给互联网企业调用。这样互联网企业就成了电信运营企业的一种充值或服务渠道。对于使用电信运营企业的业务能力为自己业务带来价值的互联网企业，电信运营企业一般按调用收费或按周期收费。

（5）边缘计算服务计费

5G 时代物联网设备将大规模接入移动网络。很多物联网应用场景对于数据就近保存、快速分析、快速响应有着很高的要求。这就产生了边缘计算服务的需求。边缘计算是一种分散式的运算架构，将应用程序、数据资料与服务的运算，由网络中心节点移往网络逻辑上的边缘节点来处理：采用集网络、计算、存储、应用核心能力于一体的开放平台，将原本完全由中心节点处理的大型服务加以分解，切割成更小更容易管理的部分，并分散到边缘节点去处理。边缘计算的目标是通过业务、内容、服务的下沉和边缘节点就近处理，带来更高性能或更低成本的业务成果。

3. 5G 泛生态业务的计费

电信运营企业在 5G 时代已不仅面向大众用户提供传统的基础通信服务，而是结合云计算、人工智能、边缘计算、物联网等技术，提供行业应用解决方案赋能千行百业，促进产业数字化变革，提升产业效能，促进产业创新、产品创新，实现万物互联、智慧互联的全新数字社会。这就需要基于电信运营企业的网络和平台，结合各种行业平台、各层应用解决方案提供企业，构成 5G 生态体系，共同实现赋能赋智产业和社会。

生态运营的商业收费模式可能有以下两种：一种是单一服务分别定价，用户分别付费，例如如果电信运营企业只提供网络、云计算基础资源，则仅对网络、云计算进行单独定价。另一种是整体定价分别结算模式，用户只需要一次性付费，但是各方结算复杂。

基于生态运营的业务是开放的，计费方式也是灵活多样的。例如，按使用量（流量、时长等）计费，按使用次数计费，按资源量（消耗的 CPU、内存）计费，按功能时长计费，也可以捆绑业务提供免费服务。

4. 电信业务价格的影响因素

电信业务自身的特点决定了电信业务价格受到多方面因素的影响，主要包括以下几个方面。

（1）成本因素。企业进行生产经营活动，出售自己的产品和服务之后获得相应的收入，将成本支出抵补后获得利润。获得尽可能多的利润是企业经营生产活动最基本的目的。对于电信运营企业也是一样，如果其电信业务资费低于成本，在无法得到其他任何补偿的情况下，其生产经营活动将难以为继。因此，电信运营企业提供业务和产品的成本，是决定价格的基本因素。

（2）市场需求因素。在制定电信业务资费时，还必须考虑消费者对不同产品的需求程度。电信运营企业要充分了解业务和产品的市场需求弹性。需求弹性大的业务和产品的价格一经调整就可能会立即影响市场需求；需求弹性小甚至无弹性的业务和产品的价格调整一般对销售量无大影响。所以，如果某一时期在某一市场上对某一业务或产品的需求量是增加的，则可以采取适当的提价措施；反之，则应适当降价。

（3）市场竞争因素。市场竞争因素与市场结构有关。不同的市场结构条件下，企业间竞争强度不同。企业在市场中所处的竞争位置不同，对业务和产品价格的控制程度也已有很大差异。在竞争性市场结构下，拥有市场势力的企业可以在相关市场上控制相应业务或产品的价格。而在寡头竞争的市场结构下，少数几家企业可以控制整个市场业务和产品的生产和销售。在定价问题上，寡头之间既有勾结又有竞争；在寡头无勾结的情况下，这种价格追随竞争将是一个没有终止的过程。可采用博弈论的方法进行分析。

（4）法律和政策因素。各类政策、法规，有监督性的，有保护性的，也有限制性的。例如《中华人民共和国价格法》就对政府的定价行为、国民经济各行业生产经营者的定价行为、价格总水平控制、价格的监督检查等内容作了规定，对制定电信业务资费同样具有指导和约束作用。在此基础上，政府颁布实施的行业法规，例如《电信条例》对电信资费的制定方法、政府和企业的定价权限等作出了具体的规定。《电信条例》第二十三条至第二十五条规定："电信资费实行市场调节价。电信业务经营者应当统筹考虑生产经营成本、电信市场供求状况等因素，合理确定电信业务资费标准。""国家依法加强对电信业务经营者资费行为的监管，建立健全监管规则，维护消费者合法权益。""电信业务经营者应当根据国务院信息产业主管部门和省、自治区、直辖市电信管理机构的要求，提供准确、完备的业务成本数据及其他有关资料。"

（5）消费者心理因素。电信业务不同于有形产品，质量的判断只能取决于用户的期望与实际感知的服务水平相比较。这种比较包括了提供业务过程中，电信运营企业为用户提供的通信质量、套餐的搭配、营业厅以及呼叫中心工作人员的服务态度及质量，以及与竞争对手的比较等。因此电信运营企业在定价时必须十分清楚业务的品牌、服务及用户喜好，才能符合用户预期。

8.2.2　常见的定价方法

电信产品的定价与成本、市场需求以及竞争环境密切相关，常见的定价方法如下。

1．成本导向定价方法

（1）成本加成定价方法

成本加成定价方法的原理是根据产品成本加上一定比例的预期利润定价，计算公式为

$$P = C(1 + r)$$

式中，P —— 单位产品价格。C —— 单位产品的平均成本。r —— 预期利润率。

该方法的优点是计算简便，但是从生产者角度出发，未考虑消费者的因素。

（2）收支平衡定价法

收支平衡定价法利用盈亏平衡点的原理来定价，公式为

$$P = \frac{F}{Q} + V$$

式中，P —— 单位产品价格。F —— 固定成本。V —— 单位变动成本。Q —— 总产量。

（3）边际贡献法

边际贡献法是基于产品的变动成本的定价方法，其公式为

$$P = V + C_m$$

式中，P —— 单位产品价格。V —— 单位变动成本。C_m —— 边际利润。

这种定价方法一般用于沉没成本巨大的产品，这类产品的价格需要弥补部分固定成本。该方法下，当价格低于单位变动成本时，生产者就停止生产。

2．需求导向的定价方法

（1）理解定价法

理解定价法认为价格的决定因素是消费者对产品价值的理解。这种定价方法，不考虑生产的

成本，完全由消费者对产品的理解价值决定。因此，产品定价之前，必须首先估计在产品的性能、用途、外观、质量以及营销组合等因素的影响下消费者对产品的理解价值。

（2）差别定价法

在差别定价法下，同一种产品在特定的条件下按不同的价格销售。特定的条件可以是不同的地理区域、不同的时间段、不同的消费力、不同的消费群体等。该方法是以精准的市场细分为前提的，大数据和机器学习等技术可以帮助生产者分析消费者数据实现精准的消费群体细分。

（3）比较定价法

比较定价法是根据产品需求弹性的研究与市场调查来决定价格的方法。

3. 竞争导向的定价方法

竞争导向的定价方法是指通过研究竞争对手的既定价格、生产条件、服务状况等，以竞争对手的价格为基础，确定自己产品的价格，包括竞争参照定价法、随行就市定价法、招投标定价法和拍卖定价法等。

8.2.3 电信业务价格策略

1. 新业务定价策略

（1）撇脂定价策略。撇脂本义是在鲜奶中撇取乳酪，含有提取精华之意。用在市场定价上，撇脂定价策略是指当一种商品刚刚进入市场时，尤其消费对象是高收入群体时，就将产品的价格定得比较高，以便在产品生命周期的初期就赚取较大利润。

（2）渗透定价策略。这是一种与撇脂定价策略相反的策略：把产品的价格定得很低，以排除竞争对手，迅速占领市场，获得长期稳定的市场地位。

（3）让价策略。让价策略又被称为折扣策略，这是一种通过变通办法给消费者以优惠并鼓励消费者积极购买和如期支付价款的价格策略。

（4）综合定价策略。经营者根据自身在市场竞争中的位置，进行综合定价，即有的产品价高、有的产品价低，或者把产品销售的有关因素都包括进去，以利于产品推销和开拓市场。

（5）心理定价策略。它是一种为满足各种消费心理的价格策略。人们在购买商品时具有多种不同的心理，有人出于实用性，有人出于好奇心，有人希望彰显身份。针对这些心理需求进行定价，会对消费者的购买行为产生强烈的刺激作用。

2. 资费选择策略

（1）线性资费。在这种资费模式下，业务费用与用户的使用量呈线性关系，包括定额资费和从量资费两种情况。定额资费是指无论通话量的多少，都按固定的标准收取统一的费用。通常所说的包月制就是定额资费的一种。从量资费是指按消费量计算，通话费随通话量的多少而增减。

（2）二部资费。二部资费（Two-part Pricing）是非线性资费的一种，是指分两部分收费，它根据成本分为固定成本和边际成本两部分，将价格分为反映基础设施投入的固定成本以及其他流量不敏感部分的成本和反映单位（流量敏感）成本（也就是每提供一个产品或服务的边际费用）。这种资费模式在世界电信业内广泛和长久地实行，一般表现为“月租费+通话费”的形式，其中，月租费反映固定成本以及其他流量不敏感成本，计次或计时费用反映按照实际通信量计付的可变成本。

（3）三部资费。在二部资费的基础上衍生出了三部资费，即定额收费包含月租费且有一个固定的业务使用量，如果用户月内消费量不足基本消费限量，基本费用的不足余额不再退回，超过该使用量的部分则按照一定费率加收线性从量资费。对电信运营企业而言，选择三部定价属于一种市场细分策略，其设定的每一档次的平均实际资费水平是不一样的。通常这样一组资费方案具有一个特点，就是越高的档次，平均单位资费越低，当然其前提是用户选择的资费档次要和自己的消费量相当。用户可以根据自己的使用量选择最适宜的档次，以便节省开支。这就达到了电信运营企业保有一定电话使用量和刺激电话使用量增长的目的。

3. 差别资费策略

电信运营企业可针对不同用户、不同时间、不同地点，收取不同的资费。

（1）高峰负荷资费。如果考虑电信业务价格的多样性，则同一业务在不同时间的价格又不一样。例如，分时段价格是根据用户进行通信时所处时间段的不同，对相同单位的通信时间分别收取不同的资费，可按白天、傍晚、夜间（或按工作日、周末、节假日）进行区分，制定相应的价格方案。若以 $\boldsymbol{p}=(p_1, p_2, p_3)$ 分别代表白天、傍晚、夜间的价格，$\boldsymbol{t}=(t_1, t_2, t_3)$ 表示 3 个时间段的通信时间，则分时段资费的函数表示形式为

$$P = P_i + \sum_{i=1}^{3} p_i t_i$$

（2）按距离差别收费。电信业务的传输是通过覆盖全球的电信网来实现的，而电信网的建设和维护费用通常与距离成正比。因此，考虑到距离对成本的影响，电信运营企业的传统业务往往根据不同的通信距离收取不同的电信资费。

4. 促销定价策略

促销定价策略是指电信运营企业为了达到促销目的，对产品暂定低价，或暂以不同的方式向用户让利的一种价格策略。例如，招徕定价（降低价格）、特殊事件特殊定价、还本销售定价等。

5. 业务组合定价策略

组合定价策略是指通过对影响电信业务使用的各种因素进行系统地调研、分析，制定出能够促进电信业务使用量及其收入增加的各种促销组合方案，即捆绑销售方案，再针对具体方案综合运用话务量赠送、新产品优惠或赠送、实物奖励、数量折扣等措施。

组合定价法的基础是被组合在一起的各种因素具有互补效应或协同效应。常见的电信业务组合定价策略包括如下。

（1）业务组合定价法，即定价时按照不同用户的需求特点分别将不同的电信业务组合起来。

（2）用户组合定价法，即将具有密切亲情关系和工作关系的用户组合起来，对其话务量实行不同方式的优惠。

（3）时间组合定价法，即按照不同用户的需求特点而分别将白天与夜间、工作日与周末及节日、网络流量的峰谷与低谷等因素组合起来，实行不同的价格标准或促销措施。

（4）关系组合定价法，即利用各级电信运营企业与当地的银行、证券、税务等单位互为大客户的关系，以及与政府、学校、医院等单位的业务关系制定相互捆绑的业务组合定价方案。

（5）跨界组合定价法，电信产品与非电信产品组合定价。

8.3 电信业务运营模式

电信企业业务运营

运营模式，简单来说就是经营方法，指企业如何将自己所有的人力、物力、财力等资源有效组合，从而使企业价值不断增长以达到盈利的目的。运营模式具备以下两个特征：运营模式是一个整体的、系统的概念，而不仅仅是一个单一的组成因素；运营模式的组成部分之间有着内在的联系，这个内在联系把各组成部分有机地关联起来，使它们互相支持，共同作用，形成

一个良性的循环。

电信业务运营模式，是指电信运营企业经营相关电信业务的方法，即企业通过与环境的互动关系，有效整合资源，从而创造价值以获得核心竞争能力的方法。具体地说，电信业务运营模式反映了运营商、设备制造商、终端提供商、ISP、ICP、应用服务商（Application Service Provider，ASP）等产业链的各个环节在整个产业生态环境中的位置、互相的关系，以及各方责权利的分配方式等。

从全局的角度看，电信业务运营模式是一项能够营利的电信业务所涉及的流程，是用户、供应商、渠道、资源和能力的总体构造；从局部的角度看，电信业务运营模式是企业为公司、用户、合作方创造价值的来源，是企业通过在价值链中定位来获利，为了营利所形成的企业组织结构及其合作伙伴网络。

电信运营企业的业务运营模式创新，主要从以下几个方面着手。

（1）产业链模式设计。①确定企业在产业链中的位置。电信运营企业定位为行业主导者，产业链中其他环节为合作者。电信运营企业要基于其核心能力开展产业链内外的战略协同运作，必须系统思考在完整的价值创造活动中，哪些是电信运营企业的专长，哪些是产业链上其他成员的专长，以此为基础确定自身的角色定位，改变处处主导产业链的做法，发挥自身的控制与协调产业链并存的职能。②产业链整合模式选择。“虚拟一体化模式”或“虚拟一体化＋内部一体化模式”是电信运营企业经常采用的整合策略。

（2）盈利模式设计。①收入来源设计。传统电信运营企业的收入来源主要为基础电信业务，而随着信息通信技术的发展和数字生态系统的构建，增值业务收入占比越来越大。电信运营企业要重视与产业链的其他环节合作，开发更多的增值业务。②收入分配设计。电信运营企业要想与合作各方维持相对稳定的合作关系，必须确定一个透明合理的利益分享模式，保证各合作方的收益，即要在确定战略定位的基础上，搭建共赢的合作机制，使所有合作方都能获取合理收益，发挥他们的积极性和创新能力，促进合作方持续发展与业务创新。

（3）渠道模式设计。以电子渠道建设为主、辅以其他渠道将是今后我国电信运营企业渠道模式设计的重点。

8.4 电信业务创新

电信运营企业的市场管理

8.4.1 电信市场的特点

电信市场为服务市场，它既有市场的一般属性，又有自身的特点。

（1）规模经济性。电信市场的一个显著特征就是规模经济性。对于电信运营企业来说，一是必须建立庞大的通信网络，才能满足顾客相互通信的目的；二是基础用户群体越大，用户之间的通信越多，对潜在用户的吸引力也越强；三是固定成本大于可变成本，企业在电信基础设施上的投资比例较大。

（2）范围经济性。追加新业务的联合成本低于单独开发该业务的成本。电信业务的运行，必须建立在完善的网络基础设施的基础上，如果没有通信网络，电信业务就无法实现。该基础网络设施还可以为新业务提供服务。因此，新业务推向市场的联合成本便低于同种业务作为单独开发时的成本。

（3）外部经济性。邮电通信是社会发展的基础设施，它的发展对社会和国民经济的发展、科技水平的提高产生巨大的作用。服务网络和通信线路的规划、建设，社会、经济信息的快速传递，为其他产业、部门的发展提供基本的信息流通保障。电信运营企业发展速度的快慢、电信产品消费能力的强弱、电信服务的市场范围大小，都将影响到整个地区国民经济水平。

（4）普遍服务的公益性。所谓普遍服务，是指对任何人都要提供无地域、质量、资费歧视且能够负担得起的电信业务。随着通信技术的发展和信息对于社会经济生活的作用日益显著，普遍服务的内容也在不断变革。除传统的固定电话等基本业务以外，移动电话的普及率、互联网接入的普及率等也作为普遍服务的内容，并将一些多媒体业务纳入普遍服务的范围。可见电信服务对于整个社会的重要意义，是整个社会发展进步不可缺少的一项特殊基础服务。

（5）电信国家主权的政治性。“国家主权”是指一个国家固有的处理其国内国际事务而不受他国干预或限制的最高权力。传统的电信国家主权包括 3 个基本含义：①运营上的主权；②技术上的主权；③在国际组织和国际会议中主张国家利益。电信产业是国民经济的基础性产业和战略性产业，对国民经济的发展、国家经济安全以及国家主权维护具有十分重要的意义。

（6）全程全网性。电信运营企业具有全程全网、联合作业的特点，因此在电信业务经营过程中，必须牢固地树立全局观念和全网观念，一切从全局和全网的利益出发，只有把全网经营好了，才能保证企业取得良好的运营效果。

（7）电信市场的多元性。电信市场的各类业务涉足多种类型的市场，例如，电信业务具有服务市场的属性；电信网络元素销售具有产业市场的属性；电信信息服务则具有技术市场的属性；各项业务营销都具有消费品市场的属性。另外，电信市场服务对象具有多元性，市场的多元化使得电信市场呈现复杂性。

8.4.2　电信市场调查方法

1. 市场调查的主要内容

（1）外部环境调查，包括对政治环境、经济环境、社会文化环境、科技环境的调查。

（2）市场需求调查，包括现实的和潜在的电信业务量调查。在市场需求调查中，要了解与本企业有关的市场需求量及其影响因素，特别要重点进行购买力、购买动机和潜在需求调查。

（3）竞争对手调查，主要调查市场上有哪些同类产品和同类企业，这些企业产品的市场分布和市场占有率，这些企业的现实生产力、潜在生产能力及发展趋势，还要注意潜在的竞争对手。

（4）企业经营执行情况调查，包括调查本企业的市场占有率，用户情况调查，销售渠道调查，本企业产品在质量、品种、包装规格及价格上处于优势还是劣势，本企业产品处于哪个阶段，新技术新产品的发展情况等，以便客观评价本企业在市场中所处的地位。

2. 市场调查的主要类型

市场调查主要有 3 种类型：典型市场调查、普遍市场调查和抽样市场调查。

（1）典型市场调查：典型市场调查是通过对一些典型单位的调查，了解市场某一方面的问题。此种方法适用于专业化生产比较强、能比较准确地掌握供应面、产品供应也比较稳定的企业。

（2）普遍市场调查：普遍市场调查是对同一问题的所有因素进行调查。此类调查工作量大，占用人力多、时间长，但收集的资料全面、细致、精确，可信程度高。

（3）抽样市场调查：抽样市场调查是从了解的整体中，抽出一个或几个作为样本，通过对样本的调查，推断出总体情况。抽样市场调查可采取随机抽样、机械抽样、分类抽样等方法进行。

3. 市场调查的步骤

市场调查可以分为 3 个阶段，8 个步骤，如图 8-1 所示。

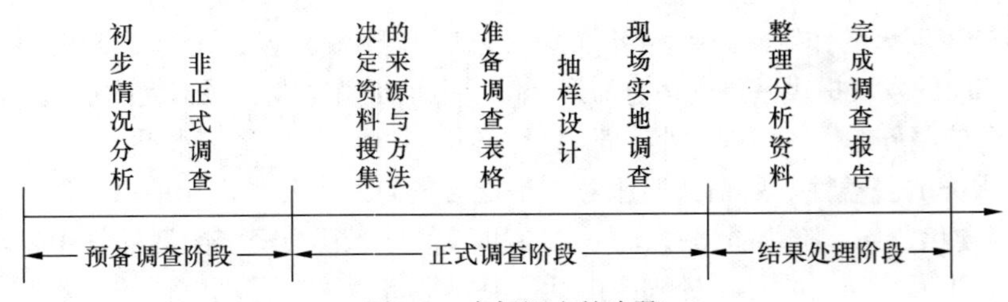

图 8-1　市场调查的步骤

（1）预备调查阶段。该阶段的主要目的是弄清和确定问题之所在以及调查范围，包括了初步情况分析和非正式调查 2 个步骤。

（2）正式调查阶段。该阶段的主要工作是搜集资料，包括决定资料搜集的来源与方法、准备调查表格、抽样设计、现场实地调查 4 个步骤。

（3）结果处理阶段。该阶段是全部调查工作的完成阶段。在此阶段研究人员要归纳资料，阐释调查结论。这个阶段包括了整理分析资料和完成调查报告 2 个步骤。

4. 市场调查的方法

市场调查的方法一般分为询问法、观察法、实验法和专题讨论。

（1）询问法：指直接从被访者那里系统地收集信息。询问法分为当面询问、座谈集体询问、信函询问、电话询问等，这些方法可以单独使用，也可以综合使用。

（2）观察法：指通过观察要调查的对象而收集到最新资料。观察法可分为到生产现场观察、到销售现场观察、到使用现场观察和到家庭现场观察等。观察法还可分为直接观察和间接观察等。

（3）实验法：指向市场投放部分产品进行试销，并观察用户的反应，了解产品质量、品种、花色、规格是否对路，价格是否合理。实验法还可以细分为包装实验法、价格实验法、广告实验法等。

（4）专题讨论：指邀请有代表性的 6～10 人，在一个有经验的主持人的引导下，讨论一种产品、一项服务、一个组织或其他营销话题，将讨论意见集中后形成调查结果。

电信经营决策方法

8.4.3　电信经营决策方法

1. 经营决策的内容和分类

电信运营企业经营决策涉及经营活动的诸多方面，它的内容十分广泛：在中长期战略方面，有新业务开发、套餐更新的确定、业务规模的确定、新技术开发选择等；在电信运营企业销售管理方面，有市场需求变化和销售数量的确定、销售和服务网点的合理设计、销售费用的合理使用、价格的确定；在电信运营企业财务管理方面，有盈亏临界点的合理选择、成本构成的优化选择等。

电信运营企业经营决策可以有多种分类方法，下面简单列举两类。

（1）按企业经营决策的任务来划分：①战略性决策，是指电信运营企业为适应环境发展变化，在重大经营方针上所作出的决策，特点是执行周期较长，涉及范围较广。②管理性决策，是指电信运营企业为执行战略性决策，在管理和组织工作中合理选择和使用人力、物力、财力等方面的决策。③业务性决策，是指电信运营企业为提高业务效率以及更好地执行管理决策，在日常作业中所实行的具体决策。在现实中，这 3 种决策是互为交叉的，但因决策的层次、决策的性质和职能不同，各自的比重有所不同。

（2）按企业经营决策的方法来划分：①定性决策，包括动机诱导决策、主观决策等方法，②定量决策，包括确定型决策、风险型决策、非确定型决策等方法。

2. 经营决策的一般程序

电信经营决策的一般程序如图 8-2 所示，包括信息收集和沟通、提出目标、拟定各种执行方案、各种方案预期效果分析、决策、编制计划和预算、执行、反馈。

3. 常见的决策方法

（1）确定性决策

确定性决策是指决策的客观条件是肯定、明确的，每一种可选方案的后果也只有一种，因此决策的准则就是直接选择有最佳效果的方案。常用的确定性决策方法有量本利分析法、线性规划法、微分法、排队法等。

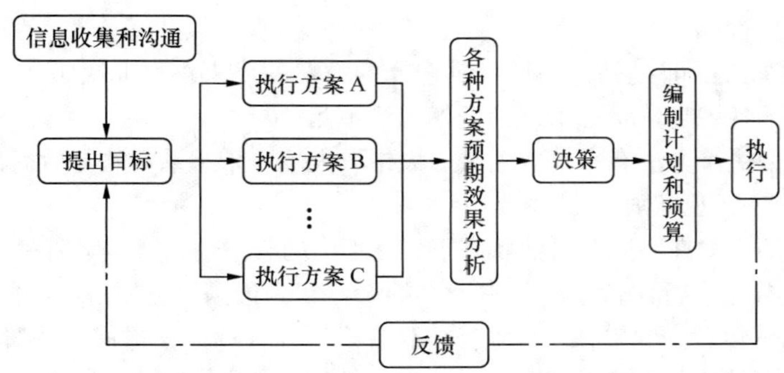

图 8-2　电信经营决策的一般程序

量本利分析法也被称为盈亏平衡分析法，是企业经营决策常用的方法。它根据产品销售量、成本、利润的关系，建立参数模型，分析决策方案对企业盈亏的影响。这种方法的基本原理是边际分析理论，是把企业的生产总成本分为固定成本和变动成本，观察产品销售单价与单位变动成本的差额，若前者大于后者，便存在“边际贡献”。当边际贡献与固定成本相等时，恰好盈亏平衡。这时每增加一个单位的产品，就会增加一个单位的边际贡献利润。量本利分析法的关键是找出盈亏平衡点。

如图 8-3 所示，以 Y 轴表示收入，以 X 轴表示产量，绘成直角坐标图。将销售收入线、固定成本线、变动成本线标到坐标图里，只要单位产品售价大于单位变动成本，则销售收入线与总成本线必能相交于某一点。这就是盈亏平衡点。

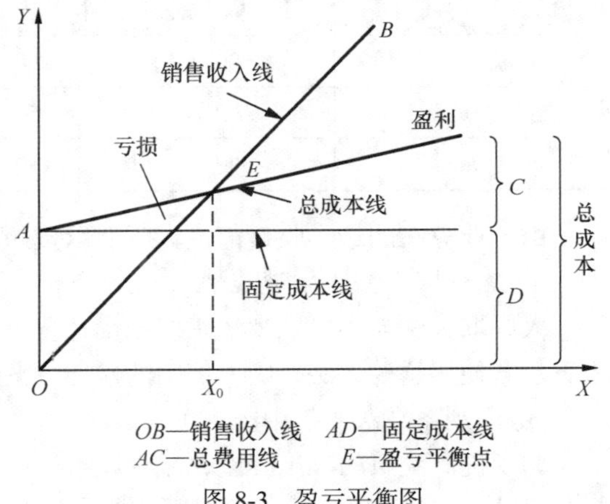

图 8-3　盈亏平衡图

由图 8-3 可知，当销售量低于 X_0 时，企业处于亏损状态；当销售量大于 X_0 时，企业才有盈利。

销售量计算公式为

$$X_0 = \frac{C_1}{P - C_2}$$

式中，C_1—— 固定成本。C_2—— 单位可变成本。P—— 销售单价。X_0—— 盈亏平衡时的销售量。

销售额计算公式为

$$S_0 = \frac{C_1}{1 - C_2 / P}$$

式中，S_0——盈亏平衡时的销售额。

【例 8-1】某电信运营企业开展某项电信业务的前提是进行 30 万元的固定资产投资。该项业务每线的可变成本为 30 元，每线售价 45 元。该业务盈亏平衡时的销售量为

$$X_0=\frac{300000}{45-30}=20000\text{（线）}$$

盈亏平衡时的销售额为

$$S_0=\frac{300000}{1-30/45}=900000\text{（元）}$$

（2）非确定型决策

采用非确定性决策的前提是每一种可供选择的方案的后果存在非决策人所能控制的两种以上的自然状态，而且各种自然状态出现的概率无法预测。

常用的非确定型决策方法有小中取大法、大中取大法、乐观系数法、后悔值大中取小法。

① 小中取大法（悲观准则）

各个可供选择的方案在不同的自然状态下，有不同的收益性，其中必有一个最小收益值。将各种方案的最小收益值进行比较，以其中最大的一方案为最满意方案。

【例 8-2】某电信运营企业要在 3 种业务中选择发展一种业务，每种产品都可能出现高需求、中需求、低需求的情况。在不同销售情况下，3 种业务的损益表如表 8-2 所示。

表 8-2 业务损益表 单位：万元

方案	自然状态			最低收益值	最大收益值
	高需求	中需求	低需求		
业务一	600	200	−160	−160	600*
业务二	400	250	0	0	400
业务三	300	150	80	80*	300

由于业务三的最小收益值最大，所以按照小中取大法，选择业务三为最佳方案。

② 大中取大法（乐观准则）

大中取大法与小中取大法正好相反，着眼于各方案的最大收益值，取其中最大的方案为满意方案。若使用这种方法，则上例中的最佳方案应该是业务一。

③ 乐观系数法（折中准则）

为了提高决策的准确程度，减少风险，可以使用乐观系数法。具体方法是：根据市场预测资料和以往的经验，确定一个乐观系数α作为主观系数。用α乘各方案的最大收益值，用$(1-\alpha)$乘方案的最小收益值，两者之和即为乐观期望值，以其中最大的一个方案作为满意方案。

在例 8-2 中，设$\alpha=0.7$，计算结果如下。

业务一：$600\times0.7+(-160)\times(1-0.7)=372$（万元）。

业务二：$400\times0.7=280$（万元）。

业务三：$300\times0.7+80\times(1-0.7)=234$（万元）。

根据计算结果，最佳方案为业务一。若$\alpha=0.4$，则

业务一：$600\times0.4+(-160)\times(1-0.4)=144$（万元）。

业务二：$400\times0.4=160$（万元）。

业务三：300 × 0.4 + 80 × (1−0.4) =168（万元）。

此时业务三为最佳方案。可见，乐观系数这个主观概率的大小，对于折中准则的方案确定是至关重要的。

④ 后悔值大中取小法（最大后悔值最小化准则）

当某一自然状态出现时，必然有一方案的收益值最大。如果恰好是采用了此方案，就不会后悔；如果采用了别的方案，就会后悔。按这种思想，求出每个方案在每种状态下的后悔值，找出其中最大的后悔值，再将各方案的最大后悔值相比，其中最大后悔值最小的方案，可选为最佳方案。比如，出现高需求时，发展业务一方案受益最大，则此时选业务一的后悔值就是 0，而选择业务二方案的后悔值为 200；同理，选择发展业务三的后悔值为 300。此时例 8-2 各种情况下的后悔值如表 8-3 所示。

表 8-3　最大后悔值最小化准则计算表　单位：万元

方案	各自然状态下的后悔值			最大后悔值
	高　需　求	中　需　求	低　需　求	
业务一	0	50	240	240
业务二	200	0	80	200*
业务三	300	100	0	300

从表 8-3 得知，业务二的最大后悔值小于其他方案，所以业务二为最佳选择。

（3）风险型决策

风险型决策也被称为随机型决策。在该决策模下，每一种可供选择的方案的后果存在着非决策人所能控制的两种以上的自然状态，未来将出现哪种自然状态，决策人不能肯定，但出现的概率却能预测出来。

风险型决策的常用方法是决策树。决策树是以图的方式分别计算各个方案在不同自然状态下的损益值。然后计算它们的综合损益值，通过对比，选优决策。

构成决策树的要素有 4 个。

① 决策点，用方块表示，表明决策的起点和归宿。

② 方案枝，由决策点引出的若干直线，每条线代表一个方案，并由它连接自然状态点。

③ 自然状态点，用圆圈表示，表明各种自然状态所能获得的综合损益值。

④ 概率枝，由自然状态点引出的若干直线，每条线代表一种自然状态，并标明它的概率，如图 8-4 所示。

应用决策树进行风险型决策的步骤如下。

① 由左至右绘制树形图。先确定几个可供选择的行动方案，以及每个方案实施中会遇到的几种自然状态点，引出概率枝，然后将每一自然状态发生的概率和损益值标明在图上。

② 由右至左计算各方案的综合损益值。各自然状态下的损益值与它的概率分别相乘，然后求和，即得出方案的综合损益值，注明于该方案的自然状态点。

③ 优选方案。将各方案的综合损益值进行比较，其中最大的为满意方案。

【例 8-3】某市话工程公司从事铺设管道的工程，施工人员要决定下月是否开工。如果开工后天气好，可按期完工并获利 6 万元；如果开工后遇到坏天气，则将造成损失 1.5 万元。假如不开工，不论天气好坏都要付出窝工损失费 4000 元。根据过去的统计资料，下月天气好的概率是 0.3，天气坏的概率是 0.7。请分析后决策是否开工？

解：根据已知条件列出的损益表如表 8-4 所示。画树形图如图 8-5 所示。

计算损益期望值。

$$点②：0.3 \times 60\,000 + 0.7 \times (-15000) = 7500（元）$$

$$点③：0.3 \times (-4000) + 0.7 \times (-4000) = -4000（元）$$

表 8-4　　损益表

自然状态	自然状态出现的概率	各方案的损益（元）	
		开　工	不　开　工
天气好	0.3	60000	−4000
天气坏	0.7	−15000	−4000

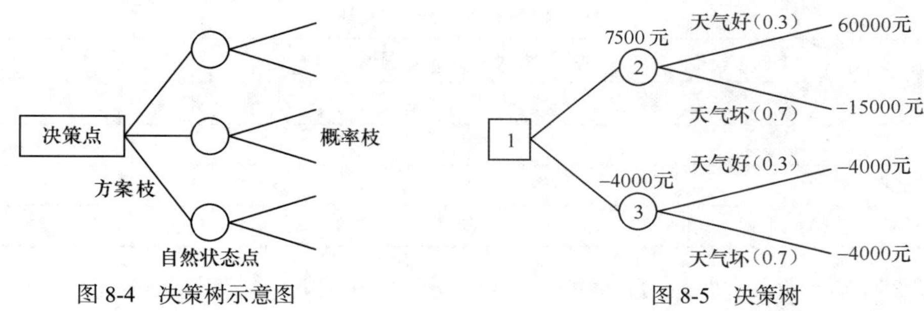

图 8-4　决策树示意图　　图 8-5　决策树

比较点②与点③的损益期望值，显然点②的期望值大于点③的期望值，因此选择开工方案。

8.4.4　电信业务创新途径

1. 电信业务创新的定义与分类

电信业务创新是指电信运营企业开发和设计某一种自身目前没有的产品，或是将已有的核心业务重新组合，以满足用户的不同电信需求的创新。在电信业务日益多样化、电信市场竞争日益激烈化的今天，业务创新也越来越多样化，但业务创新的范畴基本不会改变。下面介绍业务创新的基本分类。

（1）根据新业务的创新程度分类

① 根本性创新，也被称为突破性创新，是指电信运营企业开发原来电信市场中没有的新业务。这种电信业务创新通常源于技术的变革。

② 业务优化，也被称为功能性创新，是指对现有的电信业务功能进行改善。这种方式的特点是电信运营企业为适应市场需求的变化，对现有业务的功能进行分析后加以改善或丰富。

③ 业务扩展，也被称为业务组合创新，是指以电信业务组合进行创新，是一种常用的业务创新模式。这种创新成本小，时间短，有时还会取得较高的附加值。例如，中国电信电话呼叫中心 10000 号，就是将电信系统原有的 114 查号台、112 故障台、180 客户投诉受理台等客服系统组合到一个整体内，为电信用户提供号码查询、故障申报、客户投诉、业务咨询以及业务受理等多种服务，使客户服务集中化，提高了服务质量，降低了业务系统运作费用，优化了全局管理，产生了众多的综合效益。

（2）根据电信业务创新的内容分类

① 技术创新。电信行业是一个技术依赖型的行业，所有的业务无论经过多少的包装，它的本质还是信息通信技术，所以技术创新是电信业务创新最根本的途径。

② 服务创新。电信行业从本质上而言是一个服务行业，它所提供的业务都是以服务的形式出现，所以服务的创新也是业务创新的重要方面。

③ 品牌创新。在注重用户感受的时代，品牌已经成为影响用户感受的重要因素，品牌竞争也已经是电信市场的主要竞争。因此，品牌创新也成为了业务创新的重要内容。

2. 电信业务创新的原则

德鲁克曾经提出 6 条创新的原则，分别是：分析创新机会的来源，了解用户的需求和期望，有效创新必须简单、集中，开始时不把摊子铺得太大．努力成为标准的制定者，专注地工作。对于电信业务创新，电信运营企业要遵循以下原则。

（1）立足用户的原则。近几年，随着我国居民消费能力的不断提高以及数字中国建设进程的不断加快，人们对电信业务也提出了越来越多元化、个性化的要求。同时，由于电信行业内部竞争的加剧，电信运营企业必须实施差异化服务，让用户得到更多实惠、更多便利，从而吸纳更多用户并提高用户忠诚度。为提高业务收入、适应市场竞争的需要，电信运营企业必须不断开发新业务，满足更多消费者的需求。

（2）系统性的原则。传统的单一的语音业务，只需要设备供应商与电信运营商两个环节就可以实现。而在数字时代，由制造商、运营商、内容提供商、系统集成商等多个环节构成了电信运营企业的复杂网络环境。因此，只有整个产业价值网络上的主体进行合作，业务创新才能顺利进行，才可能产生真正符合用户需求的能营利的业务。

（3）适用性的原则。对于电信运营企业来说，业务创新仍然要考虑投资回收期，而不是一味追求技术超前的基础设施。因此，电信业务创新要具有适用性。

3. 电信业务创新的方法

正确认识市场、把握市场是电信新业务设计的基础。电信新业务开发设计主要可以分为以下 7 个步骤。

（1）市场需求分析

对市场需求进行分析就是通过市场调查了解市场需要什么样的新业务，关键在于市场细分。市场由购买者组成，而购买者之间总有或多或少的差别。他们会有不同的欲望、不同的资源、不同的地理位置、不同的购买态度以及不同的购买习惯等。因此每个购买者实际上形成一个单独的市场。对这些事物，电信运营企业需要按照地理、人口、心理和行为等变量进行细分。在进行市场细分之后，电信运营企业可以根据需要对各类细分市场进行评估，以决定设立几个以及设立哪些目标市场。

（2）业务构思

电信业务创新的构思是一种创造性的思维活动，首先根据得到的各种信息，提出初步设想的线索；然后根据市场需求及其发展趋势，提出具体的业务创新方案。一个好的创新业务必须同时具备两个条件：一是构思要有创造性，这样的电信业务才具有生命力；二是构思要在技术上和经济上具有可行性。

业务创新的构思方法有以下 5 种。

① 业务特性列表法。这种方法就是把现有业务的主要特性列成一览表，内容包括业务的功能、形式、包装、资费、支撑系统以及使用的方便性、可靠性、兼容性等，引导人们从各自不同的观点、不同的角度来观察这些特性，按照各自的想法和要求逐一修改这些特性，直到找到新的特性组合为止。业务特性列表法的优点是将创新者的注意力集中在特定的范围内，缺点是在一定程度上抑制了人们的想象力。

② 业务缺陷分析法。这是通过分析现有业务的缺陷进行创新的方法，包括对现有业务在用

户使用过程中出现的缺陷加以改进，开发升级换代的业务，以满足用户更高的需求。

③ 业务问题收集法。这种业务创新方法通过向用户提供问题表，收集用户对问题的叙述，然后将资料综合起来做出摘要，成为创新小组最后进行创造性开发讨论时的参考内容。这种方法能够借助用户的智慧，集思广益，将多方建议集中起来，提出形式简明的解决问题的方案，且目标集中、明确，容易解决问题。业务问题收集法适用于对存在单一问题的业务进行创新。这种方法的不足之处主要在于特别依赖总协调者的综合能力。

④ 业务联想法。这是从现有业务出发，联想与之功能相近的业务，从而提出创新业务的构思方法。业务联想可以跳出狭窄的思维空间，将思维从一点向多点延伸。

⑤ 头脑风暴法。这是一种群体相互激励的业务创新构思方法。这种方法通过有组织的座谈可以激发出更大的想象力和创造力，基本形式是小组座谈、自由讨论。

（3）业务概念的形成

在此步骤，针对选定的最佳方案，形成业务概念。这一过程的步骤首先是收集辅助信息，以获得有关市场特征、竞争状况等更多的信息；找出潜在的竞争对手；通过对行业专家及用户的访谈来评估对业务新构思的态度和建议。此步骤一般通过回答谁使用该电信新业务、该电信新业务获得的主要利益是什么、使用环境如何 3 个问题，即可形成业务概念，并对这一概念进行商业测试，进一步考察实现的可能性。

（4）业务特征描述

如果业务整体概念通过了商业性测试，研究开发部门就可以把这种业务整体概念转变成业务特征。这一阶段是业务开发的关键阶段，即从理论研究向生产实践转换的阶段。只有通过业务特征描述才能使业务构思变成业务实体属性，才能真实判断业务在技术上和商业上的可行性。业务特征描述主要考虑的因素有：目标人群，业务功能及稳定性，使用方法及对终端的要求，付费方式，业务限制，业务的覆盖范围，服务平台，业务维护，用户管理等方面。用户可以通过业务特征更清楚地了解新业务，并及时对新业务提出意见和建议，可助力电信运营企业提高新业务的成功率及客户满意度。

（5）业务研发

业务研发过程即通过技术手段实现业务特征的过程，它可以在旧业务基础上提供新的服务内容，不仅合理利用电信运营企业现有资源，而且缩短了产品生命周期；也可以结合新技术开发新的业务。既有业务与新业务是传承与发展的关系，是连续和渐进的过程，只有正确处理两者之间的关系，才能保持电信运营企业发展的连续性。

（6）新业务执行的绩效评估

为了更好地检验和指导新业务设计，应当在设计过程中进行相应的执行绩效管理，对取得的阶段性成果作全面的分析和评价。执行绩效评价可以在设计过程的任何时点上，通过对业务设计执行过程、效益变化及其对业务设计目标、结果和效益可能产生何种影响所进行的全面系统地分析，及时反馈信息，发现问题、分析原因、提出对策。

（7）业务推广

新业务设计的目的是推广使用，以实现它的经济效益。如何让新的业务被广大的用户所认识进而使用，需要电信运营企业制订合理有效的营销计划。

在电信业务的创新设计流程中，用户不再是新业务的被动接受者，而是参与整个业务设计的过程，特别是在市场需求分析阶段及使用过程中，会对新业务进行评价，还会产生改进的愿望和要求。电信运营企业必须不断将创新的理念融入产品设计中，对服务内容和服务模式进行创新，从而为用户提供实用、便利、丰富的业务服务，让用户获得更好的体验。

8.5　本章小结

本章对电信业务设计的相关内容进行了讨论，首先，介绍了电信业务的概念与分类；其次，对电信业务价格的概念、定价的方法和价格策略进行了阐述；接着，介绍了电信业务运营模式及其创新途径；最后，对电信业务创新的方法进行了阐释。

案例讨论：破解“数据烟囱”为新型工业化献智献技

作为纺织行业的龙头企业，愉悦家纺在规模化过程中曾面临着生产要素多、工艺流程长、工艺管控难度大等诸多问题，且不同产线设备孤立，产能和效能面临着严峻挑战。如今该传统工厂化身“智慧工厂”。这背后离不开联通数科专门为其打造的 5G+工业互联网解决方案。该方案基于我国印染行业首个 5G+工业互联网平台，已在纺织、服装、家居等领域得到广泛应用。过去不同的设备接入一张网，因为数据接入不统一，应用软件众多，形成一个个“数据烟囱”，影响效率。为此，通过中国联通 5G 特色行业专网，企业生产线实现实时、高效地与各种应用进行交互，让所有设备，学会说同一种语言，提高企业生产效率。通过格物平台泛在协议解析能力方面的优势，5G+工业互联网解决方案帮助企业实现印染行业 34 种协议互通，提供强大的工业设备数字化建模工具，融合印染工艺参数，形成 104 种印染行业的设备物模型，极大提升了设备利用率。

讨论题：利用本章学习的知识，试分析中国联通 5G+工业互联网解决方案运营模式创新的主要实现途径。

思考与练习题

8-1　什么是电信业务？

8-2　说明电信业务定价的影响因素。

8-3　什么是线性资费？什么是二部资费？

8-4　说明电信市场的特点，以及电信市场调查的主要方法。

8-5　说明电信业务创新的类别和电信业务创新的途径。

8-6　什么是运营模式？说明电信业务运营模式创新的基本途径。

8-7　某电信运营企业市话扩容，拟定了 3 个方案，实施时可能会遇到 4 种自然状态。不同自然状态下，各方案的损益情况如表 8-5 所示。

表 8-5　3 个方案的损益情况表　单位：万元

方案	自然状态 A	自然状态 B	自然状态 C	自然状态 D
方案一	40	20	12	−5
方案二	55	35	13	−15
方案三	25	15	10	5

请分别用小中取大法、大中取大法、乐观系数法（设$\alpha=0.7$）和后悔值大中取小法找出对应方法的最优方案。

第9章 电信业务流程再造

【引例】划小承包机制，创新内生转型动力

中国电信的每一步发展都离不开改革创新。划小承包是深化前端市场改革，重新配置内部资源的“破冰之举”。在这场变革中，中国电信安徽分公司以基层的承包经营单元为中心，以一线需求为导向的通信企业运营模式的构建，通过机制倒逼，促使处理事务的流程减少、时间大大缩短，建立了一套扁平化、快速响应的综合服务支撑体系，打通了企业运营“任督二脉”。

一线员工最接地气。一线员工的需求反映的是用户的诉求。随着划小承包和倒三角支撑的推进，中国电信安徽分公司前后端及管控专业部门对一线的支撑潜移默化形成共识，深化企业文化内涵，重新诠释了“用户至上，用心服务”。

电信业务流程再造

在竞争激烈的市场环境下，电信运营企业不仅要靠规模取胜，更重要的是靠速度和质量赢得市场。这在很大程度上依赖机制和流程的科学和合理。本章主要讲述业务流程再造的概念以及电信企业成功实施业务流程再造的关键因素。

本章学习目标

（1）掌握业务流程再造的内涵与实施方法。

（2）熟悉电信企业成功实施业务流程再造的关键因素。

9.1 业务流程再造概述

9.1.1 流程的定义

《朗文当代英语词典》对流程的解释是：①一系列相关的内在联系的活动或事件产生的持续的、渐变的、人类难以控制的结果；②一系列相关的人类活动或操作，有意识地产生一种特定的结果。不同的学者从不同的角度对流程也给出了自己的定义。哈默（Michael Hammer）认为，流程是把一个或多个输入转化为对顾客有用的输出的活动。达文波特（Thomas Davenport）将流程定义为跨越时间和地点的有序的工作活动，有始点和终点，有明确的输入和输出，是一系列结构化的可测量的活动的集合。约翰森（H.J.Johnson）认为，流程是把输入转化为输出的一系列相关活动的结合，它增加输入的价值，并创造出对接受者更为有用、有效的输出。

综合起来，流程实质上就是工作的做法或工作的结构，或是事物发展的逻辑状，它包含了事物进行的始末以及事物发展变化的经过，既可以是事物发展的时间变化顺序，也可以是事物变化的空间过程，是为了完成某一目标而进行的一系列逻辑相关活动的有序集合。业务流程是指一组共同为用户创造价值而又相互关联的活动。

9.1.2　BPR 的概念及内涵

1990 年，哈默在《哈佛商业评论》上首次提出业务流程再造（Business Process Reenginaering，BPR）的概念。哈默于 1993 年出版《企业再造：企业革命的宣言书》，其在书中指出，业务流程重组就是对企业的业务流程进行根本性地再思考和彻底性地再设计，从而获得可以用诸如成本、质量、服务、速度等方面业绩的戏剧性改善。

以上定义中包含着 4 个关键词：根本性、彻底性、戏剧性和流程。根本性是指 BPR 要对与企业流程相关的经营问题进行根本性反思；彻底性是指 BPR 不是对流程进行肤浅的调整修补，而是摒弃既定流程及其相关的旧式思维模式和组织管理体制，按实际需要进行深入彻底的改造，重新设计和实现流程；戏剧性是指 BPR 的目标是要让绩效突飞猛进，而不是小幅提升；流程是 BPR 中的核心关键词，要从流程最终所要达到的目标出发，对传统流程进行再造，才能让绩效得到戏剧性改善。

9.1.3　BPR 的实施原则

为保障业务流程再造的成功实施，企业需要遵循以下基本原则。

1. 以流程为中心的原则

业务流程再造的根本目标就是将以职能部门和分工为中心转变为以流程为中心。企业必须识别和命名它的流程，并重新设计业务流程体系，认真实施流程管理。以流程为中心意味着企业形态更具有弹性，流程直接面对用户需求，随市场变化而变化。

2. 团队管理的原则

团队管理是由组织所担负的任务决定的。BPR 的实施强调团队作为组织活动的基础单位，而不是以个人的专业活动为基础。团队由跨部门、多专业人员组成，并要创造跨越职能边界的横向信息共享与合作，创造一种文化氛围和价值观，指导员工关注流程的最终结果。

3. 用户导向的原则

作为提供服务产品的企业，其任何流程的设计和实施都必须以为用户提供价值为标准。尽管现实生活中的企业目标是多元化的，但是满足用户的需求始终是企业首要目标之一。企业的一切经营活动都围绕客户为中心运行，以顾客为起点和归宿。

9.1.4　BPR 的实施阶段

BPR 的实施阶段如图 9-1 所示。

1. 战略决策

（1）树立愿景。企业要想顺利推进 BPR，就应该在发起之初，在企业自上而下，进行思想动员，统一企业员工的思想认识，增强员工承受力，特别是让员工对将来组织调整有所心理准备，让员工认同 BPR 的新愿景，为流程再造的顺利进行营造氛围。

（2）获取高级管理层的支持。成功的业务流程再造项目从一开始就应该得到高级管理层的支持，因为高级管理层的支持对于项目团队获得企业全体人员的支持是十分有利的，而员工的支持是 BPR 成功的保证。

（3）选择核心流程。企业进行 BPR，并不是对企业的全部流程进行再造，而是要选择一些核心流程进行再造。在确定再造流程时，企业应该选择那些绩效低下、对企业最重要和容易落实执行的流程作为再造对象。

2. 再造计划

（1）组建再造团队。工作团队的整体水平将决定业务流程再造行动的成败，因此企业要想成功地进行 BPR，就必须组建好再造工作团队。工作团队至少由 5 个方面人员组成：高级管理人员、筹划指导委员会、流程设计者、小组领导人和工作小组。

（2）编制再造计划任务。再造团队应该在对企业进行诊断后找出关键的核心流程，并进行翔实地分析和诊断，有计划地制定出各个阶段的再造任务，大致地估算出项目的资源需求、预算、历程以及各个阶段要达到的目标。

确定评估标准和再造目标。根据国家或行业的有关标准并结合本企业的实际经营情况，设立明确的流程再造的总体目标。

3. 诊断分析

（1）问卷调查法。问卷调查法是调查者运用统一内容的问卷向被选取的调查对象了解情况或征询意见的调查方法。问卷一般由卷首语、问题与回答方式、编码和其他资料 4 个部分组成。问卷调查的一般程序是：设计调查问卷，选择调查对象，分发问卷，回收和审查问卷，对问卷调查结果进行统计分析和理论研究。

（2）流程图法。流程图法是将所有组成流程的要素以图形化的方式表示出来。

（3）观察法。观察法是调查人员在调查现场对调查对象的情况直接进行观察和写实，获取所需信息的一种调查方法。观察法的优点是调查较为客观，真实性高，受调查人员偏见影响小，可以实际地记录下所有流程作业动作和其花费的时间。

4. BPR 设计

在 BPR 设计中，通常采用头脑风暴法、标杆管理法、关键路径法等方法和手段。

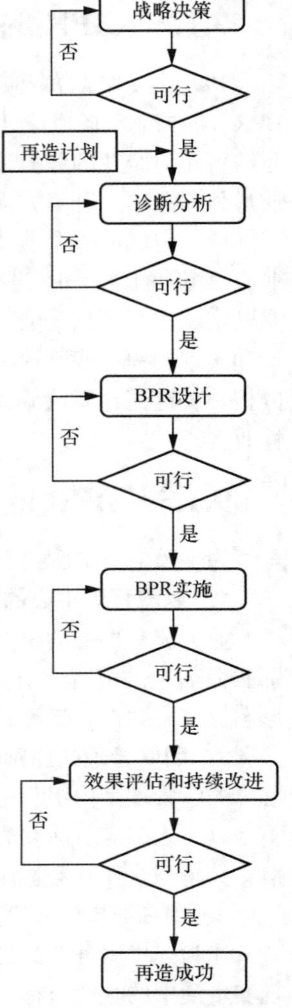

图 9-1　BPR 的实施阶段

（1）头脑风暴法。头脑风暴法是一种激发创造性思维的方法。该方法要有一个好的会议主持人，创造一个自由且目的明确的讨论氛围，才能真正地激发出众人的创造力，达到创新设计的目的。

（2）标杆管理法。标杆管理法又被称为基准管理法，就是在生产成本、周期时间、营销成本、价格等领域中，找出明确的衡量标准或项目（标杆企业），然后将企业在这些项目的表现与标杆企业进行比较，找出差距，弄清楚标杆企业的流程，在此基础上，进行企业流程的优化设计。

（3）关键路径法。关键路径法是通过寻找出流程中的关键路径，将关键路径上的非增值部分和非关键工作从关键路径上移走，减少关键流程作业的工作量，达到缩短流程的关键路径的作用。

在业务流程优化中，可以考虑采用以下策略：组合、合并同类工作；删除不必要、不增值的流程环节；按自然状况进行流程优化，避免过于僵化死板的规定；发扬团队精神和团队组织协调工作；加强信息技术在 BPR 中的运用。

5. BPR 实施

BPR 实施主要包括 3 个方面：①通过职责调整、业务单元的重新设计及岗位的转换、改进工作质量等优化现有的管理工作。②通过新技术的应用，改变原有的不合理或者有缺陷的信息系统，使改造后的信息系统能和新的流程相适应。③组织重建、生产、财务、营销、采购流程重建、人员精减、组建团队、工作交替以及培训等。

6. 效果评估和持续改进

BPR 完成后，需要对其效果的好坏进行评估及后续的改进，以保持并不断改进已恢复活力的企业流程。

（1）效果评估。对 BPR 效果进行评价往往采用流程的有效性、高效性以及流程的适应性等指标。所谓有效性，是指流程对于用户需求满意度的贡献水平，只有在流程的产出能够有效提高用户的满意度的情况下，它才是具有有效性的。所谓高效性，是指流程的运营成本要使企业在市场上获得满意的利润水平，没有高效性的有效性是毫无意义的。而流程的适应性是指流程对于内外环境具有自我调节的能力。

（2）持续改进。BPR 并不是一劳永逸的，而是一个循环往复、逐级递进的过程。所有的变革完成以后，企业要认识到短期和小范围的变革并不能满足发展的需要，应该坚持不断地改进，以促成整个组织的改变。因此在市场环境多变的条件下，企业应该坚持不断地改进企业流程，以提高企业的竞争能力。

9.2　电信运营企业实施 BPR 的意义

我国的电信运营企业实施 BPR 具有以下 4 个方面的意义。

1. 提高电信企业的运营效率

通过 BPR，彻底改变电信运营企业的组织体系结构，以经营工作为中心，将企业的管理职能机构改变为企业的运营管理机构，使企业的组织结构扁平化，直接面向市场和用户。

2. 增强电信企业的核心竞争力

BPR 是以用户为中心，可极大地增强电信运营企业的核心竞争力。企业之间的竞争实质上是企业业务流程的竞争：谁能够为用户提供最快捷、最方便的服务，谁就会在激烈的市场竞争中取胜。

3. 使用户成为企业的核心

传统的业务流程是以企业管理为核心的，企业的最高领导者是管理的核心，业务流程的起点和归宿都是管理，甚至用户的利益有时也要服从管理的需要，存在着许多方便管理而不方便用户的问题。再造后的业务流程，以用户为起点和归宿，企业的一切经营活动围绕用户来运行。

4. 提高企业的运营管理水平

在 BPR 的过程中，企业的组织结构由垂直的直线型变为扁平型，一切与用户服务和市场竞争不相关联的内容和环节将被缩减甚至取消。只有这样，企业组织机构的运行效率才能大幅度提高，运行成本才能大幅度降低，企业的竞争实力才会大大增强。

9.3　电信运营企业成功实施 BPR 的保障

9.3.1　电信运营企业成功实施 BPR 的基本要求

电信运营企业实施 BPR 主要是围绕电信业务流程的重建来进行的。流程重建是指对企业的现有流程进行调研分析、诊断、再设计，然后重新构建新流程的过程。在实施 BPR 的过程中，电信运营企业应遵循以下 5 点基本要求。

（1）确立明确的、可以衡量的重组目标。

（2）在新一代移动互联网竞争环境下，用户、业务、营销体系都有可能发生变化，因此，电信运营企业有必要从市场及企业实际出发，树立需求导向、流程第一的思想，对业务流程进行研究，参考用户、价值和运行环境所发生的变化，开展电信业务流程再造。

（3）整个流程再造过程采取“自上而下”和“自下而上”相结合的策略，以自上而下为主。

（4）将各地分散的资源视为一体，注重整体流程最优的系统思想。

（5）使决策点位于工作执行的地方，在业务流程中建立控制程序。

9.3.2 电信运营企业成功实施 BPR 的关键因素

1. 坚持以企业战略目标为导向

随着以新一代移动互联网所代表的数字时代的到来，电信运营企业更应该明确自身的战略发展目标，坚持以企业总体战略目标为导向，设置有效的业务流程重组目标，以成功实施 BPR。这样，电信运营企业可更为有效地提升运营效率，为新形势和竞争环境下现有用户提供方便快捷的服务，获得更多拓宽市场的机会。

2. 重视员工的协作

电信运营企业为确保 BPR 的成功实施，应关注业务流程重组过程中人的因素，重视员工的协作，主要包括高层管理者的支持、内部执行人员的工作推进以及其他员工的积极响应。

（1）争取高层管理者的参与和支持。BPR 是一项跨部门的工程，是改变电信运营企业模式和人的思维方式的变革，必然对每一位员工的工作产生较大影响。特别是 BPR 常常伴随着权力和利益的再分配，会引起员工尤其是企业中层管理者直接或间接的抵制，因此，如果缺少高层管理者的明确支持，BPR 很难运作和推行。

（2）给执行人员以决策权力。在 BPR 的机制作用下，每一位执行人员在工作中都有对企业的决策与管理权，这样既可消除企业信息在传导中的延时和误差，也对执行人员具有极大的激励作用，促使内部执行人员更为有效地推进 BPR。

（3）鼓励员工积极响应。在 BPR 中，如果企业员工没有以积极认真的态度面对，将会导致 BPR 的偏差甚至失败。因此，电信运营企业在实施 BPR 过程中需要注重对员工的激励，采用积极鼓励、动员，辅助的培训与指导，适当的激励机制等方法，以取得全体员工的配合与协作。

3. 建立畅通的交流渠道

交流渠道不畅有可能引起企业员工思想的波动，形成变革的阻力。因此，为确保电信运营企业成功实施 BPR，电信运营企业在内部需要通过各种媒体建立畅通的交流渠道，深入宣传 BPR 的目的、意义以及 BPR 的方式和方法，以取得全体企业员工的理解和支持。

4. 邀请专业咨询公司参与

专业咨询公司具备各类综合人才和丰富的 BPR 实践经验，能够协助缺乏 BPR 经验的电信运营企业在设计、测试、执行等各个阶段内实施再造；另外，专业咨询人员不受企业内部人际关系和政策的制约，因此方便与企业管理者、员工、用户之间相互沟通。

5. 选择分阶段实施策略

通常，企业由多种业务部门相互交错而成，一次性完成 BPR 可能会超出企业的承受能力。因此，为确保 BPR 的成功实施，电信运营企业应该实行分阶段实施策略，循序渐进，逐步推进 BPR 流程。与此同时，应该选择那些可能获得阶段性收益和对实现电信运营企业战略目标具有重要影响的关键环节作为再造对象，使企业早日看到再造后的成果，营造一种积极、乐观、勇于参与的良好氛围，促进 BPR 的进一步推进。当然在新流程全面投入运行之前，电信运营企业需要做可行性实验，从而保障 BPR 的平稳、成功推进。

9.4　本章小结

本章首先介绍了流程与业务流程再造（BPR）的概念，以及 BPR 的实施原则和方法；其次讲述了电信运营企业实施 BPR 的意义；最后介绍了电信运营企业成功实施 BPR 的基本要求和关键因素，强调了电信运营企业要进行业务流程重组就必须重视流程重组过程中目标的导向、员工的协作、交流渠道的畅通、专业咨询公司的参与及分阶段实施 BPR。

案例讨论：安徽某运营商开展宽带装维流程穿越活动

为进一步提升装维服务能力，近期，安徽某运营商聚焦装维响应及时性、故障解决专业性、触点服务规范性等几个维度，深挖服务短板，倡导宽带管理人员深入一线，开展装维流程穿越活动。参与人员结合自身工作性质和特点，围绕宽带装移机、故障处理、延伸服务 3 个场景开展流程穿越活动。管理人员与用户和一线装维员进行面对面交流，了解用户对业务办理、服务过程的真实感受，倾听用户对宽带业务的正反面评价，收集一线装维人员在日常工作中遇到的问题。同时，公司要求穿越人员从用户角度出发，深入分析在活动过程中发现的各类问题，提出改进措施与意见建议，提交穿越体验报告，为进一步提高用户服务质量打下了坚实基础。

讨论题：试用 BPR 实施的阶段方法说明本案例中的装维流程穿越活动是哪个阶段的工作？此外，如何保障 BPR 的成功实施？

思考与练习题

9-1　什么是流程？什么是流程再造？

9-2　试说明电信运营企业实施 BPR 的意义。

9-3　什么是标杆管理法？

9-4　简要介绍实施 BPR 的 6 个阶段，以及各阶段的主要工作。

9-5　电信运营企业要想成功实施 BPR，需把握的关键因素是什么？

第 10 章 电信业务供应链管理

【引例】中国电信推进供应链管理

中国电信切实加强供应链生态与供应商管理，将供应链管理向产业链上下游扩展，依托天翼供应链生态发展论坛，加强成员企业交流，推进成员企业在市场、业务、技术、产能、商务多层面的合作，融通发展，合作共赢。基于“供应安全、核心能力、合作规模、履约绩效、绿色低碳、生态关系”等六大维度，中国电信从数百家集团集采供应商中优中选优，评选出 20 家战略供应商和 64 家优秀供应商，并以此为牵引和辐射，助力自身的战略发展、价值创造、风险防控和资源保障。

在传统企业中，采购部门关注的重点是如何同供应商进行商业交易活动，它们重视交易价格，并从中选择价格最低的作为合作者。从短期来看，这种竞争关系有利于获得价格和成本方面的优势，但从长期来看，一些供应商为了获得采购订单，会降低产品质量或后续的服务质量以压缩成本；这样的做法严重损害了采购方的利益，导致采购方实际交易成本增加。本章主要讲述供应链管理的概念、电信业务外包与管理、供应链绩效评价。

本章学习目标

（1）掌握供应链的概念与特征，了解电信供应链的特点。

（2）了解供应链管理的目标和基本原则、供应链战略的主要内容。

（3）掌握业务外包的含义和电信业务外包的动因。

（4）熟悉供应链绩效评价方法及其在电信业务供应链绩效评价的应用。

10.1 供应链管理概述

10.1.1 供应链的概念与特征

1. 供应链的定义

供应链（Supply Chain）这一名词最早出现在 20 世纪 80 年代。最初，供应链仅被视为企业内部的一个物流过程。供应链涉及的主要是物料采购、库存、生产和分销诸部门的职能协调问题，最终目的是优化企业内部的业务流程，降低物流成本，从而提高经营效率。

后来，人们对供应链的认识从企业内部扩展到企业之间，将供应商纳入供应链的范畴，把供应链的概念与采购、供应管理相关联，用来表示与供应商之间的关系。例如，《英汉物流管理大辞典》中定义供应链是产品从生产者到消费者的整个流通过程。供应链亦被称为销售链，如果较强调用户则被称为需求链。其后，发展起来的供应链管理概念注意了企业间的联系，注意了供应链企业的外部环境，并将用户纳入供应链的范围。随着经济全球化的发展，供应链的概念更加注重围绕核心企业的网链关系，对供应链的认识从线性的“单链”转向非线性的“网链”。哈里森将供应链定义为“执行采购原材料，将它们转换为中间产品和成品，并且将成品销售到用户的功能网链。”马士华认为，“供应链是围绕核心企业，通过对信息流、物流、资金流的控制，从采购原材料开始，制成中间产品以及最终产品，最后由销售网络把产品送到用户手中的将供应商、制造商、分销商、零售商直到最终用户连成一个整体的功能网链结构。”

根据供应链协会（Supply Chain Council，SCC）的定义，供应链涵盖了从供应商到用户，即从生产到成品交货的各种努力。我国发布《物流术语》（GB/T 18354—2021）中，对供应链的定义是“生产及流通过程中，围绕核心企业的核心产品或服务，由所涉及的原材料供应商、制造商、分销商、零售商直到最终用户等形成的网链结构”。

本书采用《物流术语》的定义。

2. 供应链的结构

实物供应链可以看成一个由原料加工阶段组成的增值网络，包括供应输入、原料转换和需求输出。如图 10-1 所示，这些阶段（供应、制造、装配、分销、零售和用户）用箭头相连，描述了在每一阶段之间伴随着库存的实物流。供应链包括众多的成员，只有在整个供应链的参与者之间建立有效的伙伴关系和合作时，才能取得成功。

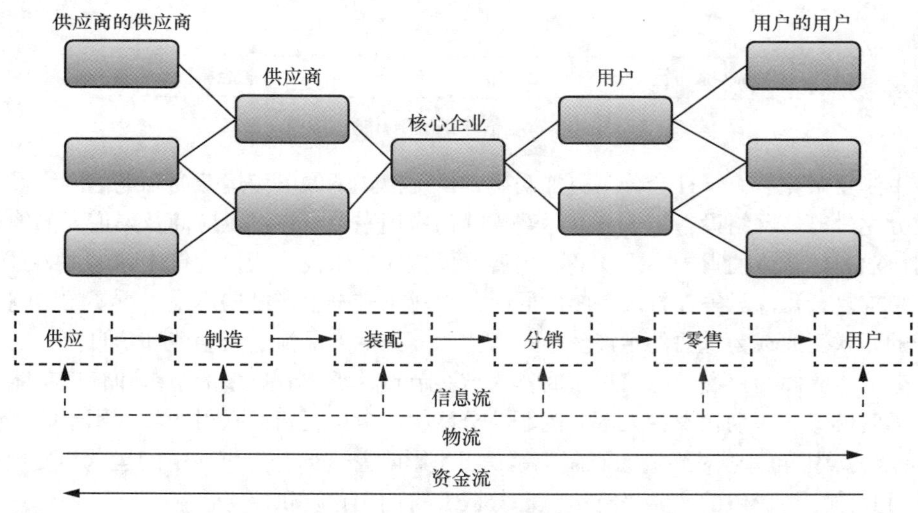

图 10-1　供应链网链图

3. 电信供应链

电信业在信息社会中处于基础设施地位，与自来水、煤气、电力等行业一样，是一个网络性产业。区别于一般商品制造业，电信业向社会提供的主要是服务，即电信业还具有服务贸易性。因此，在服务项目的外部表现形态上，电信业与传统制造业存在诸多差异。

（1）产品的形态不同。制造业的产品是可见的、有形的；电信业的产品一般是不可见的、无形的。

（2）生产过程不同。制造业产品的制造与消费过程是分离的，制造过程可以是间断的；电信业产品的制造过程和消费过程是合一的，制造过程必须是连续的，并且这一过程何时开始何时结束完全由用户决定。

（3）消费方式不同。制造业的产品售出后，双方的买卖关系结束，与用户的联系是售后服务。

而电信业售出端口后，用户的消费过程刚刚开始，存在二次消费的过程。在这个过程中，用户何时消费、消费什么、消费多少，除了与用户自身因素有关外，还受电信运营商所提供业务的引导。

电信业供应链的拓扑结构如图10-2所示。电信供应链具有以下5个突出特点。

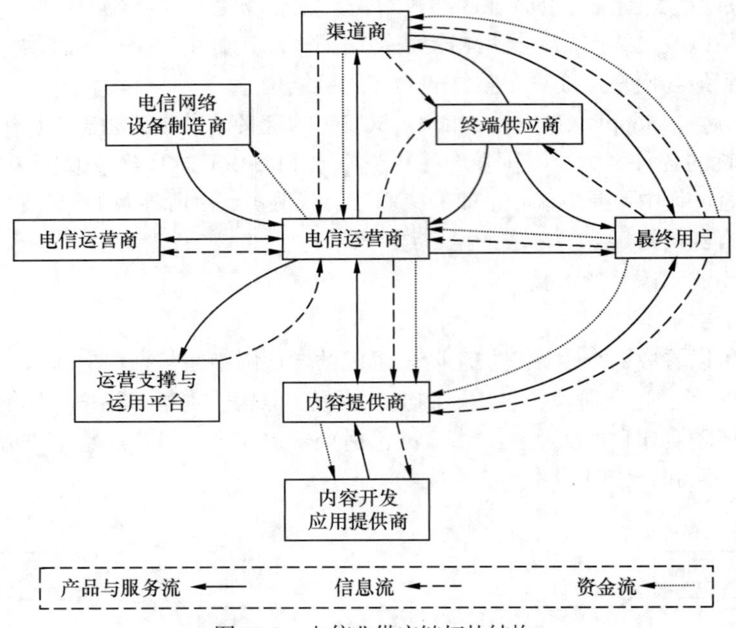

图10-2　电信业供应链拓扑结构

（1）主体复杂化。由于社会分工更加明确，传统模式下的电信运营商和电信网络设备制造商的职能被分化，电信网络设备制造商、运营支撑与应用平台、终端供应商及渠道商的地位逐渐显现，而增值业务的产生使得内容提供商、内容开发应用提供商成为供应链中新的主力军。

（2）结构复杂化。竞争在打破垄断的同时，也对供应链生产结构产生了重要的影响：电信运营商之间的互联互通成为重要的生产环节；产生了复杂的产品流、资金流和信息流。

（3）电信运营商为核心。电信运营商作为核心节点，承担着更多的组织和管理功能，并且掌握着业务运营模式的主动权及绝大部分的利益分配权。电信运营商获得的收入用于购买设备、系统/平台或分成，甚至用于对终端的定制包销，于是影响着这部分子供应链的运营与发展。电信运营商通过对其他主体提供的产品进行组织和集成，再向用户提供服务。

（4）用户信息流的重要作用。以用户为中心的买方市场在新的模式下发展起来。为了保证参与生产的各方按用户需求组织生产和开发市场，用户信息在这种模式下的供应链链条中活跃起来，并成为供应链组织的决定性信息。

（5）资金流多向分配和多阶段分配。用户消费支付的资金流的流向和分配也相对复杂。根据业务和服务特点的不同，资金可能付给电信运营商、终端供应商，也可能支付给渠道商，甚至是内容提供商。这些资金还会再次分配，通过电信运营商流向电信网络设备制造商、运营支撑与应用平台、内容提供商及提供互连的其他电信运营商等，或通过内容提供商分配给内容开发应用提供商。

10.1.2　供应链管理

1. 供应链管理的定义

供应链是供应链管理（Supply Chain Management，SCM）的客体。对供应链不同范围、不同角度的认识决定了不同的供应链管理的认识范围和角度，大致可以分为以下 4 类。

（1）供应链管理是一种管理理念和哲学。供应链管理是一个统一的过程，强调战略决策，是一种新系统方法整合而不是接口连接。供应链管理本质就是在追求企业合作的效率，以较少的产品前置时间与最佳的营运成本，获取企业营运的竞争优势。电信运营商应围绕市场产品需求设计供应链，以满足用户需求为目标。供应链管理是从供应链整体出发，管理上游供应商和下游用户，以更低的成本传递给用户更多的价值。

（2）供应链管理是一种具体性的管理方法体系，体现了管理的职能，包括计划、控制、协调、决策。供应链管理是通过前馈的信息流和反馈的物料流及信息流，将供应商、制造商、分销商、零售商直到最终用户连成一个整体的管理模式。物流管理委员会（Council of Logistics Management，CLM）认为，供应链管理不仅包括物流，还包括对物品、服务、信息进行从起始点到消费点的计划、实施、控制，以满足最终用户需求的全部过程。

（3）供应链管理是一种流程管理。供应链管理所管理的是伙伴关系、信息和物料流的流程。该流程超出了企业的边界。供应链管理就是使供应链运作达到最优化，以最小的成本令供应链从采购开始，到满足最终用户的所有过程，包括工作流、实物流、资金流和信息流等均高效率地操作，把合适的产品以合理的价格，及时准确地送到消费者手上。

（4）供应链管理是一种关系管理，是对商业活动和关系的管理，其管理对象包括：组织内部，直接的供应商，供应链中一级和二级供应商与用户，整个供应链。

综上，供应链管理包括了对涉及采购、外包、转化等过程的全部计划和管理活动及全部物流管理活动。更重要的是，它也包括了与渠道伙伴之间的协调和协作，涉及供应商、中间商、第三方服务供应商和用户。从本质上说，供应链管理是企业内部和企业之间的供给、需求管理的集成。

2. 供应链管理的目标

供应链管理的目标是供应链整体价值最大化。供应链管理所产生的价值是最终产品对用户的价值与用户需求满足所付出的供应链成本之间的差额。供应链管理使节点企业在分工基础上密切合作，通过外包非核心业务、资源共享和协调整个供应链，不仅可以降低成本，减少社会库存，使企业竞争力增强，而且通过信息网络、组织网络实现生产与销售的有效连接和物流、信息流、资金流的合理流动，优化配置社会资源。

供应链管理的整体目标是使整个供应链的资源得到最佳配置，为供应链企业赢得竞争优势和提高收益率，为用户创造价值。供应链管理强调以用户为中心，即做到将适当的产品或服务，按照合适的状态与包装，以准确的数量和合理的成本，在恰当的时间送到指定地方的确定用户手中。

因此，最好的供应链管理不是将财务指标作为最重要的考核标准，而是密切关注产品进入市场的时间、库存水平和市场份额等。以用户满意度为目标的供应链管理必将带来链中各环节的改革和优化，从而在提高用户满意度的同时实现销售的增长（市场份额的增加）、成本的降低，以及固定资产和流动资产更加有效地运用，从而全面提高企业的市场竞争实力。

3. 供应链管理的基本原则

供应链管理的基本原则有 7 条。

（1）根据用户所需要的服务特性来划分用户群，并建设有利可图的服务体系。传统意义上的市场划分是根据企业的自身状况，而供应链管理的用户划分强调用户的需求，针对细分群体体系，将服务体系转化为现实的利润。

（2）根据用户需求和企业可获利情况，设计企业的后勤物流网络，保证其经济性和灵活性。

（3）及时掌握市场的需求信息，调整供应链的需求计划。通过销售和运营计划及时监测整个供应链运作，及时发出需求变化的早期警报，并据此安排和调整计划。

（4）控制时间延迟，使产品多样化的最终构成尽量接近用户，并通过供应链实现快速响应。

（5）与供应商建立双赢的合作策略。迫使供应商压价是一种短期策略，与供应商建立长期的合作共赢关系才是供应链管理的长期策略。

（6）在整个供应链领域建立信息系统，提高产品、服务和信息流的可见度。

（7）建立整个供应链的绩效考核准则，衡量为最终客户服务的成败。供应链的绩效考评准则要建立在整个供应链上，而不仅仅是个别企业的鼓励标准。

10.1.3　供应链管理战略

1．供应链管理战略的含义

一般来说，供应链管理战略是一个企业特别是核心企业在供应链管理最重大问题上的选择取舍。一个企业是供应链上的一环，如果它拥有这个供应链上最稀缺的资源，那么它就是这个供应链上的核心企业。对一个企业特别是核心企业来说，制定、实施正确的供应链管理战略具有必要性。

首先，供应链中生存着许多不同类型的成员，他们目标和利益是有差异的，甚至是相互冲突的，如何有效地集成这些成员是一个难题；其次，供应链是一个动态的系统，随时间而不断地变化，不仅用户需求和供应链成员的能力会随时间而变化，而且供应链成员之间的关系也会随时间而变化。因此，要充分发挥供应链的作用，就应制定和实施供应链管理战略，提升整个供应链的竞争力，实现双赢甚至多赢。

供应链管理战略的核心思想是：供应链管理能够支持和驱动企业的战略，而非仅仅是企业运营策略的一部分。企业能够通过领先的供应链管理获得竞争优势并显著地创造价值。供应链管理战略将供应链上的所有交易对象都看作“用户关系”，以“供应链整体”为中心，谋求“多赢”，并以未来的长期利益为指向，帮助企业精心选择合作伙伴，使企业与合作伙伴组合成为一个不可分割的、协调发展的整体。同时，供应链管理战略强调快速反映市场需求及战略差异化，追求高稳定、低风险、低成本、高效益，从而使供应链整体价值最大化。

2．供应链管理战略的主要内容

（1）竞争战略

随着信息技术的发展，企业面临的竞争是全球范围的市场竞争。供应链管理必须建立一个具有快速反应能力和以用户需求为基础的系统，充分体现信息技术在供应链各环节中的作用，提高供应链的效率，从而降低整个供应链的物资储备、产品库存等方面的成本，满足用户的各种需求。

核心竞争力是企业赢得竞争的基础和关键。核心竞争力是在企业内部经过整合的知识和技能，是企业在经营过程中形成的不易被竞争对手仿效的，能带来超额利润的独特能力。对供应链管理来说，培养企业（特别是核心企业）的核心竞争力尤为重要。要培养企业的核心竞争力，就要集中企业资源从事某一领域的专业化经营，在这一过程中逐步形成自身在经营管理、技术、产品、销售、服务等诸多方面与同行的差异。企业在发展自身与同行上述诸多方面的差异的过程中，就可能逐步形成自己独特的可以提高消费者特殊效用的技术、方式、方法等，而这些有可能构成企业今后核心竞争力的要素。

（2）协调战略

协调战略包括关系协调战略、利益协调战略和信息协调战略。

① 关系协调战略。它的目的是建立互信互利的伙伴关系。为了建立这种关系，供应链上各企业在合作的不同阶段，应采取必要的措施实现彼此关系的协调：在最初合作阶段，要增进互惠互利的基础；在合作过程中，要妥善解决各种冲突，尤其要发挥核心企业在解决冲突中的重要作用；在深化合作阶段，要增强相互认同。

② 利益协调战略。供应链上的企业共同创造和合理分配利益，但企业间也存在着利益冲突。供应链管理中的协调，以供应链整体价值的创造和合理分配为核心，构建供应链的利益共同体。实施这一战略，要以效率优先、兼顾公平为原则。

③ 信息协调战略。信息技术不仅改变着企业内部的业务流程和组织管理流程，而且改变着企业间的联系。通过建立基于供应链管理的信息共享系统，使供应链上的企业及时做出或调整自身的生产经营策略，从而避免“牛鞭效应”等由于信息不对称所引起的供应链效率损失，实现供应链上企业现有资源的高效整合、优化配置，实现价值最大化。

（3）供应链文化战略

供应链文化战略是指供应链上的企业在长期交往中逐渐形成的共同信念，它包括价值观、经营哲学、道德准则、管理制度、员工心态，以及由此表现出来的企业共同的风范和精神。供应链文化所倡导的信任与合作精神、商业理念和行为规范，是供应链运行机制的文化基础。如果供应链没有一个共同的文化基础，各节点企业的文化便会互相冲突和抵触，从而影响供应链管理的效果。因此，必须对供应链中各节点企业的文化进行系统整合，增强它们之间的亲和度，以便有效地消除供应链中各种文化的摩擦，以及由此导致的系统内耗。

供应链管理战略的具体实施步骤包括：战略目标的制定、运作方式的选择、战略实施与控制、绩效评价等。

10.2　电信业务外包与管理

10.2.1　业务外包

外包（Outsourcing）英文直译为“外部寻源”，是指通过合约把企业的非核心业务、无增值收入的生产活动包给外部的“专家”。

业务外包是指企业将一些非核心的、次要的或辅助性的功能或业务外包给外部专业服务机构，利用它们的专长和优势来提高整体效率和竞争力，利用外部资源来完成组织自身的再设计和发展，而自身仅专注于具有核心竞争力的功能和业务。

外包根据供应商的地理分布状况划分为境内外包和离岸外包。境内外包是指外包商与其外包供应商来自同一个国境，因而外包工作在境内完成。离岸外包则指外包商与其供应商来自不同国境，外包工作跨境完成。由于劳动力成本的差异，外包商通常来自劳动力成本较高的国家或地区（例如美国、西欧和日本），外包供应商则来自劳动力成本较低的国家或地区。境内外包更强调核心业务战略、技术和专门知识、从固定成本转移至可变成本、规模经济、重价值增值甚至成本减少；离岸外包则主要强调成本节省、技术熟练的劳动力的可用性，利用较低的生产成本来抵消较高的交易成本。

外包的范围按工作性质可分为“蓝领外包”和“白领外包”。“蓝领外包”指产品制造过程外包。“白领外包”亦称“服务外包”，指技术开发与支持其他服务活动的外包，其中，技术开发与支持的外包一般采用一次性项目合同的方式寻求第三方专业企业的服务，称为“合同外包”；其他服务活动的外包多通过签订长期合同的方式交由专业外包提供商进行，称为“职能外包”。

10.2.2 电信业务外包的动因

我国传统的电信运营企业是高度垂直一体化的公司，采用“大而全”的经营模式。这种经营方式受制于企业内部资源的限制，不能适应迅速变化的消费需求，难以抓住市场机会。电信运营企业在核心竞争力的基础上引入外包，将某些管理职能虚拟化，充分利用外在资源，减少组织环节，压缩管理层次和职能机构，建立起一种紧凑、富有弹性的，灵活、快速应变的扁平化管理组织，对迅速改变或者无法预见的消费者需求和市场机遇做出快速反应，以获取竞争优势。电信运营企业实施业务外包的动因有以下 3 个方面。

（1）电信业务外包是电信运营企业应对新竞争形势的一种战略性选择。近年来，随着国内电信格局的重组和移动通信的高速发展，如何降低成本，提升核心竞争力，成为电信运营企业面临的重要课题。通过业务外包，电信运营企业能够有效利用外部资源，将精力集中到核心业务开发上。

（2）电信业务外包是应对激烈竞争的需要。共建共享、引入民资、三网融合使得电信业的竞争日益激烈，电信运营企业的反应速度成为重要的核心能力和竞争优势的源泉。研究表明，企业规模与企业组织的官僚性之间有很大的相关性和必然性，因此要提高企业的反应速度，赢得竞争优势，就必须尽可能地精简企业的规模，确保企业业务的顺利开展，而外包是满足这些要求的一个重要途径。

（3）电信业务外包是向电信用户传递更高价值的需要。电信运营企业通过将业务外包给一些专业生产商，获得这些专业生产商提供的关键资产服务，而这种专业化的服务会带给电信用户更高的价值。

10.2.3 电信业务外包的管理

根据当前电信运营企业推行业务外包的实际情况，可对电信业务外包的内涵表述如下：电信业务外包是指电信运营企业将日常经营管理中的部分业务或工作，委托给企业以外的专业服务企业、其他经济组织或个人具体实施，并支付报酬的经营管理方式。目前各电信运营企业外包的电信业务主要有网络与设备维护外包、增值业务外包等。电信运营企业通过在原有的主营业务和增值业务领域引入外包合作伙伴，共同创建企业的价值链，更好地服务快速变化的市场，为电信用户提供更优质的服务。

在对电信业务外包的管理中，电信运营企业内部需要建立必要的评价体系，以便对外包供应链的作用作出正确评价。一般采用面向聚焦的方法对外包供应链进行绩效考核。这种聚焦又可分为职能聚焦、流程聚焦、企业聚焦和跨企业合作聚焦等多种方法。对外包供应链的绩效考核可用下列关系式表达。

$$B\text{（外包供应链绩效）}=f\text{（成本，流程，利润，服务）}$$

式中，电信业务外包供应链的绩效是成本、流程、利润和服务的函数。如果用 C 表示成本，用 P 表示流程，引入外包服务后绩效好则 P 的时间减少、C 降低；用 R 表示利润，用 S 表示服务，引入外包服务后绩效好则 R 增加、S 提升，由此外包供应链绩效进一步表达为

$$B = \frac{R+S}{C+P}$$

从上式可看出，外包供应链绩效取决于是否降低运行成本、是否减少内部流程周转时间以及是否提升电信运营企业的利润和服务水平。

10.3　供应链绩效评价

10.3.1　供应链绩效评价方法

所谓绩效评价，即运用数量统计和运筹学等方法，采用特定的指标体系，对照统一的评价标准，按照一定的程序，通过定量、定性分析，对特定主体在一定的期间内作出的效益和成绩，作出客观、公正和准确的综合评判。供应链绩效评价是围绕供应链管理目标，对供应链整体、各环节（尤其是核心企业）运营状况以及各环节之间的运营关系等进行的事前、事中和事后分析评价。下面介绍 3 种常用的绩效评价方法。

1．关键绩效评价指标法

关键绩效评价指标（Key Performance Indicator，KPI）是通过对流程的输入端、输出端的关键参数进行设置、取样、计算、分析，进而衡量流程绩效的一种目标式量化管理指标，是把组织的战略目标分解为可操作的工作目标的工具。关键绩效评价指标法是常用的一种绩效管理方法。

KPI 法常用于企业内部绩效管理，通过分解的指标，使部门主管明确部门的主要责任，并以此为基础，明确部门员工的业绩衡量指标。对于供应链的绩效评价，关键绩效评价指标法同样是基于供应链的总体目标分解进行绩效评价和管理。

2．平衡记分卡

平衡记分卡的绩效评价模型，满足了管理现代复杂企业时需要多方面考虑绩效的要求，克服了传统绩效评价方法单纯利用财务指标来进行绩效评价的局限，在传统的财务指标的基础上，还兼顾了其他 4 个重要方面的绩效反映，即用户角度、内部流程角度、学习成长角度、财务角度。记分卡中的“平衡”是指在 4 个方面保持平衡：长期目标与短期目标之间；外部计量（股东和用户）和关键内部计量（内部流程/学习成长）之间；结果和结果的执行动因之间；客观性测量和主观性测量之间。平衡记分卡基本模型如图 10-3 所示。

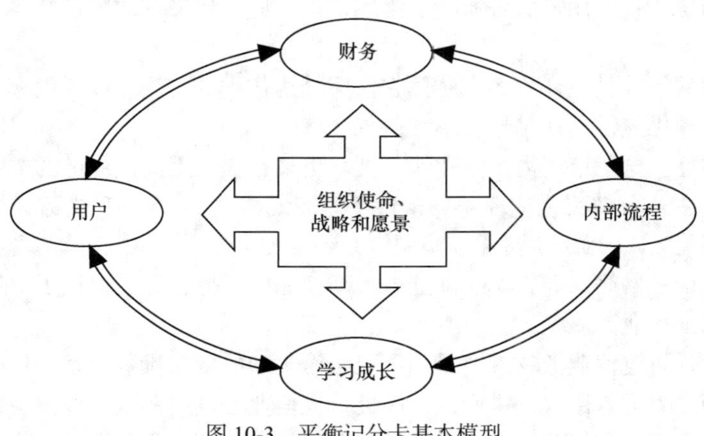

图 10-3　平衡记分卡基本模型

（1）用户角度。为创造出使用户满意的产品和服务，平衡记分卡从用户角度提出了 4 种绩效属性：市场份额、用户保有率、用户获得率和用户满意度等。

（2）内部流程角度。这是平衡记分卡突破传统绩效评价的显著特征之一。平衡记分卡从满足投资者和用户需要的角度出发，在价值链上针对内部的业务流程进行分析，提出了 4 种绩效属性：质量导向的评价、基于时间的评价、柔性导向的评价和成本指标的评价。

（3）学习成长角度。平衡记分卡实施的目的和特点之一就是避免短期行为，注重分析满足需求的能力和现有能力的差距。相关指标包括新产品开发循环期、新产品销售比率、流程改造效率等。

（4）财务角度。组织各个方面的改善只是实现目标的手段，而不是目标本身。平衡记分卡将财务作为所有目标评价的焦点，如果说每项评价方法是综合绩效评价制度这条纽带的一部分，那么因果链上的结果还是归于"提高财务绩效"。

3. 层次分析法

层次分析法（Analytic Hierarehy Proeess，AHP）是一种将定量分析和定性分析结合的决策分析方法，可以处理多目标、多准则、多因素、多层次的复杂问题。

层次分析法解决问题的基本思路是：将需要分析的问题层次化，根据问题的性质和要达到的总目标，将问题分解为不同的组成因素，并按因素间的相互关联影响以及隶属关系，将因素按不同层次聚集组合，形成一个多层次的分析结构模型，并最终把系统分析归结为最低层相对于最高层（总目标）的相对重要性权值的确定或相对优劣次序的排序问题。

10.3.2 电信业务供应链绩效评价举例

用平衡计分卡的思想对电信业务供应链进行绩效评价，主要分为以下 3 个层次。

1. 结果层

结果层指标包含财务绩效和用户导向绩效两个大类。

（1）财务绩效是以评价经营现状和评估财务发展潜力为目标，是供应链运作的最终目的。电信业务收入和用户数表征了电信运营企业经营现状，用户数增长率表征了企业的发展潜力。

（2）用户导向绩效是以评价电信业务水平为目标，是服务行业市场竞争力所在。其中，服务质量来自于供应方，向用户传递服务感知，而价格则直接反映服务的价值。电信市场是一个"推"式供应链，供应方对市场需求发挥着巨大的引导和推动作用；而服务的无形性又使得用户在接受服务中的感知成为了服务产品价值的决定因素。衡量电信业务的关键评价指标是服务满足需求的程度、业务质量、内容质量、用户服务质量、终端质量、应急保障和故障恢复等。

2. 运作层

流程运作角度的绩效是以评价各个主体在供应链运作中的协调程度和效率为目标，是供应链保持良好运作并实现供应链运作结果层绩效的保证。

（1）供应链柔性。电信市场需求变化快、技术更新也快，因此供应链的柔性至关重要。由职能分析这一指标进一步分解为供应商业务柔性（生产线柔性）、网管和支撑柔性（网络和服务接入能力、计费结算能力）、网络容量柔性（网络升级维护柔性），其中，前两者保证了对技术更新换代的适应性，保证了网络对新技术、新业务、新产品的支持；后者保证了对用户数、业务量的波动的适应性，保证了业务质量。

（2）供应链投入。电信业务供应链是一个资金密集型的依靠投资拉动的供应链，也是一个市场竞争激烈、营销服务投入巨大的供应链。因此，电信业务供应链投入按照主体职能分解为网络设备和平台提供商投入、网络和业务建设维护投入、技术和新产品开发投入、营销推广投入和用户服务投入等关键指标。

（3）产能利用率。电信业务供应链上消耗比较大的就是供应商的供应和网络能力，因此产能利用率分解为供应商产能利用率、网络业务能力利用率和网络容量利用率 3 个关键指标。

3. 支持层

服务创新和成长是支撑电信业务供应链运作的两个基本条件，又由于电信业务投资巨大，因此资源管理能力是整个供应链良好运作的支持能力之一。支持层的指标包括服务创新能力、资源管理能力和成长空间等。

10.4　本章小结

本章首先介绍了供应链、供应链管理、供应链战略；其次讲述了业务外包的概念、电信业务外包的动因及管理；最后介绍了供应链绩效评价方法及电信业务供应链绩效评价。

案例讨论：电信运营商的网络代维

通信网络代维是指电信运营商将网络的运营维护外包给专业服务企业，其核心在于提升网络维护能力，提高网络维护质量，降低维护成本。代维的具体分类包括通信和计算机网络等基础设施日常维护、故障抢修、修缮整改、安全、网络升级扩容、网络管理、网络优化，数据终端、数据库、计算机网络、设备清洗等。现有竞争格局中，提供通信网络技术综合服务行业的竞争主体主要分为 3 个部分：电信运营商旗下的通信技术服务企业、市场培育发展起来的专业技术综合服务商、设备制造商及其有关的技术服务机构。近年来，随着采购制度的完善、采购程序的规范，电信运营商已经普遍采用电子化方式公开招标，尤其是“集中采购”项目规模和占比逐步上升，行业市场信息日趋公开、行业标准日渐规范、市场竞争日益透明。未来拥有一定技术实力及较好过往业绩的企业或将占据更高的网络代维市场份额。

讨论题：结合本章内容，试分析电信运营商实施网络代维的主要动因。

思考与练习题

10-1　什么是供应链？什么是供应链管理？供应链管理的目标是什么？

10-2　电信供应链的特点有哪些？

10-3　什么是业务外包？电信企业实施业务外包的动因是什么？

10-4　简述供应链绩效评价的主要方法。

第 11 章 电信业务支撑系统

【引例】中国电信 IoTA（DCP）全球连接管理平台 BSS 站点成功割接

2020 年 12 月，中国电信 IoTA（Device Connection Platform，DCP）全球连接管理平台业务支撑系统（Bussiness Support System，BSS）在江苏南京一次性成功割接，标志着中国电信 IoTA（DCP）全球连接管理平台 BSS 的重建工作取得了重大阶段性成功。IoTA（DCP）物联网连接管理平台，是中国电信面向全球的物联网服务平台。BSS 是该平台的重要系统之一，承担了计费、门户访问等重要功能。割接后，IoTA（DCP）具备新的能力和价值，从架构上完成了更新，有效提升平台服务的可靠性、安全性、灵活性、可扩展性。可以预期，无论是新功能、新特色的快速上线，还是运营服务的保障，都将更加灵活和可靠。

电信业务支撑系统

电信业务支撑系统是直接面向用户的业务运营管理平台，提供与电信业务有关的配置、保障与计费管理。从系统功能实现上，业务支撑系统包括计费、营业、账务、缴费及用户服务等操作性功能和对各种经营信息的统计分析、数据挖掘、决策支持等分析型功能。本章主要介绍电信综合营业系统、计费与账务系统、用户关系管理系统以及电信运营企业的信用管理，以及大数据在电信业务分析中的应用。

本章学习目标

（1）掌握电信业务支撑系统及其主要功能。

（2）熟悉大数据在业务分析中的应用。

11.1 电信综合营业系统

电信综合营业系统是电信运营企业的一个营业综合管理信息系统，即针对各项电信业务，提供一个统一规范的综合业务受理界面，提供营业受理、营业收费、优惠管理、查询管理、销售管理、资源管理、投诉建议处理等功能。综合营业以综合为原则，给用户提供统一的服务，包括一台清、一单清、捆绑销售等。电信综合营业系统的主要功能模块如图 11-1 所示。

综合营业主要包括用户基本资料管理、订单管理、营业收费、工单调度、系统管理等，与统一用户资料密切关联。

（1）营业受理。由于现在电信业务的多样性，营业受理也开始复杂化，具体包括以下内容：业务新装，申请和变更附加业务，增值业务和承载业务，用户改名/过户，账户的合并与拆分管理，更改用户信息，更改资费组合方案，换号，停/开机，退网拆户，挂失/补发，换机/换卡，出租业务，包月制业务的服务费续缴等。

（2）营业收费。营业收费功能主要是实现对营业受理的各项目的费用进行计算，收银、打印发票、回执，也可以将这些费用纳入月账单。营业收费的基本功能包括支持多种收费方式，支持异地跨区收费，支持部分销账，能够向用户提供用户化账单，提供多种业务的单一发票的合打功能，供发票重打和相应的控制功能。

（3）销售管理。销售管理是对销售网络进行管理，支持联网代销和人工代销，主要包括代理商管理、直销管理以及服务代理商管理。代理商管理功能包括对代理商资料、培训、佣金、资源、考评以及远程受理的管理。服务代理商管理主要是记录销售状况，进行账务管理。

（4）资源管理。资源管理包括对终端设备、零配件、业务卡、业务号码以及票证等的管理。

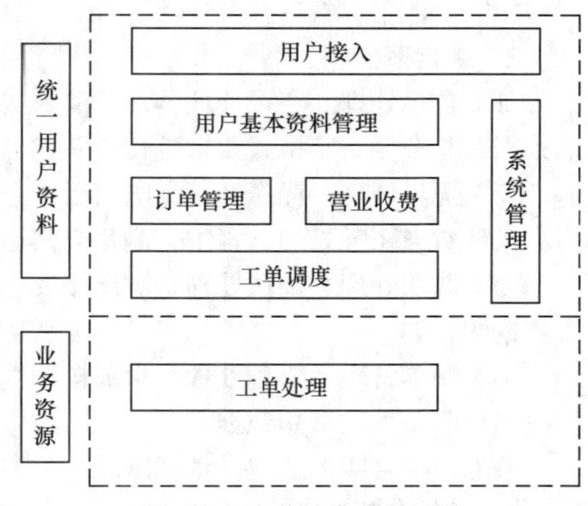

图 11-1　电信综合营业系统

（5）综合统计分析。综合统计分析提供日、周、月、季、年及不定期等 6 种形式的信息分析，并以直方图、饼图和曲线图等方式显示。直方图便于考核各类量值；饼图侧重考核各点比例；曲线图侧重考核各点波动情况。

由于综合营业系统具有面向用户、直接体现和保证内部业务流程的特点，因此综合营业系统建设的总体要求和普通大型企业级应用系统或者普通企业门户网站建设的总体要求有着显著区别。电信综合营业系统更加强调可靠性、合理性、开放性。

11.2　电信计费与账务系统

电信计费与账务系统是电信运营企业开展经营活动的核心系统之一，也是贯穿整个电信发展的主线。电信计费与账务系统的安全、有效运行，不仅直接关系到电信运营企业的效益与发展，也体现了电信运营企业对广大电信用户服务水平的高低，因此计费与账务系统在电信业务支撑系统中占有重要的地位。计费与账务系统主要有以下功能。

1. 综合计费

（1）数据采集及格式转换。电信计费与账务系统有两大数据源：一是话单数据，这是动态数据源；二是用户资料和各种配置参数，这是静态数据源。电信计费与账务系统将不同交换机提供的不同周期、不同格式的话单，以一定时间间隔获得，并进行格式标准化处理，以形成语法上正确的标准化数据源，达到计费后续步骤所需的格式要求。

（2）计费预处理。计费预处理对保障整个电信计费与账务系统正确、高效运行起着举足轻重的作用。采集到的数据经常会存在各种问题，如果直接进行计费，势必造成计算错误，且效率极低；经过预处理后，各种内容非法的情况都被做了相应的标记和处理，这样既保证了计费的正确性，也提高了计费的效率。

（3）计费处理。计费处理功能实现对标准格式的计费原始数据，按照资费标准进行集中计价和部分优惠处理，形成计费清单数据和费用数据，同时为业务量报表统计做好数据准备。

（4）参数管理。数据源中的静态数据，除了用户资料外，很重要的一部分就是静态参数。其中资费标准和计费规则是电信计费与账务系统的基础数据。

（5）审核校验。审核是对每个处理流程的输入数据资料进行合法性检查。校验是对每个处理流程的输出数据资料进行合法性检查。

2. 综合账务

（1）合账处理。合账处理负责将清单费用表中的费用明细与用户资料数据结合，形成用户账单数据，并按照一定格式要求进行合并，形成账务记录放入账目表中，用于收取。

（2）优惠处理。优惠处理是电信运营企业推出的各种优惠政策的支撑体系，将优惠规则贯彻落实在计费与账务处理过程中，满足电信运营企业开拓电信市场、发展业务的需要。

（3）调账处理。调账处理是对出账发生的各种错误或异常进行处理，分离错误数据，消除错误数据的影响。

（4）账单管理。账务处理后生成按账号合并的各业务明细账，经过缴费数据预处理后形成打印在用户账单上的费用数据。

另外，综合账务还包括销账管理、欠费和呆账管理功能。

3. 统计分析

在指定的统计周期内，在计费与账务数据处理过程中，各种统计要素被存储于数据库中。电信计费与账务系统会统计分析人员根据相关要求，依照统计要素的逻辑关系，组合提取相关数据并编制各种统计、分析报表。

4. 综合查询

综合查询功能满足电信计费与账务系统各个生产处理环节（例如数据采集、计费管理、账务管理等）的信息查询和日志查询需求，支持话费查询、话单查询和用户信息查询，同时为每个用户设立查询密码，保证其费用和电信业务信息的保密性和安全性。

电信计费与账务系统是一个分布于广域网环境，长期不间断运行的实时信息处理系统，它需要高效率的处理性能、高度可靠的安全策略、灵活方便的系统配置。因此，电信计费与账务系统对主机平台、网络平台、数据库平台以及应用软件系统的先进性、稳定性、安全性、规范性、开放性、易用性和可扩展性等多方面都有很高的要求。

11.3 电信用户关系管理系统

用户关系管理（Customer Relationonship Management，CRM）能够帮助电信运营企业分析鉴别用户、吸引潜在用户，并最大程度地留住有价值的用户。通过用户关系管理，电信运营企业可以为用户实施更多、更有效的个性化的用户关怀，并通过缩短销售周期，实现降低运营成本，改进用户价值，建立稳固的用户忠诚度，增加企业的销售收入，获得更多的销售机会，从而提高企业运营的效率，帮助企业在竞争激烈的市场竞争中占据有利的地位。作为软件系统，电信运营企业的用户关系管理系统一般应具备以下 5 个基本功能模块。

1. 市场营销管理模块

市场营销管理（Marketing Management）模块帮助市场专家对用户和市场信息进行全面的分析，从而对市场进行细分，产生高质量的市场策划活动，指导市场人员更有效地工作。市场营销管理模块可以针对用户的年龄、性别、习惯、爱好甚至收入情况来促销不同的产品，同时对通过不同途径（例如展销会、网上留言等）搜集来的信息进行分析，筛选出一批潜在用户进行进一步的联系，从而进入售前阶段。市场营销管理模块为销售、服务和呼叫中心提供关键性的信息，例如产品信息、报价信息、企业宣传资料等都是市场营销管理模块提供的。呼叫中心的智能化呼叫脚本的制作也由市场营销管理模块编制。市场营销管理模块通过数据分析工具，帮助市场人员识别、选择和产生目标用户列表。市场营销管理系统能和其他的应用模块相集成，确保新的市场活动自动地发布给合适的销售、服务人员，使活动得到快速执行。

营销自动化是市场营销管理模块的重要组成部分，帮助电信运营企业结合不同营销场景和用户标签，精准触达潜在用户，进一步提高线索转化率，个性化输出更多有效线索。通过编制、执行营销计划并分析结果，市场营销管理模块产生和管理清单，预算和预测，管理资料，建立产品定价和竞争等信息的知识库，提供营销跟踪的百科全书，进行用户跟踪和分销管理，以达到营销活动的设计目的。营销自动化的主要功能包括：用户互动触达；全用户旅程个性化营销定制；营销活动管理；提供营销信息。整合、分析用户的静态数据以及动态数据，在进行营销活动时，能获得预先准备的有针对性的信息支持；提供类似公告板的功能，可张贴、查找、更新营销资料，从而实现营销文件、分析报告等的共享；提供文本、图片、视频、海报、Html5、小程序等不同形式的海量素材，使营销推广活动更简单高效。

2. 销售管理模块

销售管理（Sales Management）模块主要管理商业机遇（Opportunity）、用户账号（Account）以及销售渠道等方面。该模块把电信运营企业的所有销售环节有机地组合起来并产品化，使得销售活动流程更为科学化、合理化，从而提高销售活动的效益。这样就能在企业销售部门之间，以及销售与市场之间建立一条以用户为引导的流畅工作流程，缩短了企业的销售周期，销售人员将有更多的时间去与用户进行面对面的销售活动。

销售管理模块能确保每一个销售代表（包括移动和固定销售代表）及时地获得当前的最新信息，包括电信运营企业的最新动态、用户信息、账号信息、产品和价格信息以及同行业竞争对手的信息等。这样销售代表在同用户面对面的交流中将更有效，成功率将更高。销售自动化是销售管理模块的重要组成部分，是以信息技术替代原有的销售过程，主要功能包括联系人管理、销售机会管理、活动管理、销售运作管理。

3. 服务管理模块

服务管理（Service Management）模块可以使用户服务代表有效地提高服务效率，增强服务能力，从而更加容易捕捉和跟踪服务中出现的问题，迅速准确地根据用户需求分解调研、销售扩展、销售提升各个步骤中的问题。服务专家分解用户服务的需求并向用户建议其他的产品和服务，可完善每一个专门的用户解决方案。

服务管理模块可以采用不同的方式与用户进行交流（包括 Internet、电子邮件、传真、电话等）。通过与呼叫中心的持久连接，以及与包括第三方服务提供商、商业伙伴和用户在内的 Internet 用户的间断性连接，服务管理模块全面支持用户服务专家在机构扩展方面进行全方位的运作。服务管理包括用户服务与支持、关系管理、用户服务自动化等多个方面。用户服务自动化包括用户自助服务、人工智能聊天机器人、电子邮件和短信模板等功能。

4. 现场服务管理模块

现场服务提供移动的销售和服务解决方案，允许企业有效地管理销售领域的各个方面。现场服务管理（Field Service Management）模块可安排预防性维护计划、中断/安排服务事件，返回物料许可，高级区域互换，确保用户问题在第一次在线访问时就得到解决所需的工具、零件、技能和相关的信息等。

现场服务管理模块提供服务请求管理、服务活动管理、账号管理、智能分配及发送、组件使用、主要清单等解决方案。现场服务管理模块支持多种渠道，包括移动现场服务专家使用掌上或膝上型计算机，连接呼叫中心的话务员，确保可以根据服务级别许可应用合适的资源解决这个问题。在话务员迅速解决了用户的服务咨询后，现场服务管理模块还可以扩展销售或提升销售其他附加的产品和服务，增加潜在的盈利。

5. 呼叫中心管理模块

呼叫中心管理（Call Center Management）模块通过将销售管理模块与服务管理模块的功能集成为一个单独的应用，使一般的业务代表能够向用户提供实时的销售和服务支持。通常业务代表处理用户、账户、产品、历史订单、当前机会、突出的应用、服务记录、服务级别许可。业务代表能够动态地推荐产品和服务，或者他们可以遵循基于智能脚本的工作流解决服务咨询，进而向用户提供其他产品和服务。

11.4 信用管理

11.4.1 信用管理概述

1. 信用管理的概念

狭义的信用管理为欠费管理，是指对应收账款的回收工作。广义的信用管理是围绕用户生命周期的整个过程而开展的、与企业经营运作同步的一系列战略和管理方法流程，它是指企业通过制定信用管理政策，指导和协调内部各部门的业务活动，对用户信息进行收集和评估，对信用额度的授予、债权保障、应收账款回收等各交易环节进行全面监督，以保障应收账款及时回收的管理。

信用管理的目标是降低信用风险，减少欠费和坏账。企业信用管理的最终目的是通过信用管理工作，约束和指导企业在经营运作各方面对信用风险等相关因素的防范，通过建立科学的管理方法和体系，从各个环节监控和降低信用风险，保障企业利益的实现，在力求达到企业销售最大化的同时，将信用风险降至最低，提高盈利水平，增强企业的竞争力。

按照企业在市场竞争中所处的角色和地位，不同性质的企业信用风险的产生动因不同。资金支付方在信用管理中处于主动角色，资金的接收方则为被动角色。同一个企业可能给其他企业带来信用风险的同时，也面临自身企业的信用风险问题。因此，信用管理的根本内容就是企业从用户关系的建立开始，到最终的账款回收，整体流程中对信用风险的控制。针对信用交易中的信用风险，企业可通过识别风险、评估风险、分析风险，在此基础上有效地控制风险，并用经济、合理的方法综合性地处理风险，从而实现信用管理。

2. 信用管理政策

信用管理政策（Credit Policy）是指在特定的市场竞争环境下，保障企业在应收账款、利润与一定的信用风险中达成平衡，由企业信用管理部门制定的，指导企业经营运作中信用风险的防范等级和信用管理制度的指导政策。信用管理政策的目标一方面是科学地将企业的信用风险降到最低，同时允许适当的信用风险，增加潜在的收入和利润。信用管理政策涉及以下3方面的内容。

（1）信用管理风险的等级：涉及企业信用管理的等级和深度、信用标准、信用额度和折扣等信用制度的建立，是企业首先需要明确的信用风险与利润获取之间的平衡点。

（2）用户信用度的评价方法和控制措施：信用管理政策在用户征信、授信、追踪调整等流程中的指标选择、方法制定和资源保障等各项用户信用度的评价方法和控制措施。

（3）信用管理方法和流程：将信用管理政策转化为具体的信用管理方法和流程的指导意见，围绕用户生命周期内企业经营运作的工作开展，确定如何将信用管理的战略目标具体转化为各环节、各阶段、各项资源投入的信用管理方法和流程的指导意见，并制定出适当的考核指标，以监督和指导信用管理政策的落实。

11.4.2　电信运营企业的信用管理

电信运营企业的信用管理是伴随用户生命周期的一系列管理活动：从最初的营销方案的设定、用户申请和信用的审批，到用户的使用和用户服务、计费出账，再到最后的收款，信用管理是和用户生命周期所相关的事前、事中、事后的一系列管理措施。

技术手段是信用管理能力的支撑工具，为电信运营企业各系统（例如实时的计费系统、营销系统、客服系统等）的整合和提升建立统一的接口，保障数据的一致、准确和及时。技术手段基于系统提供单个用户消费行为数据及用户信息资料的分析，进行用户信用评分；基于用户单个的信用评分，结合用户的属性，对用户进行进一步的分群，为营销方案的制定提供依据；基于企业月度、季度、年度的整体信用管理情况的分析（例如欠费情况、应收账款回收情况），为信用管理的策略和流程方法提供依据。

为电信用户建立一个完整的数据库，是用户信用管理的基础。该数据库作为对用户查询和信用分析的主要信息来源，可以包括用户诚信数据库、用户信用记录数据库、坏账数据库（黑名单）等内容。该数据库通过分析和评定，动态地、适时或定期地反映用户信用状态和走势。电信运营企业应以用户入网为起点，做好用户的信用控制；规范入网手续，杜绝利用假资料恶意入网；区别对待新老用户，奖励老用户，对老用户可采取评定信用等级的方法，巩固大用户，刺激中小用户，努力控制不良用户，减少恶意欠费用户；针对已发生的欠费，严格执行欠款追缴制度。电信运营企业应加强对电信用户的法律知识宣传，联合有关单位共同打击恶意欠费行为。电信运营企业通过这样一些事前防范、事中强化管理和事后的有力救济，可以将信用管理的各项措施和制度贯通用户的整个消费过程和合同过程。

信用管理系统设计的初衷有两个，一是规避风险；二是给信用好的用户以授信额度，方便费用结算和缴交，且在客观上促进消费。

信用计算指根据用户所持终端品牌、在网时长、月均消费和停机次数等按照一定的计算规则生成用户的信用得分，基于信用得分和已定义的信用等级规则，生成与该用户相关的信用等级。用户信用等级会影响包括基础授信、临时授信等在内的用户服务。

信用控制规则是在对用户的实时结余进行监控过程中，当基础额度、人工授信额度用完或到期时，采取提醒、服务限制等信控动作的规则，通常包括信用提醒、停机等动作的运行时间段、停机数上限、节假日特殊信控设置、触发信控的告警消息类型等。

信用控制是指根据信用管理产生的信息和数据，实现对用户的信用进行控制的功能，包括狭义信用控制和广义信用控制。狭义层面的信用控制主要有欠费后实时停止上网与通话服务、充值后实时开启上网与通话服务及用户可以配置个性化的信用控制规则、免催免停服务等；广义层面的信用控制指信用管理系统提供各类信用提醒功能，这是用户能直观感知的服务，包括业务办理提醒、业务变更提醒、业务取消提醒、欠费提醒、催缴提醒、缴费提醒、高额话费提醒、流量封顶提醒、流量用尽提醒、低余额提醒等。

11.5　大数据在电信业务分析中的应用

11.5.1　电信业务运营数据

电信运营企业所掌握的数据具备基础性、多样性、全面性等特征，不仅掌握着网络运行数据，还掌握着海量的运营数据。这些数据涵盖了电信网络从终端到接入网、从传输网到核心网、从业务平台到移动互联网的各个网络及环节中的数据。基于多样化的采集方式，电信运营企业能获得海量的运行数据及业务数据；基于大数据分析方法和手段，结合移动互联网、物联网等发展方向及应用走向，电信运营企业能够针对网络、用户、业务、终端进行深层次的数据挖掘和应用。

总体上说，电信运营企业的数据资源主要包括网络运行数据和业务运营数据两大类，即 OSS（Operation Support Systems，系统即操作系统）域数据及 BSS 域数据。这两类数据源于网络运行和业务运营。在两类数据之下则是纷繁复杂、形态多样的海量数据集合，并且对于不同的业务网络（移动网、固网、宽带网等），数据内容有很大差异。其中，业务运营数据包括用户基础资料、用户业务行为和用户辅助信息等。

用户基础资料数据属于 BSS 侧数据的一部分，例如开户、缴费、用户信息查询等都在此系统中实现。电信运营商通过对用户信息资源的有效管理，分析用户的需求特征，不断发现用户的价值，为用户提供满意的产品与服务。值得注意的是，在进行数据分析时，用户基础资料属于敏感性数据，要注意数据的安全性和用户的隐私性。用户基本属性信息用于记录用户的静态数据，主要包括用户姓名、证件号码、性别、年龄、联系地址、地理归属等相关信息。这些信息是当用户实名入网时，客服人员手动采集的数据；以月为单位动态记录用户的账单数据，详细记录了每一个在网用户使用各项业务的业务量以及费用信息。电信运营企业通过对用户基础资料的分析可以得到用户的年龄结构分布、性别分布、VIP 等级分布、在网时长分布、用户业务消费特征分布、用户业务流量分布和用户通话时长分布、用户所持终端品牌及型号等，使电信运营企业对用户结构及行为有了更加清晰的认识，有助于对网内用户的属性分布、行为习惯、消费趋势等情况的了解，对于精准营销具有指导意义。

用户业务行为主要通过详单数据体现。详单数据是电信运营企业内部记录每一次业务行为的关键数据，同时也是用户最为关注的服务环节之一。目前所有电信运营企业都提供详单实时查询的功能，用户可以通过手机用户端或者网上营业厅准确实时地查询自己的数据和语音详单。通过对用户业务行为详单数据的采集，电信运营企业一方面可以应对用户对费用的质疑和投诉，尽早发现有异常业务行为的用户，例如流量超过阈值等；另一方面可以通过对数据的分析，了解用户行为的特征，更有针对性地为用户提供满意的产品与服务，为网络的资源投入提供指导。用户详单数据根据业务种类可以分为语音详单数据和数据详单数据。用户业务详单数据记录了用户使用每一次业务（数据或者语音）发生的时间、地理位置、基本信息、业务信息以及费用信息。话单中最敏感的用户数据为用户业务量信息和消费信息。在用户通话、发消息或上网的过程中，核心网网元记录相关的业务量和计费信息，并发送计费信息到计费系统，再由计费系统生成话单。计费系统进行话单处理，并将处理完成的话单发送到计费中心。计费中心制定收费标准，并利用收费标准和话单中记录的信息计算用户的费用，生成账单。将用户的基本属性等信息与费用信息相结合，即可得到用户的业务行为信息。

用户辅助信息，包括本地产品订购信息、终端库信息等。用户基础资料及业务行为数据能够支撑 BSS 侧分析，但若要获取更完善及深度的分析，则需要一些辅助信息。本地产品订购信息是本地用户订购的一些套餐产品信息。这些产品是按照一定规则构建收费及服务信息，主要包括产品名称、语音、数据等各类业务的详细资费、套餐包信息、附属订购信息等。终端库信息是终端相关分析必备的基础数据之一，在用户解构、终端性能、网络分析中均发挥较大的作用，同时终端库具有实时更新演进的特征，因此有必要对终端库进行持续性跟踪和维护。

11.5.2　电信大数据业务分析体系

电信运营企业基于电信业务运营数据，并借助大数据分析挖掘手段，聚焦用户感知，从用户、业务、网络、终端等方面展开分析研究，有助于对前端市场的精准营销和对用户的精准维系。

在电信大数据业务分析体系中，电信运营企业通过数据分析，能够得到每个用户的档案库、网络中每个小区的档案库，将这些档案库相结合，便实现了用户与地理位置的关联，于是就有了用户轨迹、用户在特定位置的业务感知等。

一方面，电信业务运营数据含有大量有价值的用户信息，包含用户的基本属性、消费行为特征、社交圈以及用户的业务偏好、时间偏好、应用程序（Application，App）偏好、业务轨迹等。基于数据挖掘出的这些用户信息，就能知道用户的年龄、性别、使用的套餐、每月消费的通信费、每月打电话多还是上网多，能了解用户喜欢使用的业务、App、终端等，形成基于电信运营企业全量数据的用户画像，形成用户档案库，并了解单个用户或某个用户群体的业务偏好、终端偏好等，进而对用户服务、市场营销以及网络维护和优化工作提供支撑。基于电信运营企业的用户画像库和用户偏好，可以根据不同的关注点进行用户聚类分析，并追踪关注用户或用户群体的业务轨迹，根据对用户感知的判别结果知道某个用户在某个位置使用某种业务或 App 的感受如何，也可以知道某个用户群体在特定位置使用多种业务的综合感知，从而不仅可以了解用户的各种属性、偏好、消费、业务、轨迹、终端等特征，还能掌握用户在网络中使用业务的感受，然后综合判别每个用户的黏性特征，对不同黏性等级的用户群进行维挽、激励等；基于用户的流量使用特征，进行灵活的流量营销策略，实现基于大数据的用户维系和精准营销。

另一方面，网络运行数据为电信网络勾画一幅全景图，包括站点分布、站点资源、频率配置、小区配置、小区性能、小区稳定性等，小区的任何信息都可以一览无余，用于支撑电信网络的建设、运维和优化等一系列工作。而通过对用户终端相关信息数据的深度挖掘，能够反映出不同品牌、不同型号的终端在网络中的性能表现，形成终端综合性能评价方法体系。

产生电信网络价值的主体是用户，媒体是终端，形式是业务，因此价值分析的要素可分为用户、终端及业务 3 类。将每个小区的用户、终端及业务通过价值模型计算得到小区的价值，再汇聚成区域价值，形成电信运营企业的价值区域，网络资源的投放随价值区域的等级有的放矢，提升用户感知，同时提升网络资源利用率。

随着终端 App 的广泛使用，基于 App 众筹上报的数据成为电信运营企业大数据业务分析体系的重要数据来源。基于这些数据，可以对电信运营企业的网络覆盖、网络质量进行竞争力对比分析。这种方式相比传统的路测更加客观、地理范围覆盖更广、定位更准。

综上所述，电信大数据业务分析体系基于自身的 OSS 域、BSS 域数据和众筹数据，构建用户分析体系，获取业务特征，勾勒电信运营企业网络全景图，剖析网终端的特点并形成基于网络性能的终端评价方法。大数据分析体系从构建用户 360° 立体画像、了解用户偏好、探寻用户轨迹到评价用户感知，实现了对用户的全方位剖析，不仅对用户的各类属性特征、偏好了如指掌，支撑电信运营企业的市场营销、新业务推广等工作，而且获取了用户业务位置及评判的感知结果，完成了用户诉求与网络资源的匹配分析，为网络建设、运行维护和优化提供了强有力的支撑，有效提高网络资源利用率。

11.5.3　电信业务大数据分析典型应用

1. 用户群体实时轨迹追踪

用户群体实时轨迹追踪是对特定用户群体的轨迹进行跟踪，获取特定目标用户群体的地理聚集度。对用户的移动性进行分析，追踪特定用户群体，结合对应终端、业务行为、地理场景信息等要素，可以形成完整的用户、终端、业务使用习惯轨迹。通过研究用户动态移动轨迹可以掌握用户群体出行规律，强化广告投放、业务营销策略；对用户常驻区域进行发掘可以提升目标区域内用户群体圈定的准确率和效率，了解用户分布，精准定位商务区、居民区、流动性大区域等；对于常驻区域的用户感知进行分析，有利于维系核心用户和提升黏性价值。

2. 单用户轨迹应用

此处以汽车行业为例，介绍电信业务大数据分析在汽车行业的精准营销和个性化推荐应用。通过将通信与汽车数据源进行整合能够带来海量的可用信息量，将对汽车行业的品牌宣传、销售维护、设计生产等方面产生带动效应，形成循环反馈。

首先是用户信息整合，建立用户名片库。用户名片即用户信息标签化，就是通过收集与分析用户的社会属性、生活习惯、消费行为等主要的信息数据，抽象出一个用户的商业全貌。用户名片提供了足够的信息基础，能够帮助企业快速找到精准的用户群体以及用户需求等更为广泛的反馈信息。

其次，电信业务大数据中蕴含着丰富的用户语音、数据业务交互信息，通过挖掘用户的兴趣圈、朋友圈和车友圈，可以有效获取用户间的亲密度特征。关系好、经常沟通的用户之间往往信任度较高，最能够有效进行口碑宣传，是拓展潜在用户的营销渠道。

再次，电信业务大数据中蕴含着丰富的用户时间数据、空间数据。时间数据是指和时间序列相关的数据，表述了用户随时间的不同而发生的行为变化；空间数据则用来表示用户的地理位置和分布特征等方面的信息数据，表述了用户随地理位置的不同而发生的行为变化。电信运营企业通过对时间数据和空间数据的融合分析，可以对用户群体进行全维度聚焦，包括生活地、差旅地、轨迹、休闲地、工作地、活动地等，通过建立数据挖掘模型，进一步预测用户在未来特定时间范围内、特定空间位置的行为或者状态，从而有针对性地进行营销策划，做到精准营销。

最后，在充分掌握用户基本信息和用户时空矩阵特征的基础上，电信运营企业便可以有针对性地为其目标群体提供个性化基于位置服务（Location Based Services，LBS）增值业务。LBS 业务是基于地理信息技术将用户物理位置在电子地图上定位，并以此为基础而提供的空间信息服务。例如，可以向车主垂直推送所在位置的大数据服务，帮助其社交圈内的用户快速互助分享，提供移动式、交互式论坛，及时进行数据及信息反馈等。

3. 用户黏性及离网预判——用户维系

做好存量用户保有工作的一个有效手段是评估每个用户的黏性，并基于用户的黏性结果和用户画像特征，对每个用户进行有针对性的存量用户维系和营销工作，做到“千人千面”。

传统常用的用户维系方法一般基于 BSS 域数据，包含用户的基本属性和消费特性。基本属性主要包括性别、年龄、入网时长、渠道信息等、消费特性主要包含用户的月消费情况、语音消费、短信消费、流量消费等。电信运营企业基于这些数据对用户进行分组，作为用户维系或者产品设计的依据。但是，BSS 域数据不包含用户的业务行为及偏好、App 使用偏好等一系列用户在网络中使用业务的详细信息，更加获取不到用户在使用各种业务时的感知。此外，在移动互联网时代，用户的需求更加多元和个性化，用户的业务特征也是表征用户的重要因素。

基于大数据技术，电信运营企业通过对移动网络各接口数据、用户上网详细记录、计费数据客服等多元和异构数据的深度挖掘，获取每个用户的各维度信息，包含用户某本属性、消费特征、业务特征、终端特征、渠道信息等，可以分析出该用户的时间地点、业务、App 偏好、用户感知等信息。通过整合这些综合信息，电信运营企业可对用户实现立体画像与精准分群，进行需求定位，对离网预测用户、潜在数据业务用户、高价值用户等群体进行精确识别，为市场营销和用户维系提供了有力支撑。同时，电信运营企业还可以将这些分析关联到客服、营业厅、短信、电子邮件等渠道，选择最合适的营销路径进行精准营销和维系，从而实现资源的高效整合。

4. 潜在异网用户挖掘

移动互联网的业务大体可分为移动社交、移动广告、手机游戏、手机电视、移动电子阅读、移动定位服务、手机搜索、手机内容共享服务、移动支付、移动电子商务。每类业务的 App 也有非常多，比如网约车软件就有很多种。这些 App 大部分都会知道用户的位置以及使用该 App 具有的一些特征。电信运营企业可以通过和这些 App 发布企业合作获取异网用户的信息和特征，有针对性地进行潜在异网用户挖掘。

例如，电信运营企业对网约车的异网司机和用户进行挖掘分析，能够挖掘到的异网司机是否为目标群体。异网司机是否与某电信运营企业的网络设备、用户存在直接关联，是判断能否挖掘到的先决条件。通过某电信运营企业乘客的行为来判断对端是否为异网司机；通过某电信运营企业乘客的行为来判断对端虚拟号是否为司机所用，通过某电信运营企业虚拟号码平台的映射记录挖掘异网司机；通过某电信运营企业虚拟号码平台为网约车业务开通的虚拟号获取打车业务两端的异网用户，通过用户行为推断异网司机的可能性，通过持续累积提高挖掘的准确性。最后，再与某电信运营企业的号码关系库进行匹配，确认司机的信息再将信息推送至市场部，进行用户的异网挖掘工作。

11.6　本章小结

电信业务支撑系统是直接面向用户的业务运营管理平台，提供与电信业务提供有关的配置、保障与计费管理。本章介绍了电信综合营业系统、电信计费与账务系统、电信用户关系管理系统以及电信运营企业的信用管理，最后介绍了电信业务运营数据的构成，以及大数据在电信业务分析中的应用。

案例讨论：中国移动的“核验服务”产品

“核验服务”是基于中国移动海量的用户和业务数据，面向金融、政务行业用户提供的标准化数据标签产品。该产品可应用于风险管控业务领域，助力行业用户完善风险防控手段，提高精细化运营能力。“核验服务”是一套完整的依托海量数据处理和人工智能算法的风控产品，充分发挥与生活息息相关的运营商数据价值，为用户提供验真、风控标签等多种金融风控服务，开启全新的移动用户信用消费时代。通过应用程序编程接口（API）形式，提供产品和服务。“核验服务”产品主要功能为数据标签信息查验，目前包含五大类数据标签：基础信息类、通信行为类、消费信息类、交往圈类、位置信息类。

讨论题：利用本章学习的知识，试分析“核验服务”的主要数据来源。

思考与练习题

11-1　什么是电信业务支撑系统？

11-2　简述电信综合营业系统的主要功能。

11-3　简述电信计费与账务系统的主要功能。

11-4　简述电信用户关系管理系统的功能模块及其主要功能。

11-5　什么是信用管理？信用管理的目标是什么？

11-6　信用管理政策涉及哪些方面？

11-7　电信业务运营数据包括哪些？举例说明大数据在电信业务分析中的应用。

第 4 部分 电信服务管理

持续改进服务

在全球新一轮科技革命和产业变革的时代背景下，电信技术作为推动数字经济发展的重要手段，近几十年来持续创新并迭代推动产业价值与商业模式变革。面对日益变化的新环境和新挑战，电信运营企业在不断加快自我变革以谋求持续发展的过程中，强化服务能力，优化用户感知，满足不同类型的用户对美好生活的向往和多层次需求。本部分在介绍电信服务概念的基础上，阐述电信服务设计与电信服务运营管理。

电信服务管理

第 12 章 电信服务概述

【引例】玉溪新兴钢铁的数字孪生透明工厂

传统钢铁行业存在着工作环境恶劣、人员密集、劳动强度大等特点。如今借助新一代信息技术，利用 5G 多连接、低时延、大带宽的优势，钢铁行业迎来了重塑。在云南玉溪新兴钢铁有限公司，中国电信云南分公司采用 5G、大数据、物联网等技术打造的数字孪生透明工厂，让原本互不相通的信息在孪生空间进行交互，让数据在厂区内全流程流通，成功实现厂区内行车人工远程操控，改善了钢铁工人在有毒、有害、高温环境中作业的情况，让智能制造成为钢铁厂提质增效的“倍增器”，每年节约人工成本超 300 万元、提升工作效率超 60%。

日新月异的信息通信技术赋予电信服务无限的发展空间。在数字经济发展的滚滚洪流中，庞大的市场规模、个性化多样化的业务需求、不断创新的技术手段对电信运营企业的服务提出了更高、更新的要求。电信服务管理成为电信运营管理不可或缺的重要组成部分。本章主要介绍电信服务、电信服务管理以及电信服务战略。

本章学习目标

（1）掌握电信服务的概念与特征。

（2）熟悉电信服务管理的内涵与特征。

（3）了解电信运营企业实施服务战略的对策。

12.1 电信服务

与有形产品相比，服务有着不同的特点。为了对服务进行有效管理，可从战略角度对服务进行定义和分类，进而采取相应的措施。下面介绍服务的定义、特征和分类，以及电信服务的概念与特征。

12.1.1 服务的定义

1. 从产出的角度定义服务

无论是产品还是服务，都是企业在投入人力、物料、设备、技术、信息等各种资源后，经过若干变换步骤，最后成为产出的过程。产出形态分为两种：有形产品和无形服务。

无论是制造业还是服务业，提供的产出都是“有形产品+无形服务”（或“可触+不可触”）的混合体（如图 12-1 所示），所占比例各不同。对用户来讲，无论其购买的是有形产品还是无形服务，其目的都不仅为了得到产品本身，还为了得到产品所带来的价值或收益。

因此，从产出的角度出发，服务可被定义为：服务是用户通过相关设施和服务载体所得到的显性和隐性收益的完整组合。

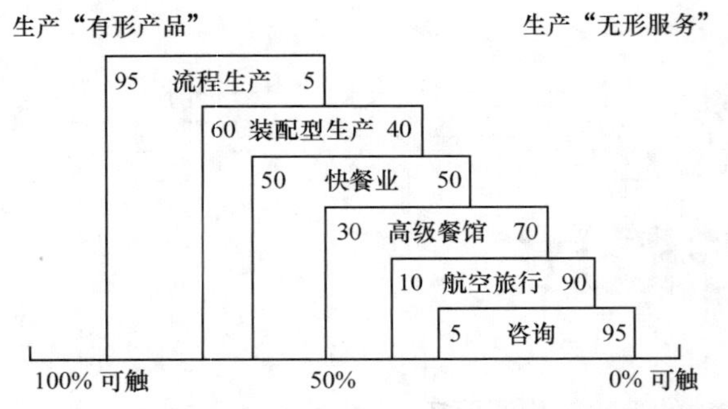

图 12-1　“有形产品+无形服务”（可触+不可触）的混合体

2. 从服务的角度定义服务

服务是可触和不可触两部分产品构成的组合。如图 12-1 所示，任何产业或组织的产出都是“可触+不可触”的混合体，任何服务也都是“可触+不可触”的混合体。例如，航空服务离不开机场设施等“可触”产品的支持；电信服务离不开电信网络等“可触”产品的支持。

3. 从变换过程的角度定义服务

从变换过程的角度来看，服务是满足用户需要的过程。服务与有形产品的最大区别在于服务是一个活动、一种过程。制造业的产出是生产制造过程结束后的产品，是有形物品，而服务是从了解用户需要到采取行动去满足其需要，并最终让用户满意的一个完整过程。服务过程包含用户。用户需要身处服务系统之中，参与到服务过程中去。

菲利浦·科特勒（Philip Kotler）为服务下定义为：“一项服务是一方能够向另一方提供的任何一项活动或者利益。这本质上是无形的，并且不产生对任何东西的所有权问题。它的生产可能与实际产品有关，也可能无关。”在 ISO9000 系列标准中，对服务的定义为：“服务是为满足用户的需求，供方和需方之间在接触时的活动以及供方内部活动所产生的结果”。这个定义所指出的是，服务既是一种活动，也是一种结果。

12.1.2　服务的特征和分类

1. 服务的特征

与制造业产出的有形产品相比，服务作为一种产出有十分鲜明的特点，概括如下。

（1）服务的无形性、不可触性。服务的无形性、不可触性是服务作为产出与有形产品的最本质、最重要的区别。当然，如上所述，许多服务的一部分是可触的，例如服务设施和所提供的物品。但是，从用户的角度来说，其购买服务的目的是要得到一种解决问题的方法，得到一种功能，而不只是物品本身。这一点也适用于制造业。服务的无形性使得它不像有形产品那样容易描述和定义，也无法储存，无法用专利来保护，从而带来了服务管理中的一系列独特性。

（2）生产与消费的不可分性。对于制造业来说，产品生产与产品使用是在两个不同时间段、不同地点发生的，生产系统与用户相隔离。而许多服务，只能在用户到达的同时才开始“生产”，生产的同时用户也就消费掉了。一项服务的不可触性越强，生产和消费越同时发生。服务的这种特性使得服务质量不可能预先“把关”，使得服务能力（设施能力、人员能力等）计划必须能够对应用户到达的波动性，使得服务的生产与消费无法区分。

（3）服务的不可储存性。由于一项服务的消费与它的生产同时发生，因而服务通常无法储存。

由于服务不可储存，服务能力的设定就非常重要。服务能力的大小、服务设施的位置对于服务企业的获利能力有至关重要的影响。如果服务能力不足，则会带来机会损失；如果服务能力过大，则会白白支出许多固定成本。

（4）服务的多变性。这表现在 4 个方面。①服务是相关服务要素的集合。同一种核心服务，它的周边服务不同，也会形成不同的服务特色。②服务者具有多样性。服务往往是人对人的，服务者不可能训练成像机器人那样只有标准动作而没有变化。③用户的多样性。即使是同一种服务规范，不同用户的不同个性也会导致不同的服务结果。④服务的同一组成部分在不同情况下，对不同用户的重要性可能不同。

（5）用户参与服务过程。在许多服务过程中，用户从始至终是参与其中的。这种参与有两种形式：主动参与和被动参与。也可能带来两种结果：促进服务的进行和妨碍服务的进行。用户的知识、经验、动机等都会直接影响服务系统的效果。

（6）所有权不可转让。从市场营销的角度来看，服务与有形产品不同，不涉及所有权的转移，通过分配资源的使用权，在用户之间共享资源。用户不购买资产，而是在特定的时间内使用资产。排队管理和人群控制是对实物设施管理者的一个挑战。这些实物设施资源被大量的用户共享。对于电信基础设施，持续的可用性至关重要，因为用户依赖和期望 24/7（全天候 24 小时）的访问。

2. 服务的分类

对服务进行分类，有助于了解它们在服务管理中的应用。

（1）基于服务活动性质的分类。按照服务的对象以及服务的有形程度，服务可分为 4 种类型：①作用于人体的服务，例如客运和私人护理。②作用于物品的服务，例如洗衣和门卫服务。③作用于人精神的服务，例如娱乐。④作用于无形资产的服务，例如金融服务。如图 12-2 所示。

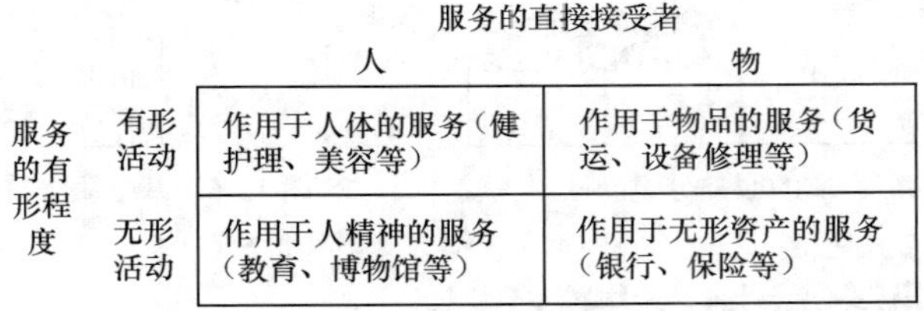

服务的直接接受者

服务的有形程度		人	物
	有形活动	作用于人体的服务（健护理、美容等）	作用于物品的服务（货运、设备修理等）
	无形活动	作用于人精神的服务（教育、博物馆等）	作用于无形资产的服务（银行、保险等）

图 12-2　基于服务活动性质的服务分类

（2）基于用户关系的服务分类。根据用户是否与企业建立正式的会员关系，以及服务传递的持续性，服务可分为 4 种类型，如图 12-3 所示。服务型企业有机会与用户建立长期关系，用户直接与服务提供者交互。而制造型企业通常由于使用了分销渠道而与最终消费者相隔离。

服务型企业与用户之间的关系

服务传递的性质		会员关系	非会员关系
	持续传递	保险、银行	广播电台、公共高速公路
	间断传递	月票	邮政服务

图 12-3　基于用户关系的服务分类

对服务组织来说，了解用户可得到竞争优势：建立并分析用户数据，可以为精准营销策略的制定提供依据。另一方面，用户也会从会员资格中受益。

（3）基于定制和判断的服务分类。由于服务的生产与消费同时进行，用户常常是过程的参与者，这期间会产生个性化需求，因此，定制服务出现了，以更充分满足用户需求。如图 12-4 所示，定制可沿着两个方面进行：允许定制的服务的特性，或服务人员凭自己的判断调整服务。

服务人员的自主性 \ 客户化（服务定制）的程度	高	低
高	专业服务 外科 美容 出租车服务	教育（大课） 大学餐饮服务 预防性健康计划
低	电话服务 宾馆服务 家庭餐馆 零售银行服务	公共交通 器具的常规维修 电影院 快餐店

图 12-4　基于定制和判断的服务分类

（4）基于供需性质的服务分类。服务能力的时效性对服务管理者提出挑战，因为他们无法为未来的销售而生产和储存服务。根据需求波动的程度供给受限制的程度，服务可分为 4 类，如图 12-5 所示。

（5）基于服务传递方式的服务分类。服务传递方式可以从地理因素和与用户交互作用的程度两个方面进行分析，如图 12-6 所示。在多个场所服务中，保证服务的质量和一致性非常重要。随着信息通信技术的发展，在线服务和交易变得越来越普遍，为用户提供了方便和高效的服务传递。

供给受限制的程度 \ 需求随时间波动的程度	大	小
最高需求通常能被满足而没有较大迟延	电力 天然气 电话	保险 法律服务 银行业
最高需求经常超过供给能力	会计 客运 餐馆	与保险、法律服务等类似但企业的基础供给能力不足的服务

图 12-5　基于供需性质的服务分类

与用户交互作用的程度 \ 服务场所的数量	单一场所	多个场所
用户去服务场所	剧院 理发店	公共汽车 快餐连锁店
上门服务	出租车 家政服务	邮递 紧急维修
远程交易	信用卡公司 地方电视台	广播网 电话公司

图 12-6　基于服务传递方式的服务分类

12.1.3　电信服务的概念与特征

1. 电信服务的定义

电信服务是指电信运营企业通过各种通信网络资源，提供实时信息（声音、数据、图像等）传递的业务活动。

国际电联（ITU）对电信服务给出了如下定义：①电信服务是为了满足用户对特定服务的需求所提供的经营管理。②电信服务是为了让使用者实现其申请的服务，以互相补充、互相合作的形式提供服务。③电信服务是通过电信运营企业为用户提供的信息类服务。用户是个人或者组织，但无论是个人还是组织都必须为电信服务付费。

2. 电信服务的特征

电信服务的本质是电信运营企业为用户提供最适合用户消费水平，并与其他方式相比有竞争力、有规模经济效益的人际交流和信息交换的服务形式。电信服务既有通过通信网络传递信息的基本服务，也有借助基本服务而延伸出来的增值服务，还有为用户提供通信业务组合与解决方案的咨询、设计，与其他行业联合推出的用户俱乐部计划等附加服务。

（1）无形性。无形性是服务产品的基本特点之一。这也是电信产品的基本属性之一。对于电信用户来说，电信运营企业所提供的语音通信、数据通信等通信产品也是无形的。电信用户对电信服务的感知主要来自品牌、信息渠道、包装、价格和服务承诺等通信产品的间接表现形式。

（2）不可分性。电信服务的不可分性表现为任何的电信服务的发生，必然离不开电信用户的参与。一般而言，电信运营企业只有在用户通过电信网络传递信息的过程中，才能得到电信服务的收益。这就要求电信运营企业在推出电信产品时要考虑到应尽量地满足用户的通信需求。

（3）易变性。电信服务的易变性一方面给电信运营企业实现向用户提供标准一致的优质服务的目标提出了挑战；另一方面在现阶段电信运营企业网络质量日益趋同的形势下，为电信运营企业创造与其他运营企业在服务上的差异性，实施差异化战略创造了有利条件。

（4）不可储存性。电信服务的不可储存性在电信业表现为电信网络容量在一定时间内不变，呈现出电信服务能力的刚性；而用户的通信消费量在时间上分布并不均匀。这种电信网络容量的刚性与客户需求的柔性之间的匹配，是电信运营管理的重要内容。

（5）网络性。电信服务的网络性具体表现为全程联网、联合作业以及不同网络间的互联互通。整个通信业务进行期间往往需要多个不同的企业共同参与才能实现。要实现不同网络内的用户之间的通信，必须依靠不同网络的网间互联。网间互联的目的在于实现业务互通。因此，电信服务具有典型的网络性特征。

12.2　电信服务管理概述

12.2.1　电信服务管理的内涵

服务管理的主导逻辑是在经济交换和价值创造中，以服务为中心的范式替代传统以商品为中心的范式。服务的核心是价值创造。作为服务的一部分，商品可能涉及交换，但是使用中的价值是重要的特性。同样，电信服务管理以价值创造为中心目标，其内涵包括：研究用户如何通过服务感知形成感知价值及其变化规律；研究电信运营企业如何具备提供感知质量和感知价值的能力；研究如何通过管理和控制实现预期服务目标；建立恰当的模式，实现多方共赢。

电信服务是一种产品，它可以被开发、制造、销售和消费，但是它与物质产品相比，有着许多重要的差别。电信服务管理意味着管理重点的转移，主要包括如下 4 点。

（1）从基于电信产品的效用向电信运营企业与用户关系总效用的转变。

（2）从电信运营企业与用户的短期交易向电信运营企业与用户之间的长期关系转变。

（3）从电信产品质量或产出的技术质量向持续的用户关系中的全面用户感知价值的转变。

（4）从把电信产品技术质量的生产作为组织关键过程向把开发和管理全面价值创造作为关键过程的转变。

12.2.2　电信服务管理的特征

电信服务管理的特性决定了它与传统生产管理有很大的不同之处，表现在以下 5 点。

（1）全面性。电信服务管理是一种一般管理视角，应该用来指导所有电信管理领域的决策，而不仅仅是为某个职能，例如电信用户服务提供管理原则。

（2）系统性。电信服务管理是一种综合管理方法，强调电信运营企业内部跨职能合作的重要性，而不是强调专业化和劳动分工。

（3）用户导向性。电信服务管理是电信运营企业的用户驱动或电信市场驱动的，而不是电信运营企业内部效率标准驱动。

（4）质量管理导向性。电信服务质量管理是电信服务管理的内在组成部分，而不是一个孤立的问题。

（5）员工管理导向性。电信运营企业对员工的内部开发和强化员工对企业目标、企业战略的投入是实现战略目标的先决条件。

12.2.3 服务管理中服务包的定义

服务科学的核心是服务系统之间和内部资源的转移、共享。服务系统通过价值主张将人、技术和信息联系起来，目的是为参与系统内部和跨系统资源交换的所有服务系统共同创造价值。如果电信运营企业不了解为用户创造体验的服务交付过程，就无法实现服务管理的进步。由于电信服务的无形属性，服务管理者很难描述他们的产品，由于在提供服务的过程中，服务的对象是用户，用户的服务体验成为电信服务管理的主要内容。

服务包被定义为构成服务系统的一组商品或服务，其核心是服务体验，具体包含以下 5 个部分。

（1）配套设施。指在提供服务之前必须到位的物质资源，例如电信网络设施。

（2）辅助商品。指买方购买或消费的材料或用户提供的物品，例如各类电信业务智能终端。

（3）信息。指可从用户或服务提供者处获得的数据，以支持高效和定制的服务，例如用户漫游位置信息、之前访问过的用户偏好等。

（4）显性服务。这种服务的好处是感官能轻易察觉，是由服务的本质或内在特征组成的。例如，网络故障响应速度、网速等。

（5）隐性服务。用户可能只隐约感觉到的心理好处，或者服务的非固有特征，例如一个照明良好的停车场。

所有这些功能都是用户体验并形成服务感知的基础。重要的是服务管理者要为用户提供与其所需服务包一致的整体体验。服务管理的鲜明特点意味着要采用系统的观点，把用户作为参与者包括在服务过程中，将用户看作是一个输入，将服务流程转换为具有一定满意度的输出。在一个用户作为参与者的开放系统中，日常服务运营管理既包括培育引导市场和用户的角色，也包括“平滑”需求以匹配服务能力。服务组织的运营和营销功能必然要结合起来。此外，用户对服务质量的印象是基于整体服务体验的，而不仅仅是所表现出来的显性服务。关注员工的态度和培训是确保隐性服务也得到用户赞赏的必要条件。从用户的角度来看，整个服务过程从服务设施的美学设计到等候区令人愉快的消遣都是引起关注的范围。服务的开放系统概念还允许将用户看作是一个协作者，允许用户积极参与服务过程可以提高生产力，从而创造竞争优势。

12.3 电信服务战略

服务战略是指企业通过重新审视服务，综合企业内外部资源和因素，致力于提高服务质量而获得客户的满意和忠诚，从而在市场竞争中获得优势的长远规划。适宜的电信服务战略是指电信运营企业以用户满意为宗旨，提供一系列的电信服务以及各种服务性因素，加强企业与用户之间的关系，使服务资源与变化的环境相匹配，实现企业长远发展的动态体系。

12.3.1 电信服务战略的内容

电信服务战略是一个系统工程，它需要管理者和员工不仅从思想观念上作出转变，还要求企业有条不紊地安排各项工作。如图 12-7 所示，完整的电信服务战略至少包括 6 个方面的内容：①树立电信服务理念。②确定用户服务需求。③电信服务设计与实施。④电信服务人员的管理。⑤电信服务质量的管理。⑥实现用户满意与忠诚。

这 6 个方面构成了完整的电信服务战略的实施体系，是一个分析、计划、组织和控制的管理过程。

树立电信服务理念 → 确定用户服务需要 → 电信服务设计与实施 → 电信服务人员的管理 → 电信服务质量的管理 → 实现用户满意与忠诚

图 12-7　电信服务战略

12.3.2　与电信运营企业服务战略相关的竞争战略

电信运营企业通过采用服务竞争战略来获取竞争优势的目的是提升服务竞争力。经典的战略分析工具，包括波特五力模型，以及 SWOT 分析（用于评估组织的优势、劣势和市场机会与威胁）。总成本领先、差异化和集中是 3 种通用的竞争战略，下面将结合电信服务战略分别阐述。

1. 总成本领先战略

实施总成本领先战略的前提是有效的规模设施、严格的成本、直接和间接控制以及采用创新技术。低成本的企业可以防御竞争，效率较低的竞争对手将首先受到竞争压力的影响。电信运营企业实施总成本领先战略的前提通常是企业在新技术上进行前瞻性投资，寻求低成本用户，将用户服务标准化，减少服务交付中人的因素，合理组网降低成本，将服务交易与服务作业分离。我国的几个基础电信运营企业，目前虽然在经营范围上都属于全业务运营，但由于各企业发展背景的差别使得其业务网络优势存在不同程度的差别。当采用总成本领先战略时，这些企业要综合考虑相关业务网络资源的影响。

2. 差异化战略

差异化战略的实质是创造一种能被感知的独特服务。企业可通过许多方式实现差异化，包括品牌形象、技术、特性、用户服务、经销商网络以及其他方式。差异化战略并没有忽视成本，但其最主要的目的是培养用户忠诚。通过差异化改进服务的目的常常是在目标用户愿意支付的费用水平下实现的。差异化战略往往从以下方面入手。

（1）使无形产品有形化。从本质上讲，服务通常是无形的，用户购买后没有留下能够产生记忆的实体。为了强化用户的品牌认知，各电信运营企业在进行市场推广时往往提供各种含有品牌标志的有形物品，也可以将服务扩展到客户端设备常规检查和建议用户注意解决潜在问题上。

（2）将标准产品定制化。对提供定制化的关注可以使企业以很少的花费赢得用户的欢心。电信运营企业可以增加个性化的服务特征，以此与竞争对手相区别。

（3）降低感知风险。缺乏服务购买信息使许多用户产生风险感，用户会寻求那些愿意花时间解释其所做工作、设施清洁有序并提供服务担保的服务企业。在信赖关系建立起来后，用户常常会觉得多花点钱也值。

（4）重视员工培训。投资于全体员工的发展和培训所带来的服务质量的提高是竞争对手难以模仿的竞争优势。处于行业领导地位的企业，往往是以高质量的企业内部培训项目而著称。

（5）控制质量。多场所经营的企业要做到质量稳定是一项重大挑战。这类企业通常采取人员培训、明确的程序、技术、限制服务范围、直接指导、同事间的约束等措施，以保持质量稳定。由于用户期望与体验之间存在潜在的差距，服务质量问题更为复杂。因此，影响用户对质量的期望十分重要。第 14 章将对这一重要问题做详细介绍。

3. 集中战略

集中战略的基本思想是，通过深入了解用户的具体需求来更好地为某特定目标市场服务。细分市场可以是一个特定的购买群体（例如钢铁行业）、服务（例如数字孪生工厂）或地理区域（例如长三角区域）。实施集中战略的前提是，与那些目标市场广泛的其他同行相比，企业可以更有效地服务范围狭窄的目标市场；结果是，企业通过更好地满足用户需求或降低成本，在狭小的目标市场内实现了差别化。因此，集中战略是成本领先战略或差别化战略在细分市场中的应用。实施集中战略的 3 个步骤：细分市场以便设计核心服务，按照用户对服务的重视程度将用户分类，使用户期望略低于服务感知。

用户根据竞争情况和个人需求，在选择服务提供者时通常考虑以下因素：可用性、便利性、可靠性、个性化、价格、质量、声誉、安全、速度等。对于服务管理，信息技术有助于确定成功企业的竞争战略。通过数据分析，企业发现、解释和处理数据中有意义的模式，从而提升经营管理水平。该过程是采用统计分析、计算机建模和运营研究量化组织的绩效，通常涉及描述性分析、诊断分析、预测分析和规范分析等子领域。企业可通过收集数据，更好地了解用户需求，使用预测分析和机器学习等技术预测重要事件，以及使用用户反馈来持续调整分析平台和分析模型。这将使大数据分析成为创新、竞争和提高生产率的前沿技术。

12.4 本章小结

服务是为满足用户的需要，供方和需方之间在接触时的活动以及供方内部活动所产生的结果。服务的特征为：服务的无形性、不可触性；生产与消费的不可分性；服务的不可储存性；服务的多变性；用户参与服务过程；所有权不可转让。电信服务是指电信运营企业通过各种通信网络资源，为用户提供实时信息（声音、数据、图像等）传递的业务活动。本章介绍了电信服务、电信服务管理以及电信服务战略的相关知识，使读者掌握电信服务管理的基本概念，为学习后续章节的内容奠定基础。

案例讨论：南京电信持续推进装移修服务数字化升级

中国电信南京分公司践行云改数转战略，创新开发全流程服务透明化展示模块、线上支撑服务平台，提升用户使用体验；通过专属服务号模式、四维点评系统提升服务品质。作为传统话务、短信交互方式的升级，全流程服务透明化展示模块为用户提供装移修进度推送、智慧家庭工程师一点接应、工单预约时间查询及改约自助操作、催处理等便捷化功能。中国电信南京分公司引导用户通过“南京电信”微信公众号的“障碍报修”按钮，进入线上支撑服务界面；故障报修模块配置了一键检测能力，报修前可根据检测结果播放针对性的自助排障视频，完成宽带常见问题的简单处理；打造公众号及 App 多维度点评体系，逐步取代烦琐的传统语音回访，从装机技能、按时履约、服务态度、施工规范 4 个维度，获取用户视角的装维服务信息，有的放矢地提升装维服务质量。

讨论题：结合案例谈谈电信运营企业实施服务战略的对策。

思考与练习题

12-1　什么是服务？简述服务的特征和分类。

12-2　什么是电信服务？电信服务有哪些特征？

12-3　说明电信服务管理的内涵及特征。

12-4　说明服务包的构成。

12-5　试论述差异化战略在电信服务战略的应用。

第13章 电信服务设计

【引例】中国移动以数智之力，做优为民服务新答卷

习近平总书记强调，检验推动发展成效，要看高质量发展是否有新突破、人民生活品质是否有新提升。开展主题教育以来，中国移动牢牢把握新时代新征程赋予网信领域中央企业的职责使命，始终践行以人民为中心的发展思想，增强高品质信息服务供给能力，助力经济社会数智化转型，不断满足人民群众对美好生活的需要。中国移动始终坚持“客户为根，服务为本”，持续提高客户问题的解决能力和效率，加快推进落实“把简单留给客户、把便捷留给一线、把复杂留给系统”。在江苏，中国移动聚焦长流程业务、客户疑难诉求等影响一线服务效率的问题，成立“市、县、网格”联动专班，重点针对营业厅服务难点问题开展协同攻坚，建立“一线‘甩单’、专班响应、集中审核、批量处理”工作机制，打通疑难需求快速支撑绿色通道，为营业人员减负增效的同时，大幅提升解决客户问题的效率。

服务设计是指服务型企业根据自身的特点和运营目标，对服务运营管理作出的规划和设计，它的核心是完整的服务包与服务传递系统的设计。本章主要讲述电信服务系统设计与产品开发，以及电信服务流程设计。

本章学习目标

（1）掌握电信服务系统设计步骤。

（2）熟悉电信服务创新过程。

（3）掌握电信服务流程分析与设计方法。

13.1 电信服务设计概述

13.1.1 电信服务设计的概念

电信服务设计是指电信运营企业结合自身特点和实际运营目标，对服务运营管理进行的规划和设计。在电信服务设计中，必须牢记一个重要特征，即服务不可存储。在制造业中，我们可以在淡季储备一些库存，以满足高峰时期的需求，从而保持员工数量与生产计划的相对稳定。而在服务业中，我们必须满足市场波动的需求，因此服务能力成为一个占主导地位的因素，也是电信服务设计中值得重视的一个因素。

13.1.2 电信服务设计的要素

电信服务设计主要包括两大要素，即电信服务结构要素和电信服务管理要素。电信服务系统即由上述这两大部分组成。其中，电信服务结构要素分为电信服务传递系统、电信服务设施设计、电信服务地点和电信服务能力规划这 4 个要素。电信服务管理要素又分为电信服务接触管理、电信服务质量管理、电信服务能力和需求管理、电信服务信息管理这 4 个要素。

（1）电信服务结构要素

① 电信服务传递系统：前台和后台、自动化、用户参与。

② 电信服务设施设计：规模、美学、布局。

③ 电信服务地点：用户的统计特征、单一或多个场所、竞争、场所特征。

④ 电信服务能力规划：管理排队、服务人员数量、平均接待量或最高需求。

（2）电信服务管理要素

① 电信服务接触管理：服务文化、激励、挑选和培训、员工授权。

② 电信服务质量管理：测评、监督、方法、期望与感知、服务担保。

③ 电信服务能力和需求管理：调整需求和控制供给的战略、队伍管理。

④ 电信服务信息管理：竞争资源、数据搜集。

电信服务系统设计主要由以下 4 个基本步骤组成：第一步，确认服务过程，确定服务的输入、流程与产出、描绘图，划分流程步骤；第二步，识别容易失误的环节，找出服务过程中可能由于人员、设备，以及其他特有因素导致的容易出现失误的环节，以便进行监测、控制和修正；第三步，建立时间标准，依据用户所能接受的标准，确定每个环节的时间标准；第四步，分析成本收益，对每一环节，以及整个服务系统的成本与收益进行分析，并加以改进，以提高效率。

对服务系统进行设计时应遵循以下原则：①服务设施地点应尽量接近用户。②服务设施布置应重点考虑用户的心理、生理需要和期望。③服务产品设计应考虑环境因素的影响。④制订作业计划时应与用户的日程和时间安排相协调。⑤服务人员应具有专业技能与人事技能。⑥服务系统生产能力配置应考虑需求高峰的影响因素。

13.2　电信服务产品开发

13.2.1　电信服务产品生命周期

产品生命周期（Product Life Cycle，PLC），是指产品从准备进入市场到被淘汰退出市场为止的全部运动过程。产品的生命周期分为 4 个阶段：投入期、成长期、成熟期和衰退期，如图 13-1 所示。

（1）投入期（Introduction）。在这个阶段的电信产品通常代表的是当时新技术，虽然用户对它了解不深，但是其通常具有绝对的技术领先优势。对于这些产品，主要考虑的是如何更好走向市场化，需要改进的通常是一些附加服务方面的问题，力求能在最短的时间内让用户了解其技术优势。通过市场的测试和反馈，把新技术和用户的需求完美结合，使新技术产生最大利润，是企业对于投入期产品的主要服务设计任务。

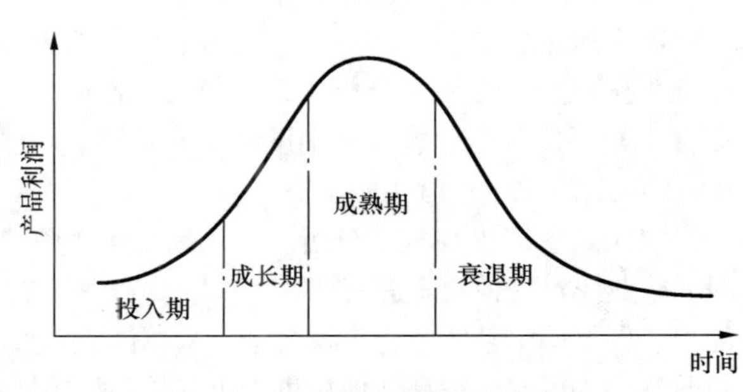

图 13-1　产品生命周期的 4 个阶段

（2）成长期（Growth）。在这一阶段的产品，已经拥有了一定的市场，并且市场规模在不断扩大，利润也在不断增加。对于这一阶段的产品，企业要关注的是成本的规模效益，并且考虑规模扩大后用户群体的扩大是否会产生更细分的市场需求，并且可以根据进一步的细分需求产生新的服务产品概念。

（3）成熟期（Maturity）。这一阶段的产品已被广泛接受，市场趋于饱和，且同类产品的竞争也开始趋于白热化。这时，企业就要关注怎样能够使产品和服务产生差异化优势；服务设计的主要任务是以差异化为导向，使产品的获利空间增大，延长成熟期的时间。

（4）衰退期（Decline）。对于这一个阶段的产品，基本上不需要再进行设计，它们已经是即将要淘汰的技术和服务。但是我们也应该关注到，衰退的产品中有没有完全被其他产品取代的需求。如果有，就需要设计新的产品去填补这一需求的空缺。

13.2.2 电信服务产品的开发

1. 电信服务创新的类型

电信服务产品的开发是指开发和设计市场上目前还没有的产品，或是将已有的核心业务重新组合，能够满足用户的不同电信需求的创新过程。因此，电信服务产品的开发在很多的研究中又叫作电信服务产品创新。

根据新的服务产品的创新程度的不同，电信服务产品的开发可以分为以下几个类型：①重大变革，指为尚未定义的市场提供新的服务。②创新业务，包括为现有市场的同类需求提供的新服务，而该市场已存在满足同类需求的产品。③为现有服务市场提供新的服务，指向现有的用户提供本企业原来不能够提供的服务（也许其他企业可以提供）。④服务延伸，指扩大现有的服务产品线。⑤服务改善，是服务变革最普遍的一种形式。⑥风格转变，表面上这种改变最为显眼，并可能使用户在感知、情感与态度上产生显著影响。

无论是哪一种服务概念的开发，都需要电信运营企业内外推动力的共同作用。对电信运营企业的创新服务产品，有组织上的推动力，找到这些系统的创新途径，抓住主要的概念来源，就可以产生最好的服务产品概念。这个创新将会为电信运营企业带来长期竞争优势。

2. 电信服务产品创新的推动力

创新的推动力主要有两个层次的意义：一是直接提供创新思想来源的力量；二是对创新的顺利进行有重要推动作用的力量，这些力量有来自企业内部的，也有来自企业外部的。不同类型的企业，创新推动力量组合的复杂程度不同。电信运营企业的创新有相当大的难度，是很多组织共同参与的结果，因此也涉及多种创新的推动力量，它们共同营造了电信运营企业的创新空间。电信运营企业的创新推动力量及其相互作用如图13-2所示。

3. 电信服务创新过程

电信服务创新源于对业务、关系、服务交付系统、新技术选择等方面的创新。电信服务创新可分为构思产生与机会分析、定义与可行性研究、服务流程设计、开发与测试、试验与实施、商业推广与评价6个阶段，其中设计与开发测试阶段完成主要的研发（Research and Development，R&D）工作，如图13-3所示。

（1）构思产生与机会分析。在创新的第1阶段，创新构思产生，但是只停留在初步的概念阶段。企业应对这种概念进行评价，一般要考虑3个方面：企业的发展战略、市场吸引力和企业内部能力，即要确定新服务是否符合企业的总体发展方向，企业是否具备在市场中提供新服务的能力，新服务是否可以经济高效地提供给市场并获得预期的收益。由于创新工作涉及很高的投入和费用，因此只有那些最适合的和最有盈利潜力的创新构思才能进入下一阶段，进行更深入的可行性研究。

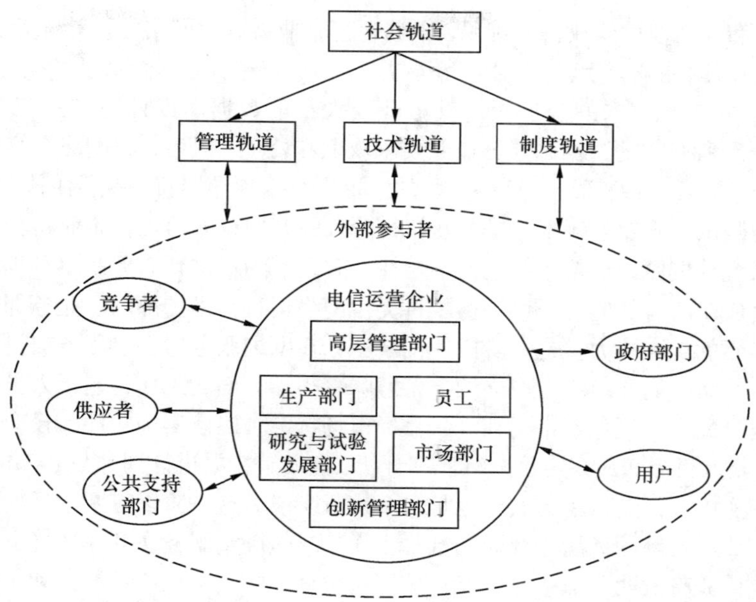

图 13-2　电信运营企业创新的推动力量及相互关系

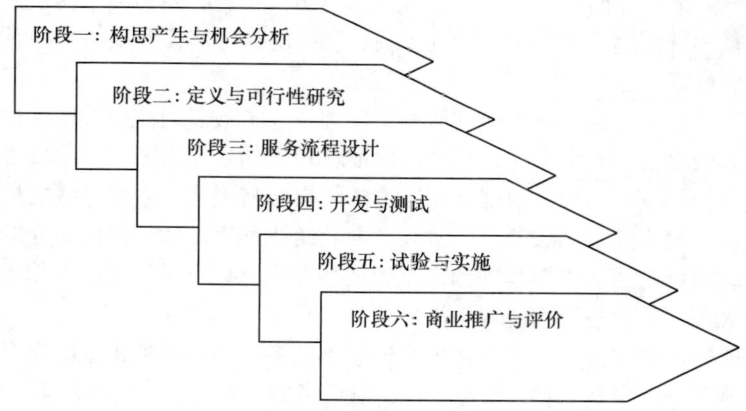

图 13-3　电信服务创新的 6 阶段模型

（2）定义与可行性研究。这一阶段要完成的主要工作包括定义所要开发的创新内容、估算创新所需要的费用以及其他资源、进行可行性研究、提出项目计划。首先，要定义电信服务的功能、特性和标准，通过服务运行标准体现，依据所依靠的硬件和软件性能标准来完成。其次，还要定义用户界面层次，将用户的需求以一种规范的形式进行描述，包括服务申请受理、查询、收费以及故障报告、维修等工作。进行详细定义之后，新服务对企业资源的要求也更加清晰，包括了市场营销能力、网络与技术支持能力、网络工程与规划能力、运行分析与管理能力、计费与信息系统等方面。企业不仅要从这些方面进行详细的内部评估。还要与竞争者进行实力对比，并考虑外部管制可能发生的变化。在以上两项工作完成以后，电信服务能力已经具备了进行详细设计的条件。在这一阶段的最后，电信运营企业应编制详细的创新计划表。

（3）服务流程设计。在第 3 阶段要进行创新项目的具体设计工作，它将网络基础设施、运营支撑系统与商业过程结合在一起。这是最复杂的一个阶段，因为它需要这些领域作为一个整体协调工作。首先，为建设网络基础设施，电信运营企业必须策划和设计接入、交换、传输、互连方案。凭借从供应商和其他群体获得的资源，电信运营企业将完成网络的设计配置，鉴别在网络层次实现服务所必需的要素。其次，对于运营支撑系统，电信运营企业要设计业务从申办到提供给用户再到获取业务收入的全过程，其中涉及大量的数据库设计与定义工作。电信运营企业应确保各系统间所必需的数据都能够按照要求获取和处理。最后，将网络系统和商业过程综合起来，成为一个端-端运行的系统。这一阶段的结果将直接指导创新的执行阶段。

（4）开发与测试。开发与测试就是创新执行阶段的开始，电信运营企业将获取服务所需的基础设施和信息系统，按照设计要求把它们融合在一起，并为提供新服务制定日程表。随着第 3 阶段设计工作的完成，所有的概念与设计蓝图将交付网络运行与维护部门、业务部门和营业部门等部门转变成为实际的生产能力。这一阶段使创新服务在网络服务层次、服务交付层次和商业组织层次等方面准备就绪。商业组织层次上的准备意味着很多方面的工作，包括人员配置、培训以及责任划分、利益分配等，还包括市场细分、目标市场选定、确定实施顺序、投产进度和最后阶段的培训计划，对收入目标和最终定价进行详细分析，完成销售渠道计划并与外部供应者协调工作。

（5）试验与实施。商业试验与实施也是一个执行阶段。这一阶段有两个目的，一是确保企业所有部门已经完成所有新服务所需要做的准备工作，二是确定服务在商业环境下可以按照需要的方式工作。商业试验将表明新业务是否能够按照所设计的方式提供给用户，和企业能否按照要求的方式支持这项业务。同时商业试验还为企业提供了重要的市场信息，使企业在下一阶段能够以正确的方式推广该业务。在商业试验通过之后，电信运营企业必须为网络的发展制订计划，包括为建立网络的容量和性能制订网络装备计划，确定网络的预定规模和支持用户预测以及今后网络扩容与升级的阶段计划。

（6）商业推广与评价。该阶段之前的所有工作都是为了最后的商业推广。这是最具策略性的阶段。如果新服务同时进入多个市场，则推广阶段就短；如果新服务以分阶段展示的方式进入市场，则推广阶段就会相应的延长。根据这一决策的结果，与网络、系统等各支持要素的开发计划联合考虑，确定每一商业推广区域的具体实施计划。商业推广之后是推广后期的评价工作，从而确保创新周期以后的商业活动将继续进行，直到最终完成。只有对创新服务作出了肯定的评价，创新服务才将转入正常的业务管理流程。

此外，新服务开发通常会产生需要保护其创意不被竞争者复制的措施。没有这种保护，发明者就不会意识到该创意的利益所在。知识产权是对创意的专有权利，包括发明、文学和艺术作品、图标、名称、图像以及商用设计的专有权，它允许知识产权的所有者在某段时间内独得利益，以激励与研发相关的创造性的活动及相关成本。

13.3 电信服务流程设计

13.3.1 电信服务流程设计概述

服务流程是服务据以传递的政策、任务、程序等的有机结合。服务流程设计的目的不只是创造最高的质量或效率，还要为用户和员工创造相似的最高的价值以及满意度，最终为投资者创造利润。

1. 服务流程的定义

服务流程是指企业所进行的一个或一系列连续有规律的服务行动。这些行动以确定方式发生和执行，导致特定结果的实现，是一个或一系列连续的操作。

服务流程作为流程的一种，具有它自身的特殊性。换句话说，不同组织的服务流程是不同的，同一企业不同服务活动的流程也是不同的。服务流程是从用户的角度来观察事物，实质上是指用户感受到的由企业在每个服务步骤和环节上为他们提供的一系列服务的总和。企业及其员工无论怎样看待服务流程中的每一环节，他们大都是把这些环节当成作业来完成；而用户会对服务流程中的每一环节都作出评价，然后加以汇总，得出一个完整的评价结果。

从上面的论述我们看出服务流程既有作为流程的一般内涵，又有服务流程自身的特殊性。归纳起来，服务流程有以下 3 个特征。

（1）服务流程体现了在服务的每一环节、每一步骤为用户提供一系列服务的总和。

（2）服务流程由提供服务所经历的步骤、顺序、活动构成。

（3）服务流程是指企业从用户的角度安排的服务活动。企业设计服务流程的宗旨是保证在服务的每一环节、每一个步骤都能增加用户享受和体验服务时的价值。

提高服务流程的合理性、有效性是赢得用户满意的关键一环，企业需要精心设计和有效管理。从组织的角度看，服务流程是企业为了给用户提供某项服务而执行某项任务、开展某项业务活动的程序或步骤。电信服务流程，是指电信运营企业为了给用户提供信息通信服务，而展开的业务提供、运营、维护等一系列服务活动的总和。

2. 电信服务流程的设计过程

在电信行业的服务中，所有的服务流程都将涉及到人（员工或用户）的评价。这使电信服务流程的标准很难以确定，而且对于服务流程的要求也会随时间的变迁而不断地变化。因此，电信服务流程不可能是一成不变的，必须要形成一个服务流程设计的规范化流程。电信服务流程设计包括两种主要的类型：第一，对已有服务的流程改进；第二，对新业务服务流程的全新设计。电信服务流程的设计过程如图 13-4 所示。

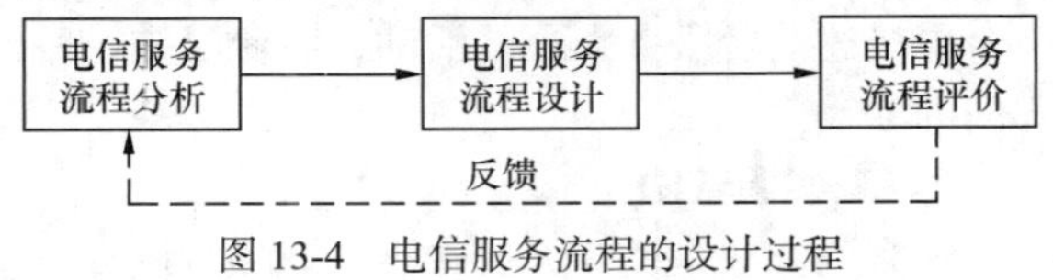

图 13-4　电信服务流程的设计过程

13.3.2　电信服务流程的分析方法

电信服务流程的设计是基于电信运营企业现有服务流程的一个再设计工作。所以，必须要对电信运营企业现有的服务流程有一个透彻的了解，才能设计出最优的电信服务流程新方案。这就需要对电信服务流程进行分析。对电信服务流程的分析方法主要有 3 种：问卷调查法、流程图法、观察调查法。本小节重点介绍流程图法。

1. 问卷调查法

问卷调查法的相关概念已在 9.1.4 小节所论述。问卷一般由卷首语、问题与回答方式、编码和其他资料组成。

卷首语是问卷调查的自我介绍。卷首语的内容应该包括调查的目的、意义和主要内容，选择被调查者的途径和方法，对被调查者的希望和要求，填写问卷的说明，回复问卷的方式和时间，调查的匿名和保密原则，以及调查者的名称等。对于电信服务流程的问卷调查一般有 3 种：针对管理者、针对服务人员、针对用户。不同问卷的卷首语对应不同的内容，体现问卷的针对性。

问题与回答方式是问卷的主要组成部分，一般包括调查询问的问题、回答问题的方式以及对回答方式的指导和说明等。

其他资料包括问卷名称、被访问者的地址或单位（可以是编号）、访问员姓名、访问开始时间和结束时间、访问完成情况、审核员姓名和审核意见等。这些资料，是对问卷进行审核和分析的重要依据。

问卷调查法的一般程序是：设计调查问卷，选择调查对象，分发问卷，回收和审查问卷。然后，再对问卷调查结果进行统计分析和理论研究。

2. 流程图法

流程图法是将所有组成服务流程的要素以一种图形化的方式表示出来。服务流程图又被称为服务蓝图，是对服务过程的细化和扩展，能准确地描述服务过程的程序，使员工、用户及管理者都能清楚地认识自己在服务过程中承担的角色，从而完成分析过程。服务流程图是指用箭头线把服务过程中的各项作业（用矩形或菱形表示），按先后顺序连接起来的作业顺序图。在流程图中，决策用菱形表示，工序用矩形表示，两工序间的优先关系用实箭头表示，缓冲用三角形表示，信息流用虚线表示。除此之外，明确业务流程中的有关事项，（例如流程的开始和结束、需发布报告的关键点等）也是有用的。流程图中，椭圆形表示事项最后，流程图经常需要描述开展工序所需的资源。

在流程图中增加资源分配也是很有用的。把资源分配显示在流程图中的一种做法是把其水平地分割成许多不同的颜色或条带，每种颜色或条带代表一种资源。至于流程的哪些要素反映在流程图上，取决于使用该图的情形和所要求的细致程度。

电信运营企业的服务种类繁多，流程也非常复杂，而流程图法以最直观的图形展示了电信服务流程。把一项流程细分成各种工序，识别它们之间的关系和图形化的表示方法，都有助于提高我们对整个流程的认识。对于比较复杂的流程部分，可以考虑利用流程图组来展示。可以把流程图（服务蓝图）分为 4 个层次，即用户层、前台层、后台层和支持层：用户层描述用户的活动，前台层描述前台服务人员的活动，后台层描述后台服务人员的活动，支持层描述支持单位或其他部门的活动。

3. 观察调查法

观察调查法是调查人员在服务现场对调查对象的情况直接进行观察和写实，获取所需信息的一种调查方法。观察调查法的优点是调查较为客观，真实性高，受调查人员偏见影响小，可以实际地记录下所有流程作业动作和花费的时间。

13.3.3 电信服务流程的设计方法

电信服务流程设计包括 3 种基本方法：用户参与法、生产线法和用户接触法。

1. 用户参与法

电信用户积极主动参与电信服务活动，一方面提高了电信服务的效率，另一方面提高了电信服务的定制程度。因此，电信运营企业在进行电信服务流程设计时，必须认真考虑用户的参与程度、需求偏好和特点，将其作为服务的一种生产要素纳入服务传递系统中去，从而有效地实现服务系统的功能，满足用户的个性化需求，以实现提高用户的满意度和电信运营企业的服务效率的目的。

要想提升用户参与度，电信运营企业需要做到以下 4 点。

（1）电信运营企业在提供服务过程中给前台服务人员更大的自主权。电信运营企业在设计服务流程时，为员工制定相应的服务措施和授权方式，使他们在用户个性化需求中发挥主动、积极的作用。

（2）电信运营企业应该充分理解和判断用户的个性化需求和参与程度。电信运营企业必须根据所提供的服务类型，研究目标用户的需求和心理特点，分析他们的偏好，掌握用户在服务传递过程中的可能行为和可能出现的情况，对服务提供的整个流程进行分析，确定哪些工作可由用户承担，或者可以让用户拥有更大的控制权，从而准确判断和确定用户在不同的服务环节中所能达到的参与程度。

（3）动态监控和评估服务绩效。由于不同的电信用户对服务的个性化要求和参与程度不同，电信运营企业必须及时进行调控和评价。用户参与法下，电信运营企业能较好地满足用户的需求偏好，提供更加个性化的服务，并能通过用户主动参与调节供求平衡，使服务效率得到提高，但服务的个性化必然影响服务系统的运行效率，因此电信运营企业必须确定用户合理参与的环节和参与的程度，以实现满足个性化需求和提高效率的双重目的。

（4）在服务流程设计中体现电信服务提供系统的灵活性。电信运营企业在重新设计和改进服务流程时，要为用户的参与和控制留下更大的余地或空间，以便使用户的参与和个性化服务得到有效的保证。同时，电信运营企业还要考虑服务提供系统对用户学习的支持作用。由于用户需要在服务过程中更多地参与并发挥自主权和控制权，电信运营企业必须使用户能够快速、简易地掌握各种所需的技能和知识，避免由于用户的参与而造成系统营运效率的降低。

2. 生产线法

生产线法是服务流程设计的基本方法。该方法原本是制造型企业的生产线流程和管理方法，后来被应用于服务型企业的服务流程设计与管理。运用生产线法对电信服务流程进行设计和管理的目的是使服务高效率和规范化。具体方法如下。

（1）明确合理的劳动分工，对工作任务进行简化。生产线法的基本思路是把工作划分为较为具体的任务，使每个员工的工作变得简化，并且只需要员工具备相应的一种或几种技能。这样可以提高服务效率，减少服务差错，降低运营成本。

（2）采用各种设施替代服务人员的工作。这种方法要求电信运营企业在服务产生和提供活动的过程中尽量采用各种设施和技术替代传统服务的人工劳动，具体包括采用机械和自动化设备、信息系统等硬技术和现代管理系统等软技术。

（3）促使服务的标准化。要对服务产品本身重新分析和定位，尽量减少其中的可变因素，使之标准化，为用户提供稳定、规范化服务。只有这样，相应的服务系统才能进行标准化运作，也才能明确定义各类服务分工，从而制定相应的流程和操作规范，最终实现提高服务效率和规范化的目的。

（4）实现服务人员的行为规范化。通过行为规范化，服务人员可以提高服务质量的稳定性，提高服务效率，使所有的用户都能得到一致的服务，减少人为因素的影响，提高服务质量和经营效率。

（5）控制服务人员的自主权。服务标准化和服务质量的稳定性是生产线的优势所在。对于标准化的常规服务，服务行为的一致性受到用户关注和认同。因此，服务人员行为的标准化要求把个人的自主权控制在有限的范围内。

3. 用户接触法

用户接触法是服务流程设计的又一基本方法，是指根据用户的接触程度不同，把电信服务系统分为前台部分和后台部分，也就是服务的前台部分和后台部分。前台是与用户接触较多的部分，采用用户参与法的设计思想，适应不同用户个性化的需求和参与程度的需要，灵活处理服务过程中可能出现的各种具体情况，以达到较高的用户满意度。后台采用生产线法的设计思路，实现服务的规范化、标准化，因而避免与用户接触造成的不确定性，从而达到较高的服务效率。因此，用户接触法是一种将前两种基本方法有机结合的服务流程设计方法。

用户接触法的主要内容如下。

（1）合理划分服务系统中的前台部分与后台部分。首先，对服务系统进行全面考察和分析，合理划分前台部分和后台部分；其次，在前台和后台子系统内分别寻找出最关键的服务营销目标，明确界定各系统、各环节、各步骤的工作任务；最后，建立前台和后台服务的有机衔接关系，保证能够协同有效地运转。

（2）分别设计前台部分和后台部分的业务流程。在前台部分服务流程设计中，详细评价和判断与用户接触的各环节及步骤的重要程度和用户的真正需求，根据用户参与程度和方式，尽量减少影响服务效率的不必要的接触。例如，将部分人工服务改为自动化服务或剔除不必要的接触环节。在该方法下，后台部分服务流程设计遵循产品线法设计思想，采用新技术和自动化设备，制定时间、质量和费用标准，对资源要素、流程和产出进行精确的控制。

（3）充分考虑和把握前台部分、后台部分业务流程的特点与要求。在服务流程设计过程中，必须对二者的特点和设计要求有明确的认识，才能把握设计的关键，优化服务流程的性能。

综上所述，电信运营企业可以选择一个适合自己的服务流程分析方法，也可以采用多种方法混合的方式，力求对自身现有的流程有一个彻底的了解，对服务流程中的弱点和不足进行针对性的改进设计，对服务流程中的空缺部分进行创新设计。

13.3.4 电信服务流程的评价

对于一个服务流程而言，有 3 个重要的评价指标，即服务流程的有效性、高效性、适应性。所谓有效性，是指服务流程对于用户需求满意度的贡献水平，服务流程只有在能够有效提高用户满意度的情况下，它才是具有有效性的。所谓高效性，是指服务流程的运营成本要足够让电信运营企业在行业竞争中处于优势地位，没有高效性的有效性是毫无意义的。所谓适应性，是指服务流程对于电信运营企业内外环境具有自我调节的能力，不会因为一时环境状态的变化而导致系统运转失灵。

上述 3 个指标主要体现在两个具体的服务流程指标上：一是对服务流程中增值部分占用时间的参数计算增值效率；另一个是对流程绩效指标进行计算，考察服务流程绩效。

（1）增值效率评价

在电信运营企业的服务流程中，服务流程可以分为增值活动（能够创造价值的活动）和非增值活动。出于对有效性和高效性的考虑，电信运营企业应尽量保证增值活动以尽可能高效率的方式开展，而相应的将非增值活动控制在最低的水平。增值效率就是指一个增值活动在整个流程系统时间中所占的比例，即增值服务占用时间和服务流程总时间的比例。

虽然有些服务属于非增值活动，但是其对增值效率依然存在影响，有些甚至是电信运营企业运营所必要的。对于这些活动，主要是看如果对它进行活动整合是否会影响其职能的完成，再结合具体情况确定是否对它进行再造。某些流程的增值活动与非增值活动很难区分。这时可以引入任务分解的办法，以判断相关活动对于分解后的任务的增值性，从而确定增值环节和非增值环节。

（2）服务流程绩效评价。服务流程绩效指标体系通常是由多个高层次度量指标组成。这些指标在很大程度上与企业绩效评价的指标区别不大，例如流程的产能、流程中进行交换的信息量等。通过对照子流程的动作时间分析表，可以分别计算出子流程的平均服务所需时间，再根据流程绩效的计算公式，可以计算出其他一些绩效指标。

以电信呼叫中心的服务流程系统为例，我们需要建立的主要指标如下。

① 呼叫平均等待时间 = 等待时间总和 / 呼叫次数总和。

② 服务平均时间 = 服务时间总和 / 呼叫接通次数。

③ 服务平均空闲时间 = 服务等待时间总和 / 服务人次。

④ 服务繁忙率 = 通话时间总和 / 服务时间总和。

通过这些量化指标，我们可以客观地评价一个服务系统的效率，不会因为管理人员或用户的主观因素而产生不合理的偏差。但是由于服务具有无形性和个性化的特征，量化的服务流程绩效指标体系往往还不够全面，必须和别的评价方法一起使用才更具有说服力。本次服务流程的评价也意味着下一次服务流程设计的前期分析，标志着下一个服务流程设计的开始。因此，电信运营企业必须意识到电信服务流程是一个不断循环往复的过程，只有不断地改进才能使服务流程最优化。

13.4 本章小结

电信服务系统由电信服务结构要素和电信服务管理要素两大部分组成。电信产品的生命周期分为 4 个阶段：投入期、成长期、成熟期和衰退期。电信运营企业把握和利用产品生命周期的规律，有助于制定电信产品发展战略，增加电信运营企业的竞争能力和营利能力。电信服务创新划分为构思产生与机会分析、定义与可行性研究、服务流程设计、开发与测试、试验与实施、商业推广与评价 6 个阶段。电信服务流程设计过程包括分析、设计和评价。电信服务流程的分析方法主要有 3 种：问卷调查法、流程图法、观察调查法。电信服务流程设计包括 3 种基本方法：用户参与法、生产线法和用户接触法。服务流程评价指标包括服务流程的有效性、高效性、适应性。本章介绍了电信服务系统设计、电信服务产品开发以及电信服务流程设计的相关知识，帮助读者掌握电信服务设计的基本方法，为读者学习后续电信服务运营管理的相关内容奠定基础。

案例讨论：中国联通以用户需求为原点 持续打造高品质服务体系

近年来，中国联通持续打造人民首信的客户服务品牌，践行全心全意为人民服务的根本宗旨，在行业内率先发布《高品质服务白皮书》，聚焦打造“以客户为中心”的服务标准和服务规范体系，围绕“全、联、通”三大核心特点，面向 41 个服务场景，制定 98 项服务标准，实现传统服务向全客户、全业务、全场景一站式的智慧服务升级。一是服务机制创新，启动一体化承包制，客户经理对所承包的客户提供全场景服务，深入了解客户诉求，由被动服务转变为主动触达，快速解决客户问题，取得客户的信任，实现个性化高品质的专属服务；二是服务流程创新，在解决客户问题的同时“多问一句话”，挖掘客户潜在需求，将“接触即满意，不满意即接触”的服务要求植入到每位员工的心中，做到客户问题“件件有人管，件件有人跟，件件有结果”。

讨论题：试用电信服务设计的相关知识分析中国联通高品质服务的成功之处。

思考与练习题

13-1 简述电信服务系统的组成。

13-2 简述电信产品的生命周期。

13-3 简述电信服务创新的过程。

13-4 什么是电信服务流程？

13-5 电信服务流程有哪几种分析方法？

13-6 电信服务流程的基本设计方法有哪些？

13-7 电信服务流程评价指标有哪些？

第 14 章 电信服务运营管理

【引例】"AI 数字人"让生活更便捷

在数智化时代，电信用户的需求正逐步转向丰富的数字化体验。为满足用户对智能生活品质的需求提升，中国电信 App 首次引入"AI 数字人"。数字人"筱翼"基于电信智慧 AI 中台的强大技术能力，融入 AI 语音交互、机器学习、自然语言处理、知识图谱、虚拟形象技术等多项创新科技，能实现无障碍全业务语音识别、仿真人全息互动，为用户提供多样化业务办理服务。"筱翼"24 小时全天候在线、随时随地响应用户需求，在"急用户之所急"的同时，还能提质增效，与人工客服形成有效补充。部分以往要去线下营业厅办理的业务，目前可以通过 AI 数字人远程柜台、视频办理等方式完成，为用户免去冗长的等待时间，极大提升了便利性。在未来，中国电信将继续着眼于用户体验的提升，为用户能够尽情享受信息新生活而持续发力。

通信与信息技术的发展在用户与服务提供者间产生了深远的影响。服务运营管理的目标是最大限度地使用户满意，同时能够有效提高组织的运营效率和控制运营成本。服务运营管理的内容十分丰富，根据电信运营企业的特点，本章主要讲述电信服务接触管理、电信服务需求与生产能力管理、电信服务中排队问题的管理、电信服务质量管理以及电信服务的服务水平协议（Service Level Agreements，SLA）模式。

本章学习目标

（1）熟悉电信服务触点。

（2）掌握电信服务需求与生产能力管理策略。

（3）了解排队论基本概念及其管理意义。

（4）了解电信服务质量管理及 SLA 的基本内容。

14.1 电信服务接触管理

由于电信服务具有与有形产品不同的特征，即服务结果的无形性，以及生产与消费的同时性，所以用户所感知的价值和满意不仅仅体现在他们获得的服务的结果方面，还体现在与企业和服务人员的服务接触过程中。如图 14-1 所示，服务接触在整个服务过程中占有很重要的地位。

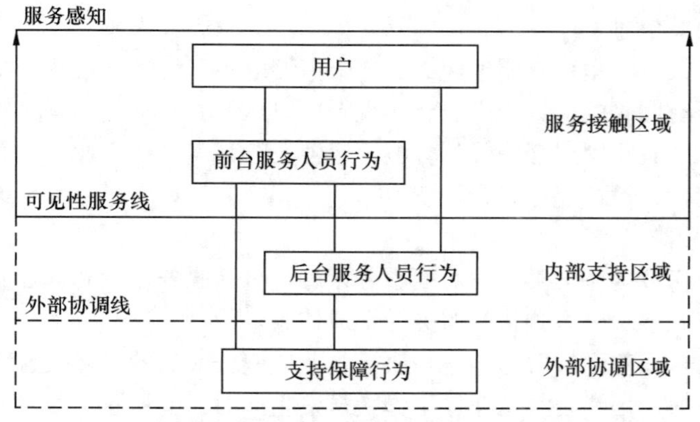

图 14-1　服务接触及其在服务过程中的地位

14.1.1　服务接触的内涵

1．服务接触的含义

服务的独有特征之一是用户主动参与服务生产过程。每一个关键时刻都涉及用户和服务人员之间的互动，双方在服务组织所设计的环境中扮演不同角色。服务接触（Service Encounter）指的是在服务体验过程中用户与服务组织的服务人员进行接触而发生的相互影响、相互作用。服务接触过程是用户评价服务产品质量的关键所在，揭示了服务的真面目，所以在服务质量管理中服务接触过程又被称为“关键时刻”，亦称“真实瞬间（The Moment Of Truth）”。这个概念由斯堪地亚航空公司提出，指用户形成一个关于企业的印象或感觉的任何情绪。理查德·诺曼（Richard Norman）最早于 1984 年将服务接触引进服务质量管理理论之中。诺曼认为，用户心中的服务质量是由真实瞬间的相互影响来定义的。一个用户和服务人员一起经历多次相遇，在这经常的短暂相遇的瞬间中用户评价着服务并形成对服务质量的看法。每一个真实瞬间就是一次影响用户感知服务质量的机会。

2．服务接触的特点

对于大多数服务组织来说，服务接触的开始与结束存在于用户与服务人员之间。这些服务接触是人与人之间的相互作用。这些服务接触有以下特点。

（1）服务接触有明确的目的。不管起因是什么，服务接触都有预先的目的。例如，绝大部分用户走进电信企业营业厅是为了办理或咨询业务。

（2）服务人员不是利他的。对于服务人员来说，服务接触是他日常工作的一部分。服务人员的最基本的目的是完成工作，取得报酬。因此，对于服务人员来说，服务接触只是一项工作，其有可能对每一个用户都重复地、机械地完成其分内的工作，而不考虑每位用户的不同需求。

（3）不需要预先相识。在绝大多数情况下，用户和服务人员是互不认识的，即使没有进行互相介绍，在服务过程中双方也不会不舒服。但有些服务接触不仅需要彼此间的正式介绍，还需要给予更多的信息。电信运营企业和大用户之间的服务接触就是很好的例子。

（4）服务接触的范围有限。虽然刚见面的问候、礼貌和一些简单的交谈都是某些服务接触的一部分，但花费在非服务内容上的时间通常是很短的。用户与服务人员之间相互作用的范围取决于服务任务的性质。

（5）交换与服务内容相关的信息。在服务接触中经常需要交换与服务内容相关的信息。例如，电信运营企业要为某大用户提供服务，首先要了解对方的人数、规模及使用习惯等，同时还要提供自己在该服务方面的信息。

（6）用户与服务人员的角色有明确定义。在服务接触中，为达到有效和高效的服务结果，用户与服务人员都需要有明确的行为规则。有些规则可以从经验中学到，有时候需要服务人员引导用户了解规则。例如，有些用户会明确告诉电信运营企业其需要什么业务，而有些用户需要电信运营企业为其量身定做，设计业务组合。

3. 服务接触的分类

服务接触一般可以分为三大类：面对面服务接触、电话服务接触和远程服务接触。用户可以通过任何一类接触方式或综合方式接受服务并形成体验。

（1）面对面接触。面对面接触指用户与服务企业或服务人员的直接接触。例如，去电信运营企业营业厅办理业务时，用户要与营业厅工作人员发生面对面的接触。面对面接触有时能降低用户的感知风险，例如飞机上空姐和蔼的态度、亲切的笑容在很大程度上缓解了没有飞行经验的旅客的紧张情绪。在面对面接触中，影响用户感知服务质量的因素最多，也最为复杂。语言和非语言的行为都对感知质量产生重要影响，例如服务人员的态度、着装和服务场所的环境以及用于提供服务的设备。

（2）电话接触服务。电话接触服务是指用户通过以电话为媒介，从服务组织中接受服务。这种服务接触在日常生活中越来越广泛。用户往往通过接打电话，通过电话另一端服务人员的语气、专业知识、沟通能力、处理用户问题的速度和效率等方面的工作表现，判断所感知的服务质量。

（3）远程服务接触。远程服务接触是指用户通过设备与设备之间的接触而接受的服务。例如，用户通过网上营业厅与电信运营企业进行接触。在远程服务接触中，虽然不是人与人之间的接触，但对于服务企业来说，每一次接触都是提高用户对其感知质量的机会。由于享受到技术带来的便利，用户更愿意增加消费频率。

14.1.2 服务接触管理

服务接触主要由4个要素组成：用户、服务人员、服务系统和有形展示。这4个要素构成了服务接触管理的主要对象。通常认为，服务技能、效率、信息容量、态度、服务柔性和营业环境（服务接触属性）是影响服务接触水平高低的具体因素。这些因素蕴含在服务接触的4个要素中。

1. 用户

用户是服务接触中的最主要要素。服务接触的终极目标是用户满意。用户对服务质量的评价、对服务的整体满意度、是否下次再来的决定等，都极大地取决于其在服务期间的感受。因此，完整的服务产品和服务系统的设计必须考虑用一种最有效的方式来满足用户的要求。

2. 服务人员

服务人员是指直接与用户打交道的那些人员。对于用户来讲，服务人员代表其服务组织。服务人员是保持服务提供系统正常运转的力量。常年完成同样的任务使得服务人员往往只重视服务接触的效率和有效性，千篇一律地对待用户，而不是把每一个用户看作具有个性的个体，没考虑到有的用户可能缺乏经验、有的用户心情焦虑、有的用户担心服务情况、有的用户可能有特殊要求等。很多情况下，除了服务技能、服务效率，用户对服务人员所表现出来的诸如友善、温暖、关怀和富有情感等人际交往技能也非常在意，甚至往往是这些因素决定了一次服务接触的成败。因此，管理者有责任帮助服务人员培养这些技能，使服务人员能够站在用户的角度进行服务接触。企业还需要对服务人员加以培训，使他们遵守一定的行为规范。当接触用户的服务人员受到合适的培训，同时在服务交付过程中，用户的期望以及角色得到有效的沟通时，企业则可以提升运营效率。

3. 服务系统

服务系统包括设施设备、各种用品、服务程序和步骤，以及规则、规定和企业文化。但服务系统影响服务接触的部分，实际上只是用户能够看到、接触到的那一部分。这一部分也可称为可视部分，即前台部分。这部分的设计和运行必须从用户的角度出发。而在后台，服务系统的设计主要考虑如何支持前台的运营。

4. 有形展示

有形展示包括一项服务和服务企业可能影响用户体验的可触的所有方面。后台设施或用户不可视部分的设施不属于有形展示的部分，因为它们不会直接影响用户的体验。有形展示包括服务企业所在的建筑物的外形设计、停车场、周边风景，以及建筑物内的家具摆设、设备、灯光、温度、噪声水平和清洁程度等，还包括服务过程中使用的消耗品、使用手册、服务人员的着装等可触的东西。一般来说，用户在服务设施内停留的时间越长，有形展示的重要性越高。

有形展示不仅有可能影响用户，还有可能影响服务人员的行为。服务人员要在服务设施内度过他们绝大多数的工作时间，因此他们的工作满意度以及工作动力和工作绩效也受有形展示的影响。有形展示的设计还应该考虑到如何能够使服务人员无障碍地执行任务，使用户和服务人员所要执行的任务顺利地通过系统。

14.1.3 服务接触过程分析与评价

服务接触过程是由一系列服务接触点构成的。不同的服务接触点所呈现的功能是不同的。因而在对服务过程进行分析时需要识别关键接触点并对关键接触点进行系统性地合成分析，从而评价整体服务能力。

1. 服务接触点的确定

服务接触点是用户和服务系统进行物质流、资金流、信息流交换的点，是影响用户对服务质量感知的基础环节。在每一个接触点，服务系统由服务提供者完成一项相对独立的活动，而该活动是整个系统服务功能的一部分。对服务接触点的确定，常用的方法有两种：一种是基于服务提供流程图分析的方法，例如服务蓝图方法；另一种是图论的方法。

服务蓝图主要用于描绘服务体系，寻找并确定关键的服务接触点。该技术通过对服务流程、用户行为、服务人员行为以及服务单据等方面的描述，将复杂抽象的服务提供过程简单化、具体化，如图 14-2 所示。

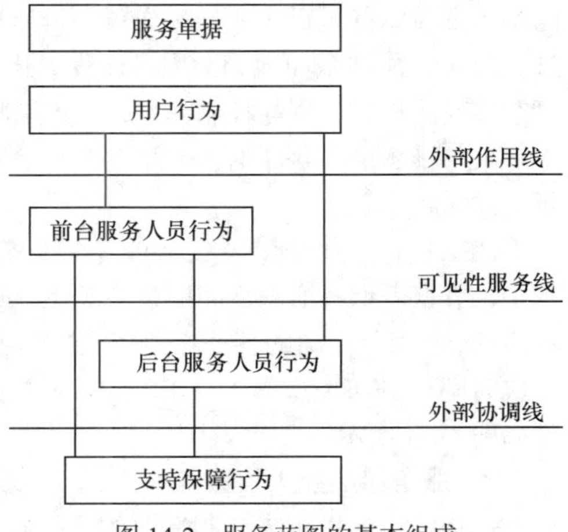

图 14-2 服务蓝图的基本组成

用户行为主要描述用户在采购、消费和评价服务质量过程中所采取的步骤、表现的行为以及它们之间的相互关系。前台服务人员行为是指服务体系中直接向用户提供服务，并能够被用户看得见的服务人员行为。后台服务人员行为是指发生在服务体系的后台、用户看不见的服务人员行为，主要是为前台服务人员提供技术、知识等保障服务，必要时也可为用户提供直接服务。支持保障行为涵盖了所有保障服务体系正常运行的辅助工作，主要是为前后台服务人员提供后勤服务。

服务蓝图是对服务流程的一种“二维描述”，其中，横向按照服务流程的顺序安排，纵向表示服务提供过程中涉及的职能部门及其相互关系。通过服务蓝图，电信运营企业不但可以形成对整个服务过程的明确认识，而且可以清晰地确定服务传递过程中影响服务质量的内、外部服务接触点，从而便于确定参与服务质量评价的主客体。

电信服务接触点主要包括图 14-3 所示的几个方面。通过这些载体，负责营销沟通的人员就能够让用户联想到品牌和产品的重要接触点。

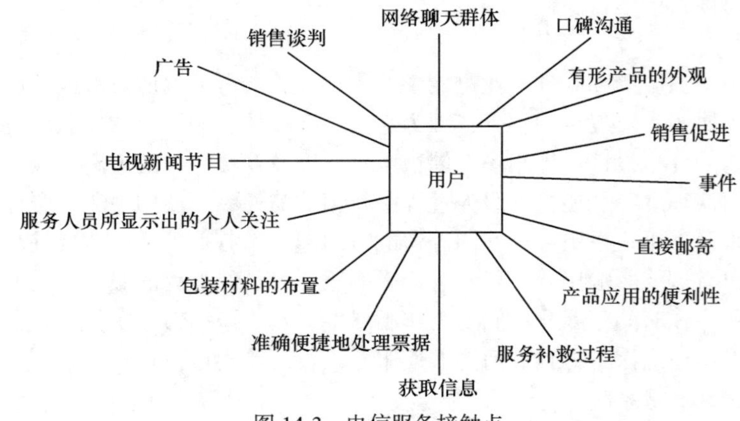

图 14-3　电信服务接触点

2. 关键接触点的确定

服务过程中的接触点可能很多，点与点之间的重要性是不同的。有些接触点是服务质量流运行过程的瓶颈或薄弱点，是接受、处理和传递服务质量的重要环节，对服务的顺利开展以及服务整体质量的高低起决定作用。这些点被称为关键接触点。可以运用图论的方法来分析识别关键接触点。

图形评审方法（Graphical Evaluation and Review Technique，GERT）是在系统工程方法中广义网络计划技术的基础上不断完善发展起来的一种广义随机网络方法，它使用带概率的有向网络图进行分析，能够全面地刻画服务流程，描述各环节之间的关系，不仅可以用来分析研制性和情况复杂多变的项目计划与控制问题，还可以将它用于解决与排队论、存储论、可靠性、质量控制等相关的统筹问题。

GERT 主要由节点、支线和流 3 个要素组成，其中，节点表示各活动之间的逻辑关系，支线表示活动，流表示活动的各种参数（例如实现概率、完成时间、分布类型等）。GERT 的基本实施步骤如图 14-4 所示。

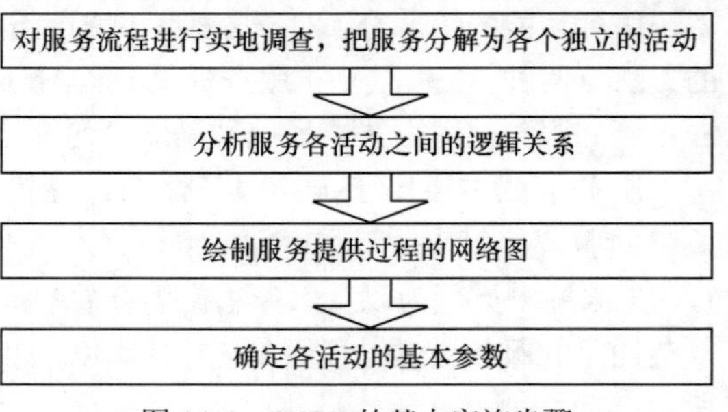

图 14-4　GERT 的基本实施步骤

3. 服务接触能力指数

过程能力的思想来自制造业的产品质量控制，是指加工过程满足技术规格要求的能力，通常用过程能力指数来定量描述。相应地，服务接触能力是指在服务产品的生产与提供过程的一系列服务接触中，服务系统能够满足用户心目中的服务质量标准的能力，其结果可以用服务接触能力指数来衡量。

采用分层的思想对服务接触能力进行逐层分解。第 1 层是服务接触能力指数，代表服务系统运作评价的目标。第 2 层是关键接触点的服务质量，对它进行综合即得到了用户对服务系统总的评价。第 3 层为每一个关键接触点的服务接触属性（例如服务技能、效率、信息量、态度和营业环境）。第 4 层为服务接触属性所对应的具体评价指标。这样就形成了服务接触能力的模型即服务接触能力层次图，如图 14-5 所示。

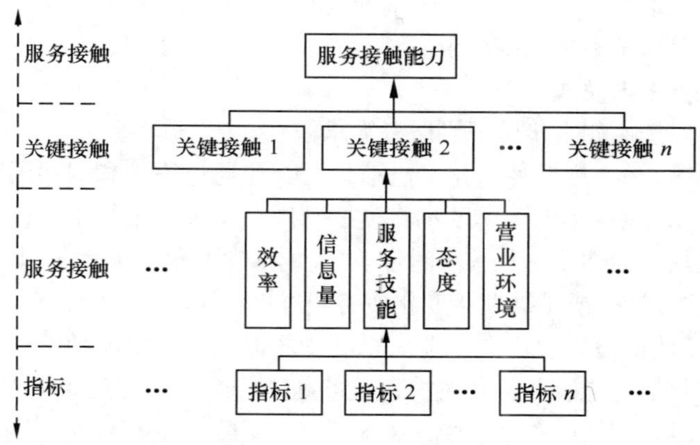

图 14-5　服务接触能力层次图

14.2　电信服务需求与生产能力管理

电信服务能力具有易逝的特性。电信服务不像有形产品那样能够储存在仓库里以待未来消费，它是一种不能从一个人转移到另一个人的无形的个人体验。一方面，电信服务的生产和消费同时进行，如果消费需求相对于服务能力不足，将导致服务人员和设备闲置。另一方面，服务需求是变化的，电信服务的消费在所有时间不可能是均等的，这种需求波动造成了在某些时间服务处于闲置期，而在其他时间用户不得不为接受服务而等待。因此，充分利用电信运营企业的服务能力资源并提高效益是电信服务运营的重要内容。

14.2.1　电信服务需求与生产能力概述

1. 电信服务需求的波动与模式

（1）电信服务需求波动的特性

与制造业中的产品需求与供给不同，电信行业中需求与供给的匹配相当困难。这主要由电信服务需求的波动特性造成。电信服务需求的波动特性来源于以下 5 方面。

① 电信服务具有易逝性和无法储存性，电信服务的生产与消费是同步的。电信运营企业无法用储存的方法来平衡供求。例如，节假日期间通信线路经常繁忙，电话难以打出和打入，而在其他时间大量线路处于闲置状态。

② 电信运营企业的最大供应量不具有弹性。类似于宾馆、餐厅、电影院、医院等有生产能力限制的服务企业，在生产能力饱和的情况下，电信运营企业通过加班加点向用户增加服务供给的能力很有限。

③ 电信服务需求较难预测。首先，电信服务需求的变化较多，且在短时间内发生，因此随机性较强。例如，是否打电话、发短信或上网等服务活动经常取决于用户的临时决定。其次，服务需求会出现波峰和波谷的差异变化。

④ 电信服务时间具有多变性。电信服务时间的多变性由服务提供的多样性、服务的个性化

以及用户需求的多样性造成。因此，要预测为一定数目的用户提供服务所需的时间较困难。

⑤ 电信服务的提供受到地域的限制。大部分电信服务不可运输，被限定在一定时间、一定地点。当一地的需求供不应求、另一地无人问津的状况出现时，电信服务通常无法像实体产品那样由一地运往另一地以满足不平衡的需求。

（2）识别电信服务需求模式

电信运营企业可以按照如下步骤识别服务需求模式。

① 描绘需求模式，预测周期性变化。电信运营企业通过描绘和观察不同时间段内的需求水平曲线（高峰或低谷），包括年度、季度、月度、每周、每天甚至每小时，确定是否存在有规律的需求周期变化，包括日周期（变化按小时计）、周周期（变化按天计）、月周期（变化按周或日计）、季周期（变化按月计）或年周期（变化按月或季度计）。

② 分析周期性变化的原因。不同行业需求波动的原因有一定的独特性。例如，酒店的需求变化与季节性假期和气候变化有关，儿童护理服务则随假期和学期而变化，而电信行业在假期、每周、每天的特定时段（例如中午或傍晚）处于需求高峰。同一行业在不同时间周期内的需求变化也有特定原因。例如，一周内需求周期性波动的原因是工作日和休息日，导致周一至周五的通信量大，周六和周日的通信量小。

③ 寻找需求随机变化的原因。电信服务需求经常是随机波动的。这种波动由超出管理控制的因素导致。电信运营企业应尽可能找出使需求随机变化的原因。例如，洪水、暴风雨、火灾等会增加对通信等服务的需求。

④ 通过市场细分划分需求模式。通过用户需求数据分析将整体服务划分为不同细分市场，可以识别出某些细分市场的需求模式。例如，大用户和普通小用户的需求模式是不一样的。电信运营企业可以根据用户管理系统识别用户的消费类型，并划分出不同的细分市场。某些细分市场的需求可以预期，另一些细分市场的需求可能是随机的。

2. 电信服务生产能力

电信服务生产能力指电信服务系统提供服务的能力，它是电信运营企业按设计标准所能提供的服务的量。电信运营企业可以在短期或长期内扩展或收缩服务能力，但在给定时刻，服务能力是固定的。限制电信服务生产能力的要素有：人力资源、服务设施、时间、用户等。

电信服务生产能力涉及电信运营企业的最优生产能力与最大生产能力。最优能生产力表示资源得到最有效使用但没有过度使用时的能力水平。此时用户能及时获得高质量服务。最大生产能力指服务生产能力的最大限度（上限）。最优生产能力与最大生产能力可能相同，但在很多情况下二者并不相同。

3. 电信服务需求与电信服务生产能力的关系

对电信运营企业来说，有效管理需求波动是一项重要的管理内容。电信服务需求和服务生产能力之间存在4种基本关系：需求过度、需求超过最优生产能力、需求与供给平衡、服务生产能力过剩。

（1）需求过剩。需求过剩指需求水平超过电信运营企业的最大服务生产能力。这时，一些用户因无法得到服务而流失，企业会丧失这部分潜在业务。

（2）需求超过最优生产能力。需求超过最优生产能力指需求处于最优生产能力和最大生产能力之间。这种情况下，每个用户都能得到服务，但由于用户太多，服务能力被过度使用，服务质量和用户满意度降低；服务人员因得不到休息而抱怨；服务设施因得不到维修而容易损坏。

（3）供求平衡。供求平衡是最理想的匹配关系。这种情况下，电信服务人员和设施被充分利用但都未超负荷，用户得到准时服务。

（4）生产能力过剩。生产能力过剩指需求水平低于最优生产能力，部分资源未被充分利用，服务人员和设施闲置，服务生产率低下。服务生产率低还会形成一定风险，使用户失望，并怀疑企业的生存能力。例如，当处于闹市区的某电信营业厅用户人数太少时，身处其中的用户的感知服务质量会大大降低，用户产生不信任，因为用户的感知服务质量依赖于其他用户的存在或参与。

4. 平衡电信服务需求与电信服务生产能力的策略

当清楚了解服务生产能力的限制因素和需求模式后，电信运营企业要制定平衡服务需求和服务生产能力的策略。一般包括两种基本策略。

第 1 种策略是改变服务需求以适应现存的供给能力，其实质是通过平滑需求曲线的起伏变化（需求最大量的波峰和需求最小量的波谷）实现需求与现有能力的匹配，使用户对服务的需求更加稳定。

第 2 种策略是改变服务生产能力以适应需求波动，即调整服务生产能力满足不同需求，其实质是改变生产能力曲线以适应需求的变化。这种方法的关键是对服务生产能力的构成有很好的把握，并掌握提高或降低生产能力的方法。

基于以上两种基本策略，电信运营企业需要进行需求管理和供给管理。许多企业同时将以上两种基本策略结合使用。

14.2.2　电信服务需求管理

电信服务需求管理建立在电信服务需求预测的基础上。关于电信服务需求预测的知识，第 4 章已做了介绍。

管理服务业需求的基本方法包括三大类：不采取任何措施，由需求自我调节；采取措施，影响和调节需求水平；采取措施，管理和应对需求。电信运营企业进行需求管理的方法包括影响和调节需求法、管理和应对需求法。

1. 影响和调节需求法

影响和调节需求法也被称为间接需求管理法，它的核心是将高峰期的用户需求转移到非高峰期，主要通过差别定价策略以及预先告知用户策略实现。

（1）差别定价策略。对于有效利用资源而言，转移高峰期需求非常重要。若这样的转移不能缓解需求，则电信运营企业必须建立足够多的设施，以满足最大需求，或放弃高峰期的部分用户。前一种选择会导致无法有效利用资源，无法有效利用非高峰期的设施和员工；而后一种选择的结果会使电信运营企业的利润下降，甚至难以维持经营。通过差别化的定价，电信运营企业可以调节需求的高峰期和低谷期，降低需求波动的激烈程度，例如在夜间或周末等话务空闲时段降低长途电话的资费。

（2）预先告知用户策略。另一种改变需求的方法是与用户沟通，使他们了解需求的高峰期，说服和诱导用户通过在其他时间获得服务而避免拥挤或等待。例如，银行和邮局的告示牌可以作为对用户的一种提醒，公园、博物馆等场所都可以用预先告知的方法降低需求高峰。广告、减价等销售信息和其他形式的促销活动都可以用于向用户强调需求在不同时期的不同利益，说服和诱导用户在非高峰期接受服务，从而获得更高的用户满意度并增加利润。

2. 管理和应对需求法

管理和应对需求法主要包括预订策略、管理排队等待需求策略、调整服务时间和地点策略、收益管理策略 4 种策略。

（1）预订策略。预订的实质是预先提供了潜在服务，可视作服务的“库存”或“延迟发货”。预订适用于紧缺的服务项目。在预订后，额外的服务需求会被转移到同一组织相同设施的其他适宜服务时段或转移到其他服务设施上。预订服务通常能让用户需求保持在相对稳定水平，并保证需求不会超过计划上限，还可以通过减少用户等候时间和保证在预计时间向用户提供服务而使用户受益。

（2）管理排队等待需求策略。在既难以采取影响调节需求法，又难以采取预订等策略的情况下，企业往往让用户排队等待。面对无法消除的排队现象，电信运营企业必须采取有效方法管理排队，例如开发互补性服务、利用排队论和仿真技术进行科学管理、利用排队心理学等。

（3）调整服务时间和地点策略。这种策略的基本思想是通过改变提供服务的时间或地点应对市场需求，而不是试图调整服务需求。例如，改变提供服务的时间，以应对用户对不同季节、不同时间的偏好；在靠近用户的新地点提供服务；利用新技术同时改变服务的时间和地点等。目前各电信运营企业推行的“网上营业厅”就是利用互联网为用户提供 24 小时的服务。

（4）收益管理策略。收益管理策略的基本思想是对收益产生单位的存货进行分割，然后将它们卖给不同的用户群体。通过收益管理，企业既可以合理管理各种细分需求，又能获取最大收益。

14.2.3 电信服务生产能力管理

平衡服务供给与需求的另一种策略是改变服务企业的服务生产能力，其基本思路是通过扩展现有服务生产能力，达到满足用户需求的目的。

1. 扩展现有服务生产能力

电信运营企业可以适当扩展服务资源，例如增加或延长人力、设备的工作时间，以满足用户需求。例如，在特殊的环境或服务需求增加的时期，通过延长经营时间增加服务产出；通过增加或整修设施，提高生产力，扩大产出水平；通过增加、维护设备等，在最大能力范围内短期满足用户需求；通过预测需求增加或减少的趋势，逐渐增加或减少员工数量，以适应服务需求变化。在服务供给中，用户是十分有价值的资源。电信运营企业可以巧妙地将用户作为合作生产者加以利用。用户参与程度的提高可以减少企业的劳动投入、提高企业服务效率，从而提高企业服务生产能力。这样，服务生产能力直接随需求发生变化。例如，通过掌上营业厅或网上营业厅，用户在任何地方、任何场所都可以办理业务。

2. 使服务生产能力和需求保持一致

电信运营企业可以采取以下措施使服务生产能力和需求保持一致。当业务持续高峰较长且可以预测时，电信运营企业通过雇用兼职员工可以显著提高服务规模的伸缩性，补充正式员工的不足，可以更好地控制服务的生产；跨部门交叉培训员工，在需求增大时，将员工转移到最忙碌的服务环节提供服务，由此增加服务生产量，提高整个系统的效率；对不能满足的临时性的服务需求高峰，电信运营企业可以选择从外部专业化企业获取相关的服务，作为暂时性的解决方案；为节省固定资产投资，电信运营企业可以在需求高峰时期租赁额外的设施；在需求低谷时，电信运营企业要对服务能力（包括人力、设施等）进行维护、维修与更新，也应尽量将员工的休假时间安排在需求低谷期。

14.3 电信服务中排队问题的管理

排队论又被称为随机服务系统理论，是通过对服务对象到来及服务时间的统计研究，得出数量指标（等待时间、排队长度、忙期长短等）的统计规律，然后根据这些规律改进服务系统的结构或重新组织被服务对象，使得服务系统能够经济地满足服务对象的需要，它是运筹学的一个重要分支。排队论起源于对电话通信服务系统的研究，后应用于机器作业管理、陆空交通管理等方面的研究，逐渐形成了以排队现象和排队系统为研究对象的新学科。现在，排队论已被广泛应用于工商、交通、军事等领域。排队论起源于对电信网络的管理，为电信行业的发展做出了重要的贡献。在电信运营企业的运营管理中，它也起到了重要的作用。

14.3.1　排队论的基本概念

1．排队系统的组成及特征

一个排队系统可以抽象描述为：为了获得服务的顾客到达服务设施前排队，等候接受服务，服务完毕后就自行离开。其中，要求得到服务的对象被称为顾客，而服务者被统称为服务设施或服务台。

在排队论中，顾客的到达和离开被称为排队系统的输入和输出；潜在顾客的总体被称为输入源或输出源。排队系统是一种输入-输出系统，它的基本结构如图 14-6 所示。

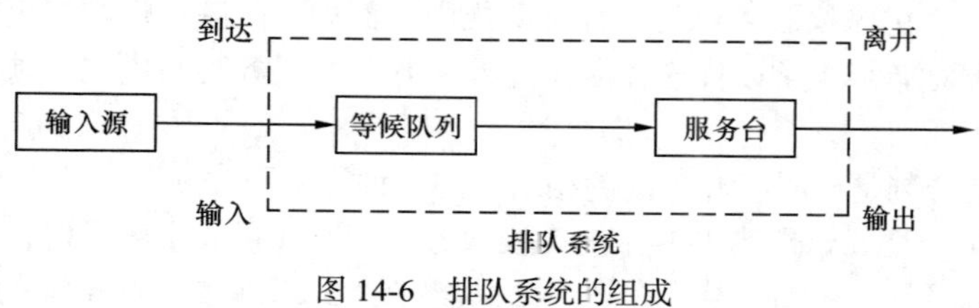

图 14-6　排队系统的组成

排队系统主要由 3 个部分组成：输入过程、排队规则和服务机构。

（1）输入过程

输入过程是指用户到达排队系统的情况，其主要内容包括如下 3 点。

① 顾客到达的时间间隔分布，即顾客相继到达系统的时间间隔是确定性的还是随机性的。例如，自动装配线上待装配的部件到达各个工序的间隔时间是确定的，而到银行自动取款机前取款的顾客的间隔时间则是随机的。事实上多数排队系统的顾客到达是随机的，此时必须研究顾客相继到达的间隔时间所服从的概率分布，或者研究在一定的时间间隔内到达 n（n=1，2，…）个用户的概率有多大。

时间间隔分布是刻画输入过程时所涉及的内容中的最重要的内容。令 T_i 表示第 i 个顾客到达的时刻，则第 i 个顾客和第 i–1 个顾客到达时间间隔为 $X_n = T_i - T_{i-1}$。设 $\{X_n\}$独立分布，分布函数为 $A_{(t)}$。$\{X_n\}$ 常见分布形式有两种。

- 定长分布（D）：顾客到达时间间隔确定。
- 泊松流（M）：顾客相继到达的时间为独立、同负指数分布，密度函数如下。

$$a(t)\begin{cases}\lambda e^{-\lambda t}, & t \geqslant 0 \\ 0, & t < 0\end{cases}$$

② 顾客到达方式，即顾客到达排队系统的方式是单个的，还是成批的。例如，到达宾馆服务台要求登记住宿的有单个到达的游客，也有成批到达的旅游团体。

③ 顾客总体数量，即顾客源是有限集还是无限集。例如，工厂内待修的机器数显然是有限集，而到某航空售票处购票的顾客源则可以被认为是无限的，因为一般并不存在一个最大的限制数。

（2）排队规则

排队规则是指顾客来到排队系统后如何排队等候服务的规则，一般有即时制、等候制和混合制三大类。

① 即时制（或称损失制）。即时制指当顾客到达时，如果所有服务台都已经被占用，顾客可以随即离开系统。例如，电话拨号后出现忙音，顾客不愿等候而自动挂断电话，这种排队规则就是即时制。

② 等候制。等候制指顾客到达系统时，所有服务台已被占用，顾客就加入排队等候服务。常见的排队规则如下。

- 先到先服务。在等候制中，最常见的排队规则是先到先服务。在该规则下，顾客按照到达的先后次序接受服务。一般的服务系统都使用这种排则。
- 晚到先服务。晚到先服务（Last-in First-out，LIFO）是另一种排队规则。乘电梯的人员经常是后进先出，货物装卸也是这种情况。
- 随机服务。随机服务也是一种排队规则，是指服务人员从等待的顾客中随机选取一个进行服务，不管顾客到达的先后次序如何。电话交换台接通呼唤电话就是如此。
- 优先权服务。优先权服务也是一种排队规则。例如，医院对病情严重的病人予以优先治疗，公交车对老年人予以优先让座。此外还有较短服务时间优先、预约优先、重要顾客优先等排队规则。

③ 混合制。混合制是即时制和等候制相结合的一种排队服务规则，其主要分为两种情况。

- 队长有限制的情况，即当顾客排队等候服务的人数超过规定数量时，后来的顾客就自动离开，另求服务。例如，某汽车加油站只能容纳 3 辆待加油的汽车，则第 4 辆车就会自动离开该加油站。
- 排队等候时间有限制的情况，即当顾客排队等候超过一定时间就会自动离开，不能再等。

排队规则会影响等待中的顾客离开队伍的可能性。因此，服务机构应向到达的顾客传递有关预期等待时间的信息，并随时更新。

（3）服务机构。由于排队论研究的是顾客接受完服务后就自行离开的情形，因此排队系统的输出主要取决于排队系统对顾客的服务规则。系统的服务规则和系统内服务设施的数量、结构以及为顾客服务时间的分布有关，主要内容包括如下 4 点。

① 服务台数量是单服务台还是多服务台。在一个单服务台排队系统中，一个服务台为所有的顾客服务。例如，一个专科医生为所有前来就诊的病人看病。

② 若是多服务台排队系统，那么它们的结构是平行排列（并列）的，还是前后排列（串联）的，或者是混合排列的。如图 14-7 中，（a）为单服务台排队系统，（b）为多服务台单队列排队系统，（c）为多服务台多队列排队系统，（d）为多服务台串联排队系统，（e）为多服务台混合排列排队系统。

③ 服务的方式是对单个顾客进行的，还是对成批顾客进行的。例如，公共汽车对在站台等待的顾客是成批进行服务的。排队论主要研究对单个顾客服务的方式。

④ 对顾客的服务时间是确定的还是随机的。大多数情形下，服务时间是随机性的。对于随机性的服务时间，需要知道它的概率分布。通常服务时间服从的概率分布有定长分布、负指数分布、厄兰分布等。

2. 排队系统模型的分类

1971 年排队论符号标准化会议决定排队模型的分类符号为

$$X/Y/Z/A/B/C$$

其中，X——顾客相继到达的时间间隔分布。Y——服务时间分布。Z——并列的服务台数量。A——系统容量限制，即系统最多可以容纳的顾客数，默认是无穷大。B——顾客源的数量。C——

服务次序，即先到先服务，还是晚到先服务等，默认是先到先服务。

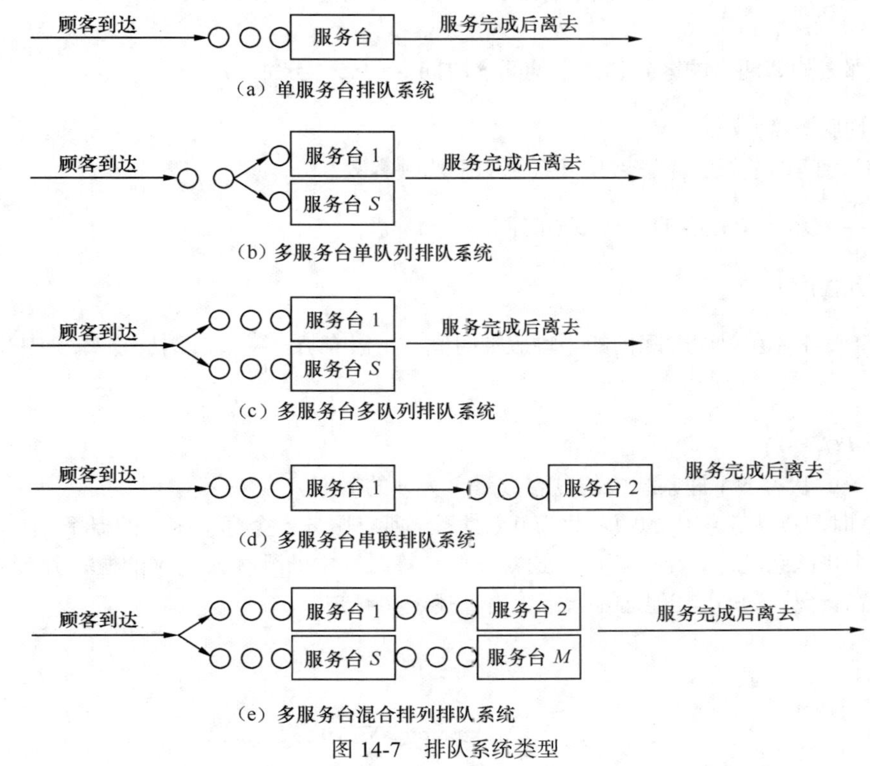

图 14-7　排队系统类型

相继到达的时间间隔和服务时间分布的符号表示如下：M——负指数分布（符合 Markov 特性）。E_k——k 阶厄兰分布（Erlang）。GI——一般独立的时间间隔分布（General lndependent）。G—— 一般独立时间分布（General）。

3. 排队系统的主要数量指标

一旦排队系统的模型建立起来，系统分析者就需要对排队系统的运行效率和服务质量进行研究和评估，以确定系统的结构是否合理，是否存在可以改进的替代方案等。

一个排队系统开始运行时，系统的运行状态在很大程度上取决于系统的初始状态和运转时间。但经过一段时间以后，系统的状态将独立于初始状态和运转时间。这时我们称系统处于稳定状态。排队论主要研究系统处于稳定状态时（稳态系统）的工作情况。在稳定状态下，系统的工作情况与时间 t 无关。以下衡量系统运行效率的工作指标也是以稳态系统为前提的。

（1）平均队长 L_s 和平均排队长 L_q：平均队长 L_s 指一个排队系统的顾客（其中包括正在接受服务的顾客）平均数；平均排队长 L_q 指系统中等待服务的顾客平均数。

（2）平均逗留时间 W_s 和平均等待时间 W_q：平均逗留时间 W_s 指进入系统的顾客逗留时间（包括接受服务的时间）的平均值，平均等待时间 W_q 指进入系统的顾客等待时间的平均值。

以上 4 个工作指标对顾客或排队系统的管理者都是非常重要的，通常被认为是重要的运行指标。这几个运行指标值越小，说明系统队长越短，顾客等待时间越少，因此系统的性能就越好。

为了计算上述运行指标，还需要引入其他常用的数量指标。

（1）平均到达率 λ

λ 指单位时间内到达服务系统的平均顾客数量。

由λ的定义可知，$\frac{1}{\lambda}$为相邻两个顾客到达系统的平均间隔时间。例如，$\lambda = 2$（人/分钟）为平均到达率，那么相邻两个顾客到达的平均间隔时间$\frac{1}{\lambda} = 0.5$（分钟）。

（2）平均服务率μ

μ指单位时间内被服务完毕后离开系统的平均顾客数。

同理，$\frac{1}{\mu}$表示每个顾客的平均服务时间。

（3）服务强度ρ

ρ指每个服务台在单位时间内的平均服务时间。一般有$\rho = \frac{\lambda}{c\mu}$，其中$c$为系统中并列服务台的数量。

（4）$P_n=P(N=n)$

P_n指系统的状态N（即系统中的顾客数量）为n的概率。

当$n=0$时，P_0为系统中的顾客数为0（或系统所有服务台全都空闲）的概率。

在对一个排队系统作定量分析时，通常先要计算系统中的顾客数量N的概率分布P_n（$n=1$，2，…），然后计算系统中其他运行指标。由上述定义可知

$$L_s = \sum_{n=1}^{\infty} nP_n$$

$$L_q = \sum_{n=c}^{\infty} (n-c)P_n = \sum_{n=0}^{\infty} nP_{c+n}$$

（5）有效到达率λ_e

在即时制的排队系统中，如果顾客到达服务系统时，服务台已被占用，或者排队等待服务的人数超过规定数量，则顾客会自动离开且不再进入系统。此时到达系统的顾客不一定会全部进入系统。为此引入有效到达率的概念。有效到达率λ_e是单位时间内平均进入服务系统的顾客人数。显然在等候制的排队系统中，平均到达率λ和有效到达率λ_e是一致的。

当系统达到稳态时，如果系统的有效到达率为λ_e，每个顾客的平均服务时间为$\frac{1}{\mu}$，则有下面的李特尔（Little）公式成立，

$$L_s = \lambda_e W_s$$

$$L_q = \lambda_e W_q$$

$$W_s = W_q + \frac{1}{\mu}$$

$$L_s = L_q + \frac{\lambda_e}{\mu}$$

由以上李特尔公式可知，在L_s、L_q、W_s、W_q 4个运行指标中只需知道其中的一个，其他3个就可由李特尔公式求得。

4. 到达时间间隔分布和服务时间分布

下面介绍几种常用的到达时间间隔和服务时间的概率分布：负指数分布、泊松分布、厄兰分布。

（1）负指数分布

若随机变量 T 概率密度为：

$$f_T(t)=\begin{cases}\lambda e^{-\lambda t}, & t>0\\ 0, & t\leqslant 0\end{cases}$$

其中，$\lambda>0$，则 T 的分布函数服从λ的负指数分布。该随机变量的数学期望为 $E[t]=\frac{1}{\lambda}$，方差为 $VAR[T]=\frac{1}{\lambda^2}$。

若顾客到达的时间间隔服从参数为λ的负指数分布，则 $\frac{1}{\lambda}$ 表示两个顾客到达的时间间隔，λ 表示单位时间顾客的到达数，也被称为平均到达率。T 的概率分布随着时间变长，曲线以指数形式下降。这也表明低于均值的较小的时间间隔具有较大的间隔性，比均值大得多的到达时间间隔出现概率很小，例如一些顾客会很快到达，而过了很长时间间隔下一个顾客才到达。

若某个顾客接受服务的时间服从参数为μ 的负指数分布，则 $\frac{1}{\mu}$ 表示一个顾客的平均服务时间，μ 表示单位时间平均服务的顾客数。

（2）泊松分布

若单位时间到达的顾客数服从泊松分布，即单位时间到达 n 个顾客的概率为

$$P(n)=\frac{\lambda^n e^{-\lambda}}{n!}，n=0，1，2，\cdots$$

其中，$\lambda>0$，则输入过程为泊松流；参数 λ 表示单位时间顾客到达的平均值；所以泊松流的到达速率为λ。

可以证明，顾客到达时间间隔服从负指数分布与输入过程时泊松流是等价的，都用 M 表示。

（3）厄兰分布

设 T_1，T_2，…，T_k 是 k 个相互独立的随机变量，服从相同参数 $k\mu$的负指数分布，则称 T_k 服从 k 阶厄兰分布，它的数学期望和方差分别为 $\frac{1}{\mu}$ 和 $\frac{1}{k\mu^2}$。

可以证明，k 阶厄兰分布的概率分布为

$$b_k(t)=\begin{cases}\frac{k\mu(k\mu)^{k-1}}{(k-1)!}e^{-k\mu t}, & t\geqslant 0\\ 0, & t<0\end{cases}$$

上式中，当 $k=1$ 时，厄兰分布就是负指数分布；当 $k\geqslant 30$ 时，厄兰分布近似正态分布；当 $k\to\infty$时，由于 $\frac{1}{k\mu^2}\to 0$，厄兰分布是确定性分布。

14.3.2　典型的排队系统模型

1. 单服务台排队系统模型

输入过程为泊松流、服务时间服从负指数分布的单服务台排队系统模型主要包括下列几种：标准的 $M/M/1/\infty/\infty$ 系统、有限等待空间系统 $M/M/1/N/\infty$、顾客有限源系统

$M/M/1/\infty/m$。

（1）标准的 $M/M/1/\infty/\infty$ 系统

该模型是指顾客按泊松流到达，平均到达率为λ，服务时间服从负指数分布，平均服务率是μ，单服务台，系统对顾客无限制，对顾客源也无限制，排队规则是先到先服务。我们只研究系统处于稳定状态的情形。在稳定状态下，系统的工作情况和时间无关。

在标准的 $M/M/1/\infty/\infty$ 系统中，相关指标的计算公式如下。

① $P_n=\rho^n(1-\rho)$。

② $L_s=\sum_{n=0}^{\infty}nP=\dfrac{\lambda}{\mu-\lambda}$。

③ $L_q=\sum_{n=0}^{\infty}(n-1)\ P_{\mathrm{n}}=\dfrac{\lambda^2}{\mu(\mu-\lambda)}$。

④ $W_s=\dfrac{L_s}{\lambda}=\dfrac{1}{\mu-\lambda}$。

⑤ $W_q=\dfrac{\lambda}{\mu(\mu-\lambda)}$。

【例 14-1】由于种种原因，某营业厅现在只有一名工作人员在上班，办理业务的顾客按泊松分布到达，平均每小时 4 人，办理业务的时间服从负指数分布，平均需要 6 分钟。试求如下指标。

① 营业厅空闲的概率 P_0。

② 营业厅里有 3 个顾客的概率 P_3。

③ 营业厅里至少有 1 个顾客的概率 $P(n\geqslant 1)$。

④ 营业厅里顾客的平均数量，等待服务的顾客的平均数量 L_s。

⑤ 顾客在营业厅里的平均逗留时间 W_s 和平均等待时间 W_q。

⑥ 某顾客必须在营业厅里消耗 15 分钟以上的概率。

解：此为标准的 $M/M/1/\infty/\infty$ 系统，已知：$\lambda=\dfrac{4}{60}=\dfrac{1}{15}$（人/分钟），$\mu=\dfrac{1}{6}$（人/分钟），$\rho=\dfrac{\lambda}{\mu}=\dfrac{6}{15}=0.4$。

① $P_0=1-\rho=1-0.4=0.6$。

② $P_3=(1-\rho)\rho^3=0.6\times 0.4^3=0.0384$。

③ $P(n\geqslant 1)=1-P(n<1)=1-P_0=1-0.6=0.4$。

④ $L_s=\dfrac{\rho}{1-\rho}=\dfrac{0.4}{1-0.4}=0.667$（人）。

$L_q=L_s-\rho=0.667-0.4=0.267$（人）。

⑤ $W_s=\dfrac{1}{\mu-\lambda}=\dfrac{1}{\frac{1}{6}-\frac{1}{15}}=10$（分钟）。

$W_q=W_s-\dfrac{1}{\mu}=10-6=4$（分钟）。

⑥ 设W 表示顾客在系统中的逗留时间，则

$$P(W\geqslant 15)=1-P(W<15)=\mathrm{e}^{-(\mu-\lambda)\times 15}=\mathrm{e}^{-\left(\frac{1}{6}-\frac{1}{15}\right)\times 15}=\mathrm{e}^{-1.5}=0.22$$

（2）有限等待空间系统 $M/M/1/N/\infty$

有限等待空间系统的情况与标准的 $M/M/1/\infty/\infty$ 系统相同，系统最大容量为 N。生活中经常遇到队长有限制的服务。例如某营业厅规定每天只为 100 个人服务，那么第 100 个人以后的到达者就会自动离开服务系统。

在有限等待空间系统 $M/M/1/N/\infty$ 中，$\rho \neq 1$ 时，相关系统指标的计算公式如下。

① $P_n = \dfrac{1-\rho}{1-\rho^{N+1}}\rho^n$，$0 \leqslant n \leqslant N$。

② $L_s = \dfrac{\rho}{1-\rho} - \dfrac{(N+1)\rho^{N+1}}{1-\rho^{N+1}}$。

③ $L_q = L_s - (1-P_0)$。

④ $W_s = \dfrac{L_s}{\mu(1-P_0)}$。

⑤ $W_q = W_s - \dfrac{1}{\mu}$。

⑥ $\lambda_e = \lambda(1-P_n) = \mu(1-P_0)$。

【例 14-2】某电信运营企业接待处有一位对外接待人员，由于接待室内面积有限，只能安排 3 个座位供来访人员等候，一旦满座，后来者将不再进入等候。若来访人员按泊松流到达，平均间隔时间 80 分钟，接待时间服从负指数分布，平均接待时间为 50 分钟。试求任一来访人员的平均等待时间及该接待室潜在来访人员流失率。

解：这是一个有限等待空间系统 $M/M/1/N/\infty$，N=3+1=4。

已知：$\lambda = \dfrac{1}{80}$(人/分钟)，$\mu = \dfrac{1}{50}$(人/分钟)。

$$\rho = \frac{\lambda}{\mu} = \frac{\left(\frac{1}{80}\right)}{\left(\frac{1}{50}\right)} = 0.625$$

$$P_0 = \frac{1-\rho}{1-\rho^{N+1}} = \frac{1-0.625}{1-0.625^5} = 0.4145$$

$$L_s = \frac{\rho}{1-\rho} - \frac{(N+1)\rho^{N+1}}{1-\rho^{N+1}} = \frac{0.625}{1-0.625} + \frac{5\times 0.625^5}{1-0.625^5} = 1.1396\text{（人）}$$

$$L_q = L_s - (1-P_0) = 1.1396 - (1-0.4145) = 0.5541\text{（人）}$$

$$\lambda_e = \mu(1-P_0) = \frac{1}{50}\times(1-0.4145) = 0.0117$$

来访人员的平均等待时间为

$$W_q = \frac{L_q}{\lambda_e} = \frac{0.5541}{0.0117} = 47\text{（分钟）}$$

潜在来访人员流失率，即系统满员的概率为

$$P_4 = \rho^4 P_0 = 0.625^4 \times 0.4145 = 0.06 = 6\%$$

（3）顾客有限源系统 $M/M/1/\infty/m$

如果一个车间有很多机器，则当个别机器损坏时，再发生一台机器损坏的概率会改变。在顾客源为无限集的情况下，平均达到率是按照全体顾客考虑的。而在顾客源为有限源的情况下，平均达到率是按每一位顾客考虑的。

在顾客有限源系统 $M/M/1/\infty/m$ 中，相关运行指标的计算公式如下

① $P_0=\dfrac{1}{\sum\limits_{n=0}^{m}\dfrac{m!}{(m-n)!}\cdot\left(\dfrac{\lambda}{\mu}\right)^n}$。

② $P_n=\dfrac{m!}{(m-n)!}\left(\dfrac{\lambda}{\mu}\right)^n P_0$，$1\leqslant n\leqslant m$。

③ $L_s=m-\dfrac{\mu}{\lambda}(1-P_0)$。

④ $L_q=L_s-(1-P_0)$。

⑤ $W_s=\dfrac{m}{\mu(1-P_0)}-\dfrac{1}{\lambda}$。

⑥ $W_q=W_s-\dfrac{1}{\mu}$。

⑦ $\lambda_e=(m-L_s)\lambda=\mu(1-P_0)$。

【例 14-3】设有一名工作人员负责照看 6 台机器，机器会不定时地停机，等待工作人员照看。设平均每台机器两次停机的时间间隔为 1 小时，又设平均需要工作人员照看的时间为 0.1 小时，以上两者均服从负指数分布，试完成以下计算。

① 工作人员空闲的概率 P_0。

② 6 台机器都出故障的概率 P_6。

③ 出故障的平均机器数 L_s。

④ 等待修理的平均机器数 L_q。

⑤ 平均停机时间 W_s。

⑥ 平均等待修理的时间 W_q。

⑦ 机器利用率 τ。

解：这是一个顾客有限源系统 $M/M/1/\infty/m$，$m=6$。

已知：$\lambda=1$（台/小时），$\mu=10$（台/小时），$\rho=\dfrac{\lambda}{\mu}=0.1$。

① $P_0=\dfrac{1}{\sum\limits_{n=0}^{m}\dfrac{m!}{(m-n)!}\cdot\left(\dfrac{\lambda}{\mu}\right)^n}=\dfrac{1}{\sum\limits_{n=0}^{6}\dfrac{6!}{(6-n)!}\times(0.1)^n}=\dfrac{1}{2.06392}=0.4845$。

② $P_6=\dfrac{m!}{(m-n)!}\left(\dfrac{\lambda}{\mu}\right)^n P_0=\dfrac{6!}{(6-6)!}\times(0.1)^6\times0.4845=0.0003$。

③ $L_s = m - \dfrac{\mu}{\lambda}(1-P_0) = 6 - \dfrac{10}{1} \times (1-0.4845) = 0.845$（台）。

④ $L_q = L_s - (1-P_0) = 0.845 - (1-0.4845) = 0.3295$（台）。

⑤ $W_s = \dfrac{m}{\mu(1-P_0)} - \dfrac{1}{\lambda} = \dfrac{6}{10 \times (1-0.4845)} - \dfrac{1}{1} = 0.1639$（小时）$= 4.835$（分钟）。

⑥ $W_q = W_s - \dfrac{1}{\mu} = 0.1639 - \dfrac{1}{10} = 0.0639$（小时）$= 3.834$（分钟）。

⑦ $\tau = \dfrac{m-L_s}{m} = \dfrac{6-0.845}{6} = 85.9\%$。

2. 多服务台排队系统模型

若输入过程为泊松流，则服务时间服从负指数分布的多服务台排队系统模型。该模型主要包括下列几种：标准的 $M/M/c/\infty/\infty$ 系统、有限等待空间系统 $M/M/c/N/\infty$、顾客源有限系统 $M/M/c/\infty/m$。

（1）标准的 $M/M/c/\infty/\infty$ 系统

标准的 $M/M/c/\infty/\infty$ 系统各种特征的规定与标准的 $M/M/1/\infty/\infty$ 系统的规定相同：顾客的平均到达率为常数 λ；每个服务台的平均服务率 μ 是相同的；各服务台的工作是相互独立的。就整个服务机构而言，平均服务率与整个系统状态有关，即

$$\mu_n = \begin{cases} c\mu, & n \geqslant c \\ n\mu, & n < c \end{cases}$$

同时系统的服务强度 $\rho = \dfrac{\lambda}{c\mu} < 1$。这样系统不会排成无限队列。

在标准的 $M/M/c/\infty/\infty$ 系统中，相关运行指标的计算公式如下。

① $P_0 = \left[\displaystyle\sum_{n=0}^{c-1} \frac{1}{n!}\left(\frac{\lambda}{\mu}\right)^n + \frac{\left(\frac{\lambda}{\mu}\right)^c}{c!\left(1-\frac{\lambda}{c\mu}\right)} \right]^{-1}$。

② $P_n = \begin{cases} \dfrac{1}{n!}\left(\dfrac{\lambda}{\mu}\right)^n P_0, & 1 \leqslant n < c, \\ \dfrac{1}{c!c^{n-c}}\left(\dfrac{\lambda}{\mu}\right)^n P_0, & n \geqslant c。\end{cases}$

③ $L_q = \dfrac{\rho(c\rho)^c}{c!(1-\rho)^2} \cdot P_0$。

④ $L_s = L_q + \dfrac{\lambda}{\mu}$。

⑤ $W_q = \dfrac{L_q}{\lambda}$。

⑥ $W_s = \dfrac{L_s}{\lambda}$。

【例 14-4】某公共电话亭有 2 部电话，打电话的人按泊松分布到达，平均每小时 24 人。又假

定每次电话的通话时间服从负指数分布，平均为 2 分钟。求该系统各项运行指标。

解：本题为标准的 $M/M/c/\infty/\infty$ 系统。

已知：$\lambda=24$（人/小时），$\mu=30$（人/小时）。

当 $c=2$ 时，$\rho=\dfrac{\lambda}{c\mu}=\dfrac{24}{2\times30}=0.4$。

① $P_0=\left[\sum_{n=0}^{c-1}\dfrac{1}{n!}\left(\dfrac{\lambda}{\mu}\right)^n+\dfrac{\left(\dfrac{\lambda}{\mu}\right)^c}{c!\left(1-\dfrac{\lambda}{c\mu}\right)}\right]^{-1}=\left[1+0.8+\dfrac{0.8^2}{2!\quad(1-0.4)}\right]^{-1}=0.4286$。

② $L_q=\dfrac{\rho(c\rho)^c}{c!(1-\rho)^2}\bullet P_0=\dfrac{0.4\times0.8^2}{2!\times(1-0.4)^2}\times0.4268=0.1524$（人）。

③ $L_s=L_q+\dfrac{\lambda}{\mu}=0.1524+0.8=0.9524$（人）。

④ $W_q=\dfrac{L_q}{\lambda}=\dfrac{0.1524}{24}=0.0064$（小时）$=0.3810$（分钟）。

⑤ $W_s=\dfrac{L_s}{\lambda}=\dfrac{0.9524}{24}=0.0397$（小时）$=2.3810$（分钟）。

⑥ 打电话需要等待的时间 $=1-P_0-P_1=1-P_0-\left(\dfrac{\lambda}{\mu}\right)^1P_0=1-0.4286-0.8\times0.4286=0.2285$（分钟）。

（2）有限等待空间系统 $M/M/c/N/\infty$

此类系统中有 c 个服务台，所容纳的顾客逗留的最大容量为 N，当系统容纳不下顾客时（即队长已达 $N-c$），顾客就会自动离去。所以这是一个混合的多服务台排队系统。

在有限等待空间系统 $M/M/c/N/\infty$ 中，相关运行指标的计算公式如下。

① $P_0=\left[\sum_{n=0}^{c}\dfrac{1}{n!}(c\rho)^n+\dfrac{c^c}{c!}\bullet\dfrac{\rho(\rho^c-\rho^N)}{1-\rho}\right]^{-1}$，$\rho\neq1$。

② $P_n=\begin{cases}\dfrac{(c\rho)^n}{n!}\bullet P_0, & 1\leqslant n<c,\\ \dfrac{c^c}{c!}\bullet P_0, & c\leqslant n\leqslant N,\end{cases}\quad\rho=\dfrac{\lambda}{c\mu}$，

③ $L_q=\dfrac{(c\rho)^c\rho}{c!(1-\rho)^2}\left[1-\rho^{N-c}-(N-c)\rho^{N-c}(1-\rho)\bullet P_0\right]$。

④ $L_s=L_q+c\rho(1-P_N)$。

⑤ $W_q=\dfrac{L_q}{\lambda_e}=\dfrac{L_q}{\lambda(1-P_N)}$。

⑥ $W_s=W_q+\dfrac{1}{\mu}$。

⑦ $\lambda_e=\lambda(1-P_N)$。

【例 14-5】某风景区准备建造旅馆。顾客到达为泊松流，每天平均到 6 人，顾客平均逗留时间为 2 天。假设该旅馆有 5 个房间，试分别计算每天客房满员概率和平均占用数。

解：这是一个有限等待空间系统 $M/M/c/N/\infty$，为即时制，$c=N=5$。

已知 $\mu=\dfrac{1}{2}$（人/天），$\lambda=6$（人/天），$c\rho=\dfrac{\lambda}{\mu}=12$，$\rho=2.4$。

① $P_0=\left[\sum\limits_{n=0}^{c}\dfrac{1}{n!}(c\rho)^n\right]^{-1}=\left[1+12+\dfrac{12^2}{2!}+\dfrac{12^3}{3!}+\dfrac{12^4}{4!}+\dfrac{12^5}{5!}\right]^{-1}=3310.6^{-1}=0.0003$。

② 满员概率 $P_5=\dfrac{(c\rho)^5}{5!}\cdot P_0=\dfrac{12^5}{5!}\times 0.0003=0.6264$。

③ $L_s=c\rho(1-P_c)=12\times(1-0.6214)=4.483$（间）。

（3）顾客源有限系统 $M/M/c/\infty/m$

此类系统有 c 个服务台，顾客总数为 m 个，同时假定 $c<m$；顾客平均到达率 λ 按每个顾客考虑，即该系统考虑单位时间内每个顾客到达系统的概率或平均次数。因此当系统中的顾客数量为 n 时，系统外顾客对系统的平均到达率 $\lambda_n=(m-n)\lambda$。同时假定每个服务台的工作是相互独立的，且每个服务台的平均服务率 μ 也相同。就整个排队系统而言，平均服务率也随系统状态的变化而变化，即，

$$\mu_n=\begin{cases}c\mu, & c\leqslant n\leqslant m\\ n\mu, & n<c\end{cases}$$

在顾客源有限系统 $M/M/c/\infty/m$ 中，相关运行指标的计算公式如下。

① $P_0=\left[\sum\limits_{n=0}^{c}\binom{m}{n}\left(\dfrac{\lambda}{\mu}\right)^n+\sum\limits_{n=c+1}^{m}\binom{m}{n}\dfrac{n!}{c!c^{n-c}}\left(\dfrac{\lambda}{\mu}\right)^n\right]^{-1}$。

② $P_n=\begin{cases}\dbinom{m}{n}\left(\dfrac{\lambda}{\mu}\right)^n P_0, & 1\leqslant n<c,\\ \dbinom{m}{n}\dfrac{n!}{c!c^{n-c}}\left(\dfrac{\lambda}{\mu}\right)^n P_0, & c\leqslant n\leqslant m。\end{cases}$

③ $L_q=\sum\limits_{n=c+1}^{m}(n-c)P_n$。

④ $L_s=L_q+\dfrac{\lambda_e}{\mu}=L_q+\left[c-\sum\limits_{n=0}^{c-1}(c-n)P_n\right]$。

⑤ $W_s=\dfrac{L_s}{\lambda_e}=\dfrac{L_s}{\lambda(m-L_s)}$。

⑥ $W_q=\dfrac{L_q}{\lambda_e}=\dfrac{L_q}{\lambda(m-L_s)}$。

⑦ $\lambda_e=(m-L_s)\lambda$。

【例 14-6】2 名工作人员管理 5 台机器，每台机器平均 1 小时修理一次，每次修理平均需要 15 分钟。设机器连续运转时间和修理时间均服从负指数分布，试求相关运行指标。

解：这是一个顾客源有限系统 $M/M/c/\infty/m$，其中 $c=2$，$m=5$。

已知：$\lambda=1$（台/小时），$\mu=4$（台/小时），$\frac{\lambda}{\mu}=\frac{1}{4}$。

① $P_0=\left[\sum_{n=0}^{c}\binom{m}{n}\left(\frac{\lambda}{\mu}\right)^n+\sum_{n=c+1}^{m}\binom{m}{n}\frac{n!}{c!c^{n-c}}\left(\frac{\lambda}{\mu}\right)^n\right]^{-1}=0.3149$。

同理：$P_1=0.394$，$P_2=0.197$，$P_3=0.074$，$P_4=0.018$，$P_5=0.002$。

② $L_q=\sum_{n=c+1}^{m}(n-c)P_n=P_3+2P_4+3P_5=0.118$。

③ $L_s=L_q+\frac{\lambda_e}{\mu}=L_q+\left[c-\sum_{n=0}^{c-1}(c-n)P_n\right]=L_q+c-2P_0-P_1=1.094$。

④ $W_s=\frac{L_s}{\lambda(m-L_s)}=\frac{1.094}{5-1.094}=0.28$（小时）。

⑤ $W_q=\frac{L_q}{\lambda(m-L_s)}=\frac{0.118}{5-1.094}=0.03$（小时）。

14.3.3 排队管理的策略

当电信服务生产能力与电信服务需求无法一致或两者平衡的成本过高时，电信运营企业必须采用顾客等待和排队策略。

1．使排队等待变得有趣或至少可以忍耐

顾客在等待期间的满意度很大程度上取决于顾客对等待的心理感受，它比顾客等待的实际时间长度更重要。顾客往往根据他们对等待时间的心理感受来评价等待服务。因此电信运营企业不仅要切实减少顾客的实际等待时间，还要设法减少顾客的心理等待时间，从而提升顾客满意度。电信运营企业要了解顾客在等待过程中的心理特点，并采取相应对策。

（1）无事可做的等待比有事可做的等待感觉时间更长。顾客在没有获得服务的空闲时间很容易产生厌倦情绪，比他们有事可做时更关注时间。电信运营企业可向这些顾客提供一些活动，若活动本身能提供利益，或这些活动在一定程度上与服务有关，就能改善顾客对服务的感知，使企业获利。例如，营业厅可提供有关业务的宣传手册，或各类报纸杂志，或播放有关的视频等。

（2）服务等待的时间比正式服务的时间感觉更长。在顾客的感觉中，服务等待时间比正式服务时间要长得多。等待服务时，人们往往显得很焦急，一旦顾客置身于服务系统之中，焦虑情绪会不经意地消失。若等待时间被与服务相关的活动所占用，则顾客可能会感觉服务已经开始。这会使顾客觉得等待时间更短。因此电信运营企业可以使顾客在等待时参与与服务相关的活动，从而使企业受益。

（3）焦虑情绪使等待时间感觉更长。使顾客焦虑的原因除了顾客害怕被遗忘外，还包括：对等待时间不确定；不了解服务的形式；不知所排队列是否正确；不知道排到自己时是否还能得到服务等。顾客的焦虑情绪会增强等待的负面影响。电信运营企业应创造一种宽松、安全的消费环境，通过提供关于等待时间长度的信息或使用单队列排队来减轻顾客的焦虑情绪。

（4）不确定的等待时间比确定的等待时间感觉更长。当顾客不能确定未来等待时间并且不知情时，将会变得非常焦虑甚至愤怒。电信运营企业应让顾客知情，向顾客提供关于预期等待的时间长度或在队列中的相关位置等信息，以减少不确定性。在顾客知情的情况下，如果电信运营企业表现不好，也会引起相反的效果。例如，营业厅收银台前顾客排着长队等待办理业务，但服务人员漫不经心地工作，甚至和其他服务人员聊天，就会让顾客反感，感觉等待时间更长。

（5）无解释的等待时间比有解释的等待时间感觉更长。当顾客能理解等待原因时，将有更大的耐心等待，尤其是等待理由合情合理时。因此，电信运营企业在必要时要向顾客解释，以减少不确定性。不知等待原因的顾客会感到无助、沮丧甚至被激怒。例如，客服人员向顾客说明因为堵车，维修人员不能及时上门维修线路。电信运营企业要诚实、热情地向顾客说明不能按时提供服务的原因。

（6）不公平的等待时间比公平的等待时间更长。不公平的等待（例如插队者获得服务、服务员优先接待熟人等）将会使等待时间显得更长。这种情况通常发生在没有明确等待规则的等待场所以及大量顾客争取获得服务时。

（7）服务越有价值，顾客愿意等待的时间越长。时间是顾客获取服务的非货币价值要素之一，耗费时间是顾客为了得到服务而作出的牺牲的一部分。等待的服务越有价值，顾客愿意支付的非货币价值也越多，顾客能忍耐的时间也越长。例如，很多超市推出短时间的无偿赠送或大幅打折促销时，大批顾客就会提前排长队获取服务。因此，电信运营企业必须了解自己的服务对顾客的价值有多高，避免让顾客付出太多等待成本。

（8）不舒适的等待比舒适的等待时间感觉更慢。等待环境的舒适程度，是否符合顾客的生理特点和需求，都会影响顾客对服务的感知。舒适的软椅、温馨的环境会增加顾客的舒适感。

（9）单独等待时间比集体等待时间感觉更长。通常情况下，顾客在一个集体中等待其注意力易被其他成员分散。这种情况下，与单独等待相比，顾客愿意等待更长时间。因此，电信运营企业应该尽可能创造机会，使顾客之间可以相互交流，分散顾客注意力，使顾客感觉等待时间缩短了。

2. 区分排队等待的顾客

电信运营企业可以根据需求特征或顾客的优先级，将顾客分成不同部分，允许一些顾客等待的时间比其他顾客短。划分顾客的标准包括以下 4 条。

（1）顾客的重要性程度。那些花费大量时间在企业里的顾客、对企业经营有着贡献的顾客（大顾客）可以获得优先权。例如，中国移动的全球通客户和中国联通的世界风顾客以及一些顾客价值高的政企顾客。

（2）工作紧急程度。急需获得服务的特殊顾客得到优先安排，例如发生影响大的故障的顾客。

（3）服务交易的时间差异。若服务人员发现某位顾客的服务具有特殊的时间要求，则可以由专门负责这类服务的工作人员为该顾客提供服务。

（4）支付的溢价差异。那些提供超额支付的顾客可以享受优先服务。

电信运营企业在为优先级别高的顾客提供优先服务时，要避开正常排队顾客，否则可能引起正常排队顾客的不满。例如，电信运营企业可以开设专门的房间提供 VIP 服务。

14.4　电信服务质量管理

对服务型企业而言，质量评估是在服务传递过程中进行的。在服务过程中，顾客与服务人员要发生接触。顾客对服务质量的满意可以定义为：将对接受的服务的感知与对服务的期望相比较。当感知超出期望时，顾客会认为服务具有特别质量，会表现出高兴和惊讶。当没有达到期望时，顾客对服务质量是不满意的。当期望与感知一致时，顾客对服务质量是满意的。服务期望受到顾客口碑、个人需要和过去经历的影响。第 3 章介绍了电信网质量管理以及服务质量的改进方法，本节将讲述电信服务质量的内涵和服务质量的测量方法。

14.4.1 电信服务质量的内涵

1. 服务质量的含义

服务是一系列非实体过程。在这个过程中，生产和消费过程不能截然分离，同时顾客也积极参与生产过程，因而服务质量的感知也相当复杂。根据服务的特性，从顾客价值的角度可以将服务质量定义为：服务质量是组织的服务行为在顾客眼里的独特性及其所感受到的价值，它取决于组织的行动及顾客对这种行动的评价。鉴于服务交易过程的顾客参与性及生产和消费过程的不可分离性，服务质量的内涵包括以下内容。

（1）服务质量评价及认可是由顾客掌握的，不能由管理者单方面决定，它的高低受顾客的需求和愿望影响。

（2）服务质量既要有客观的方法加以制定和衡量，更多地要按顾客主观的认识加以衡量和检验。

（3）服务质量的范围不能太小、太窄，一方面要尽可能从顾客角度审视服务质量问题，把握住交易的真实瞬间，另一方面需要在组织内部形成有效管理和支持系统。

根据国际标准化组织的定义，本书认为，服务质量是指服务满足明确目标和隐含需要的全部特征和性质。

2. 电信服务质量的含义

电信服务质量是指电信服务能够满足明确目标和隐含需要的全部特征和性质，是指服务工作能够满足顾客需求的程度，它是电信运营企业为使目标顾客满意而提供的最低服务水平，也是电信运营企业保持这一预定服务水平的连贯性程度。服务质量同顾客的感受关系很大，可以说是一个主观范畴，不同的顾客对相同的服务过程有不同的感受与理解。

电信服务质量包括两层内涵:通信服务质量和服务功能质量。

通信服务质量主要包括网络接通率、网络传输质量（传输损耗、误码率）、拨号时延（接入时延）、计费准确率（计费差错率）和网络可靠性（网络故障发生率和清障平均时间）等。通信服务质量的评价较为客观。《电信条例》和《电信服务规范》中，对各项通信服务质量指标做出了详细的规定，是电信运营企业的最低服务标准。

电信的服务功能质量主要包括：方便快捷受理顾客装、移机申请，合理设置营业服务网点，服务态度热情周到，业务精通，电信资费明码实价，提供免费咨询和资费查询服务，及时修复通信终端设备故障等。功能质量的评价较为主观。

电信运营企业要提高电信服务质量，就需要提升通信服务质量和服务功能质量，两者缺一不可。对于电信业而言，技术质量是基础，但只有提高服务功能质量才能有助于确立电信运营企业的长期竞争优势。

14.4.2 服务质量的测量方法

服务质量的测量在评估服务绩效、诊断服务问题、管理服务的传递、决定基于顾客满意度的电信服务质量研究员工的雇佣以及衡量企业回报方面起着非常重要的作用。但要对服务质量进行测量并非易事，因为顾客对服务质量的评价是由许多无形因素决定的。下面介绍一些常用的服务质量评价方法。

1. SERVQUAL 测量方法

SERVQUAL 是 Service Quality（服务质量）的缩写，是调查顾客满意度的有效工具。具体办法是：首先度量顾客对服务的期望，然后度量顾客对服务的感知，由此计算出两者之间的差异，并将它作为判断服务质量水平的依据。

如图 14-8 所示，5 个服务质量要素包括：可靠性（可靠及准确地提供所允诺之服务的能力），有形性（指场地、实体设备及服务人员的外表呈现），反应性（服务人员协助顾客与提供即时服务的能力），保证性（服务人员的专业知识、礼貌及赢得顾客信任及信赖能力），移情性（服务人员对顾客的关心与个别照料）。

SERVQUAL 是一个包含 44 个项目的量表，其中，22 个项目度量顾客对特定服务行业中优秀企业的期望，22 个项目度量消费者对被评价企业的感知。将这两部分结果进行比较，就得到 5 个维度的差距分值：差距越大，顾客的服务感知离期望值越大，服务质量评价越低；反之，服务质量评价越高。

2. 朱兰的服务质量五要素理论

朱兰将服务质量分为内部质量（顾客看不到的质量）、硬体质量（顾客看得见的有形质量，例如演唱会会场的设施、装潢）、软体质量（顾客感受得到的无形质量，例如演唱会的宣传）、及时反应（指服务时间的迅速性，例如顾客买票的方便性）、心理质量（指服务人员对顾客具有亲切、礼貌的应对态度等）这 5 个部分。

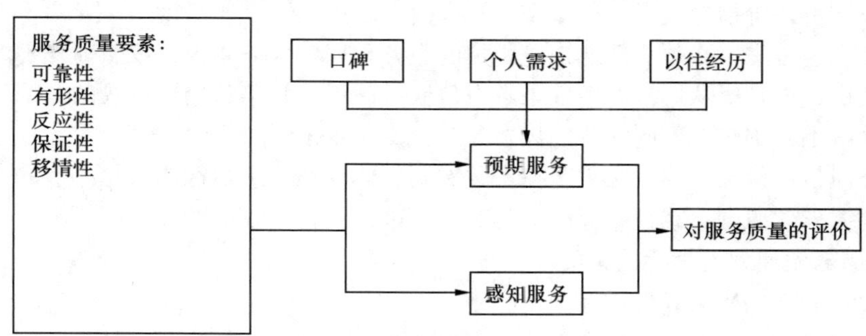

图 14-8　服务质量评价模型

3. 马丁的双层面服务质量要素理论

马丁（Martin）将服务质量区分为程序层面及态度层面：程序层面包括便利、预备、及时、有组织的流程、沟通、顾客反馈、监督等；态度层面包括态度、注意、说话的声调、肢体语言、能否叫得出顾客的名字、引导、建议性销售、解决问题、机制等。

4. 萨瑟的服务质量七要素理论

萨瑟（Sasser）等人认为顾客会根据安全性（人身安全和财产安全）、一致性（服务的规格化和可靠性）、态度（服务态度）、完整性（服务项目是否够完整）、环境（服务环境和气氛）、方便性（服务时间和服务地点是否方便顾客）、时间（指服务所需的时间和服务速度）这 7 类服务要素评估服务质量。

5. 米特拉的服务质量四要素

米特拉（Amitura Mitra）将服务质量分成 4 个组成要素，分别为服务人员的行为及态度、时效性、服务不合格点、设施有关特性。服务人员的行为及态度指与服务人员有关的态度，包括了礼貌、自信、提供服务的意愿、是否细心及体贴等；时效性指由于服务具有易逝性，服务质量好坏取决于服务当时的过程，所以时效性包括等待时间、服务完成所需的时间等；服务不合格点表明了时机成效偏离目标值的情况；设施有关特性指服务设施的好坏。

6. 步行穿越调查

顾客是服务过程的参与者，其对服务质量的印象受到许多观察的影响。环境调查可以是一种主动的管理工具，用于系统地评估顾客对所接受的服务的看法。步行穿越调查是一个从顾客的视角评估服务体验的方法，因为顾客通常会发现员工和经理可能忽略的线索。顾客满意度调查是以市场营销为导向，旨在衡量顾客的整体满意度。然而，步行穿越调查面向的是操作或过程，目的是发现改进的机会。步行穿越调查是评估顾客和管理者对服务交付系统感知上差距的一种有用的诊断工具。该方法的应用实例，可参见本书第 1 章“案例讨论：营业厅的服务体验”。

14.4.3 电信服务质量评价指标

构建电信服务质量评价指标是进行电信服务质量管理的重要环节。只有构建了准确的、具有实际意义的评价指标，才能正确评价电信服务质量。

1. 电信服务质量评价指标的设计原则

（1）服务质量评价指标必须以现代服务理论为指导。根据服务理论，服务是以无形的方式，在用户与服务人员、有形资源产品或服务系统之间发生的，可以解决用户问题的一种或一系列行为。由于电信服务同时具备有形服务和隐形服务的特点，因此，用户感知的服务质量包括技术质量和职能质量，后者又可分为服务过程和服务人员两个方面。

（2）服务质量评价指标设置必须体现用户导向。电信运营企业坚持用户导向，必须落实在具体的服务管理中。首先，必须清楚地知道用户的服务预期和服务要求，按照用户要求设计产品和服务标准；其次，要知道从用户的角度来看电信服务质量，找出与用户要求的差距并加以改进；最后，还要了解不同用户对不同业务的满意度。

（3）服务质量评价指标体系必须坚持实践原则，体现在：①指标体系总体上的一致性原则；②指标内容的差异化原则；③检查标准的客观性原则；④指标权重的导向性原则。

2. 电信服务质量评价指标的种类

（1）用户端的服务质量评价指标

用户端通过以下 4 个方面评价服务质量。

① 过程质量，涉及服务效率、业务办理手续、障碍排除速度、服务承诺、业务办理环节等具体内容。

② 用户导向，涉及倾听用户意见、了解用户需求、站在用户角度考虑问题、为用户着想等具体内容。

③ 人员质量，涉及规范化服务、礼貌服务、业务素质等具体内容。

④ 服务体系，涉及满足用户个性化需求、业务办理方式多样化等。

另外，用户感知研究也是营业厅和服务热线检查的一种重要途径，它与营业厅和服务热线暗访不同的是，它测量的是用户感知的服务质量，后者监测的是实际提供的服务质量。当采用相同的指标体系时，这两种方法结合起来就能够准确地找出二者之间的差距。再结合内部诊断就可以发现导致出现这种差距的一系列内部原因。例如，市场信息差距、服务标准差距、沟通差距和服务提供差距等。显然，只监测服务提供质量而不跟踪用户感受质量还是不能很好地找出问题所在。

（2）窗口服务质量评价指标。窗口服务以员工服务为最主要的特点。与电信服务总体评价不同，窗口服务质量评价着重检查在电信员工向用户提供服务过程中表现出来的程序质量和员工质量。

① 营业厅服务质量评价指标。为了全面反映营业厅服务质量，电信运营企业可以设立服务意识、人员质量、过程质量、营业厅环境和设施、服务结果、用户满意度、主动营销等指标内容。

② 服务热线服务质量评价指标。为了全面反映热线服务质量，可以设立服务意识、人员质量、过程质量、技术质量、服务结果、用户满意度、主动营销等指标内容。

在实际运营过程中，电信运营企业可以根据企业的实际情况，取舍以上评价指标，或者赋予不同的指标权重，从而保证服务质量评价的有效性。

14.5　电信服务的 SLA 模式

14.5.1　SLA 概述

1. SLA 的定义

服务水平协议（Service Level Agreements，SLA）指互联网技术（Internet Technology，IT）服务提供商和用户之间就服务提供中关键的服务目标及双方的责任等有关细节问题而签订的协议。从本质上看，SLA 是用户和服务提供商签订的正式契约，它可以是合同中的一个组成部分，也可以是附属于主合同的与主合同有相同效力的说明性文件，它的根本目的是让合作各方在项目运行之前达成一个清晰的共同愿景，同时建立一定的机制约束各方权利和义务、鼓励各方努力达到或超过事先设定的愿景。

2. SLA 的特征

（1）用户选择服务提供商的参考标准。SLA 可以作为用户选择服务提供商的参考标准，便于用户比较各服务提供商的服务水平和服务能力。

（2）个性化。SLA 反映用户对服务提供商的服务质量和服务水平的不同需求。

（3）时效性。服务提供商和用户可以根据 SLA，或者双方协商修改、调整、完善、终止现有服务水平协议 SLA。

（4）定制化。服务水平协议是基于各种特定的、具体的业务实现，是对具体业务类型的用户群的细分。

（5）双向性。服务提供商和用户需要就协议内容进行协商；发生故障和告警的时候，服务提供商根据服务水平协议及时通知用户；服务提供商定期向用户提供服务水平协议的执行情况报告。

（6）具有法律效力。SLA 类似于其他协议，具有法律效力。协议双方都有追究违反协议的对方的权利。

3. SLA 的分类

按照适用范围，SLA 主要可以分成 3 类，如图 14-9 所示。最普通的是外部 SLA，它是服务提供商和其用户之间的协议，例如电信运营商与用户签订的协议。内部 SLA 比较常见，是指服务提供者和内部用户之间的内部 SLA，例如 IT 部门和 IT 用户之间的协议，电信运营商运维/建设部门与销售部门之间的协议等。第 3 种 SLA 模式就是外包 SLA，即电信运营商与虚拟网络运营商、服务提供商之间的协议。

外包 SLA 从本质上都是需求与供应双方为了规范双方之间的行为，就双方关心的服务细节水平进行协商，并采用一些可明确量化的指标进行约定；另外，为了更好地约束双方的行为，会采用类似结算价格或绩效考核的方式进行调节，并明确规定了双方的违约责任与赔偿机制；其次，SLA 协议需要定期进行更新与协商，重要的是一种机制，而不是某一时刻的内容。这三者的不同之处就在于服务水平的参数随着应用行业、范围不同而不同，结算价格或考核模式有所不同，相应的违约责任随着签署对象的不同而有所差异，最终所承担的法律责任也有所不同。

4. SLA 的内容

（1）对服务的描述。这一部分要明确用户和服务提供商之间的关系，以及双方各自应承担的义务；说明服务中包含哪些项目，哪些项目应排除在外；对用户的需求也要有量化的估计，例如需要说明租用线路的平均流量和峰值流量。用户选择外包电信服务的重要因素之一是期望得到可扩展性，所以 SLA 既要有对现实需求的描述，也要有对可预计的未来需求的明确描述，而服务提供商要承诺满足需求。在服务的过程中，用户可能需要追加一些临时性的服务项目。服务提供商可以在 SLA 中指定对这些服务的定价原则。

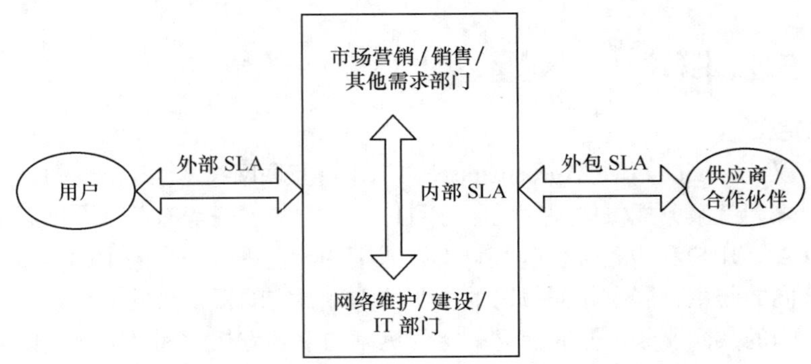

图 14-9　SLA 的适用范围

（2）对服务质量的描述。常用的指标有：性能指标，例如带宽、误码率等；可用性指标，例如每个月线路正常的时间比率；及时性指标，例如开通服务所需的时间、故障恢复所需的时间等。

（3）服务质量的度量和报告机制。SLA 要明确对服务质量的测试点和测试方法，有时还要指定测试仪器和评价标准。用户需要根据指标对服务提供商进行评价，更需要根据指标的时间序列及早发现变化的趋势并做好准备工作。在现实运行中常常由服务商进行服务质量的测定，所以 SLA 需要规定服务提供商提交报告的周期，以保障用户能及时了解最新的情况。

（4）惩罚和奖励机制。SLA 需要规定当服务提供商没有达到约定的服务质量时服务提供商应被扣除部分服务费用或赔偿损失。除此之外，SLA 中还应该包括激励条款，即规定服务质量超过约定水平时给予服务提供商一定的经济奖励。惩罚和奖励条款都要可量化，例如约定的某个指标是 99%，那么根据条款应让协议双方明确而无争议地知道达到 98%或 100%时应如何处理。由于质量评价指标很多，因此 SLA 通常只选取最重要的几条作为奖惩的评判依据。

（5）争议的解决和合作结束机制。通常合同中都有争议发生时申请仲裁或提起诉讼的相关条款，但执行了这些条款也就意味着合作的失败和双方的损失。SLA 的争议条款则有所不同，它规定的是在合作过程中双方对一些具体事件的处理方式和原则。例如，服务提供商应将哪些事件通知给用户组织的哪个人，多长时间召开一次联席会议。通过这样一种规范化的途径让双方进行充分的交流，可以最大程度地让合作能顺利地进行下去。

5. SLA 的核心要素

SLA 的核心要素包括服务目录、服务日历、可用性和处理时间。

（1）服务目录。服务目录决定了 SLA 约束的服务范围，即服务提供商到底提供哪些服务，只有用户“选择”了的服务目录，服务提供商才会报价并给出后续的响应。在服务目录之外的内容，将不受 SLA 的限制。

（2）服务日历。服务日历决定了 SLA 约束的时间范围，即服务提供商为用户提供的服务响应期是 7 × 24 还是 5 × 8，是否扣除一个周期内的法定假期。每一个服务型的项目都存在着一个服务日历。服务日历与企业日历很多时候不是相同的。不同则意味着成本的增加，就需要服务提供商在报价结算时综合考虑，因为它直接关系到人力的配备与排班。

（3）可用性。可用性的计算公式是：可用率=(AST−DT)/AST×100。AST（agreed service time）是指约定的服务时间即上面提到的服务日历。DT（actual downtime during agreed service time）是指在约定服务时间内的停机时间。

（4）处理时间。处理时间是指处理各种类型的事件的时间。事件分为咨询、请求、投诉、故障、新需求。例如，一级故障要求多少分钟处理完毕。SLA 约定了可用性与处理时间这两个核心指标，对于用户而言就有了基本保障。

6. SLA 常用的指标

从用户支持和可靠性的角度出发，SLA 采用了许多指标，其中最常用的指标包括用户支持、可靠性、服务条款、业务连续性和灾难的恢复等。

除了可靠性和用户支持的指标，服务性能对于商业应用来说也是很重要的。服务性能的指标一般包括响应时间、吞吐量、并发访问数等。

14.5.2　电信服务 SLA

1. 电信服务 SLA 的含义

电信服务 SLA 是电信运营企业与用户约定服务等级、服务项目、资费及赔付标准等内容的协议。它的特征是：用户在享受高等级服务的同时需要支出更多的费用，而电信运营企业在自身提供的服务未达到承诺的等级时，需要按照相应的赔付标准向客户进行补偿。

电信服务 SLA 针对不同的技术服务划分不同的产品等级。这些等级用于区分围绕网络维护的关键指标（例如电路可用性、电路误码率、平均故障修复时间等）。同时 SLA 对故障受理时间、所提供的报表等进行相应规定。根据相关承诺，如果电信运营企业达不到服务标准，就需给用户一定的赔偿。对用户而言，SLA 指标能够直接反映租用线的服务质量（Quality of Service，QOS），可以对电信运营企业的服务流程进行监督。对电信运营企业而言，SLA 也在管理体制和技术手段上提出更多的新要求。

对于电信运营企业来讲，针对企业大客户的 SLA 协议，其实就是一份个性化服务菜单：用户通过与电信运营企业协商确定自己所需要的服务种类（网络服务质量与售后服务质量），然后以市场价进行购买；双方要互相承担一定的责任，并有违约赔偿机制。电信服务 SLA 可能存在两种情况。第 1 种情况即大客户部门与大客户签订 SLA 协议后，网络运维或者建设部门为了更好地满足大客户的要求，而与大客户部门所签订的内部 SLA 协议。内部可以通过特定的考核指标对双方进行考核，或者引入市场/协议价格进行虚拟的结算。这时候内部 SLA 协议要比针对大客户的 SLA 协议更加复杂，对大客户起到真正的支撑作用。第 2 种情况就是 IT 部门与内部需求部门之间的 SLA 协议，目的是规范 IT 部门与其他部门之间的需求接口，其间一般不需要结算，通过考核指标约束双方的行为。

2. 电信服务 SLA 的内容

电信服务 SLA 一般包括目的、背景、适用范围、服务范围、服务提供方的责任、用户方的责任、详细条款（例如服务水平的参数）、违约责任、其他事项、附件等内容。

为了保持竞争力，电信运营企业不但要提供关于业务可用性的保证，还需提供关于业务性能的保证（例如响应时间、丢包率、吞吐率等）。目前，常见的电信服务 SLA 保证主要包括用户支持、网络可用率（可靠性）、业务备份、业务的连续性和灾难恢复、响应时间、传输速率、利用率等。具体 SLA 的内容需要电信运营企业和用户通过协商制定，但关键的指标有两项：网络可用率和平均故障修复时间（Mean Time to reqair，MTTR）。

此外，各类电信服务都会涉及安全性的问题。安全性说明要分清楚用户和服务提供商各自的责任。例如，电信服务 SLA 要规定哪一方对数据进行加密，在传输或存储的哪一个环节进行加密；在哪些环节发生的问题由服务提供商负责，做出何种赔偿；服务提供商是否应对用户的地址分配负保密责任。服务提供商在管理措施条款中承诺具体的管理规范，例如，员工的筛选和培训制度，数据中心保安制度，保留系统审计和日志的技术方案等。细节内容可能非常繁杂。电信服务 SLA 中指出采用某个操作手册上的规定就可以了，但相关的操作手册应该作为电信服务 SLA 的附件，用户和服务提供商应对其有明确且一致的理解。

3. SLA 服务模式与传统电信服务模式的比较

SLA 服务模式与传统电信服务模式的比较如表 14-1 所示。

表 14-1　　SLA 服务模式与传统电信服务模式的比较

SLA 服务模式	传统电信服务模式
适用于关键业务、实时业务	适用于传统电话、电报和非关键业务
针对个性化需求提供差异化的服务质量和服务水平保证	《电信条例》的公众服务质量要求
促使电信运营企业提高服务水平，提高资源利用率和竞争力	缺少提高服务质量的推动力
客户化的 SLA 服务管理，用户参与 SLA 服务管理	用户不参与服务管理

14.5.3　电信企业实施 SLA 的意义

SLA 明确了用户和服务提供商的权利和义务，对双方的行为有了更多的约束。电信运营企业通过实施 SLA，不仅让用户认同其服务质量，而且根据不同的 SLA 对服务进行差别定价还有利于电信运营企业获取更高的利润。具体表现在如下 3 点。

（1）对大客户的意义。SLA 通过明确双方权利和义务，以及对电信运营企业所提供服务的明确衡量，将能为保护大客户的利益起到良好的作用，改变了传统电信运营企业与大客户之间的服务关系。

（2）对电信运营企业的意义。SLA 提供了一种机制来管理资源。SLA 的正确使用不但有助于运维、建设部门有效配置资源，而且有助于网络运维、建设、IT 部门对它们的服务水平作出正确的决定，从而控制企业成本。SLA 能够调整用户需求和高水平服务之间的关系，也能够督促网络运维、建设、IT 部门履行承诺，为用户提供目标明确的服务。

（3）在大客户服务中的作用。在产品同质化竞争环境下，如果电信运营企业不能给大客户提供可预期的服务及明晰的服务内容、服务手段和衡量指标，则大客户忠诚度将会降低。为此，近几年各大电信运营企业在大客户服务工作中，都开始对大客户进行细分，引入分级服务概念。SLA 是电信运营企业为满足不同大客户对电信服务的不同需求、实施个性化服务而提供的有效途径。

14.6　本章小结

本章首先介绍了服务接触管理，以及服务接触过程分析与评价；接着给出了电信运营企业服务需求与服务生产能力管理的策略；还介绍了电信服务中排队问题的管理、电信服务质量的测量方法，最后介绍了电信服务的 SLA 模式。

案例讨论：中国移动触点服务质量数智化提升策略

数字经济时代，信息和能量正在由相对独立发展向彼此融合创新演进，催生了线上化、智能化、云化服务需求。中国移动改变传统的“密码、短信验证码、身份证”业务办理鉴权模式，利用人脸识别技术，更多的业务服务可实现线上承载。在海量数据基础上，中国移动利用人工智能、大数据通过云计算进行分析，区分基于不同客户在不同场景遇到的问题状态等，完成对客户的精准画像，智能做出需求预测，输出千人千面、千时千景的个性化服务内容。中国移动在掌微厅等开辟政企业务服务专区，在智慧中台将政企客户使用的专线、物联网卡和集团短彩信等产品运转情况，通过中国移动掌微厅开放给所属的政企客户，由政企客户科技部门专人通过中国移动掌微厅实时查看集团信息化产品运转情况。专线自动告警服务、物联网卡自动告警服务等，“一企一策”，在掌微厅政企客户专区自动呈现，真正实现政企市场的智慧互联服务。中国移动创新应用数字虚拟人能力，运用 AI 技术，3D 仿真数字人形象，实现在线客服由“纯文字”向“3D 动态形象”升级。中国移动实现服务新交互，推进视频客服真人面对面服务，为老年客户开展手机设置、智家产品应用等远程辅导服务，面向高端客户开展可视化终端营销等服务。

讨论题：试用服务接触管理的相关知识分析案例企业的服务接触类型及其服务蓝图。

思考与练习题

14-1 什么是服务接触？服务接触包括哪些要素？电信服务接触点有哪些？

14-2 说明服务需求与生产能力之间的关系。

14-3 服务质量的测量方法有哪些？

14-4 阐述排队等待的若干策略，对每一种策略举例说明。

14-5 什么是 SLA？SLA 模式与传统电信服务模式有何不同？说明电信运营企业实施 SLA 的意义。

14-6 考虑一个典型的电信营业厅：（1）为什么它是一个排队系统？（2）这里什么是队列？排队规则是什么？（3）是否存在随机到达？（4）什么是服务时间？服务时间是否存在巨大波动？

14-7 假设某电信营业厅每天中午只有一个柜台受理业务。顾客以 15 人/小时的平均速度到达该营业厅，服从泊松分布；营业员平均 3 分钟办理一名顾客的业务，每小时办理 20 名顾客的业务，服从指数分布。试求：（1）营业厅空闲的概率；（2）营业厅里顾客的平均数和等待服务的顾客的平均数；（3）顾客在营业厅里的平均逗留时间和平均等待时间。

第 5 部分 数字赋能电信运营

数智赋能新运营

当前，数字中国建设正经历从“量的增长”向“质的提升”的转变，对新型数字基础设施的供给能力、信息服务的创新水平提出了更高的要求。电信运营商作为通信网络基础设施的主导者，作为云网融合和算网融合基础设施的主要提供者，需要进一步加快信息基础设施建设和升级，积极参与到融合基础设施建设和运营中，做好新型信息服务提供者，赋能经济社会数字化发展。本部分将介绍电信管理信息系统的有关知识，以及电信管理网、电信运营支撑系统、增强的电信运营图、下一代运营软件和系统的体系结构，最后介绍与电信运营企业数字化转型相关的内容。

第 15 章 电信运营管理系统

【引例】ITU-T 首个 AI+电信运营系统标准正式发布

将人工智能技术（AI）应用于电信网络运营管理系统已成为全球电信运营商关注和创新的热点。由中国电信牵头制定的国际标准 ITU-T M.3080《AI 增强电信运营管理架构》在 2021 年就已经发布，其将中国电信的智慧电信运营管理技术与实践以标准的形式推广到全球产业界，帮助行业解决电信运营管理中 AI 技术应用的问题，是 ITU-T 首个 AI+电信运营系统的发布标准。该标准定义了人工智能电信运营管理（Artifictalintelligence Telecom Operatton and Management，AITOM）的概念和功能框架，以支持电信运营管理在效率提升、质量保障、成本管理及安全保障场景的 AI 应用，并描述了如何通过人工智能管道实现 AITOM 的开发态和运行态应用。AITOM 具有意图驱动、可定制、自实现、自进化和能力开放等特点，能够指导电信运营企业应用人工智能技术实现 “智能内生”、网络自治、赋能千行百业的系统。

计算机的发明标志着人类进入信息时代，改变了人们的生活、工作和交流方式，而管理信息系统的出现和使用，为企业的生产和运营提供了有效的支撑。管理信息系统能够对企业在经营、决策中面对的浩瀚信息进行广泛的收集、精确的分析、迅速的反应，从而为企业的运营、决策过程提供满足需要的信息资源。在大数据和人工智能技术飞速进步及其与社会经济活动的融合持续深化的同时，数据治理、高阶智能以及数智赋能正在成为数字经济发展的关注焦点，进而引发信息系统研究的新跃迁。本章重点讲述电信管理信息系统与电信运营支撑系统。

本章学习目标

（1）熟悉电信管理信息系统的应用现状与发展趋势。

（2）掌握典型电信运营支撑系统的概念模型与发展趋势。

15.1 电信管理信息系统

15.1.1 电信管理信息系统概述

1. 信息与决策

对于电信运营企业来说，信息是运营管理的主要对象。因此电信运营企业应该充分利用信息资源和技术资源方面的优势，建立并完善企业管理信息系统，从而有效地提高自身的信息化管理水平，增强自身的运营管理调控能力和市场竞争力。

（1）信息的概念

由于信息在自然、社会和思维等领域的普遍存在，且有众多的表现形式和储存、转换、传递等特点，人们可以从不同的角度给“信息“以多种多样的定义。《辞海》里对信息的解释是：①音讯：“消息”；②通信系统传输和处理的对象，泛指消息和信号的具体内容和意义，通常需要通过处理和分析来提取。信息的量值与它的随机性有关，如果在接收端无法预估消息或信号中所蕴含的内容或意义，即预估的可能性越小，信息量就越大。信息论创始人香农认为，“信息是不确定性的减少”，“信息是用来消除随机不确定性的东西”。从管理信息系统的角度，可以这样理解信息：信息是经过加工后的数据，它对接受者有用，对决策和行为有现实的潜在价值。与信息密切相关的一个重要概念是数据。在管理信息系统中，信息和数据是不同的。数据是一组表示数量、行动和目标的、可鉴别的非随机符号，可以是字母、数字或其他符号。对于管理信息系统来说，数据是管理信息系统的原材料和载体。

电信运营企业管理的信息包括：人、财、物等资源管理信息，例如财务管理信息、人力资源管理信息、物资管理信息等；办公信息，例如企业的生产计划、经营决策、项目管理等信息；电信网络的运行维护信息，例如网络运行质量、维护日志等信息；营业账务信息，例如营业、业务结算、业务资费等信息；市场和用户服务信息，例如客户服务、市场反馈、市场调研等信息；项目管理信息，例如项目进度控制、项目风险控制、项目采购控制等信息。

（2）信息在决策中的作用

信息是科学决策的基础和依据。决策过程就是在全面掌握准确信息的基础上，依据决策对象的发展规律及其内外条件，在变动的环境中，做出最有利于决策对象发展的决断，并有效地监督实施的过程。因此，就其本质而言，决策活动就是一个对大量相关信息进行收集、筛选、判断、分析，进而对创造性方案的拟定、评价、选择和执行的过程。信息贯穿了决策过程的每一阶段。

决策本身是信息转换的过程，而信息的转换又严格地依赖于环境和系统内的信息资源与能力。信息与决策是一种辩证关系：信息是决策过程的原料和灵魂。没有大量的信息，决策将成为无源之水，无本之木。获取有效信息是决策成功的保障。由于信息泛滥与有效信息不足的矛盾日益突出，决策者必须对大量信息进行认真分析，在此基础上得到有效合理的信息，并利用这些有效信息为决策提供重要依据。信息使用不当是造成决策失误的一个重要因素。信息不全面、信息不真实、信息不及时以及信息渠道不畅、信息筛选没有遵循一定的原则等，都会造成决策的重大失误。作为决策者，既不要轻视信息，也不要过分夸大信息的作用。决策者必须具备信息环境辨识能力、信息领悟力及较强的风险意识。

（3）决策过程中对信息质量的要求

第一，可信度要求，一是原始信息是真实的、准确的；二是经过加工的信息是真实的和准确的。第二，完整度要求，指决策信息应包含决策所需全部信息，例如范围、种类、时间等多方面。第三，精确度要求，指决策信息应准确反映决策对象的细微特征。

2. 企业管理信息系统的发展阶段

一般来说，企业管理信息系统是指广义的管理信息系统，泛指在管理工作中以数据库为核心的计算机应用。管理信息系统是依据系统的观点，通过计算机、网络通信等现代化工具和设备，运用数学的方法，服务于管理领域的人机结合的信息处理系统。以计算机为基础的管理信息系统可以使用户系统、高效地利用信息，使组织内部的信息使用效率达到最高。

管理信息系统的概念是随着计算机技术的发展而逐步形成的。计算机应用技术经历了数值处理、数据处理、知识处理和智能处理 4 个阶段。与之相对应的管理信息系统也经历了从数据处理到知识处理，再到智能处理 3 个阶段。自从计算机诞生以来，人们就开始了管理领域内的计算机应用。20 世纪 50 年代，计算机在数据处理技术上的突破，为计算机的应用拓展了空间，于是陆续出现了数据统计系统、数据更新系统、数据查询系统、数据分析系统、系统状态报告系统等。同时，还出现了电子数据处理系统，有力地推动了管理信息系统的发展。20 世纪 60 年代后期到 20 世纪 70 年代产生了管理信息系统、决策支持系统。20 世纪 80 年代，又出现了为企业最高决策层服务的高层主管支持系统。在人工智能领域，出现了专家系统。在加工制造企业中，计算机集成制造系统的应用使企业生产经营环节实现了自动化。步入 20 世纪 90 年代，信息技术更加发展，出现了群体决策支持系统和智能决策支持系统。21 世纪以来，在大数据、人工智能等信息技术的深刻影响下，管理信息系统实现阶跃式发展。

3. 我国电信运营企业管理信息系统的发展阶段

我国电信运营企业的管理信息系统建设要追溯到 20 世纪 80 年代中期程控交换机引进过程中开始进行的配套计费系统的建设。当时企业的管理信息系统主要是计费系统和一些简单的网管系统。20 世纪 90 年代中后期，我国正式全面启动了各种计算机应用系统的建设，例如市话业务综合管理系统、网管系统等，进入基础管理阶段。中国电信开始了“九七系统”的酝酿和建设，体现了很多先进的思想和理念，代表了当时电信运营企业业务支撑系统的方向。这个时期，办公系统和财务电算化等一批专用办公系统也分别进入建设阶段，是基础管理阶段的延伸和企业资源规划的准备阶段。进入 21 世纪，中国电信、中国移动、中国联通等代表性电信运营企业纷纷开始了业务支撑系统的集中化改造。企业的办公自动化、综合资源管理和综合网管等系统的建设也如火如荼，用户关系管理与以财务和人力资源为主的企业 ERP 系统也在筹建当中。这一时期，绝大多数的电信运营企业已经完成了基础管理阶段，企业资源规划、协同电子商务模式已露雏形。经过长期的建设，到目前为止，各个电信运营企业已经建成的管理信息系统在功能上已经比较完善，性能也比较稳定，能够有效地支撑企业的运营和管理。表 15-1 介绍了目前我国三大电信运营商的管理信息系统框架。

表 15-1　　三大电信运营商的管理信息系统框架

企业名称	管理信息系统框架
中国电信	CTG-MBOSS（China Telecom Group-Management & Business Operation Supporting System） 建立统一的企业内部 IT 专网，统一的企业数据架构，以省为中心集中存放和管理关键应用系统和数据；各系统间利用 EAI 连接分为管理支撑系统（MSS）、业务支撑系统（BSS）、运营支撑系统（OSS）、基础架构 EAI/数据仓库系统等
中国移动	EISS（Enterprise Information Support System） 从管理层面上可分成两级结构，即集团公司总部（一级）和各省公司（二级）系统，按职能和功能不同可分为两类系统，即企业管理信息系统 MIS（包括财务系统、人事系统、OA 网、决策支持系统）、生产信息支撑系统（包括网管系统、用户服务系统和业务管理系统）等
中国联通	UNI-IT（Union Information Technology） 包含了管理支撑系统（MSS）、业务支撑系统（BSS）和企业资源计划系统（ERP）三大部分，并与运营支撑系统（OSS）相互支持。该架构通过在企业运营管理体系、客户及业务网之间建立有机联系，有效地支持中国联通运营过程中的决策、规划、营销、业务产品开发、销售、客户服务和收入实现

CTG-MBOSS 是中国电信企业信息化建设的品牌，中文含义是“中国电信集团管理/运营支撑系统”，是企业信息化的整体解决方案。它描绘了中国电信运营和管理的企业信息化架构，明确了中国电信企业信息化建设的目标。它的主要内容包括企业信息化战略目标、三阶段性要求（信息共享、有效支撑、创造价值）、MPDS 方法论（管理和运营架构、业务流程、信息数据、应用系统）、功能和技术架构（管理支撑系统、业务支撑系统、运营支撑系统、EDA 和基础平台）、管控架构（IT 组织、IT 规划流程、IT 推进模式、IT 供应商管理、IT 建设与维护）以及规范体系等。

中国移动企业信息支持系统的重要组成部分是EISS（Enterprise Information Support System，业务运营支撑系统）系统，它利用计算机网络及相关应用技术形成一个对中国移动业务组织、管理及市场经营、客户服务工作的整体技术支撑平台。整个系统以用户为中心，同时系统层次清晰，职能明确，配置灵活，能够方便地提供多样化、个性化的服务，还能提供全方位统计分析要素，可以满足各类统计报表的要求。

中国联通提出名为UNI-IT的企业整体IT系统框架，由UNI-BSS、UNI-ERP、UNI-MSS 3部分组成，其中UNI-BSS包括综合计费账务、用户关系管理（Customer Relationship Management，CRM）、经营分析等系统。CRM系统包含综合营业系统中的营业部分、客服等模块。

15.1.2　电信企业管理信息系统的技术基础

1. 数据仓库与挖掘技术

（1）数据仓库

数据仓库（Data Warehouse，DW）是一个面向主题的、集成的、不可更新的、随时间不断变化的数据集合，它用于支持企业或组织的决策分析处理。在体系上，数据仓库是从多个数据源收集来的信息的仓储，它在一个地点以统一的模式存储信息。信息一旦被收集起来，就将被长期保存。因此，数据仓库向用户提供统一的数据接口，使得查询信息更为容易。数据仓库的体系结构包括了数据源、数据加载工具、数据中心库、联机分析处理和前端工具。其中，数据源是数据仓库系统的基础，是整个系统的数据源泉，它们可以是结构化的，也可以是非结构化、半结构化的。数据加载工具是连接数据源和数据仓库的桥梁，可以对数据源进行必要的抽取、清洗、转换等处理并将由此得到的数据加载到数据仓库中，即抽取、转换、加载过程。数据仓库是整个系统的核心，也称为数据中心库，其主要由两个部分组成，包括业务相关数据和元数据。业务相关数据主要来源于数据源，而元数据主要是指描述业务相关数据的数据，同时还包括若干关于系统管理的数据。联机分析处理（On-Line Analysis Processing，OLAP）利用扩充的操作可进行复杂的历史分析，还可以预先计划和预测。前端工具主要包括各种数据分析工具、报表工具、查询工具、数据挖掘工具以及各种基于数据中心库的开发和应用，其中，数据分析工具主要面向OLAP服务器；报表工具、数据挖掘工具既可以面向数据中心库，也可以面向OLAP服务器，根据实际情况予以确定。电信运营企业的数据仓库可以分为部门级数据仓库和企业级数据仓库。

（2）数据挖掘

数据挖掘（Data Mining，DM）是一个利用各种分析工具在海量数据中发现模型和数据间关系的过程。这些模型和关系可以用来做出预测。数据挖掘作为一种分析方法，主要能提供以下5种功能。①分类。首先从数据中选出已经分好类的训练集，在该训练集上运用数据挖掘技术，建立分类模型，对没有分类的数据进行分类。②估值。估值与分类类似，不同之处在于，分类描述的是离散型变量的输出，而估值处理连续型变量的输出；分类的类别是确定数目的，估值的量是不确定的。③预言。通常，预言是通过分类或估值起作用的。也就是说，通过分类或估值得出模型，该模型用于对未知变量的预测。从这种意义上说，预言其实没有必要分为一个单独的类。预言的目的是对未来未知变量的预测，这种预测需要时间验证，即必须经过一定时间后，才知道预言准确性是多少。④聚集。聚集是对记录分组，把相似的记录在一个集合里。聚集和分类的区别是聚集不依赖于预先定义好的类，不需要训练集。⑤描述和可视化。描述和可视化是对数据挖掘结果的表示方式。

2. 信息安全技术

管理信息系统管理着企业的核心数据，涉及企业战略、营销策略等方方面面，因此它的安全性十分重要。如果没有安全保障，系统很容易被攻击，导致瘫痪，将直接给生产、管理带来巨大的灾难。信息安全涉及很多方面的内容，包括入侵检测、病毒防治、安全加密、认证管理中心（Certificate Authority，CA）认证等很多领域的内容。信息安全技术可以保证数据的私密性、完整性和可用性。面对信息安全的诸多问题，计算机专家们采取了防火墙、网络信息数据的加密技术等多种防范措施。

3. 知识管理技术

知识管理就是为企业实现显性知识和隐性知识共享提供新的途径。知识管理是利用集体的智慧提高企业的应变和创新能力。知识管理包括 4 个方面工作：建立知识库；促进员工的知识交流；建立尊重知识的内部环境；把知识作为资产来管理。

知识管理涉及的领域非常广泛。很多学科都用到了知识管理的概念，其中大部分属于知识工程和人工智能领域，例如专家系统的开发和使用。近年来很多学者和研究机构提出将知识管理活动融入业务流程中，通过知识管理提升业务流程的价值。

15.1.3 大数据时代电信管理信息系统的发展趋势

大数据时代的来临，带给企业众多的机遇与挑战。企业竞争形态的变化，竞争环境的变化，战略联盟的形成等，不仅使企业运作一刻也离不开信息系统的支持，也促使企业对信息化的研究与应用建设更加重视。随着各种管理理论和网络、信息化的快速发展，电信管理信息系统在未来将朝着以下趋势发展。

1. 协同化

长期来看，未来是协同商务的时代。协同商务是指企业利用先进的信息技术所提供的一整套跨企业合作的能力，得以更有效地管理当今错综复杂的企业网络，它能帮助企业同其关键的交易伙伴共享业务流程决策、作业程序和数据，共同开发新产品、服务和市场，提高竞争力水平。协同商务发展包含两个目标：聚合和集成。聚合是指建立更加广泛的商业合作关系；集成是指在合作伙伴之间启动更加流畅、有效的商业过程。因此，电信管理信息系统的发展将是在现有信息技术框架的基础上，充分利用互联网、人工智能等新技术，把供应链管理、用户关系管理、商业智能、电子商务以及决策支持系统等功能全面集成，以实现资源共享、信息共享、适应网络经济的充分柔性的企业管理信息系统。

2. 多种管理思想和管理模式的融合

单一的管理思想和管理模式已难以适应电信运营企业发展的要求，集成现代管理思想的企业应用正逐渐成为企业的重要工具，帮助企业增加竞争优势，发挥核心竞争能力去占领市场。这些不同的企业应用中既容纳了属于“灵魂”的现代管理思想，又涵盖了属于“躯干”的信息技术，两者互为依托、不可分割。以这些管理思想为基础的管理信息系统不仅将逐渐进入管理信息系统发展的主流体系，并将和管理信息系统进行更好地整合和优化，形成支持企业运作的全面信息化解决方案。

3. 开放式的系统设计和系统集成架构

传统的电信管理信息系统是基于不同电信运营企业的需求而开发的，由此形成了众多的“信息孤岛”，即使有了一些综合性的解决方案，电信运营企业仍然要面对如何与遗留系统集成以及与合作伙伴的集成问题。因此，近年来管理信息集成一直在电信管理信息系统发展过程中扮演着重要的角色。当前阶段和未来的管理信息系统建设中，开放和集成放仍是重要考虑因素。

4. 大数据技术的发展及应用

传统信息化主要是整合业务流程和信息资源，信息系统大多关注流程的建设，通过系统固化流程，提高生产和作业效率，并逐步向商业智能发展。近年来，大数据分布式处理技术的出现，为企业处理日益增长的海量非结构化数据提供了高效、可扩展的低成本解决方案，推动企业信息化管理进入全新的阶段。电信管理信息系统正在经历一个快速发展的过程，它的管理理念、系统框架、各种功能都有待于在今后的实践和研究中不断创新完善。尤其是在大数据时代，电信运营企业必须重新审视自身的信息管理技术和策略，根据自身的业务和需求，在对管理信息系统的发展规律和发展趋势保持清晰认识的情况下，高度重视管理信息系统的建设和实施工作。

15.2 电信管理网

15.2.1 电信管理网概述

1. 概念

国际电信联盟电信标准化部门（ITU-T）提出了对电信网实行统一综合维护管理的手段即电信管理网（Telecommunications Management Network，TMN）。M.3010 建议中指出，电信管理网是提供一个有组织的网络结构，以取得各种类型的管理系统之间、管理系统与电信设备之间的互联，是一种采用商定的具有标准协议和信息接口进行管理信息交换的体系结构。TMN 采用开放系统互连（OSI）的标准，沿用 OSI 的管理方法对电信网和电信业务进行管理。ITU-TX1700 序列建议中定义了这种管理方法，而在 M.13000 序列建议中则对 TMN 的原理、功能、接口、服务及通用信息模型作了系统的规范。

简单地说，TMN 是收集、处理、传送和存储有关电信网维护、操作和管理信息的一种综合手段，对电信主管部门管理电信网起着支撑作用，即协助电信主管部门管理电信网。TMN 为网络用户提供网络业务和业务维护，它既是一系列管理业务、管理活动、管理功能和代表电信资源的管理对象的集合，又是具有一系列将各类电信网连接起来的标准接口（包括协议和信息规程）的网络体系结构。TMN 的目的是提供一组标准接口，从而使网络操作、组织管理、维护管理功能及对网络单元的管理变得容易实现。

2. TMN 与电信网的关系

TMN 与电信网的关系如图 15-1 所示。图中的虚线内部属于 TMN 部分，它包括各种操作系统、

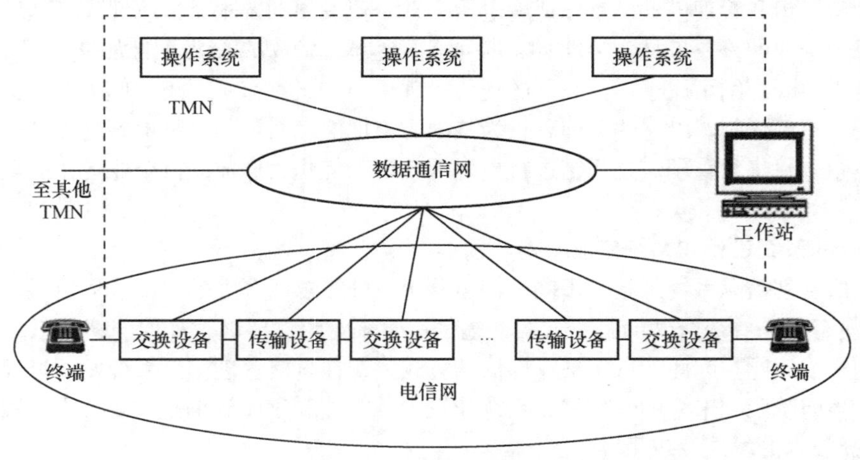

图 15-1 TMN 与电信网的关系

工作站和数据通信网（Data Communication Network，DCN），其中，操作系统代表实现各种管理功能的处理系统，工作站代表实现人机界面的装置，数据通信网提供操作系统与被管理网元之间的数据通信能力。从图 15-1 中还可看出，电信网中的各种被管理设备都有一部分位于虚线框之内，这是为了使这些设备能接受 TMN 的统一管理，设备内部必须提供 TMN 标准化的通信接口（通信协议）和信息模型（被管理对象及其表示）。这些功能嵌入在电信设备内部，属于 TMN 的一部分。

15.2.2　电信管理网的管理功能

TMN 的网络结构可划分为 4 个层次：事务管理层、业务管理层、网络管理层、网元管理层。TMN 为电信网及电信业务提供一系列的管理功能，这些功能是依据 OSI 的管理功能分类法加以扩展的，以适应现代化电信网管理的需要，共分为 5 种类别：配置管理（Configuration Management，CM）、故障管理（Fault Management，FM）、性能管理（Performance Management，PM）、账务管理（Accounting Management，AM）和安全管理（Security Management，SM）。

1. 配置管理

配置管理的目的是管理网络的建立、扩充和开通，主要提供资源清单管理、资源开通、业务开通以及网络拓扑服务功能。配置管理是一个中长期的活动，它要管理的是网络增容、设备更新、新技术应用、新业务开通、新用户加入、业务撤销、用户迁移等原因所导致的网络配置的变更。网络规划与配置管理关系密切。在实施网络规划的过程中，配置管理发挥最主要的管理作用。

2. 故障管理

故障管理的目的是迅速发现和纠正网络故障，动态维护网络的有效性。故障管理的主要功能有告警监测、故障定位、测试、业务恢复及修复等，同时还要维护故障日志。网络发生故障后，故障管理模块要迅速进行故障诊断和故障定位，以便尽快恢复业务。为此电信运营企业在故障管理方面可以采用事后策略或预防策略。事后策略重视迅速修复。预防策略包含两种策略，一种预防策略是采用配备冗余资源的方法，将发生故障的资源迅速地用备用资源替换；另一种预防策略是分析性能下降的趋势，在用户感到服务质量明显下降之前采取修复措施。

3. 性能管理

性能管理的目的是维护网络服务质量（Quality Of Service，QOS）和网络运营效率。为此性能管理一方面要提供性能监测、性能分析以及性能管理控制功能，另一方面要提供性能数据库的维护以及在发现性能严重下降时启动故障管理系统的功能。在性能管理的各个功能中，性能监测功能联机监测网络性能数据，报告网络元素状态，控制状态和拥塞状态以及业务量性能；性能分析功能对监测到的性能数据进行统计分析，形成性能报表，预测网络近期性能，维护性能日志，寻找现实的和潜在的瓶颈问题，例如发现异常并进行告警；性能管理控制功能控制性能监测数据的属性、阈值以及报告时间表，改变业务量的控制方式，控制业务量的测量及报告时间表。

4. 账务管理

账务管理的主要目的是正确地计算和收取用户使用网络服务的费用。但这并不是唯一的目的，账务管理还要进行网络资源利用率的统计和网络的成本效益核算。在账务管理中，电信运营企业首先要根据各类服务的成本、供需关系等因素制定资费政策（资费政策还包括根据业务情况制定的折扣率）；其次要收集计费收据，例如使用的网络服务、占用时间、通信距离、通信地点等计算服务费用。

5. 安全管理

安全管理的目的是提供信息的隐私、认证和完整性保护机制，使网络中的服务、数据以及系统免受侵扰和破坏。目前主要的网络安全措施包括通信伙伴认证、访问控制、数据隐私和数据完整性保护等。一般的安全管理系统包含：风险分析功能，安全服务功能，告警、日志和报告功能，网络管理系统保护功能等。

15.3 电信运营支撑系统

电信运营支撑系统

15.3.1 运营支撑系统的概念

运营支撑系统（Operation Support System，OSS）是电信运营企业运营管理不可或缺的组成部分和有效的工具，它是借助 IT 手段实现对电信网络和电信业务的管理，以达到支撑运营和改善运营的目标。在业界，OSS 的概念最初起源于 ITU-TM.3010《TMN 总体原则建议》中明确定义的操作系统、工作站和数据通信网。《TMN 总体原则建议》是这样定义 OSS 的：OSS 是对用来支撑网络运营的 OAM&P 系统的抽象，它的管理功能分布在企业管理、业务管理、网络管理和网元管理 4 个逻辑层次上。

OSS 与第 11 章介绍的 BSS 有着密切的联系。BSS 主要完成客户支撑的功能，以提供和满足客户需求为主，功能又包含在 OSS 功能之内。从客户的角度看，OSS 与 BSS 之间没有区别，他们所需要的就是服务与信息；从企业的角度考虑，OSS 与 BSS 又相互包容，在实际操作中二者有效地整合在一起。

15.3.2 电信运营支撑系统的设计原则

电信运营企业在设计运营支撑系统的体系结构、关键信息模型时主要考虑以下原则。

（1）完整性原则。电信运营企业考虑运营支撑系统的体系结构时，最主要的就是要考虑体系的完整性，即提出来的体系结构是否能覆盖电信运营企业运营管理的全部活动。

（2）边界清晰性原则。由于电信运营支撑系统功能非常多，体系结构非常复杂，因此其体系中的各子系统的边界应该划分清晰，系统之间不应出现功能的重叠和交叉。

（3）组件化原则。随着电信业的不断发展，各种新技术、新业务不断涌现，运营支撑系统也需要不断更新，因此，电信运营企业在考虑运营支撑系统的体系结构时，体系中的系统或模块应具备组件化的特征。系统间不仅要边界清晰，也满足松耦合的特征。当需求发生变化时，通过组件的调整就能完成对系统的升级而不会影响体系框架。

（4）应用与数据分离性原则。电信运营支撑系统涉及大量的数据，各种数据被不同的子系统共享，因此电信运营企业在规划电信运营支撑系统时就应该考虑到将应用与数据分离，以便分散控制，重复利用，提高系统的整体效率。

（5）客户参与性原则。电信运营支撑系统最重要的功能之一就是为客户服务，因此系统的规划和建设要本着面向客户、服务客户的原则，尽可能多地让客户参与，提供丰富的客户交互能力。

（6）灵活性原则。电信技术的迅猛发展，导致新业务的层出不穷；客户在使用电信服务时，需求也在不断变化；日益激烈的竞争，也导致了管理体制的革新，这些都需要电信运营支撑系统具有相当的灵活性，以保证能适应快速变化。

电信运营企业在设计电信运营支撑系统时还要进行必要的商业分析。例如，由于各类业务在各电信运营企业所占比例各不相同，不同电信运营企业对电信运营支撑系统也应有不同的定位。另外，要有阶段性的发展计划。电信运营企业应首先保证新业务能够顺利开通，经过阶段性运行后，再总结新业务的特点和规律，以便为下一步建设打好基础。

15.3.3　电信运营支撑系统的发展趋势

在数字经济的浪潮中，国内各大基础电信运营企业正在通过运营支撑系统的建设，获得新的竞争手段，以适应通信技术的发展，完成向以市场为重点、以客户为核心的转变。同时，全球化竞争的电信市场和电信多元化价值链的形成促进了网络与业务支撑技术的飞跃发展，电信运营支撑系统在电信集约化经营的实践中扮演着越来越重要的角色。

目前的电信运营环境主要存在 5 个方面的竞争：客户服务、集中运营、深入运营、广度运营和精益运营。电信运营维护管理工作也在转型：由分散维护转向集中维护，即纵向集中；由面向网络逐渐转向服务，即横向延伸；由粗放的运营转向精益运营，即面向经营。电信运营支撑系统的发展趋势如下。

（1）面向服务，可视化。不论对于是网管的系统还是对于资源管理的系统，可视化已经成为一个趋势。电信的资源数据中包含大量的空间信息和地理属性，从基础资料的管理到拓扑的管理到资源的分配与调度，基于地理信息系统的资源管理系统可以大幅提高资源维护的效率，并有助于提升资源的准确率。

（2）实时性，智能化。实时处理不仅是用户服务的要求，而且是企业运营的要求。在新一代业务支撑系统的建设中，实时性将成为系统的重要指标；资源管理系统将彻底实现从静态的被动资料的管理演进到智能的资源管理：网元的变更可以自动发现，拓扑的变动可以自动更新，并可以同步更新相关配置信息，同步通知涉及变更的岗位和用户。就网管系统而言，专家系统也会逐步被引入，智能化特征将得到进一步提升。

（3）稳定性。由于电信运营支撑系统已经介入业务，对电信运营支撑系统的运行的要求是全局的，电信运营支撑系统发生中断和故障不仅对企业运营带来影响，而且将直接使客户无法正常使用业务，因此系统的稳定性对电信运营企业来说是一个重要的关注点。

（4）综合性。随着竞争格局的调整和变化，各电信运营企业都希望能够针对不同的客户群提供全业务产品和服务，或者通过合作的方式扩展业务种类和营销渠道。对于电信运营支撑系统来说，技术层面强调支持综合接入，而在系统功能方面要求支持综合账务，从而支持多业务的叠加和捆绑。

（5）支持多种商业合作模式。随着业务合作模式的发展，伙伴关系管理的概念和功能也逐步清晰，对合作伙伴的管理模式是分层次的，合作伙伴的范围也将越来越大，因此电信运营支撑系统应当密切跟踪业务需求和模式的演变，参与业务部门的设计，保障业务与合作的开展。

电信运营企业数字化转型进程的推进，对电信运营支撑系统提出了更高的要求。向新一代运营支撑系统演进成为电信运营企业决胜市场的关键。合理使用电信运营支撑系统，建设功能完善、互通灵活、充分共享信息的电信运营支撑系统，是电信运营企业重要的运营管理战略之一。

15.4　增强的电信运营图

增强的电信运营图

15.4.1　增强的电信运营图的提出与概念

为了规范电信运营企业的服务管理流程，电信管理论坛提出了电信运营图（Telecom Operation Map，TOM）的概念，之后又改进为增强的电信运营图（enhanced Telecom Operation Map，eTOM）。TOM 和 eTOM 作为发展的蓝图，已经成为电信业务和电信运营支撑系统开发和集成的起点，为电信运营企业内部的流程重建和彼此之间的合作、结盟以及达成共同协议提供了中性的参考。

1. TOM的概念与模型

TOM帮助电信管理论坛（Tele Management Forum，TMF）的成员共同致力于发展下一代运营软件和系统（Next Generation Operation System and Software，NGOSS）。对于电信运营企业来说，TOM为他们内部的流程重建和彼此之间的合作、结盟以及达成共同协议提供了中性的参考。对于网络和OSS供应商来说，TOM描述了软件组件潜在的边界以及产品必须支持的输入和输出。具体来说，TOM包括以下6个部分。

（1）对TOM所起作用的描述。

（2）通信过程的高层视图以及组织严密的、以客户为中心的端-端的业务过程。

（3）从高层确定主要的端-端的业务过程的实现、保证、结算过程及其子过程。

（4）举例说明端-端的业务过程的流程图。

（5）每个子过程功能的详细视图，包括子过程的活动以及对其他子过程的输入和输出。

（6）Map（图）的用途。

根据TMN的逻辑分层原则，TOM将电信业务处理框架分成了客户界面管理、客户服务、业务开发与运营、网络与系统管理、网元管理5个层次。因此在TOM模型中，从横向看包括客户界面管理过程、客户服务过程、业务开发与运营过程、网络与系统管理过程、网元管理过程，每个过程又包括了不同内容。从纵向看，TOM定义了3个端-端的流程，即业务实施、业务保障和业务计量，每个流程同样包括了不同的服务。TOM模型如图15-2所示。

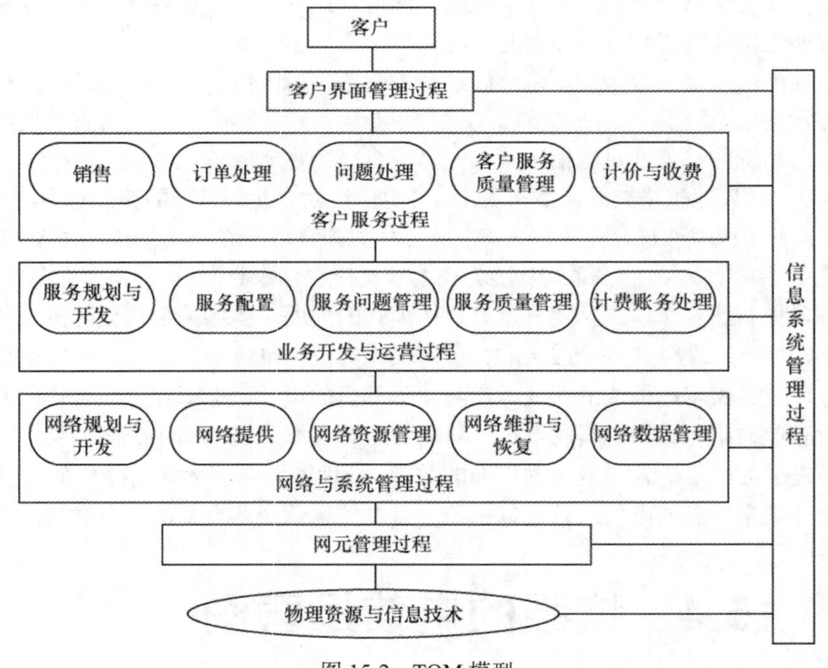

图15-2　TOM模型

TOM定义的过程框架是独立于企业、技术和业务的。TOM采用TMN模型设计核心的电信业务过程，将业务管理层的内容分为两个部分：客户服务层和业务开发与运营层。其中，客户界面管理层是与客户进行直接交互的过程，它可作为单独的一个过程，也可在某个业务中作为客户服务层的一部分执行。客户界面管理层将客户的请求和查询转化为相应的“事件”，例如订单生成、故障记录或账单调整等，并调用后续过程，为客户提供相应的服务。

2. eTOM 的概念

TOM 模型解决了 TMN 中间两层（网络和服务）的不足，但仍然还存在很多问题。第一，TOM 不是全面的企业管理，不包括销售营销的管理、供应商的管理、合同伙伴的管理、其他的支持功能（例如管理知识功能）等。第二，TOM 没有产品生命周期和客户关系管理概念。为了弥补 TOM 功能上的不足，TMF 提出了增强的电信运营图 eTOM。

eTOM 是 TMF 在 TOM 的基础上进行改进和发展而得到的，其中的“e“可以从以下几个方面来理解：企业过程（Enterprise Process），电子商务能力（e-Business Enable），改进（Enhance），扩展（Expanded），所有的事情、地点、时间（Everything、Everywhere、Every time）。

eTOM 是一种业务过程框架或模型，它为服务提供商提供所要求的企业流程。eTOM 作为电信运营业务流程向导的蓝图，是 NGOSS 的重要概念和关键组成元素。eTOM 业务过程框架是对 TOM 计算机化、企业战略化的提升，它主要包含对电信运营企业业务过程的规范描述。

相对于 TOM，eTOM 作了以下方面的扩展。

（1）eTOM 将 TOM 模型扩展到整个企业的活动中，它包括企业的战略规划、企业的基础结构、企业的产品规划等各个方面，除了涉及客户以外，还要涉及企业员工、企业股东等。

（2）由于在电子商务环境下，市场营销过程非常重要，因此在 eTOM 中专门定义了这一过程。

（3）专门定义了企业管理过程，这样做的目的是使 eTOM 能够指导整个企业的活动，使得企业中的所有组织能够识别企业职责范围内的重要生产和管理过程。

（4）将实施、保障和计费置于总体模型的高层视图中，以强调以客户为中心的过程是企业的重点过程。

（5）定义了一个操作支持和有所准备的端-端的过程组，该过程组贯穿了所有的功能层次。

（6）确认了 3 个不同于功能性操作和客户操作过程的企业过程组。这 3 个过程组形成了 SIP（战略 Stratagem、基础设施 Infrastructure 和产品 Products）过程。

（7）确认 SIP 过程和与客户有关的各种业务操作过程。

（8）从面向客户服务或业务转为面向客户关系管理。

（9）eTOM 将网络和系统管理过程定义为资源管理和操作，在其中也包含了对系统信息的管理。

（10）更加关注商务过程。通过供应商/合作伙伴关系管理过程中提供的企业和供应商及其合作伙伴间的操作接口和支持，将企业内部商务过程与合作伙伴、供应商过程集成。

（11）电子商务环境下，市场从面向供应转变为面向需求，因此在 eTOM 中强化了以客户为中心的理念。eTOM 高层视图直接描述了 3 列垂直的端-端的过程分组。这些过程被称作客户运营过程或客户优先过程，直接和客户交互并支持客户，同时也是企业优先关注的地方。

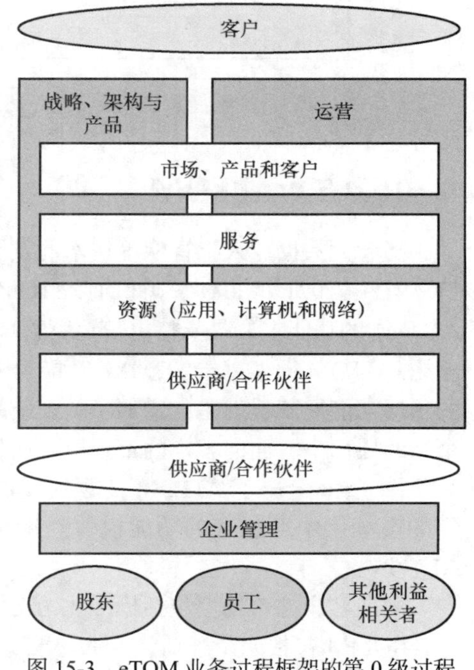

图 15-3 eTOM 业务过程框架的第 0 级过程

15.4.2 增强的电信运营图业务过程框架

eTOM 业务过程框架采用自上而下层次结构，对企业运营相关的所有过程单元和活动进行层次化的描述。图 15-3 和图 15-4 分别描绘了 eTOM 业务过程框架的

0级和1级过程。

eTOM提供了企业的业务过程框架结构，即通过将企业中所有业务活动进行分类和综合，提出了一个通用的参考过程框架。目前eTOM主要关注两个方面的内容：首先，对业务过程进一步细分，建立从企业最高层面过程框架逐级分解和细化到尽可能底层的过程层面；其次，eTOM分别从不同视点角度出发分析过程框架，例如基于企业组织架构、企业管理功能架构以及企业内部或外部的关联关系等，在过程中考虑不同过程单元之间划分和组合的关系。

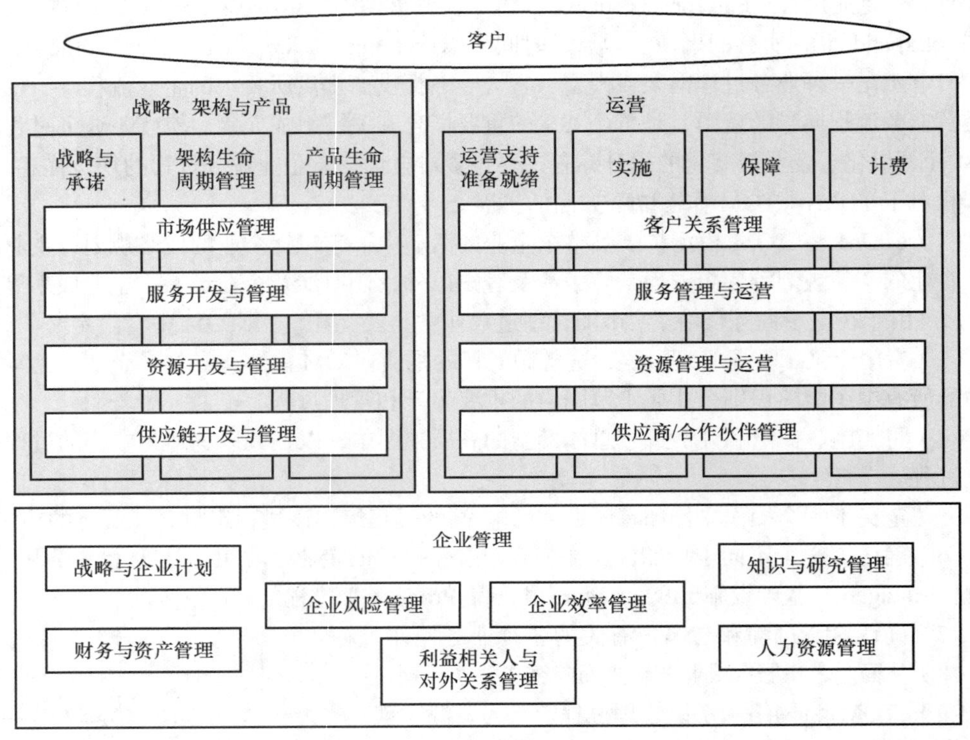

图15-4　eTOM业务过程框架的第1级过程

15.4.3　AITOM

随着大数据、人工智能等技术的发展，电信智慧运营管理标准族的开发与研究受到产业界的持续关注。2021年ITU-T颁布了AITOM的技术标准ITU-T M.3080《AI增强电信运营管理架构》。AITOM的功能主要是支持电信运营管理在效率提升、质量保障、成本管理及安全保障场景的AI应用。AITOM框架基于SOMM（智能运营Smart Operation、管理Management和维护Maintenance）的顶层功能框架，但是它增加了一个新的领域——AI引擎，为内部层提供AI能力；还增加了一个新的层面——面向客户的市场层，向外部客户提供开放功能。如图15-5所示。

图15-6给出了AITOM的顶层功能框架。可以看到，该框架分别定义了AI引擎和面向客户的市场层中所包含的功能模块。这个概念视图引入了功能性区块链的技术，该技术被称为AI管道。

面向客户的市场层包括标准化的功能目录和功能专业化两个主要模块。

SOMM包括四个子功能。①场景应用层，包括了典型和新兴的运维场景，包括智能运营、智

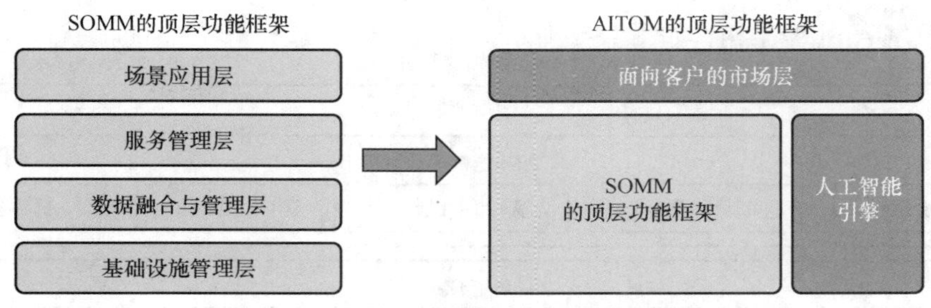

图 15-5　AITOM 与 SOMM 的顶层功能框架关系

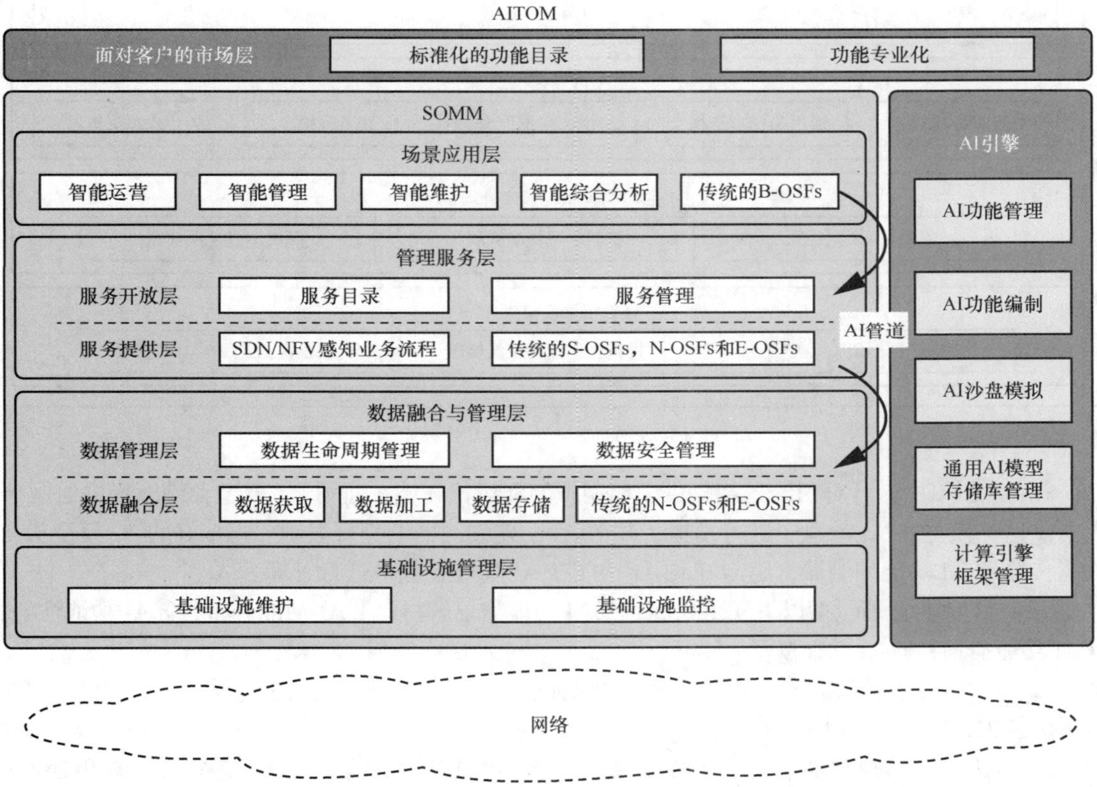

AITOM
面对客户的市场层　标准化的功能目录　功能专业化
SOMM
场景应用层
智能运营　智能管理　智能维护　智能综合分析　传统的B-OSFs
管理服务层
服务开放层　服务目录　服务管理
服务提供层　SDN/NFV感知业务流程　传统的S-OSFs，N-OSFs和E-OSFs
AI管道
数据融合与管理层
数据管理层　数据生命周期管理　数据安全管理
数据融合层　数据获取　数据加工　数据存储　传统的N-OSFs和E-OSFs
基础设施管理层
基础设施维护　基础设施监控
AI引擎
AI功能管理
AI功能编制
AI沙盘模拟
通用AI模型存储库管理
计算引擎框架管理
网络

图 15-6　AITOM 的顶层功能框架

能管理、智能维护、智能综合分析和传统的 B-OSFs（业务操作系统功能）。②管理服务层，集成了操作系统的基本功能。这些功能可以打包成不同的服务向场景应用层开放。③数据融合与管理层，提供数据驱动能力，将来自不同操作系统的大量数据汇聚成统一的数据模型，支持数据获取、数据加工、数据存储等。④基础设施管理层，是操作基础。基础设施可能基于物理服务器或云，以及提供 IT 服务的平台，即服务（PaaS）组件。

AI 引擎主要为 SOMM 功能框架的每一层提供 AI 功能，包括 AI 功能管理、AI 功能编制、AI 沙盘模拟、通用 AI 模型存储库管理和计算引擎框架管理 5 个功能模块。

AI 管道是基于功能的区块链技术，由 AITOM 的功能节点组成，包括 AI 模型的数据收集、预处理、模拟或编制、规则的制定或应用、结果的传递。

底层网络为 AITOM 中的数据融合和 SOMM 管理层提供数据，不包含在 AITOM 功能框架中。

进一步分解 AI 引擎架构，如图 15-7 所示。

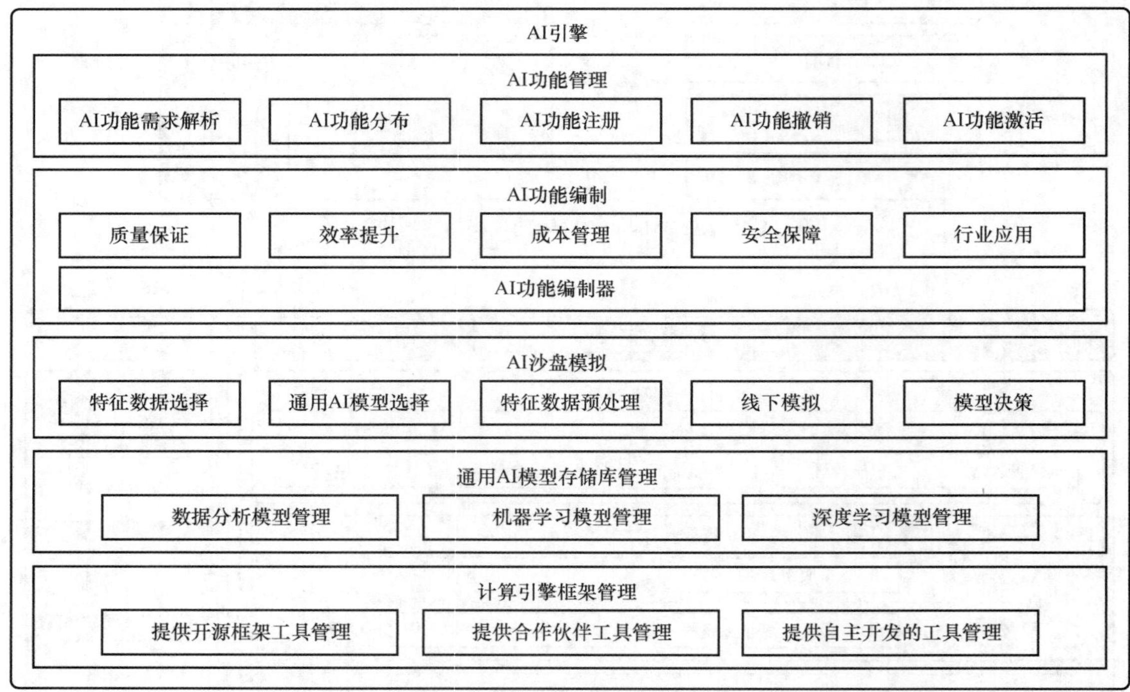

图 15-7　AITOM 内部 AI 引擎架构

在 AI 引擎中，计算引擎框架提供了模型框架和运行环境。通用 AI 模型存储库提供通用 AI 模型。这些模型在 AI 沙盘中进行模拟，并在 AI 功能编制器中进行编制。模拟好的 AI 模型从 AI 沙盘传输到 AI 功能编制器，编制好的 AI 功能在 AI 功能管理中进行管理。

（1）AI 功能管理包括以下几个功能：①AI 功能需求解析；②AI 功能分布；③AI 功能注解；④AI 功能撤销；⑤AI 功能激活。

（2）AI 功能编制包括 5 类能力：①质量保证能力；②效率提升能力；③成本管理能力；④安全保障能力；⑤行业应用能力。

（3）AI 沙盘模拟功能包括：①特征数据选择；②通用 AI 模型选择；③特征数据预处理；④线下模拟；⑤模型决策。

（4）通用 AI 模型存储库管理定义了不同的与服务无关的 AI 模型，主要包括 3 个功能：①数据分析模型管理；②机器学习模型管理；③深度学习模型管理。

（5）计算引擎框架管理，功能主要包括：①提供开源框架工具管理；②提供合作伙伴工具管理；③提供自主开发的工具管理。

15.5　下一代运营软件和系统

15.5.1　下一代运营软件和系统的概念

下一代运营软件和系统（New Generation Operation Software and System，NGOSS）是由 TMF

提出的，为通信行业 OSS/BSS 的快速和灵活集成提供了框架体系。NGOSS 包括业务框架、高层体系结构和实现新一代 OSS/BSS 的方法论，它从系统（即插即用的规则）、过程（企业业务流程模型）、信息（共享核心数据模型）、产品（符合 NGOSS 规范的实现）4 个方面保证 OSS/BSS 具备标准化的特点，能够逐步演化实现端到端的自动化管理。

NGOSS 所强调的是体系概念和结构，在此指导下规定和开发具体的标准和技术。NGOSS 在抽象模型和结构的基础上，研究和选择适应的分布、数据和信息共享等技术，以构造最有效的系统和应用。同时，NGOSS 的核心框架不使用任何的特殊技术。这样，在使用新出现的技术构建新的组件时，也无须在不同技术间建立接口，只需通过构造适当的适配器就可以实现组件间的通信，从而保证了核心框架的有效性和连续性。

15.5.2　下一代运营软件和系统的体系结构

NGOSS 的体系结构与它的生命周期是紧密相连的。NGOSS 的生命周期包括业务、系统、实现和运行 4 个视图。这些视图从不同阶段、不同角度描述了 NGOSS 系统的整体结构。因此，NGOSS 从业务、系统、实现和运行 4 个方面对整个知识体系进行划分，形成相应的业务视图、系统视图、实现视图和运行视图，如图 15-8 所示。

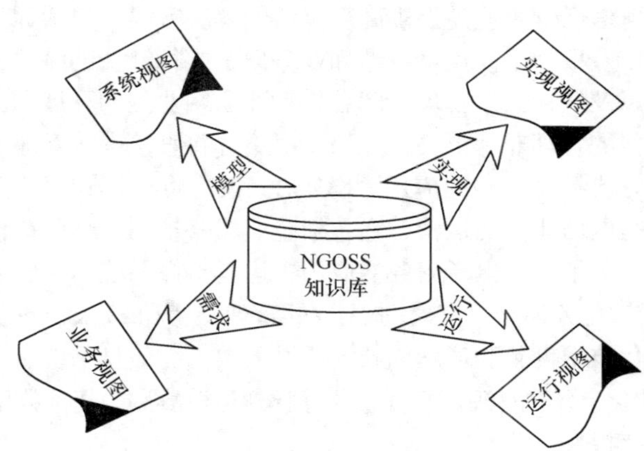

图 15-8　NGOSS 的体系结构

TMF 指出，为 NGOSS 定义的是一个采用 NGOSS 合约的方式，是以构件为基础的分布式结构。与此相适应，还要定义一套该系统所具有的相对严格的服务。服务是构件对外提供的功能。这些功能通过合同定义的接口向外部提供。

NGOSS 的体系结构使用共享信息服务实现分布式组件之间的关联，同时也支持业务处理流程从组件中分离出来。NGOSS 的体系结构定义了技术无关和技术相关体系结构。这样，任何一个系统的实施都是基于一个或多个技术相关的 NGOSS 的体系结构，但是每一个技术相关的体系结构都建立在一个技术无关的体系基础上。

NGOSS 体系从概念上包括了方法论、知识库和规范等内容。方法论提供了分析 NGOSS 的 4 个视角，同时也决定了知识库围绕这 4 个视角进行组织，与此对应的 NGOSS 标准规范也是围绕这 4 个方面展开。eTOM 从商业视角出发，对企业 OSS 建设需求分析进行规范，涵盖了电信运营企业的各种企业活动和管理活动，规范了 OSS 中涉及的企业流程模型。系统集成图（System Integration Map，SIM）从系统视角出发进行规范，描述了可部署的企业组件框架，并且提出如何使用组件构建系统。TMF 的示范项目“催化剂项目”（Catalyst Project）从实施视角出发，通过开发实际的企业应用案例，解决 OSS 在实现中遇到的各种问题。TMF 的技术相关框架从运营角度考虑应用系统的实时运行环境以及各种技术的具体应用。4 个视角分别解决了以下几个问题：系统的需求是什么、怎么建模系统、如何实现系统、怎样通过重用机制开始系统的循环。

具体地说，NGOSS 的体系结构主要包括以下几个组成部分：①NGOSS 的生命周期和方法论；②增强的电信运营图 eTOM；③共享信息和数据模型 SID；④技术中立架构 TNA；⑤NGOSS 一致性测试。

15.5.3　下一代运营软件和系统的发展趋势

随着网络技术和电信市场的进一步发展，NGOSS 仍然存在着大量的问题需要解决。目前，TMF 一方面围绕着 NGOSS 知识库，不断完善标准和系统模型的定义，另一方面通过“催化剂项目”实现具体的应用实例，提供实际可行的解决方案，同时验证模型的可行性。下一步需要做的工作如下。

（1）对于新业务和新技术的支持。电信技术和业务正经历着深刻的变革，这些变革对运营支撑系统提出了新的要求。TMF 不断完善体系结构，针对各种新技术增补相应实现模型和方案。

（2）对于宽带业务的支持。随着宽带业务的需求增加，电信运营企业遇到了来自网络管理和业务管理的巨大压力。电信运营企业需提供高度灵活的解决方案，包括针对不同宽带技术的计费解决方案和管理方案，以及根据不同流量特性和业务质量进行计费的解决方案。

（3）关注产品管理以及伙伴关系管理。随着移动互联网业务的开展和商业模式的推广应用，电信运营企业对业务伙伴的管理非常重要，如果支撑不好将直接影响新业务的推广。

（4）电子商务在运营支撑系统中的应用。NGOSS 模型将运营管理活动扩展到整个企业活动的各个方面，而不仅仅是电信业务的运营，它包括企业战略规划、基础结构、产品规划等，定义了专门的电子商务过程。为了支持电子商务的应用，运营支撑系统需要解决很多的新问题，包括技术、业务环境下的客户/业务模型，有效的端-端的管理支持和 SLA 管理流程等。

近年来，依托数字化技术创新和理念创新，通过大数据、信息系统、中台等建设支持，电信运营企业探索了 IT 集约化、智慧管理、智慧服务等智慧运营实践，基于数据、算力、算法和建模，有力推动了内部运营效率提升。

15.6　本章小结

本章介绍了电信管理信息系统及其发展；介绍了电信管理网、电信运营支撑系统、增强的电信运营图的概念模型及发展趋势；阐述了下一代运营软件和系统的概念、体系结构和发展趋势。

案例讨论：磐基 PaaS 创新六大能力　打造智慧中台技术底座

以容器化、微服务、DevOps 为核心的云原生技术为中国移动磐基 PaaS 平台赋予了敏捷、灵活、弹性、扩展性强等优势，使其在能力的标准化封装及调用下，得以更好地支撑智慧中台能力解耦、共享、拉通及沉淀。经过持续迭代，磐基 PaaS 实现了六大创新突破：一是应对大规模 IT 系统上云，实现对多租户的集中管理；二是借助对资源的合理共享复用，完成跨集群资源调度；三是提供服务流程编排、一键发布部署等能力，助力应用系统快速上线；四是打造企业级微服务网关，提升服务治理水平；五是通过建设 AIops 智能手段，赋能运维转型；六是强化自主可控，打造国产化组件，解决“卡脖子”问题。中国移动一级集团客户业务管理系统（BBOSS）在完成云原生架构改造后，其开发、部署、运维等能力提升显著，使业务开发者更专注于业务本身，使持续交付能力得到大幅提升。

讨论题：试结合案例内容阐述电信运营支撑系统的发展趋势。

思考与练习题

15-1　什么是信息？信息与决策的关系是什么？

15-2　试阐述大数据时代电信企业管理信息系统的发展趋势。

15-3　说明 TMN 的五大管理功能。

15-4　阐述 OSS 的发展趋势。

15-5　AITOM 中，AI 引擎为 SOMM 功能框架提供哪些功能？

15-6　试描述 NGOSS 的体系结构。

第 16 章 电信运营企业的数字化转型

【引例】中国电信运营企业的数字化战略布局

随着技术的不断演进，国家战略的强力推动，以及传统行业数字化进程的加速，产业数字化市场正迅速进入成长期。站在历史关键时点，担负着通过信息技术构筑数字经济底座的电信运营企业也正在紧密把握机遇，加快数字化转型。中国移动加快信息基础设施建设发展、演进升级，深化信息技术融合创新、普及应用，不断弥合数字鸿沟、释放发展红利，为老百姓提供用得上、用得起、用得好的信息服务；中国电信全面深入实施云改数转战略，全力打造服务型、科技型、安全型企业，为赋能经济社会数字化转型作出积极贡献；中国联通坚持以数字化网络化智能化的融合创新，不断提升数字政府、数字经济、数字社会建设的速度，着力推动中国式现代化加速向前；中国广电推进全国有线电视网络整合和广电 5G 建设一体化纵深发展，为中国式现代化建设提供数字化赋能新方案，贡献广电行业新力量。

电信运营企业的数字化转型

当今时代，新一轮科技革命和产业变革蓄势待发，数字经济成为发展最快、创新最活跃、辐射最广泛的经济活动。以移动互联网、大数据、云计算、物联网、虚拟现实、人工智能等为代表的新一代信息技术迅猛发展，并加速与经济社会各领域深度融合，新产业、新业态、新模式不断涌现，促进了数字经济的快速发展。本章主要讲述数字经济背景下电信运营企业数字化转型的相关知识。

本章学习目标

（1）掌握数字经济的概念。

（2）了解电信运营企业的数字化转型路径。

（3）熟悉数字安全的战略意义及数字治理的法律框架。

16.1 数字经济的驱动

16.1.1 数字经济的概念与特征

1. 数字经济的概念及内涵

数字经济是继农业经济、工业经济之后更高级的经济阶段。数字经济是以数字化的知识和信息为关键生产因素，以数字技术创新为核心驱动力，以现代信息网络为重要载体，通过数字技术和实体经济的深度融合，不断提高传统产业数字化、智能化水平，加速重构经济发展与政府治理模式的新型经济形态。

数字经济的内涵主要表现在以下几个方面。

（1）数字产业化和产业数字化

数字产业化也被称为数字经济基础部分，即信息产业，具体业态包括电子信息制造业、信息通信业、软件服务业等；产业数字化即使用部门因此而带来的产出增加和效率提升，也被称为数字经济融合部分，包括传统产业由于应用数字技术所带来的生产数量和生产效率提升，其新增产出构成数字经济的重要组成部分。

（2）数字经济超越了信息产业部门的范畴

20 世纪 60、70 年代以来，数字技术飞速进步促使信息产业崛起为经济中创新活跃、成长迅速的战略性新兴产业部门。我们应充分认识到数字技术作为一种通用目的技术，可以成为重要的生产要素，广泛应用到经济社会各行各业，促进全要素生产率的提升，开辟经济增长新空间。这种数字技术的深入融合应用全面改造经济面貌，塑造整个经济新形态，因此不应将数字经济只看作是信息产业。

（3）数字经济是一种技术经济范式

数字技术具有基础性、广泛性、外溢性特征，将带来经济社会新一轮阶跃式发展和变迁，推动经济效率大幅提升，引发基础设施、关键投入、主导产业、管理方式、国家调节体制等经济社会最佳惯行方式的变革。例如，伴随互联网与电信技术的快速发展与融合，互联网企业、电信运营企业和手机终端设备产业出现跨界竞争现象，由此产生的移动互联网使互联网不再被办公场所限制，深刻改变了人类的生活方式。数字经济技术范式具有三大特征：数字化的知识和信息是最重要的经济要素，数字技术有非常强烈的网络化特征，数字技术重塑了经济与社会。

（4）数字经济是一种经济社会形态

数字经济给传统经济社会的基本特征、运行规律等维度带来根本性变革。数字经济已经成为一种与工业经济、农业经济并列的经济社会形态。我们需要站在人类经济社会形态演化历史长河中，全面审视数字经济对经济社会的革命性、系统性和全局性影响。

（5）数字经济是信息经济、信息化发展的高级阶段

信息经济包括以数字的知识和信息驱动的经济，以及非数字化的知识和信息驱动的经济两大类，未来非实物生产要素的数字化是不可逆转的历史趋势。数字经济既是信息经济的子集，又是未来发展的方向。信息化是经济发展的一种重要手段，而数字经济除了包括信息化外，还包括在信息化基础上所产生的经济和社会形态的变革，是信息化发展的结果。

2. 数字经济的特征

（1）高度数据化

互联网和物联网发展，引发数据爆发性增长。相比于其他生产要素，数据资源具有的可复制、可共享、无限增长和攻击的禀赋，打破了传统要素优先供给增长的制约，为持续增长和永续发展提供了基础与可能，成为数字经济发展新的关键生产要素。

（2）技术创新自我膨胀化

区别于以往的通用目的技术，数字技术进步超越了线性约束，呈现出指数级增长态势。数字技术能力提升遵循摩尔定律。约每 18 个月综合计算能力提高一倍，存储价格下降一半、带宽价格下降一半等产业现象持续印证摩尔定律效果。联入网络的用户和设备的价值遵循梅特卡夫定律。数字经济价值呈现指数级增长。这些进一步推动了数字经济快速成长。

（3）信息产业的基础性先导性

与前两次工业革命推动产业变革的基础先导性产业部门类似，信息产业是数字经济时代驱动发展的基础性先导性产业。信息产业领域创新活跃，引领带动作用强。数字技术是技术密集型产业，其基本特点是动态创新。

（4）产业融合化

一方面，数字经济加速向传统产业渗透，不断从消费向生产、从线上向线下拓展，催生线上到线下（Online to Offline，O2O）、分享经济等新模式新业态，提升消费体验和资源利用效率。另一方面，传统产业数字化、网络化、智能化转型步伐加快，新技术带来的全要素效率提升，加快改造传统动能，推动新旧动能接续转换。传统产业利用数字经济带来的产出增长，构成数字经济的主要部分，成为驱动数字经济发展的主引擎。

（5）产业组织平台化、生态化

平台成为数字经济时代协调和配置资源的基本经济组织，是价值创造和价值汇聚的核心。一方面，互联网平台新主体快速涌现。商贸、生活、交通、工业等垂直细分领域平台企业发展迅猛。另一方面，传统企业加快平台化转型，传统 IT 巨头向平台转型，传统制造企业也开始平台化转型。平台推动产业组织关系从线性竞争向生态共赢转变。在平台中，价值创造不再强调竞争，而是通过整合产品和服务供给者，并促成它们之间的交易协作和适度竞争，共同创造价值，以应对外部环境的变化。这表明平台在本质上是共建共赢的生态系统。

（6）产业发展线上线下一体化

线上线下融合发展，聚合虚拟和实体两种优势，升级价值创造和市场竞争维度。在制造领域，虚拟实体融合，重塑制造流程，提升制造效率。制造业数字化、网络化、智能化转型就是虚拟实体融合制造的典型应用。在流通领域，线上线下融合丰富市场竞争手段，重塑零售模式，提高零售效率。线上交易消除时空界限，释放长尾需求；线下交易丰富用户感知，提升用户体验；线上线下融合的新零售聚合两种优势，满足用户多样化多层次需求。

（7）多元共治

数字经济时代，社会治理的模式发生深刻变革，过去政府单纯监管的治理模式加速向多元主体协同共治方式转变。将平台、企业、用户等数字经济生态的重要参与主体纳入治理体系，发挥各方在治理方面的比较优势，构建多元协同治理方式，可有效应对数字经济中分散化、海量化的治理问题。

16.1.2 数字经济背景下电信运营企业面临的机遇与挑战

数字经济的发展给包括竞争战略、组织结构和文化在内的管理实践带来了巨大的冲击。随着先进的网络技术被应用于实践，原来的关于时间和空间的观念受到了挑战。企业正在努力想办法整合与用户、供应商、合作伙伴在数据、信息系统、工作流程和工作实务等方面的业务。

在数字经济到来之前，全球的电信运营企业因为传统业务明显下滑、网络基础设施不适应新业务的发展等原因面临着难以为继的困境。这些体现在：语音和短信等传统业务明显下滑，网络基础设施不适应新业务的发展，用户数增长面临天花板效应，产业链控制与影响力减弱等。同时，在数字化时代，电信运营企业面临着一系列潜在的风险：如何在市场饱和的情况下保持盈利；如何同强大的互联网公司进行竞争；如何让用户的数字化体验更加极致；如何重新设定自身在新的发展道路上的角色、目的和商业模式。

当然，挑战与机遇并存。大数据、云计算、人工智能、新一代移动通信技术、物联网等技术的迅速发展，为全球电信行业带来重大的发展机遇。在中国，政府“放管服”的改革加速了电子政务的应用，“互联网+”“中国制造 2025”“工业互联网”等开拓了互联网应用的新空间，积极推动着电信运营企业数字化转型。过去以人口红利、流量红利为特征规模驱动的增长方式逐步减弱，以价值红利、价值驱动的新增长模式势在必行。站在数字经济的新风口，电信运营企业唯有抓住新机遇，迎接新挑战，加快数字化转型发展，在战略上布好局，在关键处落好子，才有可能创造新业绩，实现长久的可持续经营。

16.2　电信运营企业的数字化转型

16.2.1　电信运营企业的数字化转型路径

电信运营企业若想与互联网内容公司（Over the Top，OTT）竞争，在数字化转型中必须尽力改善企业对企业（Business to Business，B2B）和企业对用户（Business to Consumer，B2C）模式用户的体验。同时，数字化转型需要大幅度提高运营商的运营效率和柔性。数字化转型涵盖电信业务的方方面面，而不仅是简单的技术迭代。如图 16-1 所示，纵轴代表电信运营企业的数字化转型范围，从业务运营到核心技术；横轴表示转型既需要改变内部的运营流程，也需要改变外部的市场参与。下面从电信运营企业的网络基础设施、业务、运营流程和用户服务 4 个方面介绍其数字化转型路径。

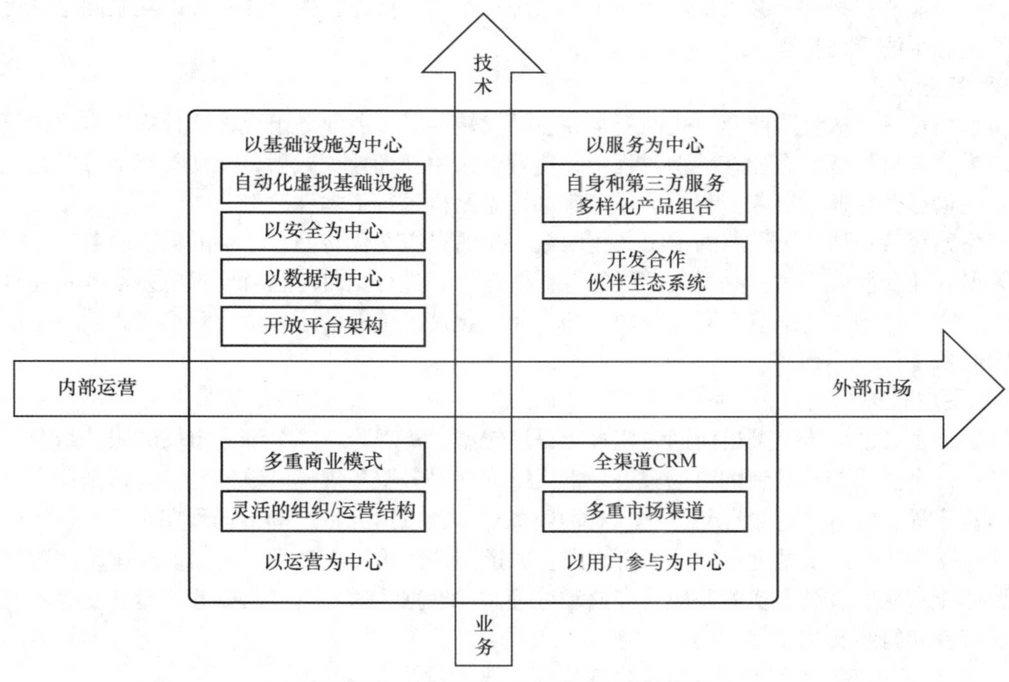

图 16-1　电信运营企业的数字化转型范围

1. 网络基础设施

转型路径 1：从离散网元向云基础架构转型。电信运营企业的基础设施从离散的网元演变为云基础设施，可以极大降低其管理成本。下一代 SDN（软件定义网络，Software-defined Network）/NFV（网络功能虚拟化，Network Functions Virtualization）网络技术正在帮助电信运营企业实现这一路径，但也面临着建设成本高昂、部署复杂等问题。

转型路径 2：从被动的、局部的安全策略向主动的、全面的安全策略转型。如电信运营企业通过其基础设施管道提供第三方数字服务。这些服务往往对安全有更高的要求，因此要对所有业务进行彻底的安全转型，涵盖所有的技术堆栈、服务创建流程、合作伙伴、物理环境以及提供和使用特定服务的所有利益相关人。

转型路径 3：从有限数据向大数据转型。电信运营企业需要开发出统一协调的技术模式，管理来自基础设施、社会渠道、业务和第三方等不同来源的大数据采集、分析、分发、安全管理和交易。数字经济背景下，成功的运营在很大程度上取决于数据的使用，无论是内部业务优化还是外部交易的实现。

转型路径 4：从封闭系统向开放平台转型。平台经济正在推动全球数字经济发展。电信运营企业必须改造其传统封闭的环境，不能只关注自身服务的设计和提供，而是要开放平台，在广阔的生态系统下开发自有和第三方服务。

2. 业务

转型路径 1：从有限业务组合向多元的数字化服务组合转型。随着数字经济的发展，电信运营企业必须扩大目前的业务组合范围，还必须了解自身最适合哪些业务领域，并确定如何管理这些不同的业务组合。要做到这一点，电信运营企业必须明确自身的竞争优势和互联网公司越过运营商（Over the Top，OTT）的相对市场优势。

转型路径 2：从静态的有限供应商向活跃的合作伙伴生态系统转型。电信运营企业要扩展业务组合，只能改变策略，融入更广阔的生态系统，与更多伙伴合作，并开发以互联网思维运行的开放的生态系统管理流程。

3. 运营流程

转型路径 1：从有限商业模式向复合商业模式转型。扩展业务组合将依赖更丰富的价值创造和获取模式。电信运营企业在转型过程中，应确保采用新商业模式后，能使特定业务获得成功。这需要电信运营企业对财务流程、运作流程和成本结构进行根本性改造。

转型路径 2：从传统运营的组织文化向数字化的组织文化转型。丰富的数字服务组合需通过多种渠道和商业模式实现，并通过广泛的合作伙伴生态进行交付。这就要求电信运营企业进行相应的组织文化转型。能适应不同业务领域的企业文化是传统电信运营企业转型成为数字电信运营企业的必备条件。

4. 用户服务

转型路径 1：从传统渠道向网络化多元渠道转型。实现跨越多个细分市场的服务组合后，数字电信运营企业需要开辟新的市场渠道，最大限度地提升服务规模。数字电信运营企业需要新的服务运营流程、服务质量管理新方法，对标业务标准，以达到特定的市场预期。

转型路径 2：从单维度用户关系管理向全渠道用户体验管理转型。全渠道环境将使数字电信运营企业能够从所有渠道实时获取、存储和处理用户数据。这一转型需要改变运营支撑系统、服务运营流程和组织文化。

16.2.2 数字化转型后的电信运营企业类型

根据数字化转型程度的不同，未来电信运营企业的类型大致可以分为以下 5 类，如图 16-2 所示。

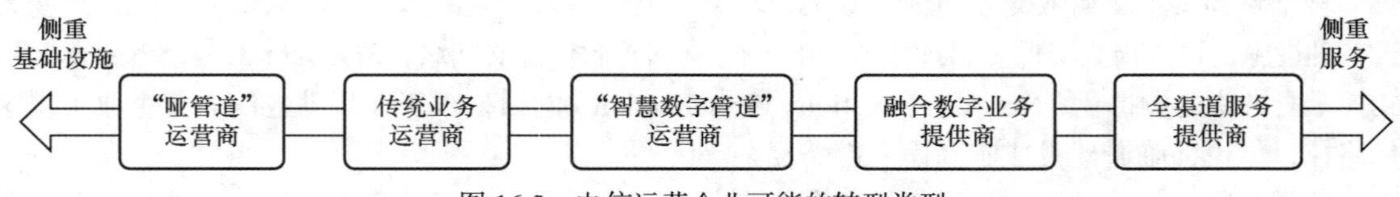

图 16-2 电信运营企业可能的转型类型

（1）“哑管道”运营商：该类运营商专注于 B2B 商业模式，给企业用户提供网络连接的透明传输通道，其用户可能是其他运营商，或是需要大量网络连接的企业。这类运营商拥有单纯的网络基础设施业务，不再只是面向 2C 用户，而是以 B2B2C 批发销售模式提供高效的连接。“哑管道”运营商基于管道的成本，同时考虑快速改变组织结构和文化。

（2）传统业务运营商：该类运营商面向个人用户和企业用户提供基本的通信服务，包括宽带接入、语音和数据以及多媒体综合业务。在这种情况下，大多数的综合数字服务是由互联网内容提供商提供的。

（3）“智慧数字管道”运营商：该类运营商为个人用户提供传统的 B2C 服务，并为企业用户提供 B2B 服务。此外，“智慧数字管道”运营商与网络和内容提供商建立起强大的合作伙伴关系，通过 API 向合作伙伴开放基础设施和业务系统，进行更紧密的融合，构建和管理更广泛的合作伙伴生态系统。

（4）融合数字业务提供商（Integrated Digital Service Provider，IDSP）：这类运营商自身能创造广泛的数字化服务组合，为最终用户提供连接服务、B2B2C 合作伙伴支持，以及全套的数字产品和服务。融合数字业务提供商（IDSP）面临的挑战要复杂得多：初期考虑的是网络、数据及其安全方面的转型因素，还包括扩大数字化服务组合和拓宽全渠道参与，此外仍需要尽早考虑与之匹配的组织结构和文化变革。

（5）全渠道服务提供商：在这个模式下，电信运营商不再提供网络基础设施，而是作为虚拟网络运营商提供服务零售，并使其他 B2B2C 合作方进入市场。与所有其他类型的数字化运营商不同，全渠道服务提供商将通过关注组织结构和文化开始其转型旅程，从根本上改变其运营方式。同时，以数据为中心将彻底改变全渠道参与的流程和方法，相应的服务提供商将演进为新一代数字化信息服务提供商。

其中“哑管道”、传统业务以及“智慧数字管道”这几种数字化运营商都需考虑建设一个自治管理的虚拟网络。每个企业都必须迅速推进自己的网络基础设施建设，并探索 SDN/NFV 等新技术，同时从根本上简化传统基础设施，提高网络性能。这需要相关企业在数据和安全转型方面进行前瞻性投资。

伴随数字经济的发展，数据成为新的生产要素，算力成为重要的基础支撑能力。在算力多样化、网络化、智能化、绿色化、安全化等发展趋势下，数字信息基础设施将进一步演变为高速泛在、天地一体、云网融合、智能敏捷、绿色低碳、安全可控的智能化综合性数字信息基础设施，为数字经济健康发展提供坚实底座。算力网络是云网融合的一种形态。从技术特征层面来说，算力网络是云、网、边深度融合的产物，也是边缘计算发展到后期的一种全新的业务形态。由网络去调配算力，是算力网络的核心理念。在业务数字化、技术融合化、数据价值化的共同作用下，传统意义上相对独立的算力资源和网络设施正在从独立走向融合，尤其是伴随着业务实时性和交互性需求的提升，传统云和网的物理边界将被突破，互联网技术与通信技术、连接与算力将深度融合，构筑统一的云网资源和服务能力，形成一体化供给、一体化运营、一体化服务的体系，为社会数字化转型奠定基础。

电信运营企业的网络与业务运营基于大量的 IT 系统实现，其数字化基础较好，而其业务创新与运营、基础设施建设与运营等尚存在较大的数字化升级空间。这些升级空间主要体现在 3 个方面：一是利用大数据、云计算、AI 等新技术实现产品功能和价值升级，例如 AI+视频监控、大数据+金融风控、网+云+DICT 等，提升对外服务能力；二是利用大数据、AI 等新技术，实现用户服务、营销推广、基础管理、网络优化、网络运维等支撑系统的智能化升级，不断拓展 IT 赋能范畴，深化 IT 赋能效能，不断提升内部运营效率，助力“双碳”目标实现；三是落实数据驱动、智慧中台、云原生等新理念，变革“烟囱式”IT 系统架构，实现逻辑架构、技术能力、数据能力和业务能力共享，落实 IT 云化，提升 IT 开发与运维效率。电信业只有在做好自身数字化转型升级的基础上，持续沉淀数字化转型有效经验、路径和能力，才能在数字技术与实体经济融合进程中持续发挥更好的赋能作用，才能实现行业自身的高质量发展。

16.3 数字安全与数字治理

16.3.1 数字安全及其战略意义

1. 什么是数字安全

广义而言，数字安全是指在数字时代与数字化相关的一切安全要素、行为和状态的集合，既包括保障数字经济的安全性，也包括将数字技术用于安全领域。数字安全以数字身份为核心，以元安全为基础底座，涵盖了信息安全、网络安全、数据安全、应用程序安全、物联网安全、移动设备安全、隐私保护等领域或场景。除此之外，数字安全还包括利用数字技术保障数字基础设施的物理安全。

狭义而言，数字安全是指保护数字信息和通信技术免受未经授权的访问、窃取、破坏、篡改或泄露的一种实践。

数字安全对于现代社会至关重要，因为许多组织、企业和政府机构依赖于数字技术进行业务操作、数据存储和通信。数字安全问题可能导致个人隐私被侵犯、金融损失、商业机密被窃取、遭受恶意软件攻击、网络瘫痪等后果。因此，人们需要考虑保护计算机系统和网络免受病毒、木马、黑客攻击、网络钓鱼等恶意攻击；保护移动设备上存储的个人信息不被泄露；确保敏感数据在传输和存储过程中不被篡改或窃取等。

网络安全是新基建的重要内涵，也是数字经济发展的重要基石。电信运营企业的基础网络是用户通向网络空间和数字空间的必经之路，为互联网企业核心平台安全防护、互联网终端用户信息安全提供第一道防线，因此作为数字信息基础设施建设主力军，电信运营企业的网络和信息安全，关乎数字经济发展、社会运行和人民生活。维护数字安全,运营商责无旁贷。

数字安全涉及相关法律法规，例如《中华人民共和国网络安全法》《中华人民共和国密码法》《中华人民共和国数据安全法》《中华人民共和国个人信息保护法》《关键信息基础设施安全保护条例》等，以保护个人信息权益、限制处理者公开、禁止非法侵权或危害公共利益、维护国家安全为价值取向。

2. 数字安全的战略意义

随着数字化深入各行各业，数字经济已经成为推动我国经济高质量发展的新引擎。在推动数字经济持续健康发展的同时，更要做到安全发展，但这面临国际安全形势日益严峻和数字经济内在安全风险的双重挑战。

在未来的数字文明时代，数字安全能力落后就会“挨打”。数字化正渗透到国家、经济、社会、企业、个人等方方面面，赋能更多的传统企业拥抱数字化，推动技术、产业和数字经济的变革。面临新的安全挑战，互联网时代的“网络安全”亟须升级为数字时代的“数字安全”，只有建立保障数字经济发展的数字安全屏障，建设国家级分布式安全大脑，才能更好地保护数字经济发展、保障国家安全。

作为新兴领域安全，数字安全对国家安全的影响是总体性和全方位的，不仅事关政治安全，更影响到经济安全、社会安全和科技安全等方方面面。与以往相比，数字时代的国家安全威胁主要呈现出以下新变化。

一是网络攻击活动持续，攻击手段不断翻新，防不胜防。网络空间是人造的技术空间，在其发展过程中始终伴随着安全风险。首先，借助高危漏洞、黑客入侵、病毒木马等工具进行的恶意网络攻击事件频发；其次，智能化、自动化、武器化的网络攻击手段层出不穷，电力、能源、金融、工业等关键基础设施成为网络攻防对抗的重要战场；最后，人工智能、区块链、物联网等新一代信息技术快速发展，还可能与网络攻击技术融合催生出新型攻击手段。

二是人工智能等颠覆性技术发展及应用所带来的潜在安全风险。随着互联网应用和服务逐步向“大智移云”“万物互联”和“天地一体”的方向演进，颠覆性技术正在成为引领科技创新、维护国家安全的关键力量。但是，这些颠覆性技术发展的不确定性及其在军事领域的应用，大大增加了网络战争的风险和破坏力，其蕴含的巨大风险和不确定性往往使得行为主体倾向于追求对抗的、单边的行为策略，极大地增加了网络空间的军备竞赛风险。

可以看到，数字时代的国家安全威胁来源更加复杂化、多元化，内部安全与外部安全相互交织，技术与安全相互融合，国家安全风险的总体性特征更为突出。面临更加复杂和多变的安全环境，需要在坚持总体国家安全观的基础上，汇聚和融合各领域、各部门的力量加以应对。习近平总书记高度重视保障国家数字安全，强调“要加强关键信息基础设施安全保护，强化国家关键数据资源保护能力，增强数据安全预警和溯源能力”。只有树立正确的数字安全观，统筹发展和安全，才能更有效地应对数字时代的安全风险和挑战。

总体国家安全观是我们党历史上第一个被确立为国家安全工作指导思想的重大战略思想。2014 年 4 月 15 日，习近平总书记在中央国家安全委员会第一次全体会议上，创造性提出总体国家安全观。总体国家安全观的关键是“总体”，强调大安全理念，涵盖政治、军事、国土、经济、金融、文化、社会、科技、网络、粮食、生态、资源、核、海外利益、太空、深海、极地、生物、人工智能、数据等诸多领域。其中，网络安全、数据安全等，作为数字时代的安全基石，已成为事关国家安全与经济社会发展的重大问题。

2021 年以来，我国密集出台了《中华人民共和国数据安全法》《中华人民共和国个人信息保护法》《关键信息基础设施安全保护条例》《网络产品安全漏洞管理规定》《网络安全审查办法》《工业和信息化领域数据安全管理办法（试行）》等法律法规，为维护总体国家安全观提供了更详细的法律支撑，构筑起维护数字安全和促进数字经济持续健康发展的法律制度保障。

坚持总体国家安全观，是习近平新时代中国特色社会主义思想的重要内容。习近平总书记指出“没有网络安全就没有国家安全，没有信息化就没有现代化”“安全是发展的前提，发展是安全的保障”。党的二十大要求推进国家安全体系和能力现代化，以新安全格局保障新发展格局。电信运营企业作为国有企业，应该承担起保障国家网络安全的重大使命。在数字经济、新基建战略下，电信运营企业的安全责任也愈发凸显。

16.3.2　数据权属与数字治理的法律框架

1. 数字权局

习近平总书记指出：“数据基础制度建设事关国家发展和安全大局，要维护国家数据安全，保护个人信息和商业秘密，促进数据高效流通使用、赋能实体经济，统筹推进数据产权、流通交易、收益分配、安全治理，加快构建数据基础制度体系。”

数字经济发展方兴未艾，数据作为新型生产要素，是数字化、网络化、智能化的基础，已快速融入生产、分配、流通、消费和社会服务管理等各个环节，深刻改变着生产方式、生活方式和社会治理方式。数据具有无形性、非消耗性等特点，可以接近零成本无限复制，对传统产权、流通、分配、治理等制度提出新挑战，亟须构建与数字生产力发展相适应的生产关系，不断解放和发展数字生产力。按照党中央、国务院决策部署，国家发展改革委牵头研究起草“数据二十条”，组建跨学科专家队伍，赴多地深入调研，并吸纳了各方面有关意见。习近平总书记主持召开中央全面深化改革委员会第二十六次会议，审议通过了“数据二十条”。

2022 年 12 月 19 日，中共中央、国务院印发《关于构建数据基础制度更好发挥数据要素作用的意见》（即“数据二十条”），创造性地提出数据资源持有权、数据加工使用权、数据产品经营权等分置的产权运行机制，符合产权分层规律。由于从数据的生产到数据的价值实现涉及多个环节，持有数据的人不一定参与数据加工，加工数据的人不一定参与数据经营，因此，将权利分置，保障权利分配的灵活性，给予各环节主体以合法性，可以使数据的价值实现过程顺利流畅进行。

建立公共数据、企业数据、个人数据的分类分级确权授权制度。根据数据来源和数据生成特征，分别界定数据生产、流通、使用过程中各参与方享有的合法权利，建立数据资源持有权、数据加工使用权、数据产品经营权等分置的产权运行机制，推进非公共数据按市场化方式“共同使用、共享收益”的新模式，为激活数据要素价值创造和价值实现提供基础性制度保障。

“数据二十条”坚持促进数据合规高效流通使用、赋能实体经济这一主线，以充分实现数据要素价值、促进全体人民共享数字经济发展红利为目标。“数据二十条”构建 4 个制度：建立保障权益、合规使用的数据产权制度，如探索数据产权结构性分置制度，建立数据资源持有权、数据加工使用权、数据产品经营权等分置的产权运行机制；建立合规高效、场内外结合的数据要素流通和交易制度，从规则、市场、生态、跨境等 4 个方面构建适应我国制度优势的数据要素市场体系；建立体现效率、促进公平的数据要素收益分配制度，在初次分配阶段，按照“谁投入、谁贡献、谁受益”原则，推动数据要素收益向数据价值和使用价值创造者合理倾斜，在二次分配、三次分配阶段，重点关注公共利益和相对弱势群体，防止和依法规制资本在数据领域无序扩张形成市场垄断等各类风险挑战；建立安全可控、弹性包容的数据要素治理制度，构建政府、企业、社会多方协同的治理模式。“数据二十条”推进 4 项措施：切实加强组织领导，如加强党对构建数据基础制度工作的全面领导；加大政策支持力度，如加快发展数据要素市场，做大做强数据要素型企业；积极鼓励试验探索，如支持浙江等地区和有条件的行业、企业先行先试；稳步推进制度建设，如逐步完善数据产权界定、数据流通和交易等主要领域关键环节的政策及标准。

2. 数字治理

数字治理是随着数字技术在经济、社会、政治生活中日益广泛地应用而产生的新型治理。一般认为，数字治理既包括“基于数字化的治理”，即数字化被作为工具或手段应用于现有治理体系，其目的是提升治理效能，例如公共管理学所强调的借助数字技术和数字分析，精准研判、及时预警，紧急处置突发性重大公共事件；也包括“对数字化的治理”，即针对数字世界各类复杂问题的创新治理，是政治经济学和国际关系学等领域更加关注的角度。这些问题又可以分为两大类：一是数字生态下的经济、社会、文化发展中的问题和风险，例如数字霸权、数字垄断、数字鸿沟、智能化带来的情感、暴力甚至仇恨等；二是数字技术及其运用产生的问题和风险，例如数据的泄露篡改、信息污染、网络病毒、网络黑客等网络安全问题，平台自身的生态系统问题等。从治理范围来看，数字治理涵盖了从宏观、中观到微观的全线范畴，其中，全球治理、国家治理、社会治理等属于宏观层面，行业治理、产业治理等属于中观层面，平台治理、企业治理、社群治理等则属于微观层面。“对数字化的治理”往往离不开“基于数字化的治理”，两者不可分割。

长期以来，党和国家高度重视数字治理，瞄准国际一流水平不断探索创新。《中华人民共和国电子商务法》《中华人民共和国数据安全法》《关于促进平台经济规范健康发展的指导意见》等法律法规相继发布实施，数字监管日趋完善，数据要素交易制度基本建立，数字经济和实体经济逐步有机融合。2022 年，我国先后出台《互联网信息服务算法推荐管理规定》《互联网信息服务深度合成管理规定》，向联合国《特定常规武器公约》缔约国大会提交了《中国关于加强人工智能伦理治理的立场文件》，进一步表明了加强人工智能全球治理，积极构建人类命运共同体的中国立场。

2023 年 2 月，中共中央、国务院印发了《数字中国建设整体布局规划》（以下简称《规划》），全面布局数字中国建设整体框架，同时也对数字治理提出明确要求。《规划》指出，要优化数字化发展环境。一是建设公平规范的数字治理生态。完善法律法规体系，加强立法统筹协调，研究制定数字领域立法规划，及时按程序调整不适应数字化发展的法律制度。构建技术标准体系，编制数字化标准工作指南，加快制定修订各行业数字化转型、产业交叉融合发展等应用标准。提升治理水平，健全网络综合治理体系，提升全方位多维度综合治理能力，构建科学、高效、有序的管网治网格局。净化网络空间，深入开展网络生态治理工作，推进“清朗”“净网”系列专项行动，创新推进网络文明建设。二是构建开放共赢的数字领域国际合作格局。统筹谋划数字领域国际合作，建立多层面协同、多平台支撑、多主体参与的数字领域国际交流合作体系，高质量共建“数字丝绸之路”，积极发展“丝路电商”。拓展数字领域国际合作空间，积极参与联合国、世界贸易组织、二十国集团、亚太经合组织、金砖国家、上合组织等多边框架下的数字领域合作平台，高质量搭建数字领域开放合作新平台，积极参与数据跨境流动等相关国际规则构建。

奋进的中国，奔跑的“数据”，正迎风而起。以数字中国建设助力中国式现代化，要做好技术研发和数字经济普及的大文章，既要走在科技革命和产业变革的前沿，也要抢占数字技术竞争的高点，谱写数字中国建设的恢宏篇章。作为建设网络强国和数字中国、维护网信安全的国家队主力军，我国电信运营企业将全力推进高质量可持续发展，为以中国式现代化全面推进强国建设、民族复兴作出更大贡献。

16.4　本章小结

本章主要介绍了电信运营企业的数字化转型。首先，介绍了数字经济背景下电信运营企业面临的机遇与挑战；然后，介绍了电信运营企业的数字化转型路径；最后，阐述了数字安全与数字治理的相关内容。

案例讨论：中国电信 5G 专网——2500 个项目的商业变现之道

5G 专网作为使千行百业加快数字化转型的网络基础，对整个数字经济和产业数字化发展意义重大，同时为电信运营企业打开新的增长空间。在中国电信看来，5G 定制网是云网融合的最佳实践，中国电信正在实施“云改数转”战略，着力打造“服务型、科技型、安全型”企业，坚持以新发展理念引领 5G 发展。中国电信聚焦打造 5G 定制网能力，推出“网、边、云、用、服”五位一体的 NICES 综合解决方案。网络能力（Network，N）、边缘能力（Stands for Intelligence，I）、云边协同能力（Stands for Cloud Computing，C）、应用随选能力（Elements，E）和服务保障能力（Service，S），合称“NICES”。中国电信通过“5G+边+云+X”打造一体化定制融合服务，并针对广域优先型、时延敏感型和安全敏感型 3 类不同的行业需求和场景，分别提供“致远”“比邻”“如翼”3 类不同的定制网服务模式，实现“云网一体，按需定制”，让用户可以根据需求灵活组合、随心订购。中国电信在工业、交通物流、医疗、教育等扬帆行动计划的 15 个行业、与数百个大型企业开展合作进行探索实践，取得了较好的成效。

讨论题：试结合案例内容阐述电信运营企业数字化转型途径。

思考与练习题

16-1　什么是数字经济？

16-2　试阐述电信运营企业的数字化转型路径。

16-3　什么是数字安全？数字安全有哪些战略意义？

附录A 缩略语英汉对照表

3G（3rd Generation）第三代移动通信
3GPP（3G Partnership Project）第三代合作伙伴计划
4G（4th Generation）第四代移动通信
5G（5th Generation）第五代移动通信
6G（6th Generation）第六代移动通信
ABU（Asia Pacific Broadcast Union）亚太地区广播联盟
AHP（Analytic Hierarchy Process）层次分析法
AM（Accounting Management）账务管理
APT（Asia Pacific Telecommunity）亚太电信组织
ARP（Address Resolution Protocol）地址解析协议
ATM（Asynchronous Transfer Mode）异步转移模式
BI（Business Intelligence）商业智能
BOSS（Business&Operation Support System）移动业务运营支撑系统
BPR（Business Process Reengineering）业务流程重组
BSP（Business System Planning）企业系统规划法
BSS（Business Support System）业务支撑系统
CA（Certificate Authority）认证管理中心
CCIR（Consultative Committee of International Radio）国际无线电咨询委员会
CCITT（International Telegraph and Telephone Consultative Committee）国际电报电话咨询委员会
CDMA（Code Division Multiple Access）码分多址
CIMS（Computer Integrative Manufacturing System）计算机集成制造系统
CLM（Council of Logistics Management）美国物流管理协会
CM（Configuration Management）配置管理
COTS（Commercial Off The Shelf）成熟商业软件
CP（Content Provider）内容提供商
CP（Catalyst Project）催化剂项目
CRM（Custom Relationship Management）客户关系管理
CSF（Critical Success Factors）关键成功因素法
CTO（Configure to Order）按订单配置方式
DHCP（Dynamic Host Configuration Protocol）动态主机配置协议
DICT（IT+CT+DT）大数据时代 DT 与 IT+CT 的深度融合
DM（Data Mining）数据挖掘
DMTF（Distributed Management Task Force）分布式管理任务组
DNS（Domain Name Service）域名服务
DSS（Decision Support Systems）决策支持系统
DW（Data Warehouse）数据仓库
EDPS（Electronic Data Processing System）电子数据处理系统
ES（Expert System）专家系统
ETO（Engineer to Order）按订单定制方式
eTOM（enhanced Telecom Operations Map）增强的电信运营图
ETSI（European Telecommunications Standards Institute）欧洲电信标准协会
FDMA（Frequency Division Multiple Access）频分多址
FM（Fault Management）故障管理
FTP（File Transfer Protocol）文件传送协议
FTTH（Fiber to the Home）光纤到户
GDSS（Group Decision Support System）群体决策支持系统
HTTP（Hyper Text Transfer Protocol）超文本传输协议
IAO（Indirect Access Operator）间接接入服务运营商
ICP（Internet Content Provider）互联网内容提供商
IDS（Intrusion Detection System）入侵检测系统
ICT（Information Communication Technology）信息通信技术
IDSS（Intelligent Decision Support System）智能决策支持

系统

IEC（International Engineering Consortium）国际工程协会

IETF（Internet Engineering Task Farces Internet）互联网工程任务组

IFRB（International Frequency Registration Board）国际频率登记委员会

IMSO（International Maritime Satellite Organization）国际海事组织

INTELSAT（International Telecommunications Satellite Organization）国际通信卫星组织

INTERSPUTNIK（International System and Organization of Space Communications）国际空间通信系统和组织

IOT（Internet of Things）物联网

IPV6(Internet Protocol version6)因特网协议版本 6

ISDN（Integrated Services Digital Network）综合业务数字网

ISO（International Organization for Standardization）国际标准化组织

ISP（Internet Service Provider）互联网服务提供商

ITU（International Telecommunication Union）国际电信联盟

ITU-T（International Telecommunications Union-Telecommunications)国际电信联盟—电信标准化部门

KM（Knowledge Management）知识管理

KPI（Key Performance Indicators）关键绩效评价指标

LIF（Location Interoperability Forum）区域互用性论坛

MIS（Management Information System）管理信息系统

MNO（Mobile Network Operator）移动网络运营商

MVNO（Mobile Virtual Network Operator）移动虚拟运营商

MTO（Make to Order）按订单方式生产

MTS（Make to Stock）按库存方式生产

NGN（Next Generation Net）下一代网络

NGOSS（New Generation Operation System and Software）下一代运营系统和软件

NMS（Network Management System）网络管理系统

NOC（Network Operation Center）网络运营中心

OASIS（Organization for the Advancement of Structured Information Standards）结构化信息标准促进组织

OLAP（On-Line Analysis Processing）联机分析处理

OOM（Object Oriented Method）面向对象的开发方法

OSI（Open Systems Interconnection）开放系统互连体系

OSS（Operation Support System）运营支撑系统

PDA（Personal Digital Assistant）个人数码助理

PM（Performance Management）性能管理

QOS（Quality of Service）服务质量

R&D（Research and Development）研究开发

RAD（Rapid Application Development）快速应用程序开发方法

RMA（Radio Manufacturers' Association）无线电制造商协会

SCM（Supply Chain Management）供应链管理

SGML（Standard Generalized Markup Language）标准通用标记语言

SID（Shared Information Data）共享信息数据

SIM（System Integration Map）系统集成图

SLA（Service Level Agreement）服务水平协议

SM（Security Management）安全管理

SMTP（Simple Mail Transfer Protocol）简单邮件传输协议

SOC（Service Operation Center）业务运营中心

SP（Service Provider）服务提供商

SSAD（Structured System Analysis and Design）结构化系统开发方法

SST（Strategy Set Transformation）战略目标集转化法

TDMA（Time Division Multiple Access）时分多址

TFTP（Trivial File Transfer Protocol）普通文件传送协议

TMN（Telecommunications Management Network）电信管理网

TNA（Technology Neutral Architecture）技术中立结构

TOM（Telecom Operations Map）电信运营图

TSP（Tied Service Provider）捆绑业务提供商

TTC（Telecommunication technology commission）日本电信技术委员会

UML（United Modeling Language）统一建模语言

URSI（International Union of Radio Science）国际无线电科学联合会

VAN（Value Added Network）增值网

VANS（Value Added Network Service）增值网业务

VNO（Virtual Network Operator）虚拟电信运营商

W3C（World Wide Web Consortium）万维网联盟

WISP（Wireless Internet Service Provider）无线互联网服务提供商

附录 B 运营咨询工具

运营咨询工具可以分为以下几类：问题界定工具、数据搜集工具、数据分析与方案研发工具、成本影响与收益分析工具以及执行工具[①]。同时还包括战略管理、市场营销和信息系统工具，这些工具也经常用于运营管理咨询。通过图 B-1 可以系统地了解各个工具的关系。

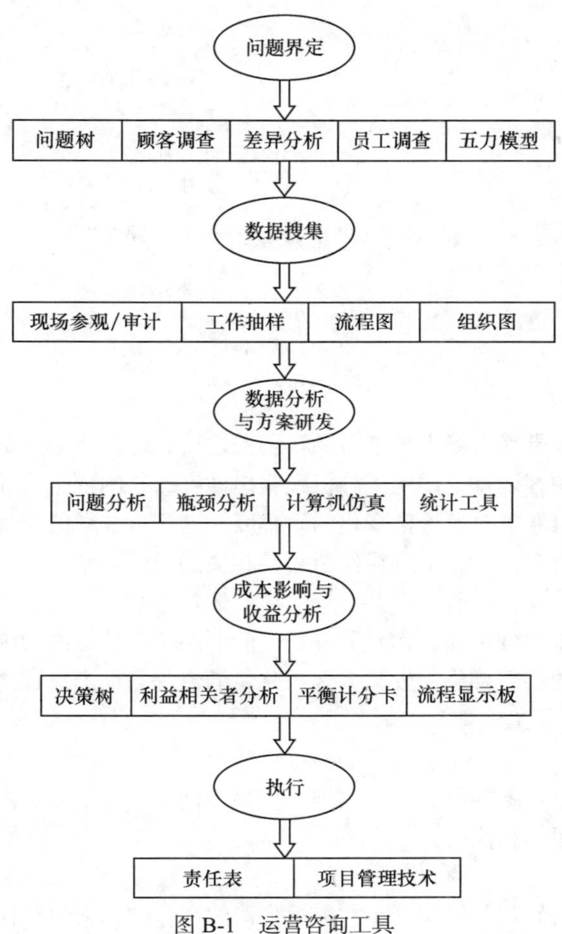

图 B-1　运营咨询工具

① 该部分内容可以参见 F.罗伯特·雅各布斯和理查德 B. 蔡斯著《运营管理》。

1. 问题界定工具

（1）问题树

麦肯锡公司使用问题树来显示需要调查的主要问题，对于可能的解决办法，设定有效的初始假设。从图 B-2 可以看出，问题树从总问题（如增加装饰品销售量）出发，然后逐级展开，直至找到问题的所有根源。一旦画出了问题树，就确定了所包含的关系和可能的解决办法，从而明确了项目计划。

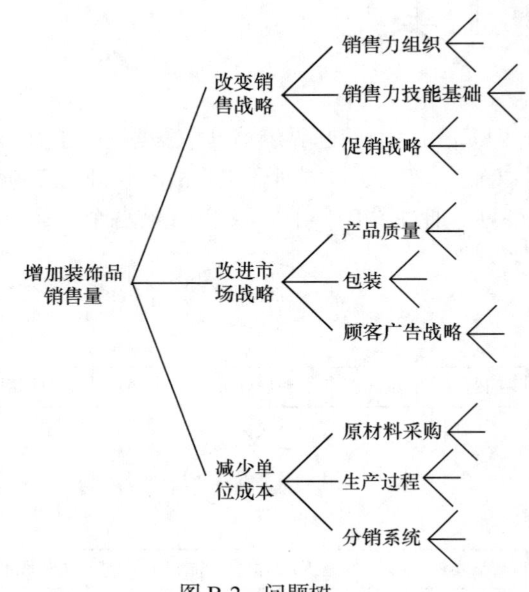

图 B-2 问题树

（2）顾客调查

通常，在营销咨询人员或市场人员进行顾客调查之后，运营咨询人员被召集到一起，确定顾客调查所反映的问题。顾客调查主要用于分析顾客忠诚度，它的依据是 3 个典型的市场指标：顾客保留、顾客份额以及对竞争对手价格变化的敏感度。这些可获得的信息能够帮助运营管理咨询人员对组织进行深入的研究，找出与顾客保留直接相关的运营因素。

（3）差异分析

差异分析分为绩效差异分析和流程差异分析。前者用于评估顾客的绩效，是相对于顾客的期望或竞争者的绩效而言的；后者是比较某个客户公司的流程与标准流程之间的差异，并量化这些差异。

（4）员工调查

员工调查包括员工满意度调查和意见调查。如果咨询人员要求员工提出建议，则得到的信息必须得到管理层的认真评估和执行。

（5）五力模型

五力模型是波特提出的著名的模型，它根据公司的产业结构来评估该公司的竞争地位。五力分别是顾客购买力、潜在的进入者、供应商、替代产品以及行业中的竞争对手。咨询人员在应用此模型时，需要列出每个项目下的各种因素。

五力模型常与价值链模型一起使用。如图 B-3 所示，价值链反映了组织活动之间的关联结构，这些组织活动在为顾客创造价值的同时也为公司创造利润。

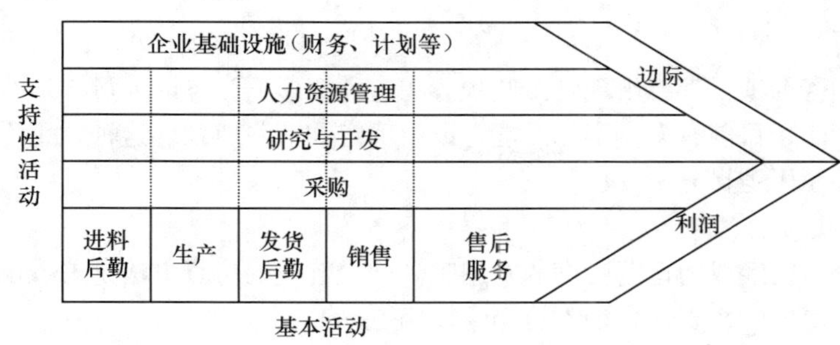

图 B-3　价值链模型

SWOT 分析是与五力模型类似的工具，这种方法在评估组织时更为常见。

2. 数据搜集工具

（1）现场参观/审计

现场参观/审计可以分为制造业参观/审计和服务业参观/审计。审计不仅要审查生产设备和流程的方方面面，还要审查支持性的工作，如设备维护和库存保管。利用为客户所在的行业专门设计的核查单进行审计，通常需要几周的时间。相反，在实际过程中，现场参观往往是“走马观花”，通常只需半天的时间就可以完成。现场参观的目的是在集中精力解决问题之前，对生产流程有个大致了解，在过程中使用普通核查单或“工厂速评法”中提出的一般问题。

工厂速评法（Raptd Plant Assessment，RPA）可以帮助研究小组在 30 分钟内分析出不足之处。这个方法包括一张有 20 项内容的调查问卷和一个有 11 类因素的评级表。在调查过程中，小组成员要与员工和主管进行谈话，寻找进行最佳实践的依据。小组中的每个成员应该各自负责几项调查，同时为了避免打断与员工的谈话以及忽视谈话过程中的眼神交流，建议不要做笔记。在调查的最后，研究小组讨论他们的观点，填写工作表。因素分类是整个调查过程的核心。

（2）工作抽样

工作抽样是对工作活动的随机观察。设计工作抽样的目的是对员工花费的时间和设备利用情况作一个统计上的了解。工作日志是另一种收集数据的方法。咨询人员通过这种方法可以对员工执行的特殊工作有一个了解。在这种方法中，员工只要记下他们一周内所做的工作就可以了，避免了咨询人员必须通过监视员工的一举一动来收集数据。

（3）流程图

流程图用来跟踪物料流、信息流和人员的流动。工作流软件广泛应用于流程分析中。除了提供定义流程的功能之外，大多数的工作流软件具备 4 个基本功能：工作分配和流程、生产时刻表、工作清单管理以及自动状态和流程度量。服务行业中使用的流程图（即服务蓝图）增加了产品线在可见性上的差异，以明确区分发生在顾客和公司之间的活动。

（4）组织图

组织图易于改变，因此应该注意观察在现实中谁直接向谁汇报。由于担心泄露竞争信息，一些公司不太愿意对外公布组织图。

3. 数据分析与方案研发工具

（1）问题分析（SPC 工具）

帕累托分析、鱼刺图、散点图以及控制图都是基本分析工具。帕累托分析应用于 ABC（Activity Based Classification）分析下的库存管理，在考察库存管理问题时，这种 ABC 分析仍然是标准的切入点。对于寻找咨询项目的入手点，鱼刺图（又称因果图）是一个好方法，尤其适用于问题的因果分析。

（2）瓶颈分析

许多运营管理咨询项目都会出现资源瓶颈。在这种情形下，咨询人员必须明确，对应某种产品或服务的期望产能，目前有多少实际产能，以便确定和消除瓶颈。这种差距不一定都很明显，厘清这些关系需要使用逻辑分析。

（3）计算机仿真

计算机仿真分析已经成为运营咨询的常用工具。最普遍的仿真方法是 Extend 和 Crystal Ball。对于较小的、相对简单的仿真，咨询人员经常使用 Excel。

（4）统计工具

相关分析和回归分析在运营管理咨询服务中是常用的技术。这些分析可以很容易地通过电子表格来实现。在咨询公司的方法手册中，假设检验也经常出现。咨询人员在分析数据时还会使用卡方检验和 T 检验。另外，排队论和预测技术是电信服务业广泛使用的两种统计分析工具。咨询人员经常使用排队论来计算顾客排队或者电话呼叫时需要多少服务通道，或是使用预测技术预测电信网节点的业务量情况。

4. 成本影响与收益分析工具

（1）决策树

决策树是广泛应用于风险分析的基本工具。这种工具在考察工厂、设备投资以及研发项目时大量使用。

（2）利益相关者分析

许多咨询项目都在不同程度上影响了 5 个利益相关者：顾客、股东、员工、供应商和社会。实际上，考虑所有利益相关者利益的重要性几乎在所有大公司的任务说明书中都得到了反映，这样也能为咨询人员提供指导。

（3）平衡计分卡

为了在绩效评估系统中反映出每个利益相关者的特定要求，会计人员开发出一种称为平衡计分卡的工具，使得绩效评估不仅关注底线数字和一两种考评绩效。

（4）流程显示板

与关注组织范围内绩效数据的平衡计分卡不同，流程显示板用于为专门的流程提供简要的即时操作更新。显示板的组成部分包括一条用颜色标记的趋势线，上面有一个操作标准的选择，并且以感叹号的形式来警示关键指标处于故障边缘。

5. 执行工具

（1）责任表

责任表用于为项目的责任制定计划，它通常采用矩阵的形式，矩阵的列表示任务，行表示项目小组成员。这种方法的目的是确保给每个人都分配了任务。

（2）项目管理技术

咨询公司使用 CPM/PERT 和甘特图等项目管理技术来计划和掌控整个公司的咨询业务，同时也监控单个项目。Microsoft Project 和 Primavera Project Planner 都提供这些工具。Evolve Software 为专业的服务公司开发了一种软件包，它以 ERP 软件为模型，允许管理者将销售流程、资源管理和产品交付管理等模块集成起来。

附录C 企业运营模拟对抗实验

1. 背景介绍

在经济全球化背景下，生产资源的有效管理是关系企业战略发展和获得竞争优势的关键。企业运营管理就是面向企业生产资源的管理活动。通过运营管理设计并控制企业生产系统，从而在产品或服务的生产过程中，有效利用企业的各项资源，最大程度地提高服务的质量和生产率。

企业资源计划（ERP）系统是建立在信息技术基础上，利用现代企业的先进管理思想，全面集成了企业的所有资源信息，并为企业提供决策、计划、控制与经营业绩评估的全方位和系统化的管理平台。ERP 系统可以帮助企业管理人员根据外部环境的变化对企业资源进行合理规划，使企业流畅运转，从而达到商业上的成功。ERP 沙盘模拟对抗实验通过直观的企业经营沙盘，来模拟企业运行状况，使参与者实现在学习运营管理课程之后的“顶峰式体验”。

2. 实验内容

（1）实验目的

ERP 沙盘模拟对抗实验的目的是使参与者在分析市场、制定战略、组织生产、整体营销和财务结算等一系列活动中体会企业运营管理的全过程，认识到企业资源的有限性，领悟课堂教学所讲授的运营管理理论蕴含的规律，全面培养参与者的运营管理能力。

（2）实验环境

实验环境如图 C-1 所示。

（3）实验内容

具体实验内容包括如下几点。评估内部资源与外部环境，制定长、中、短期策略；预测市场趋势、调整既定战略；产品研发的技术经济分析与决策，必要时修改研发计划，甚至作出中断项目决策；选择获取生产能力的方式（购买或租赁）；设备更新与生产线改良；全盘生产流程调度决策；匹配市场需求、交货期和数量及设备产能；库存管理及产销配合；必要时选择清偿生产能力的方式；市场开发决策；新产品开发、产品组合与市场定位决策；模拟在市场中短兵相接的竞标过程；刺探同行情报，抢攻市场；建立并维护市场地位、必要时作退出市场决策；制订投资计划，评估应收账款金额与回收期；预估长、短期资金需求，寻求资金来源；掌握资金来源与用途，妥善控制成本；洞悉资金短缺前兆，以最佳方式筹措资金；分析财务报表、掌握报表重点与数据含义；运用财务指标进行内部诊断，协助管理决策；如何以有限资金转亏为盈、创造高利润；编制财务报表、结算投资报酬、评估决策效益；实地学习如何在立场不同的各部门间沟通协调；培养不同部门人员的共同价值观与经营理念；建立以整体利益为导向的组织；在信息系统支持下，做好企业“平衡供需”；借助信息系统做好企业资源合理规划。

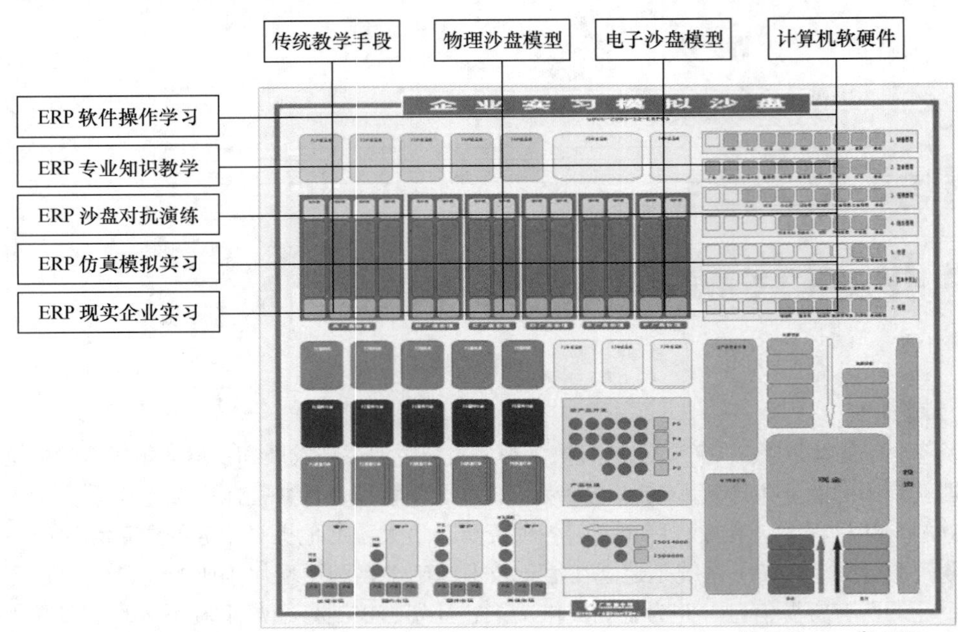

长 1200mm，宽 1400mm

图 C-1　ERP 沙盘实验环境示意图

目前，本 ERP 模拟对抗实验的基本背景设定为一个已经营若干年的生产型行业，把实验的参与者分成 6 组，每组 4～5 人，代表 6 个此类行业的虚拟企业。实验过程中，每个小组的成员将分别担任企业中的重要职位（CEO、CFO、市场总监、生产总监等）。6 组参与者均作为同行业中的竞争对手，从先前的管理团队中接手企业，在面对来自其他企业（其他小组）的激烈竞争中，将企业向前推进、发展。实验过程中，参与者必须作出众多的决策。例如，新产品的开发、生产设施的改造、新市场中销售潜能的开发等。每个独立的决策似乎容易作出，然而当它们综合在一起时，许多不同的选择方案自然产生。

每一轮（假定为一个计划年度）模拟之后，指导教师将会进行评讲与分析，同时讲解在下一轮中应用的企业运营管理知识和业务工具，及其对竞争的结果产生的直接影响。因此参与者需要在沙盘模拟的“几年”中，在客户、市场、资源及利润等方面进行一番真正的较量。本实验让参与者通过“做”来“学”，能够“看”到并“触摸”到商业运作的方式来体会深奥的商业思想。这种体验式的“设计-决策”学习可以大大增强参与者的理论联系实际的能力。

附录D

基于 Living Lab 的电信运营管理与服务体验实验

1. **背景介绍**

Living Lab 是 1995 年由美国麻省理工学院（MIT）首次提出的，近年来在欧洲得到广泛发展的一种技术创新模式，它的发展路标图如图 D-1 所示。Living Lab 的核心是把产品与服务的研发过程从传统的理论研究到产品和服务开发再到商业推广的三点循环模式，改变为从理论研究到产品和服务的开发再到实际应用测试，最后进行商业推广的四点循环模式。在新的创新模式中，用户的实际应用测试成为产品和服务创新过程中一个重要的组成部分。Living Lab 就是为实施这一创新模式而在现实生活中建立的真实的实验环境，可以是一个居民小区，也可以是一个城市的其他某个区域。在这一环境里，公共部门、研究机构以及开发企业共同参与，随时获得最终用户对于产品和服务的反馈信息，用户将帮助开发企业不断改进产品和服务的设计与品质，从而达到商业推广的要求。Living Lab 实际上也是相对于传统意义的研发实验室而被命名的，是建立在现实生活中的产品和服务研发测试基地。这一模式并不是人们通常所理解的“以用户为中心”的开发模式，而是一种“用户驱动”的开发模式，在这一模式下，用户不再是创新的客体而是转变成创新的主体。

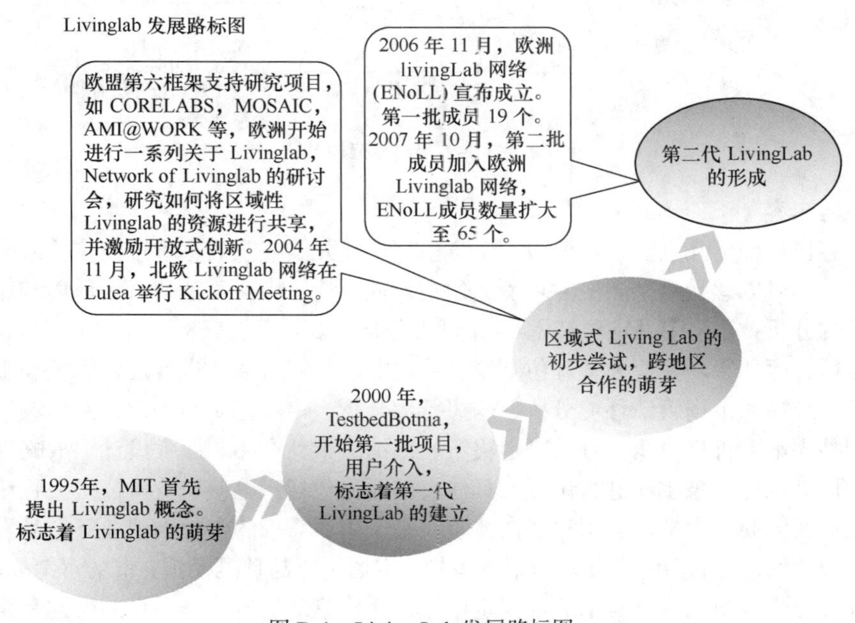

图 D-1　Living Lab 发展路标图

20 世纪 90 年代以来，面向数据包传输的计算机网络崛起和 Internet 的商业化发展，使传统电信网和传统电信运营企业受到了前所未有的冲击，电信运营企业不再是单纯的信息承载者，全球电信运营企业都在进行向信息服务商过渡的战略转型。电信技术这一领域已经从单纯的远程通信（Remote communications）转变为信息通信技术（Information Communication Technologies，ICT），促使 IT、传媒和电信这 3 个各不相同的行业越走越近，形成了更广泛意义的信息产业。与此同时，5G 时代的到来，给电信运营企业的业务创新模式也提出了更大的挑战。

2. 实验内容

（1）实验目的

电信运营管理与服务体验实验的目的是从 3 个层面培养学员：①要求学员把自己视为新型电信业务的目标用户群，体验和感受用户任务、行为、期望，在互动中产生用户创意，收集用户回馈，改进业务和应用；②要求学员把自己视为市场的开拓者，引导学员快速地建立业务原型，利用自己所学的通信技术和经济管理知识，通过测试活动将原型规范化，以此为依据形成产品开发的功能需求说明书；③要求学员把自己看作电信服务业的经营者，对形成的业务功能说明书进行仿真实现，特别是实现过程的价值链管理。经过这 3 个层面的训练，学员可以领悟课堂教学所讲授的电信运营管理理论知识，从而全面培养自身电信运营管理的实践能力。

（2）实验环境

实验环境如图 D-2、图 D-3、图 D-4 所示，电信运营管理与服务体验实验通过面向服务的体系架构（Service - Oriented Architecture，SOA），提供在 Living Lab 服务体验的模拟试验项目，在实验中学员可以体会到电信用户的需要和实际系统功能与技术需求之间的关系，从而在人机互动环境中培养和训练对“用户-市场-技术”的互动关系。

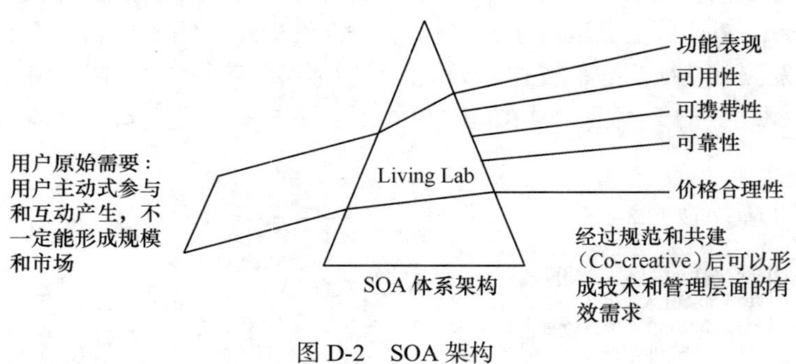

图 D-2　SOA 架构

（3）实验内容

实验内容包括如下几点。通过模拟一个竞争环境，开展一系列基于用户体验来驱动的价值链管理实验，学员可以感受复杂多变的环境，包括宏观环境、市场（消费者）环境和竞争环境、产品属性偏好的分析技术、产品定位技术-语义量表分析、多元量表分析、持续营销过程管理、战略规划模型分析、运营管理和业务管理仿真等。针对电信行业价值链进行运营管理和服务体验的实验模拟设计，遵循从市场营销环境分析、购买行为分析、市场调研与预测，到市场细分、产品定位，再到产品决策、价格决策、分销渠道决策、促销决策、产品和服务设计、战略规划设计、运营支撑环境仿真这样一条主线进行设置。具体实验项目包括：电信产业价值链流程认知实验；电信增值业务消费体验；虚拟社区用户消费体验；基于用户需求的电信增值业务产品设计；基于用户需求的虚拟社区产品设计；市场营销策划模拟；市场调研与预测模拟；市场营销战略决策模拟；市场营销环境分析模拟；市场营销战术制定模拟；用户驱动的价值链平台的构建和设计；电信业务管理系统仿真；电信运营支撑系统仿真；用户关系管理；电信资费决策分析与设计等内容。

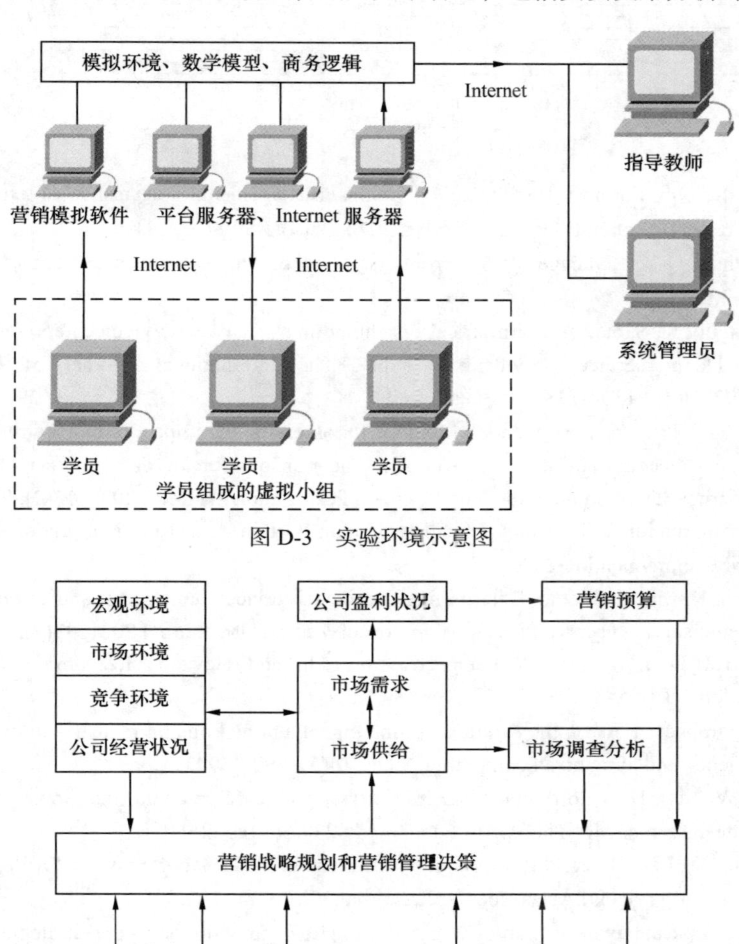

图 D-3 实验环境示意图

图 D-4 电信运营企业战略规划和管理决策

参考文献

[1] Dai T, Tayur S. Om Forum—Healthcare operations management: a snapshot of emerging research[J]. Manufacturing & service operations management, 2020, 22(5): 869-887.

[2] De Alwis C, Pham Q V, Liyanage M. 6G Frontiers: Towards Future Wireless Systems[M]. New York:John Wiley & Sons, 2022.

[3] Kukreti K ,Ganguly K, Samad A T. Empirical benchmarking of virtual service centers' service quality: a case of a large telecom service provider in India[J].The International Journal of Quality Reliability Management,2023,40(5):1362-1386.

[4] Mohammed M M, Viktor Z, Yurii K, et al. Methods for assessing the impact of bandwidth of control channels on the quality of telecommunications networks in the transmission of data packets of different types[J]. International Journal of Communication Networks and Information Security, 2021, 13(2): 220-229.

[5] Lyall F. The International Telecommunication Union: Origin and Role[M].London：Oxford Research Encyclopedia of Communication,2021.

[6] Prateek K, Robin K, Meenu S, et al. Determining the role of service quality, trust and commitment to customer loyalty for telecom service users: a PLS-SEM approach[J].The TQM Journal,2021, 33(7):377-396.

[7] Smith F L, Ostroff D H, Wright J W. Perspectives on radio and television: telecommunication in the United States[M]. London：Taylor & Francis, 2023.

[8] Attaran M. The impact of 5G on the evolution of intelligent automation and industry digitization[J]. Journal of ambient intelligence and humanized computing, 2023, 14(5): 5977-5993.

[9] Wu J, Luo Z, Wood J. How do digital trade rules affect global value chain trade in services?— Analysis of preferential trade agreements[J].The World Economy,2023,46(10):3026-3047.

[10] Wang Q, Xia X, Lan S, et al.Rural digital infrastructure and labor market: Evidence from universal telecommunication service[J].Asian Economic Journal,2023,37(3):293-325.

[11] Yu-li Liu, Li Tian, Changyan Li, Yanfei Wu. Analyzing the competitiveness and strategies of Chinese mobile network operators in the 5G era[J]. Telecommunications Policy, 2024,(48):1-17.

[12] 曹翠珍.供应链管理[M].3 版.北京:北京大学出版社,2022.

[13] 程新洲,朱常波,晁昆,等.掘金大数据:电信数据金矿详解、挖掘及应用[M].北京:机械工业出版社, 2018.

[14] 刘光毅,秦飞,张建华,等.6G:从通信到多能力融合的变革[M].北京:电子工业出版社,2024.

[15] 李翔宇.认识 6G:无线智能感知万物[M].北京:机械工业出版社,2022.

[16] 李威平.运营智能化与数字化转型[M].张月强,译.北京:人民邮电出版社,2022.

[17] 马丁·克里纳.数字经济生存之道:电信运营商转型[M].赵波,徐俊杰,译.北京:人民邮电出版社,2020.

[18] 桑杰夫·波多洛伊,詹姆斯·A.菲茨西蒙斯,莫娜·J.菲茨西蒙斯.服务管理:运作、战略与信息技术:原书第 9 版[M].张金成,范秀成,杨坤,译.北京:机械工业出版社,2020.

[19] 唐雄燕,廖军,刘永生,等.AI+电信网络:运营商的人工智能之路[M].北京:人民邮电出版社,2020.

[20] 王盛邦.移动网络安全技术[M].北京:清华大学出版社,2021.

[21] 徐昕,谈晓文.WTO 服务贸易专题[M].北京:对外经济贸易大学出版社,2022.

[22] 杨国荣,邹娜,林磊.移动通信组网与优化[M].西安:西安电子科技大学出版社,2023.

[23] 詹姆斯·埃文斯,威廉·林赛.质量管理与卓越绩效:第 11 版[M].中国质量协会,译.北京:中国人民大学出版社,2016.

[24] 张立江,苗春雨,曹天杰,等.网络安全[M].西安:西安电子科技大学出版社,2021.

[25] 朱雪田,王旭亮,夏旭,等.5G 网络技术与业务应用[M].北京:电子工业出版社,2021.

[26] 中国信息通信研究院.电信业数字化转型发展白皮书(2022 年)[R/OL].(2023-01-01).